付志平 毛丙波 主编

大学生职业发展与案例指导

中国社会科学出版社

图书在版编目（CIP）数据

大学生职业发展与案例指导 / 付志平，毛丙波主编 . —北京：中国社会科学出版社，2023.5

ISBN 978-7-5227-1516-2

Ⅰ.①大… Ⅱ.①付…②毛… Ⅲ.①大学生—职业选择 Ⅳ.①G647.38

中国国家版本馆 CIP 数据核字（2023）第 040858 号

出 版 人	赵剑英
责任编辑	夏 侠 许 琳
责任校对	李 硕
责任印制	郝美娜

出　　版	中国社会科学出版社
社　　址	北京鼓楼西大街甲 158 号
邮　　编	100720
网　　址	http://www.csspw.cn
发 行 部	010-84083685
门 市 部	010-84029450
经　　销	新华书店及其他书店

印刷装订	北京君升印刷有限公司
版　　次	2023 年 5 月第 1 版
印　　次	2023 年 5 月第 1 次印刷

开　　本	710×1000　1/16
印　　张	26
插　　页	2
字　　数	431 千字
定　　价	118.00 元

凡购买中国社会科学出版社图书，如有质量问题请与本社营销中心联系调换
电话：010-84083683

版权所有　侵权必究

《大学生职业发展与案例指导》编委会

主　编：付志平　毛丙波

副主编：崔　旸　石晓蕊

编　委：丁鑫裕　王　晨　张元君　梁馥嘉

绪　　论

习近平总书记在党的二十大报告中指出："实施就业优先战略，强化就业优先政策，健全就业公共服务体系"等增进民生福祉，提高人民生活品质一系列举措。党中央国务院也一直高度重视就业工作，把"稳就业"放在"六稳"工作的首位。高校毕业生作为重要的就业群体，受国内国外就业大环境和每年毕业生人数递增的影响，面临较大的就业压力。缓解大学生就业压力，促进大学生就业的一个重要环节是帮助大学生做好学生职业生涯规划和就业指导。

高校毕业生应转变择业就业观念，树立科学的就业目标，找准职业定位，才能实现人生远大理想。教育和引导大学生确立科学的择业就业观念，需要加强大学生职业生涯规划和就业指导教育，既要帮助学生设计人生目标，又要引导学生完成学业并树立远大的理想，帮助学生做好学业规划和职业生涯规划。从而实现高校和教师由传统的定位向关注学生终身成长和成为学生终生"教练"的方向发展。

依据《教育部办公厅关于印发〈大学生职业发展与就业指导课程教学要求〉的通知》要求，我们在大学生职业生涯规划与就业指导课程的理论与实践方面积极探索，创新模式，加强了就业工作的全程化指导。同时，我们在广泛收集、借鉴行业内专家、学者的理论观点和做法基础上，组织编写《大学生职业发展与案例指导》，帮助学生树立职业生涯规划意识，充分认识职业生涯规划的重要意义，有效提升其就业竞争力和履职胜任力，为授课教师更好地开展教学提供辅助支持。从而提升大学生职业生涯规划教育教学质量，帮助大学生做好职业生涯规划，促进大学生顺利就业、充分就业和高质量就业。

编　者

2022 年 12 月 12 日

目 录

第一章 职业基础知识 (1)
第一节 职业及职业的意义 (1)
第二节 职业的起源与演变 (3)
第三节 职业的特征与功能 (7)
第四节 职业的类型与划分 (10)
第五节 职业资格证书制度 (24)
第六节 热门职业及其趋势 (32)

第二章 职业生涯规划 (56)
第一节 职业生涯规划及其现实意义 (56)
第二节 职业生涯规划的分类及原则 (63)
第三节 职业生涯规划的步骤 (66)
第四节 影响职业生涯规划各种因素 (72)
第五节 大学生职业生涯规划文案的制作 (76)

第三章 大学生职业生涯决策 (111)
第一节 决策概述 (111)
第二节 大学生职业生涯决策的分类和一般过程 (120)
第三节 大学生职业生涯决策方法与模型 (125)
第四节 大学生职业生涯决策表的制定 (134)

第四章 如何进行职业选择 (145)
第一节 提高职业决策能力 (145)

第二节 选择目标职业 ………………………………………… (148)

第五章 目标定位 ………………………………………………… (162)
第一节 目标定位概述 ………………………………………… (162)
第二节 目标定位的理论依据 ………………………………… (172)
第三节 目标定位的辅助工具 ………………………………… (182)

第六章 培养职业意识 …………………………………………… (199)
第一节 责任意识 ……………………………………………… (199)
第二节 规划意识 ……………………………………………… (201)
第三节 质量意识 ……………………………………………… (203)
第四节 创新意识 ……………………………………………… (206)
第五节 团队意识 ……………………………………………… (208)

第七章 打造职业素质 …………………………………………… (225)
第一节 职业素质的内涵及其意义 …………………………… (225)
第二节 职业素质的特征及其结构 …………………………… (229)
第三节 职业素质的种类及其培养 …………………………… (232)

第八章 职业生涯规划案例分析 ………………………………… (247)
第一节 生涯初识 ……………………………………………… (247)
第二节 自我探索 ……………………………………………… (264)
第三节 外部探索 ……………………………………………… (297)
第四节 职业决策 ……………………………………………… (315)
第五节 规划拓展 ……………………………………………… (335)

参考文献 …………………………………………………………… (397)

后　记 ……………………………………………………………… (408)

第一章 职业基础知识

职业与人的一生密切相关,选择职业就是选择未来和人生。职业生涯规划其实是人生的战略设计,成功的人生需要正确的生涯规划,对于大学生而言尤为重要。所以,认识职业,掌握与职业相关的基础知识,对职业生涯进行规划是个人职业生涯成功的基本前提。

第一节 职业及职业的意义

世界总是在千变万化,职业随之也不断推陈出新。对于绝大多数人来说,如果没有了职业,也就失去了最基本的生活条件。作为即将走向社会的大学生来说,职业是大学生展示才华、彰显自我、提升能力、创造未来的平台,是谋求自我发展的途径之一,更是实现经济独立的重要手段。所以,作为当代大学生,更应该关注社会职业的发展和自身职业能力的提升。

一 职业的内涵

职业是人们在社会分工中所从事的社会劳动,他是一种社会经济和社会现象的统一体,是人们生活方式、经济状况、义化水准、行为模式、思想情操、社会地位等的综合反映,也是一个人的权利、义务和职责的具体体现,从本质上体现了人与社会的关系。

从社会角度和个人角度将职业概括为:

(一)社会角度

1. 职业的产生离不开人类的辛勤劳动,劳动在创造了人类的同时,也创造了职业。人们在从事各项职业的过程中，都承担着一定的责任，履行相关的义务。

2. 职业是一种稳固的劳动，人们在某种职业上从事的劳动有明显的连续性。

3. 由于社会分工的不同而产生相应的职业，所以，职业的产生不以人的意志为转移，如果社会分工存在，职业就会自然存在或继续发展。

（二）个人角度

1. 无论任何人，选择任何职业，都有一定的经济收入，来解决其生存的需求。

2. 无论人们从事什么职业，自身都需要掌握专门的知识与技能，来创造物质和精神财富，这是职业划分的重要基础之一。

3. 职业是个人从事的专门工作，通过这种专门的才能而被社会认可，体现了个人为社会服务的主要途径之一。

二　职业的要素

职业主要由以下五个要素组成：

（一）职业名称：职业具有符号特征，一般是由社会通用的称谓来加以命名。

（二）职业主体：每一种职业都是一种社会分工活动，每种职业都需要相应资格和相应能力的劳动者。

（三）职业客体：职业活动的工作对象、工作内容、劳动方式、劳动场所等。

（四）职业报酬：通过职业活动，工作人员所取得的各种报酬。

（五）职业技术：从事职业活动时，劳动者所运用的自然、社会和思维技术的统一体。主要体现在从事职业活动时，人们对所使用的材料、工具、制作方法的应用与推进。

三　职业的意义

职业是人们在社会生活中的重要地位之一，它不但是人们谋求生存的需要，更是人们服务人类、贡献社会、展现自我的舞台。对于任何从业者而言，其主要意义在于：

（一）职业是一种谋求生存的手段

个体通过自身努力，凭借就业这一途径实现生存需求，从中得到最基本的安全感。在谋求生存的过程中，个人通过劳动方式为社会创造物质和精神财富，为人类的生生不息和社会的繁荣进步提供有力保障。

（二）职业为从业人员提供发展空间

人生价值的关键体现，在于职业为个人发展自我能力、彰显自我价值提供了广阔的空间，无论从任何角度着眼，都离不开职业活动。职业为每一个人划定了工作岗位、要求与目标，个人要按照工作要求，围绕工作岗位开展各项工作，将扎实的知识、熟练的技巧运用到职业活动之中，创造出一定的效益来回报社会、奉献社会，进而实现个人与社会的完美融合，获取社会的尊重，实现个人的人生价值。

（三）职业为从业人员提供便利环境

个人在自身努力过程中，产生的生活资料十分有限，所以需要进行劳动成果的交换，在使自己的需求得到满足的同时，又满足了其他社会成员的需求，从而达到为他人服务的思想。这是个体职业劳动的客观组成，又是责无旁贷的社会职责。当然，这种责任与义务的强弱，对不同时期、不同社会、不同个体都有着不同的差异。

第二节　职业的起源与演变

职业是社会分工不同而产生的结果，随着经济的发展、社会的进步以及科学技术的迅猛发展，职业在其种类、数量、划分、结构及各种要求上都在不断变化，不断发展。

一　职业的起源

职业作为人类的基础社会活动，是人类社会生产力发展到一定阶段的产物，是随着社会分工的不同而产生的结果。在原始氏族社会，社会分工就初步开始，人们能够采集各类果实、外出打猎，使用各种各样的原始工具，从事各类原始农业，制造食物等。可以说，原始社会时期的这些活动与工作，不能称得上是真正意义上的职业，其主要原因是没有固定的从事某种专门工作的人群整体。

随着人类的进化和生存的需求，人类征服自然的能力越来越强，加之社会生产力的渐渐发展，人类开始制造和使用手工工具，于是便产生了手工业；随着人类对自然界的不断适应，于是便开始种植谷物，进而产生了农业；伴随着手工业和农业的发展，一些固定的群体，便成为商业的主流；进而由于社会分工的不同，便出现了人类社会历史的最初职业：官吏、工匠、老师、商人、牧人、巫师、农夫等。

二　职业的演变

（一）新旧职业更替较快

由于社会分工的精细化以及科技的不断进步，社会劳动随之变得越来越复杂，职业的分类越来越多，职业的范围也越来越广，专业化程度越来越高、越来越精。正由于这种社会工分和职业的变化，出现了一些新的职业和职业群体，而且新旧职业的更替速度较快。例如，石油化工工程师、转基因工程师、节能技师和技工、生化实验工程师、建筑设计工程师、计算机辅助设计师、纳米材料生产技师等，都是一些新兴的职业；现在人们所用的马车、人力手推车等已经逐渐被淘汰，特别是随着计算机技术的推广与普及，大部分学校教师上课几乎都使用现代化教学手段，使用粉笔板书的教师越来越少。

（二）老职业的逐渐消退

在产业结构调整中，衰落和消退的职业主要体现在第一、第二产业中，第三产业仍旧占据主要部分，如传播、物流、保健、教育、旅游、卫生、电子等，只有个别职业消退，如铅字排字员、票证管理员等；有时职业的衰落和消退与政策的导向、制度的限制有关，致使一些职业难以发展与生存。

（三）社会服务要求较高

伴随着社会职业种类的越来越多，人们对职业的服务要求越来越高。这些职业主要集中在信息咨询、管理体系和社会服务上。

信息业在可预知的未来是发展最快的产业，信息咨询便是人类发展的职业群体中最为旺盛职业之一。根据经济合作与发展组织统计，"信息职业"已经占各种新兴职业总和的40%以上，甚至有的专家认为，信息业有可能从第三产业领域中独立出来，成为第四产业。管理体系对于社会发展、人们的生产生活影响较大，同时第三产业是发展较快的职业群体，在管理体系的职业群体中，高水平的专业人员和服务体系不断细化与分工，不断提升承担的责任，进而提高了社会地位与名誉。如人力资源管理师、心理咨询师、保险评估师等。随着社会居民生活水平的提高，人们对服务业的要求越来越高，进而新兴的家政服务、保健、旅游、育婴师、装饰设计师等业务种类越来越多，质量越来越高。使社会居民生活需求日益趋于丰富性、多样性、多彩性。

三 职业的发展趋势

职业自产生以来，就随着社会生产力和社会分工的进步与发展不断发生变化。职业的发展趋势主要表现在以下几个方面。

（一）职业的种类越来越多

随着社会分工越来越细和职业分化的种类越来越多，职业已远远超过"三百六十行"，20世纪70年代，全世界职业的种类就已经达到了42000多种，目前种类更加繁多。

（二）行业变化的速度越来越快

在工业革命时期，生产行业主要是纺织业。20世纪，钢铁冶金、汽车生产和建筑业才先后超过纺织业。需要我们注意的是，电子行业从产生到成为社会主要行业，仅仅用了几十年时间。从主要依靠农业生产到工业革命经历了数千年，而从工业革命到新产业革命，只用了200多年。在这期间，新的行业不断涌现，各行业的主次递序变化随着社会发展、生产力进步也越来越快。

（三）行业转化的方式越来越多

1. 由单一、基础型向跨专业、复合型转化

从目前各类招聘和就业情况看，职业的要求和生产方式正在由简单向精细化转变，过去具备单一技能就完成的生产任务，随着职业内涵的拓展，需要更多相关专业知识和技能，需要跨专业的协作和复合型人才的参与。例如，许多从业人员都要求具备一定的英语能力、计算机技能等。

2. 由封闭型向开放型转化

随着社会的不断进步，职业范围和面向的服务对象越来越广，接收信息的渠道更加广泛，社会交往和协作不断增强。开放型体现在职业工作的性质上，增加了以人与人之间联络、沟通、信息咨询和交易为表现形式的内容。例如，许多职业都需要借助互联网从事生产活动。

3. 由传统工艺型向信息化、智能型转化

传统工艺型职业在科技含量上相对较少，技术更新速度较慢，跟不上时代步伐。科学技术是生产力的理论与实践充分说明生产力发展的关键因素是增加职业科技含量，改良劳动组织和生产技术。掌握并能熟练运用信息管理方法的从业人员是今后职业更新、工作内容更新需要的新型人才。例如，仓库管理工作由于需要及时提供库存信息，而向物流专门人才发展。

4. 由继承型向知识创新型转化

随着知识经济时代的到来，创新意识需要不断增强，大众创业、万众创新是社会发展的主流和趋势。今后只有创新型、创造型人才才能更好地胜任岗位职责。例如，舞台灯光设计师、个人形象设计师等职业，这些职业越来越需要具有前瞻性和创造性。

5. 由服务性职业向知识技能化转化

专家预测，服务行业会越来越多地出现新的职业，特别是与健康、通信和计算机相关的行业。服务行业对从业人员质量的要求不断提高，产生了知识型服务性职业，服务行业成为吸纳社会劳动力的主要渠道。如传统的职业介绍演变为职业指导或人力资源服务，从最初的提供信息和开展中介活动发展为利用知识提供信息咨询和毕业培训服务。

职业发展趋势使个人在就业时，出现了前所未有的情况：一是劳动岗位中脑体混合且体力劳动所占的比例越来越小；二是专业绝对对口的岗位越来越少；三是生产劳动需求的空间越来越小，行业特征相较于过去变得不那么鲜明；四是职业知识需求和技能更新周期缩短，复合程度提高，使宽口径复合型和通用型人才择业余地加大，用人单位对个人非专业综合素质的要求不断提高。

第三节 职业的特征与功能

一 职业的特征

根据职业产生的历史及职业主体对社会发展产生的影响，职业主要有以下特征：

（一）基础性

职业是个人、社会存在和发展的基础，因为职业为人们解决了生活所需的经济来源问题。人们为了生存，必须从事职业活动，人们的各种社会活动和人文活动，大多建立在职业存在和发展基础之上。社会正是有了职业化生产活动，其他一切社会活动才有存在和发展的基础。

人类文明的发展和进步，绝大多数是建立在职业分工基础之上。人类有了农业、农民，就能够利用自然界提供或者主动生产出生存资料；人类有了手工业、机器大工业、产业工人，就能够创造品种丰富、数量巨大的生活资料和生产资料；社会有了第三产业，也就拥有了服务性劳动者、科学家、艺术家等，才能够让人类社会生活和发展得更加丰富多彩。

（二）专业性

任何一种职业都需要专业知识、专业技巧和专业能力，需要在特定情境下遵循职业道德品质的要求，只有具备了这些特殊的要求，才能承担相应的工作，胜任相应的职业。伴随着社会的不断进步，职业的专业性要求将越来越高。

（三）广泛性

职业涉及社会的各个领域和大部分成员，也涉及政治、经济、社会、生理、心理、教育、技术、伦理等诸多领域。因此说，职业具有广泛性。就个人而言，个人生存和发展涉及的一切内容，都与不同类型的职业发生着联系。

正是基于这种广泛性，许多学科如社会学、政治学、经济学、管理学、生理学、心理学、教育学以及各种工程技术学科等，都把职业问题作为自己的研究对象。

(四) 同一性

相对同一类别的职业,需要的劳动条件、工作对象、生产工具、操作内容和人际关系等方面是相同或相近的。基于此,职业内的员工就会形成同一的行为模式,有共同语言,容易相互认同。同行与同事就是具有一定类似之处的人群。

基于职业的同一性,才构成工会、行业协会和商会等社会组织,才有从事同一职业人群的利益共同体。职业的同一性,往往会有社会印记。例如,李四是商人,人们会认为他精明;李四改行从事艺术创作,人们就认为他活泼而浪漫;李四去当教师,人们则认为他有学问;如此等等。

(五) 差异性

不同职业之间,可能具有较大的差异,这些差异包括:劳动内容、社会心理、个人的行为模式等。一般来说,人类社会必然存在分工,有着多种多样的职业。俗话说的"三百六十行",现代社会实际上有着多达几千甚至上万种职业,各类职业间存在差异。这种差异性导致了不同职业者有着不同的社会人格,以及个体在职业转换中出现各种矛盾与困难。

随着社会分工越来越细,科学技术的进步、经济结构的发展变化以及社会不断向前发展,新职业不断产生,新产生的职业数量要远远大于被淘汰的不适应社会发展需求的职业。随着社会的发展,职业的差异性还将持续加大。

(六) 层次性

不同的职业,可以区分为不同的层次。尽管从社会需要的角度"存在即合理",职业间不分重要与否,或者说没有"高低贵贱"之分,"三百六十行,行行出状元",但在现实社会中,人们对不同职业的社会评价事实上存在差别,依然持有"高低贵贱"的态度和看法。

职业评价的层次性,根源在于不同职业的体力、脑力劳动付出的不同和工作复杂程度不同,以及工作的轻松度、教育资格条件、在工作组织权力结构中的地位、工作的自主权、收入水平、社会声望等方面的差别。

因此,要承认和运用职业的层次性。若一个社会只注重总体而忽略个人,以"服从社会需要"来抹杀职业的层次性,则是违背客观实际的。当社会重视个人时,必然承认职业的层次性,承认职业存在地位高低的区别,也就应当通过给人们创造平等竞争、自由择业的机会,促进人向上流动，进而促进社会的健康发展。

（七）时代性

职业的时代性一方面表现为职业随着时代的变化而变化，新职业产生替代不适应社会发展的职业；另一方面是社会有自己的"时尚"需求，具体表现在人们热衷的职业。

个人与时代精神的关系往往也反映在人的职业取向上。例如，"十年动乱"期间，知识分子被视为"臭老九"，普遍受到责难，为民众轻视；粉碎"四人帮"以后，大家都追求上大学，学知识，人生目标变成当工程师、科学家；改革开放以来，人们转而关注第三产业，许多青年人把商业经营当作向往的工作。

职业除了上述特征外，还有经济性、多样性、稳定性、连续性、群体性等特征。

二 职业的功能

职业是社会存在的主要内容，是社会发展的动力源泉，还是社会控制的手段之一；所以职业的功能是职业活动与职业主体对人和社会的作用和影响。

（一）职业的个体功能

1. 职业是人生价值的主要活动

职业是人们参与主要社会活动、围绕社会进步、进行人生实践的主要依据，从各个角度决定着个人的性格、兴趣、生活道路、家庭境遇等。每一种职业生活使从业人员进入这种社会情境之中去，而这种情境由于职业的改变而改变。没有职业，也就没有从业人员的社会角色、行为模式的各类活动。

2. 职业是谋求生存的重要手段

任何一种正当的职业，都有一定的经济回报，更是个体获得一定利益的手段，因此职业是人们生存和维持家庭的物质基础。不同职业、岗位不仅能给从业人员带来不同的权力、地位、名誉及各种便利等，而且对从业人员而言也是一种心理上的支撑、精神上的慰藉。因此，追寻更高的社会职位，成为更多人向往的目标，人们在职业问题上的努力奋斗，使得人们在社会职位中呈现出积极向上的态势。

3. 职业是个体展现才能的途径

不同的职业，需要不同的职业人员来完成。每一种职业都要求从业人员掌握与本职业有关的特有的专业知识、技术技能、职业道德、处事原则、创新意识等。职业使人的才能得以发挥，并且成为促进个人成长，形成良性发展的重要手段。从业人员承担了某种职业，马上进入社会分工体系中来参与各类活动，从业人员在这个体系中的劳动结果，已经呈现出为社会承担责任、奉献自我的劳动价值。

（二）职业的社会功能

1. 职业是社会存在的内容

职业分工及其结构，是社会经济制度与结构的重要组成部分，是社会经济发展水平的反映。人们通过职业劳动，创造出社会财富，为社会的存在和发展提供物质基础。

2. 职业是社会发展的动力

职业的社会活动，包括个人改善职业的向上流动、与社会经济结构联系的职业结构变动、不同职业之间的矛盾冲突及解决等，都构成了推动社会发展与进步的动力。

3. 职业是社会控制的手段

职业是人的重要生活方式，"安居乐业"是人们的共同愿望。政府为公众创造职业岗位及就业机会，执行促进"充分就业"的政策，从其社会功能角度看，是为了减少社会问题、维护社会安全与稳定。

第四节　职业的类型与划分

一　职业分类的依据与方法

所谓职业分类，是采用一定的标准和方法，依据一定的分类原则，对从业人员所从事的各种专门化的社会职业所进行的全面、系统的划分与归类。它是一个国家形成产业结构概念和进行产业结构、产业组织及产业政策研究的基础，对于社会各个行业的发展有着十分重要的意义。任何一个国家的职业分类都影响并制约着其国民经济各部门管理活动的成效。

职业分类的基本依据是工作性质的同一性。职业分类包括职业的划分与归类，按照工作性质的同一性进行职业分类。一方面是根据职业活动工作特征的相异程度进行的划分；另一方面是根据职业活动工作特征的相同程度进行职业的归类。

任何一个国家的职业分类都是建立在一个分类结构体系之上的，针对体系中的每个层次，依据不同的原则和方法，才能实现总体结构的职业划分与归类。世界上经济发达国家都非常重视职业分类问题的研究，这不仅是形成产业结构概念和进行产业结构、产业组织及产业政策研究的前提，同时也是对劳动者及其劳动进行分类管理、分级管理及系统管理的需要。

职业分类的基本方法是工作分析法。职业分类工作分析法是将任何一种职业活动依据其工作的基本属性进行分析，按照工作特征的相异与相同程度进行职业的划分与归类。

二 国外的职业分类与划分

（一）国际标准职业分类

国际标准职业分类（International Standard Classification of Occupations，ISCO）是国际劳工组织（International Labour Organization，ILO）为给各国提供统一准则而制定的职业分类标准。早在1923年的第一届国际劳工统计学家会议上人们就讨论了制定职业分类国际标准的需要。到1949年，这一项目正式启动。1958年《国际标准职业分类》初版发行，之后又经1968年、1988年、2008年三次修订，形成目前的最新版本《国际标准职业分类（2008）》（简称ISCO-08）。

1958年《国际标准职业分类》第一版上就指出，ISCO的主要目的有三点：(1) 为了便于各国统计数据间的比较；(2) 指导各国政府进行国家职业分类体系的修订；(3) 为在国际背景下辨识某些特殊的地域性职业提供途径。几十年来，ISCO确已成为世界各国制定和修订职业分类体系的蓝本，也为促进国际上相关领域的交流做出了贡献。

ISCO将职业区分为大类（major group）、小类（minor group）和细类（unit group），自《国际标准职业分类（1988）》（简称ISCO-88）起，又在大类和小类之间增加了中类（sub-major group），使分类更加细致完整。ISCO的前两版《国际标准职业分类（1958）》（简称ISCO-58）和《国际标准职业分类（1968）》（简称 ISCO – 68）对职业进行分类所依据的基本标准是该职业所要完成的工作类型（type of work performed），其中暗含着完成该工作需具备的技能。到了 ISCO – 88 和 ISCO – 08，技能水平（skill level）和技能的专业程度（skill specialization）作为划分标准被明确提出来并得到了进一步强调。

ISCO 目前的最新版本是 ISCO – 08，它通过于 2007 年 12 月国际劳工组织召开的国际标准职业分类修订大会。2008 年版在维持 1988 年版的基本原则和主要框架的基础之上，进行了一系列的改变。这些改变一是鉴于各国在参照 ISCO – 88 进行分类并投入实际应用时所获取的一些经验，二是基于世界范围内工作的最新发展。

表 1 – 1　　　　　　　　ISCO – 88 与 ISCO – 08 的比较

类别	ISCO – 88	ISCO – 08
大类	1. 立法者、高级官员和管理者 2. 专业人员 3. 技术人员和专业人员助理 4. 一般职员 5. 服务人员和商店及超市销售人员 6. 熟练的农业和渔业工人 7. 工艺及有关人员 8. 机械机床操作员和装配工 9. 非技术工人 10. 军人	1. 管理者 2. 专业人员 3. 技术人员和专业人员助理 4. 办事员 5. 服务人员及销售人员 6. 农业、林业和渔业技术员 7. 工艺及有关人员 8. 机械机床操作员和装配工 9. 非技术工人 10. 军人
中类	28	43
小类	116	125
细类	390	436

从表 1 – 1 中可以看出 ISCO – 88 与 ISCO – 08 大类的变化及中、小、细类的增加。总体而言，2008 年版比起 1988 年版本分类更加细化，其中新增或更新的中类有：生产及专门服务管理人员，招待、零售及其他服务管理人员，工商管理专业人员，资讯及通讯科技专业人员，法律、社会和文化专业人员，商业及行政专业助理人员，法律、社会、文化及有关专业助理人员，资讯及通讯技术人员，数字和材料记录文员，个人护理工作

者,电气和电子行业工人,食品加工、木材加工、服装及其他工艺及相关行业工人,清洁工及佣工,食品制作助理人员,垃圾工人和其他基层劳工,有军衔的军队士官,无军衔的军队士官,其他军阶的军人。

此外,从跟以往各版本的比较中可以发现,2008 年版很多更新的内容是出于对 1988 年版在应用中所产生问题的补救。这体现在 1968 年版一些被 1988 年版废除的类别又重新出现在 2008 年版上,例如,重新将店主从其他的管理者中分离出来,以及重新引入自行车修理员、炊事助理等。

(二) 美国的职业分类

美国是世界上较早建立职业分类系统的国家之一,早在 1850 年,美国就模仿标准行业分类系统 (Standard Industrial Classification, SIC) 建立了包括 322 个职业的分类系统。20 世纪中期,随着社会迅速发展,美国原有的分类系统已经不能适应新世纪服务型职业和高科技职业的发展要求,美国由此便成立了标准职业分类修订政策委员会 (Standard Occupational Classification Revision Policy Committee, SOC Committee) 来对原有的 SOC 进行重新修订。因此,SOC 2000 应运而生,SOC 2000 还通过职业代码与美国职业信息网络系统 (Occupational Information Network, O*NET) 等职业数据库相联系,更好地适应了时代发展的需求。

21 世纪以来,由于经济和科学技术的快速发展,许多新兴职业相继出现。从 2005 年起,美国再一次对职业分类系统进行修订,最终形成了新的职业分类系统,即 SOC 2010。

SOC 2000 与 SOC 2010 相比,在中类、小类、细类职业上均有所变化。其中,SOC 2010 增加了 24 个新职业,其中作出了较多的变化和补充的是信息技术职业,健康护理职业,印刷和人力资源行业。具体比较如表 1-2、表 1-3 所示。

表 1-2 美国 SOC 2000 与 SOC 2010 职业分类体系比较 (一)

类别		SOC 2000			SOC 2010		
大类		中类	小类	细类	中类	小类	细类
1. 管理类		4	27	34	4	30*	34
2. 商业与金融运作		2	20	30	2	23*	32*
3. 计算机与数学类		2	14	16	2	11*	19*

续表

类别	SOC 2000			SOC 2010		
	中类	小类	细类	中类	小类	细类
4. 建筑和工程类	3	21	35	3	21	35
5. 生命、自然、社会科学	4	23	44	4	23	43*
6. 社区和社会服务	2	6	17	2	6	18*
7. 法律	2	4	9	2	4	9
8. 教育、培训、图书馆相关	5	26	61	5	26	63*
9. 艺术、设计、娱乐、体育和传媒	4	16	41	4	16	41
10. 保健专业技术	3	23	53	3	27*	61*
11. 保健支持类	3	5	15	3	5	17*
12. 社会保护服务类	4	14	21	4	11*	18*
13. 食品加工和餐饮	4	11	18	4	11	18
14. 建筑物和地面清理与维护	3	4	10	3	4	10
15. 个人护理和服务	7	20	34	8*	20	33*
16. 销售及相关	5	15	22	5	15	22
17. 办公及行政支持类	7	48	55	7	49	56*
18. 农业、渔业和林业	4	9	16	4	9	15*
19. 营建及钻探类	5	37	59	5	38*	60*
20. 安装、维护和维修	4	17	51	4	19*	52*
21. 生产类	9	51	110	9	50*	108*
22. 运输及物流	7	35	50	7	37*	52*
23. 军事类及特定	3	3	20	3	3	20
合计	96	449	821	97	461	840

表1-3　美国SOC 2000与SOC 2010职业分类体系比较（二）

改变的类型			2010 SOC与2000 SOC比较	
编码改变	名称变化	定义变化	数量	百分比（%）
无	无	无	359	42.7
无	无	有	356	42.4
无	有	有	44	5.2
有	有	有	42	5.0

续表

改变的类型			2010 SOC 与 2000 SOC 比较	
编码改变	名称变化	定义变化	数量	百分比（%）
无	有	无	21	2.5
有	无	有	11	1.3
有	无	无	7	0.8
有	有	无	0	0.0
总计			840	100

注：因编者统计过程偶有取舍的原因，总数略有出入。
数据来源：http://www.bls.gov/soc/soc_2010_whats_new.pdf 及麦克斯研究杂志。

2013 年，美国开始 SOC 2018 的修订工作并于 2017 年完成。SOC 2018 将所有劳动者分成 867 个详细职业。再将工作职责类似的详细职业，以及具有相同技能、教育和培训要求的详细职业进行归类。SOC 2018 的分类结构分四层，具体是：23 个主要职业群；97 个小组；461 个广泛职业；867 个详细职业。2018 年 SOC 系统在改善以往的分类系统便于职业数据统计之外，还通过职业代码为美国现行职业信息网络系统提供了更新的依据。

（三）新加坡的职业分类

新加坡职业分类（Singapore Standard Occupational Classification，SSOC）是由新加坡统计局推出的国家职业分类体系。

SSOC 依据的基本原则是所要完成工作的主要类型，工作主要任务相同的人从事同一类型工作，应被划入相同的职业群。用来定义众多工作种类的基本概念是技能，技能是指完成一项工作的任务和职责所需的能力。与 ISCO 一样，SSOC 将技能定义为两个维度，技能水平和技能的专业程度。

技能水平根据应受教育层次的不同划分为四个等级：

1. 第一级技能水平被定义为接受初等教育或未接受教育；
2. 第二级技能水平被定义为接受中等或中等后教育；
3. 第三级技能水平被定义为接受过比前面更高等级的教育但不等同于大学教育；
4. 第四级技能水平被定义为接受过比前面更高等级的教育，等同于本科或研究生教育。依据四级技能水平，SSOC 中的大类划分如表 1-4 所示。

表1-4　　　　　　　　新加坡SSOC中大类的技能水平划分

序号	大类	技能水平
1	立法者、高级官员和管理人员	—
2	专业人员	4级技术水平
3	辅助专业人员和技术人员	3级技术水平
4	职员	2级技术水平
5	服务人员和商店与市场销售人员	
6	农业和水产业工人	
7	手艺人和相关行业工人	
8	设备与机械操作和装配工	
9	清洁工、劳工和相关行业的工人	1级技术水平
X	未分类职业的从业者	—

2010年2月，新加坡职业分类最新版本SSOC 2010出版。SSOC 2010采用了国际标准职业分类2008（ISCO-08）的基本框架和原则。这次修订不仅配合了国际标准的变化，也反映出劳动力市场的发展，特别是新职业的出现。

表1-5　　　　　　　　SSOC 2005与SSOC 2010的比较

类别	SSOC 2005	SSOC 2010
大类	10	10
中类	32	43
小类	119	140
细类	317	400
职业	999	1122

如表1-5所示相较于SSOC 2005，SSOC 2010在大类上基本没有变化，但中类、小类明显细化，并囊括进了一批新兴职业。SSOC 2010较SSOC 2005新增或更新的中类有：行政和商业管理者，生产及特别事务管理人，招待、零售及相关服务管理者，卫生技术人员，信息和通信技术的专业人员，保健辅助专业人员，信息与通信技术员，一般文员及打字员，数值和材料记录文员，个人服务工作人员，起居照顾员，垃圾工人和其他基层劳

工，电气和电子行业的工人，农业、渔业及相关劳工，食品制作和厨房助理，保安服务工作人员。

三 我国的职业分类与划分

与发达国家相比，我国在职业分类领域上属于起步阶段，但自新中国成立以来，为满足国民经济的发展、规范社会人口普查、顺应劳动人事规划指导等，根据我国国情和社会特点的需要，我国有关主管部门对职业分类工作进行了大量的实际调研，制定出有关职业分类的标准和相关政策。

（一）我国职业分类的基本情况

改革开放以后，我国先后制定了国家标准《劳动力市场职业分类与代码》《中华人民共和国工种分类目录》，并根据社会经济发展的需求修订了国家标准《劳动力市场职业分类与代码》，在此基础上，组织制定了《中华人民共和国职业分类大典》。我国台湾及澳门地区自20世纪60年代以来也根据各自经济不同时期的发展，建立了符合地区实际需求的职业分类体系。以国家《劳动力市场职业分类与代码》《中华人民共和国工种分类目录》和《中华人民共和国职业分类大典》为标志，全面反映了我国现代职业分类的实践发展进程。

（二）我国职业分类的基本类型

根据有关主管部门对职业分类公布的标准，我国的职业分类目前有以下几种类型：

1. 根据人口普查的职业分类

1982年3月，根据原国家统计局、国家标准总局、国务院人口普查办公室为适应第三次全国人口普查等需要组织了相关人员编写了《职业分类标准》。

该《职业分类标准》依据在业人口所从事的工作性质的同一性进行分类，将全国范围内的职业划分为大类、中类、小类三层，即8大类、64中类、301小类。

8个大类的排列顺序是：第一，各类专业、技术人员；第二，国家机关、党群组织、企事业单位的负责人；第三，办事人员和有关人员；第四，商业工作人员；第五，服务性工作人员；第六，农林牧渔劳动者；第七，生产工作、运输工作和部分体力劳动者；第八，不便分类的其他劳动者。

在八个大类中，第一、第二大类主要是脑力劳动者，第三大类包括部分脑力劳动者和部分体力劳动者，第四、第五、第六、第七大类主要是体力劳动者，第八大类是不便分类的其他劳动者。

2. 根据国民经济行业的分类

1984年由原国家发展计划委员会、国家经济委员会、国家统计局、国家标准局批准并发布《国民经济行业分类与代码》，1985年实施《国民经济行业分类与代码》，1994年加以修订，2002年又颁布了新的由国家统计局牵头修订的《国民经济行业分类》的国家标准。

《国民经济行业分类》标准主要按企业、事业单位、机关团体和个体从业人员所从事的生产或其他社会经济活动的性质的同一性分类，即按其所属行业分类，将国民经济行业划分为门类、大类、中类、小类四级，共有20个行业门类，95个大类，396个中类，913个小类。其中20个行业门类：农、林、牧、渔业；采矿业；制造业；电力、燃气及水的生产和供应业；建筑业；交通运输业；仓储和邮政信业；信息传输、计算机服务和软件业；批发和零售业；住宿和餐饮业；金融业；房地产业；租赁和商务服务业；科学研究、技术服务和地质勘查业；水利环境和公共设施管理业；环境管理业；居民服务和其他服务业；教育；卫生、社会保障和社会福利业；文化、体育和娱乐业；公共管理和社会组织。

可见，根据人口普查的职业分类方法和根据国民经济行业的分类方法符合我国的基本国情，简明扼要，具有现实性和普遍性，也符合我国现在的职业现状和要求。

根据不同标准，可有不同的方法对职业进行分类。如：从行业上划分，可分为第一、第二、第三产业；从工作特点上划分，可分为务实（使用机器、工具和设备的工种）、社会服务、文教、科研、艺术及创造、计算及数学（钱财管理、资料统计）、自然界职业、管理、一般服务性职业等10多种类型的职业。每一种分类方法，对其职业的特定性都有明确的解释，这对我们更好地掌握某一职业的特点，去选择适合自身职业有指导作用。

3. 根据从事职业工种的分类

工种分类目录是将我国各产业行业的各类工作种类进行科学、规范、系统的划分，形成完整的工种分类体系。

《中华人民共和国工种分类目录》（以下简称《目录》）是劳动部会同国务院 45 个行业主管部门，组织各方面专家、学者、技术人员，在广泛调查研究和充分进行论证的基础上，经过四年时间于 1992 年编制完成的，是我国第一部综合性工种分类目录。

《目录》按行业分成 46 个大类，按照"行业—专业—工种"的顺序依次编排工种。行业或专业名称参照《国民经济行业分类和代码》，并根据我国的实际情况确定。每一个行业被赋予一个两位数代码。行业内部工种目录编码按照"行业代码—顺序号"的顺序排序。

《目录》共包括 46 个大类，4700 多个工种，基本覆盖了我国所有工人从事的工作种类。每个工种都含编码，工种名称，工种定义，适用范围、等级线、学徒期培训期、见习期和熟练期等项内容。工种名称既反映了工种特性，又兼顾其行业的特点和习惯称谓。工种定义是对工种性质的说明，包括工作手段、方式、对象和目的等项内容。适用范围是指工种技术简单与复杂的程度。

4.《中华人民共和国职业分类大典》

1995 年初由原劳动部、国家统计局、国家技术监督局联合中央各部委成立的"国家职业分类大典和职业资格工作委员会"，启动了《中华人民共和国职业分类大典》编制工作，中央、国务院 50 多个部委（局）以及有关企业、院校和科研单位的近千名专家学者参加了历时 4 年的编制工作，于 1999 年初通过审定，并于 1999 年 5 月正式颁布。

《中华人民共和国职业分类大典》将我国职业归为 8 个大类，66 个中类，413 个小类，1838 个细类（职业）。其中 8 个大类分别是：

（1）国家机关、党群组织、企业、事业单位负责人；
（2）专业技术人员；
（3）办事人员和有关人员；
（4）商业、服务业人员；
（5）农、林、牧、渔、水利业生产人员；
（6）生产、运输设备操作人员及有关人员；
（7）军人；
（8）不便分类的其他从业人员。

其中，除未分类的"军人"和"不便分类的其他人员"外，职业数量最多的是第六大类，在"生产、运输设备操作人员及有关人员"中包括27个中类，195个小类，1119个细类，占实际职业总量的74.8%；职业数量最少的是第一大类"国家机关、党群组织、企业、事业单位负责人"，其中包括5个中类，16个小类，25个细类，占实际职业总量的1.67%。

《中华人民共和国职业分类大典》颁布实施后，由于社会生产力的发展及产业结构的调整，我国职业结构也随之发生了变化，随着旧的职业逐渐消失，新的职业油然而生。为了适应新的变化，2004年，劳动和社会保障部门又组织了有关专家、学者对《中华人民共和国职业分类大典》进行了增补修订，并于2005年完成。增补后的《中华人民共和国职业分类大典》，共收录了信息产业、现代服务等方面的77个新职业。2011年5月，国家职业分类大典修订工作委员会会同人力资源和社会保障部质检总局、统计局发布了《关于加快做好2011年国家职业分类大典修订工作的通知》，于2012年6月修改完成后实施。

2015年10月，《中华人民共和国职业分类大典（2015年版）》出版。2015年版《大典》在1999年版《大典》的基础上，按照以"工作性质相似性为主、技能水平相似性为辅"的分类原则，将我国职业分类体系调整为8个大类、75个中类、434个小类、1481个职业，并列出了2670个工种，标注了127个绿色职业。2015年版《大典》在分类上更加科学规范，在结构上更加清晰严谨，在内容上更加准确完整，全面客观地反映了现阶段我国社会的职业构成、内涵、特点和发展规律。

2021年4月，人力资源和社会保障部会同国家市场监督管理总局、国家统计局启动了《中华人民共和国职业分类大典》修订工作。2022年7月11日，公示《中华人民共和国职业分类大典（2022年版）》（社会公示稿）。公示稿是以2015年版《大典》为基础，将近年来已发布的新职业纳入其中，保持大类体系不变，增加或取消了部分中类、小类及职业（工种），优化调整了部分归类，修改完善了部分职业信息描述。2022年11月，人力资源和社会保障部新修订的《中华人民共和国职业分类大典（2022年版）》正式发布，其中，技术经理人作为新职业被纳入第二类"专业技术人员"中，编号为"2-06-07-16"，标志着长期活跃在技术转移一线的从业人员有了正式的职业身份，这将有力促进技术经理人队伍发展和壮大。

可以说，《中华人民共和国职业分类大典》是我国对职业进行科学分类的权威性文献。该《大典》从我国国情出发，在充分考虑经济发展、科技进步和产业结构变化的基础上，比较全面地反映了我国社会职业结构现状。《中华人民共和国职业分类大典》的颁布、修订与实施，对人们认识和掌握我国的职业分类，具有启发性、连续性、深刻性、现实性的深远影响。

四 我国职位的划分与类别

（一）职位分类

职位是在职业的基础上划分的。职位分类通常是根据职位的工作性质、责任轻重、难易程度和所需资格条件等进行分类，每一种职业都有职位的高低。从各类专业技术职务方面分析职位的分类。

1. 科学研究职业。可划分为研究员、副研究员、助理研究员、研究实习员职位。

2. 农艺（畜牧、兽医）技术职业。可划分为教授级高级农艺（畜牧、兽医）师、高级农艺（畜牧、兽医）师、农艺（畜牧、兽医）师、助理农艺（畜牧、兽医）师、农业技术人员职位。

3. 卫生技术职业。可划分为主任医（药、护、技）师、副主任医（药、护、技）师、主治（管）医（药、护、技）师、药（护、技）师、药（护、技）士职位。

4. 经济业务职业。可划分为教授级高级经济师、高级经济师、经济师、助理经济师、助理经济员职位。

5. 中学教师职业。可划分为教授级中学高级教师、中学高级教师、中学一级教师、中学二级教师、中学三级教师职位。

6. 高等学校教师职业。可划分为教授、副教授、讲师、助教、见习助教职位。

7. 会计职业。可划分为教授级高级会计师、高级会计师、会计师、助理会计师、会计员职位。

8. 中等专业学校教师职位。可划分为教授级高级讲师、高级讲师、讲师、助理讲师、教员职位。

9. 政工人员职业。可划分为高级政工师、政工师、助理政工师、政工员等职位。

（二）政府机构的职位划分

政府机构职位划分就是用法律性文件规定的机构的行政地位。它主要用于党政系统、通过职位划分明确其领导或从属关系，以及相应的政治、生活待遇，以期保证机构有序、高效地运转。机构职位主要通过不同的级别来实现。我国政府机构的级别表现主要有以下几个层次。

1. 国务院即中央人民政府，是最高权力机关的执行机关，是最高国家行政机关，国务院对全国人民代表大会负责并报告工作；在全国人民代表大会闭会期间，对全国人民代表大会常务委员会负责并报告工作。这表明了国务院在我国国家机关系统中的地位。国务院设总理1人，领导国务院工作；设副总理若干人，协助总理工作；设国务委员若干人，协助总理工作，受总理委托，负责某些方面或专项工作。

2. 部、委（省、自治区、直辖市）级。国务院各部设部长1人，副部长若干人。各委员会设主任1人，副主任若干人。省、自治区、直辖市人民政府设省长（或市长、区主席）1人，副省长（或副市长、区副主席）若干人。

3. 直属局级（相当于副部级）。这里的直属局指国务院下辖的直属机构，如国家统计局、国家海洋局、国务院法制局等。这些直属机构在级别上，稍低于各部、各委员会，高于各部、各委员会的下设司局，相当于副部级。各局设局长1人。

4. 司、局（省、自治区、直辖市的厅、局）级。国务院各部、各委员会下设司、厅、局或委员会设司长（或厅长、局长、主任）一人，副司长（副局长、副主任）若干人。地方各级人民政府实行首长负责制。各厅、局长，委员会主任由各级政府首长提名，经本级人民代表大会常务委员会通过，报上级人民政府批准任命。

5. 处（县）级。省、自治区所属县（市）和市辖区的人民政府设县（市、区）长1名，副县长、副市长、副区长若干人。其级别分别相当于处级、副处级。

6. 科（县的局）级。县、市、市辖区人民政府工作部门一般称局、委、科、办，各部门的负责人分别称局长、主任。在局、委、办内部，一般设有股或科。另外，我国县以下还设有基层行政区域单一乡镇，乡是广大农村地区的基层行政建制。镇是非农业人口占相当比例的小城市型的基层行政建制，乡设乡长1人，副乡长若干人；镇设镇长1人，副镇长若干人。其级别相当于县人民政府所属工作部门的局、科级。

（三）国家公务员的职位分类

国家公务员的职位是依据《国家公务员职位分类工作实施办法》进行分类的，有具体的分类条件、内容及职位设置的要求等。

1. 职位分类工作的条件

对列入国家公务员范围的职位实施分类，必须在单位机构改革方案已经批准，其职能、机构、人员编制正式确定后进行。

2. 公务员的职务和等级序列

《国家公务员暂行条例》第八条规定，国家行政机关根据职位分类，设置国家公务员的职务和等级序列。本条的立法主旨是规定我国职位分类制度的基本内容、程序及其在公务员制度中的作用。

（1）进行职位设置。职位设定必须在"确定职能、机构、编制的基础上"进行。作为某一具体行政机关，在进行职位分类以前，必须先确定该行政机关的职能内设机构及人员编制数额，这项工作是职位分类工作的基础和前提。职位设置是指在对行政机关的职能进行逐层分解的基础上，根据编制数额确定每个具体职位的工作。职位设置工作是机构编制管理和公务员管理的衔接点。职位设置是否科学、合理，直接关系到行政机关工作效率的高低。

（2）制定职位说明书。职位说明书是综合说明某一职位的工作性质、任务、责任及任职资格条件等内容的规范性文件。它是在职位调查、分析和评价的基础上制定的。职位说明书的制定，是职位分类工作的一项重要成果。内容主要包括：①职位名称。是指职位的规范化称谓，应力求简明并反映该职位的工作性质及职务。②所在单位。是指该职位所直接隶属的最小行政单位。③工作项目。是指该职位承担的具体工作任务。④工作描述。是指对该职位工作情况的简要描述。⑤所需知识和技能。是指胜任本职工作所需要的文化程度、知识结构、资历以及其他能力和技术。⑥转任和升迁范围。是指本职位工作人员，在其业务范围内，可升任或转任什么职位，以及应由什么职位上的工作人员升任或转任本职位。⑦工作标准。

是指处理本职位所承担的每项工作任务时，应达到的要求及结果。职位说明书中的各项内容，为公务员的录用、考核、培训、晋升等提供了比较准确、科学的依据。

（3）公务员的级别序列。序列从办事员到总理，共分15个级别。级别序列的设置既考虑了职位分类的要求，又考虑到公务员的职务，并与职务有相应的对应关系，即每一职务都对应一个级别段，不同等次的职务对应不同等次的级别段。《国家公务员暂行条例》第九条和第十条分别规定了公务员的职务序列和等级序列及其相互关系。《国家公务员暂行条例》第九条规定，国家公务员的职务分为领导职务和非领导职务。非领导职务是指办事员、科员、副主任科员、主任科员、助理调研员、调研员、助理巡视员、巡视员。这一条主要是对公务员的职务体系作了规定，明确规定了非领导职务的名称和序列。

领导职务是指在各级各类行政机关中，具有组织、管理、决策、指挥职能的职务。公务员的领导职务包括：总理、副总理、国务委员，省长、自治区主席、直辖市市长、部长、委员会主任、署长，副省长、自治区副主席、直辖市副市长、副部长，司长、局长、厅长、州长、专员，副司长、副局长、副厅长、副州长、副专员，处长、县长，副处长、副县长，乡（镇）长、科长，副乡（镇）长、副科长等。

公务员的领导职务从副科长到总理共10个等次。公务员的领导职务大体可以分为两类，一类是各级政府的领导职务，如国务院总理、副总理，省长、副省长，市长、副市长、州长、副州长，县长、副县长，乡长、副乡长等。另一类是各级政府机关各部门的领导职务，如国务院的部长、司长、处长，省政府的厅长、处长，州政府的局长、科长，县政府的科长等。领导职务还可以分为正职和副职，副职在正职领导下，协助正职负责某方面工作。

第五节　职业资格证书制度

职业资格证书是表明劳动者从事某一职业所必备的学识和技能的证明。《职业教育法》《劳动法》规定实行学历证书和职业资格证书并重制度，相关部门逐步将过去的工人等级考核改变为职业技能鉴定，逐步在全社会推行国家职业资格证书制度。

一 职业资格的相关概念

（一）从业资格和执业资格

从业资格是指从事某一专业的学识、技能和能力的起点标准；执业资格是指政府对某些责任较大、社会通用性较强、关系公共利益的专业实行准入制度，是依法独立开业或从事某一种特定专业的学识、技术和能力的必备标准，是开展某项业务所获得的国家法律许可授权条件。

（二）职业资格证书

是政府认定的考核鉴定机构，按照国际规定的职业技能标准或任职资格条件，对劳动者的技能水平或职业资格进行的客观公正、科学规范的评价和鉴定的结果，是劳动者具备某种职业所需要的专门知识和技能的证明。与学历文凭证书不同，职业资格证书是与某一职业能力的具体要求紧密结合，反映特定职业的实际工作标准和规范，以及劳动者从事这种职业所达到的实际能力水平。可分为"从业资格证书"和"执业资格证书"两个类别及不同的等级。

"从业资格证书"是建立在从业资格确认的基础上，从业资格确认工作由省、自治区、直辖市人事部门会同业务主管部门组织实施，通过学历认定或考试取得。

"执业资格证书"是经执业资格考试合格的人员，由国家授予。执业资格考试的报名条件、考核标准、考试内容，不同的专业各不相同，一般都是由国务院劳动人事部门管理和实施；"执业资格证书"是经执业资格考试合格人员，由国家授予。执业资格考试的报名条件、考核标准、考试内容，不同的专业各不相同，一般都是由人力资源和社会保障部门管理和实施。

（三）学历证书

学历证书是学制系统内实施学历教育的学校或者其他教育机构，对完成了学制系统内一定教育阶段的学习任务的受教育者所颁发的文凭，是学业证书的主体之一，在数量上占学业证书的大部分。

二　职业资格证书的分类

职业资格证书是表明劳动者具有从事某一职业所必备的学识和技能的证明。它是劳动者求职、任职、开业的资格凭证，是用人单位招聘、录用劳动者的主要依据，也是境外就业、对外劳务合作人员办理技能水平公证的有效证件。职业资格证书与职业劳动活动密切相连，反映特定职业的实际工作标准和规范。

我国职业资格证书分为5种：初级（绿色皮）、中级（蓝色皮）、高级（红色皮）、技师（褐色皮）和高级技师（紫色皮）。

三　主要职业资格证书考试简介

（一）英语等级考试

1. 大学英语四、六级考试

大学英语四、六级考试是根据《大学英语教学大纲》，由教育部高等教育司组织的全国性的英语考试，其目的是对大学生的实际英语能力进行客观、准确的测量，为大学英语教学提供测评服务。大学英语四、六级考试分为四级考试（CET-4）和六级考（CET-6）。

大学英语四、六级考试每年各举行两次。6月和12月份各一次，四级和六级同时进行，主要对象分别是高等学校修完大学英语四级或六级的本科生；同等程度的大专生或硕士研究生；同等程度的夜大或函授大学学生。

教育部于2005年4月25日公布了《全国大学英语四、六级考试改革方案》，从2005年6月开始试点。英语四、六级考试的成绩从满分100分改为满分710分的计分体制，不设及格线；成绩确认方式由合格证书制改为成绩报告单，内容包括：总分、单项分等；为使学校理解考试分数的含义并根据各校的实际情况合理使用考试测量的结果，四、六级考试委员会将向学校提供四、六级考试分数的解释。

按照《大学英语课程教学要求（试行）》修订考试大纲，开发新题型，加大听力理解部分的题量和分值比例，增加快速阅读理解测试，增加非选择性试题的题量和分值比例。试行阶段的四、六级考试内容由四部分构成：听力理解、阅读理解、综合测试和写作测试。听力理解部分的比例提高到35%，其中听力对话占15%，听力短文占20%。听力对话部分包括短对话和长对话的听力理解；听力短文部分包括短文听写和选择题型的短文理解；听力题材选用对话、讲座、广播电视节目等更具真实性的材料。阅读理解部分比例调整为35%，其中仔细阅读部分（Careful Reading）占25%，快速阅读部分（Fast Reading）占10%。仔细阅读部分除测试篇章阅读理解外，还包括对篇章语境中的词汇理解的测试；快速阅读部分测试各种快速阅读技能。综合测试比例为15%，由两部分构成。第一部分为完形填空或改错，占10%；第二部分为短句问答或翻译，占5%。写作能力测试部分比例为15%，体裁包括议论文、说明文、应用文等。

为加大大学英语四六级的考务管理体制改革，2005年6月起，教育部考试中心将启用新的四、六级考试报名和考务管理系统，严格认定考生报名资格，加强对考场组织和考风考纪的管理，切实做好考试保密工作。从2006年1月份考试起，逐步将参加考试的考生范围尽可能限制在高等学校内部。

2. 大学英语四、六级口语考试

考试经教育部主管部门批准，1999年5月起在全国部分院校逐步实施大学英语口语考试，报考对象暂定为已经获得大学英语四、六级考试证书且六级成绩在75分及以上、四级成绩在80分及以上的在校大学生。符合报考条件的人员自愿参加。

大学英语四、六级考试口语考试每年举行两次，分别在5月和11月举行。目前在全国28个省市设有考点，全国大学英语四、六级考试委员会将努力创造条件，尽快在全国主要城市设立考点。尚未设立考点的城市，符合条件的考生可以到指定的就近城市考点申请报名参加考试。

大学英语四、六级考试口语考试的每场考试都由两名主考主持、3名考生参加，时间为20分钟。考试由3部分组成。第一部分主要是"热身"练习，先由每位考生作一个简短的自我介绍，目的是使考生进入良好的应考状态，以利发挥自己的英语口语水平；然后，主考对每位考生逐一提问，所提的问题根据每次考试的话题而定，每位考生回答一个问题。时间约5分钟。第二部分是考试的重点部分，主要考核考生用英语进行连贯的口头表达的能力，以及传达信息、发表意见、参与讨论和进行辩论等口头交际能力。主考先向每位考生提供文字或图片等形式的提示信息，让考生准备1分钟，然后要求每位考生就所给信息作1分半钟时间的发言，此后，主考要求考生根据发言的内容，就规定的话题进行小组讨论，尽量取得一致意见。时间共约10分钟。第三部分由主考再次提问以进一步确定考生的口头交际能力。时间约5分钟。

大学英语四、六级考试口语考试成绩合格者由教育部高等教育司发给证书。证书分为三个等级：A等、B等和C等。考试成绩为D等者不发给证书。

3. 全国英语等级考试

全国英语等级考试（Public English Test System，PETS），是教育部考试中心设计并负责的全国性英语水平考试体系。

(1) 报名条件。根据教育部考试中心有关规定，考生报考无任何条件限制，也可跨级别报考。其目的主要测试应试者英语交际能力的水平。

(2) 考试内容。考试分笔试和口试两部分，内容包括：听力、语言知识、阅读、写作、口语。笔试和口试均合格者，由教育部考试中心颁发给全国英语等级考试合格证书。

PETS–1：一级是初始级，其考试要求略高于初中毕业生的英语水平（PETS–1B是全国英语等级考试的附属级）。

PETS–2：二级是中下级，相当于普通高中优秀毕业生的英语水平［此级别笔试合格成绩可替代自学考试专科阶段英语（一）、文凭考试基础英语考试成绩］。

PETS–3：三级是中间级，相当于我国学生高中毕业后在大专院校又学了两年公共英语或自学了同等程度英语课程的水平［此级别笔试合格成绩可替代自学考试本科阶段英语（二）考试成绩］。

PETS–4：四级是中上级，相当于我国学生高中毕业后在大学至少又学习了3—4年的公共英语或自学了同等程度英语课程的水平。

PETS–5：五级是最高级，相当于我国大学英语专业二年级结束时的水平。是专为申请公派出国留学的人员设立的英语水平考试。

(3) 报名时间。每年的5月和12月。

(4) 考试时间。每年的3月和9月。

(5) 证书用途。全国英语等级考试主要是测试应试者的英语交际能力，获得PETS1证书，能在熟悉的情景中进行简单信息交流，例如询问或传递基本的事实性信息，能适当运用基础的语法知识，并掌握1000左右的词汇以及相关词组。

获得PETS2证书，能在熟悉的情景中进行简单对话，例如询问或传递基本的事实性信息，应能提供或是要求得到更清楚的阐述，同时口才也能表达简单的观点和态度，能适当运用基本的语法知识，掌握2000左右的词汇以及相关词组。

获得PETS3证书，能在生活和工作的多数情景中进行对话，不仅能够询问事实，还能询问抽象的信息，应能提供或是要求得到更清楚的阐述，同时口才也能表达简单的观点和态度，能适当运用基本的语法知识，掌握4000左右的词汇以及相关词组。

获得PETS4证书，能参与一般性或专业学术话题的讨论，不仅能够询问事实，还能询问抽象的信息。能够就某一观点的正确与否进行争论，详细说明一个问题，一个过程，或一个事件。此外还能就某个一般性问题或所熟悉领域的问题进行阐述，能适当运用基本的语法知识，掌握5500左右的词汇以及相关词组。

获得PETS5证书，能就各种话题自如地进行对话与讨论。能就其工作的多方面与他人进行深入广泛的交流，并能进行有效辩论，清楚地阐述自己需求，能适当运用基本的语法知识，掌握7000左右的词汇以及相关词组。

（二）全国计算机等级考试

全国计算机等级考试（National Computer Rank Examination，NCRE）是经原国家教育委员会（现教育部）批准，由教育部考试中心主办，面向社会，用于考察应试人员计算机应用知识与技能的全国性计算机水平考试体系。

1. 等级划分

全国计算机等级考试设四个等级。考生可任选其中一个等级报考。如果一个级别中有不同类别的，考生必须选择其中的一类。

一级考核微型计算机基础知识和使用办公软件及因特网（Internet）的基本技能。包括一级MS Office、一级WPS Office、一级B等三个科目。

二级考核计算机基础知识和使用一种高级计算机语言编写程序以及上机调试的基本技能。其中语言程序设计包括C语言、C＋＋、Java语言程序设计、Visual Basic 和 Delphi，数据库程序设计包括 Visual FoxPro 和 Access 数据库程序设计，共计七个科目。

三级分为"PC 技术""信息管理技术""数据库技术"和"网络技术"等四个类别。其中"PC 技术"重点考核 PC 机硬件组成和 Windows 操作系统的基础知识以及 PC 机使用、管理、维护和应用开发的基本技能；"信息管理技术"重点考核计算机信息管理应用基础知识及管理信息系统项目和办公自动化系统项目开发、维护的基本技能；"数据库技术"重点考核数据库系统基础知识及数据库应用系统项目开发和维护的基本技能；"网络技术"考核计算机网络基础知识及计算机网络应用系统开发和管理的基本技能。

四级分为"网络工程师""数据库工程师"和"软件测试工程师"三个类别。"网络工程师"重点考核网络系统规划与设计的基础知识及中小型网络的系统组建、设备配置调试、网络系统现场维护与管理的基本技能；"数据库工程师"重点考核数据库系统的基本理论和技术以及数据库设计、维护、管理、应用开发的基本能力；"软件测试工程师"重点考核软件测试的基本理论、软件测试的规范及标准，以及制定测试计划、设计测试用例、选择测试工具、执行测试并分析评估结果等软件测试的基本技能。

2. 考试方式

全国计算机等级考试采用全国统一命题、统一考试时间、所有级别的考试均为无纸化上机考试的形式。二级、三级各科目考试时间为 120 分钟，四级为 90 分钟。其中二级题型及分值比例：①选择题 40 题，40%；②程序设计题 3 题，60%。三级题型及分值比例：①选择题 40 题，40%；②填空题 30 题，60%。四级题型及分值比例：单选题共 20 题，多选题共 60 题。

3. 报名时间

具体时间由省级教育主管部门确定。

4. 考试时间

全国计算机等级考试每年开考两次，分别在 3 月和 9 月举行，具体日期以官方公布为准。笔试考试的当天下午开始上机考试（一级从上午开始）。

5. 考生条件

考生年龄、职业、学历不限，不论在职人员、行业人员，均可根据自己学习或使用计算机的实际情况，选考相应的级别和科目。考生每次报考一个科目的考试，考生一次考试只能在一个考点报名。考生可根据自己情况选考不同的等级，但一次只能报考一个等级。考生可以不参加考前培训，直接报名参加考试。

6. 报考要求

每次考试报名的具体时间由各省（自治区、直辖市）级承办机构规定。考生按照有关规定到就近考点报名。上次考试的笔试和上机考试仅其中一项成绩合格的，下次考试报名时应出具上次考试成绩单，成绩合格项可以免考，只参加未通过项的考试。

7. 等级证书

全国计算机等级考试合格证书式样按国际通行证书式样设计，用中、英两种文字书写，证书编号全国统一，证书上印有持有人身份证号码。该证书全国通用，是持有人计算机应用能力的证明。

（三）国家司法考试

国家司法考试是国家统一组织的从事特定法律职业的资格考试。初任法官、初任检察官和取得律师资格必须通过国家司法考试。

1. 报名条件

具有中华人民共和国国籍；拥护《中华人民共和国宪法》，享有选举权和被选举权；具有完全民事行为能力；具有高等学校法律专业本科毕业或者高等学校非法律专业本科毕业并具有法律专业知识；品行良好。

有下列情形之一的人员不能报名参加考试，已经办理报名手续的，报名无效：因故意犯罪受过刑事处罚的；曾被国家机关开除公职或者曾被吊销律师执业证、公证员执业证的；被处以二年内不得报名参加国家司法考试期限未满或者被处以终身不得报名参加国家司法考试的；提供虚假证明材料或者以其他形式骗取报名的。

2. 报名要求

报名时需提交国家司法考试报名表；本人有效身份证件（居民身份证、军官证、士兵证）原件及复印件；本人学历证书原件及复印件；本人近期同一底片 1 寸彩色免冠证件用照片 3 张；报名人员报名时，应当缴纳报名费；异地报名的，须提交报名地公安机关核发的暂住证明及有关单位出具的工作、学习（进修）等证明。

3. 报名和考试时间

报名方式为网上预报和现场报名，具体方式由各地省一级司法行政机关确定并公告。一般情况下，网上预报名的时间为每年的 6 月 1 日至 20 日；现场报名的时间为每年的 7 月 1 日至 20 日，考试时间为每年的 9 月第三周的周六、周日进行。

4. 考试科目

国家司法考试的内容包括理论法学、应用法学、现行法律规定、法律实务和法律职业道德。

第六节　热门职业及其趋势

一　热门职业概述

改革开放以来，我国经济得到了长足的发展，职业作为经济社会发展的产物，也发生了很大的变化。一批新兴的热门行业不断涌现，创造了大量的就业机会。由于人们对热门职业的看法不同，根据不同的标准，就形成了不同的热门职业。

（一）以人才紧缺程度来定位的热门职业

在经济发展过程中，由于产业结构的调整，或重大经济发展契机的出现，往往会使某些行业人才紧缺，从而带动相关职业的发展，使其成为热门职业。据国家人事部的有关统计预测，我国今后几年急需的人才主要是以下八大类：以电子技术、生物工程、航天技术、海洋利用和新能源材料为代表的高新技术人才；信息技术人才；机电一体化专业人才；农业科技人才；环境保护技术人才；生物工程研究与开发人才；国际经贸人才；律师人才等。

（二）以社会不同领域对人才的需求来定位的热门专业

根据国家有关部门统计，在不同领域内，以下专业备受用人单位的青睐。

1. 流向国家机关前十名的专业

流向国家机关前十名的专业是法学、经济学、侦查学、国际经济法学、英语、会计学、国际贸易、行政管理学、行政法学和临床医学。

2. 流向高校任教前十名的专业

流向高校任教前十名的专业是英语、体育、教育、临床医学、计算机及其应用、计算机科学与技术、通信工程、建筑学、法学和经济学。

3. 流向国家科研部门前十名的专业

流向国家科研部门前十名的专业是建筑学、通信工程、建筑工程、机械工程、电子工程、计算机科学与技术、计算机应用、计算机自动化、电气工程及自动化和工业自动化。

4. 流向国有企业前九名的专业

流向国有企业前九名的专业是会计学、计算机、通信工程、建筑工程、机械设计及制造、工业自动化、电气工程及自动化、电力系统自动化、机械电子工程。

5. 流向金融单位前十名的专业

流向金融单位前十名的专业是国际金融学、货币银行学、会计学、计算机应用、投资经济、经济法学、经济学、信息管理、保险学和国际贸易学。

6. 流向"三资"企业前十名的专业

流向"三资"企业前十名的专业是会计学、计算机科学与技术、机械工程自动化、通信工程、英语、计算机应用、国际金融、电气工程、市场营销和机械设计与制造。

7. 出国最受欢迎的前十名专业

出国最受欢迎前十名的专业是化学、计算机科学与技术、英语、国际金融、生物化学、应用物理、国际经济、无线电技术学、信息学和计算机。

(三) 以收入高低来定位的热门职业

收入水平高是热门职业的重要特征之一，人们在选择职业的时候，往往很重视收入的高低。据有关部门统计，近几年，平均月收入在 6000 元以上的职业有私营企业经营者、股份制企业负责人、国有企业负责人、三资企业中方高级职员、法律专业人员、导游、演员、职业股民、个体经营者、影视制作人员、事业单位负责人、证券业务人员、IT行业从业者、卫生专业人员、购销人员、大中小学教师、新闻出版文化工作者、自由撰稿人和其他专业技术人员。

（四）根据招聘信息和人才市场的供需状况来定位的热门职业

这是以职业在招聘信息或人才市场中的需求和供应的情况来确定该种职业是否为热门职业。人才需求与供应之间存在着引导与趋从的关系，因此，人才需求多的专业通常也是求职人才数最多的专业。据有关部门统计，近几年人才需求量最大的十个专业依次为：营销、计算机、电子通信、管理、机械、文秘、财会、建筑、广告和医药。而人才供应即求职人才数量最多的十个专业依次是：管理、财会、电子通信、营销、计算机、机械、文秘、建筑、贸易和中外文。

二 我国未来的主导职业预测

任何行业都要经历从产生、发展、成熟到衰退的生命周期。对于未来哪些职业成为社会发展主导，相关人事管理部门根据各类专业协会的统计资料，对我国未来的急需行业人才进行了分析预测。

（一）会计类

随着社会经济的发展和财务管理规范化，未来对会计人员的需求量增大，会计学专业将成为热门专业，相应职业从业人员的社会地位和收入也会较高。从业者应具有助理会计师、会计师和高级会计师、教授级高级会计师等不同职称或取得专业资格认证，一般需要具有会计学专业、财经类专业、统计学等专业的学历或学位，并通过国家相应等级的会计师资格考试，拿到会计师资格证书。

（二）计算机技术类

随着计算机技术的发展和广泛应用，计算机软硬件开发、应用和维护成为各行业工作的重要载体，急需专业人员从事计算机软硬件方面的安装、调试和维护工作。这些专业人才包括计算机硬件工程师、网络管理员、系统维护人员及数据库管理人员等，这些专业人员一般需要获得计算机、信息技术、电子技术等相关专业的学历或学位。

（三）计算机软件开发类

计算机技术的普及促进了计算机软件行业发展，软件开发成为计算机行业的重要领域，软件设计人员成为热门人才。这类专门人才要求具有计算机软件专业或相关专业的学历或学位，并具有一定的软件开发经验。这类职业在很长一段时间将是社会上高技术和高待遇的职业。

（四）环境保护类

随着我国对环境保护的重视程度不断提高，国家与公众环保意识的增强，社会对环境保护类专业的人才需求数量有直线上升的趋势。结合环境监测、环境质量评价、环境治理和环境卫生等方面的工作，亟须环境科学、地理学、生物学、环境化学和环境工程学等方面的专业人才。

（五）中医和健康医学类

改革开放以来，人们的生活水平有了大幅度的提高，生活状态和健康状况也越来越受到关注，健康医学应运而生，中医学和健康医学成为一个受大众关注的领域。因此，社会对中医师和健康医学人才的需求将逐渐增加。这方面的从业者需要获得生物医学或中医学专业方面的学历或学位。

（六）咨询服务类

当今的社会，信息获取已经成为科学技术发展和商业运作的关键环节。社会分工的精细化和专门化促进了信息咨询行业的发展，并成为社会发展进步的主导职业。目前，社会上的咨询行业有企业咨询、心理咨询、信息咨询和教育咨询等。从事咨询行业需要具有教育学、心理学、管理学、信息科学和经济学等方面的学历或学位。

（七）保险类

随着社会经济结构变化，人们的工作和生活也增添了不确定的因素，需要有更完善的社会保障体系作为支撑。社会保障体系的完善促进了保险业的发展，保险业的发展将人们生活中的不确定因素造成的损失降低到最小。社会对保险业务员、管理人员、精算师和索赔估价员的需求也不断提高，待遇也高于一般的职业。一般从事保险业的人员需要具有保险专业、经济类专业、管理类专业的学历或学位。

（八）教育类

中国是人口众多的国家之一，更是发展中国家的代表，生产力和教育水平相对落后。伴随着经济的发展，人们生活水平的提升，教育必将是我国永恒发展的主题之一。国家提出的"科教兴国"战略方针，是全面落实科学技术是第一生产力的思想，坚持教育为本，把科技和教育摆在经济、社会发展的重要位置，所以，随着教育事业的发展，教师的地位和经济待遇将得到不断提升，教师职业必将成为高校毕业生选择职业的优秀考虑对象。特别是随着科学技术的更新，人们将越来越重视、关注教育的意义，教育教师类职业随之成为人们关注的焦点。从事教育教师类职业等人员需要具有相应专业的学历或学位。

（九）法律类

随着我国法制建设不断健全和完善。国家颁布的各种法律法规将越来越多、越来越细、越来越具体。同时，为了更好地开展法律咨询和处理各类案件，律师的需求量将越来越大，律师行业将成为一个高智力、高收入，受人尊敬的职业。从事律师行业需要具有法律或其他任何专业领域的学历或学位，并获得律师资格证书。

（十）老年医学类

人口老龄化是世界性问题，老年人的医疗、社会保障和心理问题等一系列问题逐渐凸显，其中老年医疗和保健问题最为突出。从事老年医学方面职业的社会需求也将大大提高，社会将急需医学、老年医学、健康保健和护理等方面的专业人才来从事老年人医疗保健事业。

（十一）家庭护理和服务类

生活和工作节奏加快加大了人们的压力，照顾病人、老人和孩子也成为年轻人和中年父母的沉重负担。为缓解类似问题，家庭护理的需求量也逐渐增加。需求的相关幼儿教师和家庭服务人员通常不需要很高的学历，但是，对于这个行业的管理者，则需要具备社会服务、管理学等方面的学历或学位。

（十二）专业公关类

公关和企业形象设计对一个公司或企业的发展非常重要，公关行业是非常具有发展前景的职业。公关职业的从业者一般需要获得公共关系学、社会服务类专业、经济贸易类专业和管理类等专业的学历或学位，并具有相关的实践经验。

（十三）市场营销类

市场营销是企业开展营销活动中非常重要的环节，随着社会的发展，产品承销商和销售网络的建立将成为企业运作的主要形式。这些承销商和销售网络同时负责为企业进行广告宣传和相应的技术或销售服务。证券及金融业、通信、医疗器械、计算机与网络设备、一般的商业机构以及经营商品或某一产品的企业，均需要市场营销方面的人才。从事这方面的人员一般需要具有市场营销学、管理学和经济类等专业的学历或学位。

（十四）生物化学和生物技术类

生物化学和生物技术是近年科学研究与生物技术开发的热门领域，该领域在生物制药、保健品研发、药品研制、人工蛋白质的合成等方面有巨大的发展空间。从业者一般需要具有生物化学、生物技术、生物医学和分子生物学等专业的学历或学位。

（十五）心理学类

心理学是我国21世纪重点发展的十几个学科之一。自1997年教育部在北京师范大学、浙江大学、华东师范大学等重点院校建立心理学理科基础研究人才培养基地后，国家在心理学领域的投入力度逐年加大，心理学逐渐成为受国家和社会关注的专业，社会需求不断提高。如从事市场、人力资源开发、心理咨询与心理治疗、学习障碍的矫正、教育心理学及人机交互作用的研究等均需要大量的心理学人才。从事心理学方面的职业需要获得心理学专业或应用心理学专业的学历或学位。

（十六）旅游类

人们生活水平的提高，促使旅游业迅速发展。人们在旅游方面的消费将大幅度提高，随之对旅游代理公司的需求也将大幅度增加，同时也将带动相关产业的迅速发展，如航空公司、出租车公司、客轮公司、商业、宾馆和餐饮业等。旅游业也将成为国家重点开发的产业之一。该职业的从业者一般需要具有旅游管理学、地理学或相关专业的学历或学位。

（十七）人力资源类

人才是生产力，未来社会的竞争是人才的竞争。近几年，无论是政府机构还是企事业单位，都建立了专门负责招聘人才的人事机构或人力资源部，人力资源管理也因此备受企事业单位的重视，并成为政府机构和企事业单位的重要职能机构。如人事部考试中心有专门负责公务员和企业人力资源开发方面的机构，在国内的企事业单位人才选拔和安置方面做了大量工作，开发了一系列人才选拔工具。在大型企业中也都设有专门的人力资源部，负责企业的各级人才的选拔和员工培训。未来对人力资源专家的需求也将不断增大。从事这方面职业的人员需要具有人力资源管理学、心理学和管理学等方面的学历或学位。

[附录1] 中华人民共和国职业教育法

中华人民共和国职业教育法

(1996年5月15日第八届全国人民代表大会常务委员会第十九次会议通过 2022年4月20日第十三届全国人民代表大会常务委员会第三十四次会议修订)

目 录

第一章 总 则
第二章 职业教育体系
第三章 职业教育的实施
第四章 职业学校和职业培训机构
第五章 职业教育的教师与受教育者
第六章 职业教育的保障
第七章 法律责任
第八章 附 则

第一章 总 则

第一条 为了推动职业教育高质量发展，提高劳动者素质和技术技能水平，促进就业创业，建设教育强国、人力资源强国和技能型社会，推进社会主义现代化建设，根据宪法，制定本法。

第二条 本法所称职业教育，是指为了培养高素质技术技能人才，使受教育者具备从事某种职业或者实现职业发展所需要的职业道德、科学文化与专业知识、技术技能等职业综合素质和行动能力而实施的教育，包括职业学校教育和职业培训。

机关、事业单位对其工作人员实施的专门培训由法律、行政法规另行规定。

第三条 职业教育是与普通教育具有同等重要地位的教育类型，是国民教育体系和人力资源开发的重要组成部分，是培养多样化人才、传承技术技能、促进就业创业的重要途径。

国家大力发展职业教育，推进职业教育改革，提高职业教育质量，增强职业教育适应性，建立健全适应社会主义市场经济和社会发展需要、符合技术技能人才成长规律的职业教育制度体系，为全面建设社会主义现代化国家提供有力人才和技能支撑。

第四条　职业教育必须坚持中国共产党的领导，坚持社会主义办学方向，贯彻国家的教育方针，坚持立德树人、德技并修，坚持产教融合、校企合作，坚持面向市场、促进就业，坚持面向实践、强化能力，坚持面向人人、因材施教。

实施职业教育应当弘扬社会主义核心价值观，对受教育者进行思想政治教育和职业道德教育，培育劳模精神、劳动精神、工匠精神，传授科学文化与专业知识，培养技术技能，进行职业指导，全面提高受教育者的素质。

第五条　公民有依法接受职业教育的权利。

第六条　职业教育实行政府统筹、分级管理、地方为主、行业指导、校企合作、社会参与。

第七条　各级人民政府应当将发展职业教育纳入国民经济和社会发展规划，与促进就业创业和推动发展方式转变、产业结构调整、技术优化升级等整体部署、统筹实施。

第八条　国务院建立职业教育工作协调机制，统筹协调全国职业教育工作。

国务院教育行政部门负责职业教育工作的统筹规划、综合协调、宏观管理。国务院教育行政部门、人力资源社会保障行政部门和其他有关部门在国务院规定的职责范围内，分别负责有关的职业教育工作。

省、自治区、直辖市人民政府应当加强对本行政区域内职业教育工作的领导，明确设区的市、县级人民政府职业教育具体工作职责，统筹协调职业教育发展，组织开展督导评估。

县级以上地方人民政府有关部门应当加强沟通配合，共同推进职业教育工作。

第九条　国家鼓励发展多种层次和形式的职业教育，推进多元办学，支持社会力量广泛、平等参与职业教育。

国家发挥企业的重要办学主体作用，推动企业深度参与职业教育，鼓励企业举办高质量职业教育。

有关行业主管部门、工会和中华职业教育社等群团组织、行业组织、企业、事业单位等应当依法履行实施职业教育的义务，参与、支持或者开展职业教育。

第十条　国家采取措施，大力发展技工教育，全面提高产业工人素质。

国家采取措施，支持举办面向农村的职业教育，组织开展农业技能培训、返乡创业就业培训和职业技能培训，培养高素质乡村振兴人才。

国家采取措施，扶持革命老区、民族地区、边远地区、欠发达地区职业教育的发展。

国家采取措施，组织各类转岗、再就业、失业人员以及特殊人群等接受各种形式的职业教育，扶持残疾人职业教育的发展。

国家保障妇女平等接受职业教育的权利。

第十一条　实施职业教育应当根据经济社会发展需要，结合职业分类、职业标准、职业发展需求，制定教育标准或者培训方案，实行学历证书及其他学业证书、培训证书、职业资格证书和职业技能等级证书制度。

国家实行劳动者在就业前或者上岗前接受必要的职业教育的制度。

第十二条　国家采取措施，提高技术技能人才的社会地位和待遇，弘扬劳动光荣、技能宝贵、创造伟大的时代风尚。

国家对在职业教育工作中做出显著成绩的单位和个人按照有关规定给予表彰、奖励。

每年5月的第二周为职业教育活动周。

第十三条　国家鼓励职业教育领域的对外交流与合作，支持引进境外优质资源发展职业教育，鼓励有条件的职业教育机构赴境外办学，支持开展多种形式的职业教育学习成果互认。

第二章　职业教育体系

第十四条　国家建立健全适应经济社会发展需要，产教深度融合，职业学校教育和职业培训并重，职业教育与普通教育相互融通，不同层次职业教育有效贯通，服务全民终身学习的现代职业教育体系。

国家优化教育结构，科学配置教育资源，在义务教育后的不同阶段因地制宜、统筹推进职业教育与普通教育协调发展。

第十五条　职业学校教育分为中等职业学校教育、高等职业学校教育。

中等职业学校教育由高级中等教育层次的中等职业学校（含技工学校）实施。

高等职业学校教育由专科、本科及以上教育层次的高等职业学校和普通高等学校实施。根据高等职业学校设置制度规定，将符合条件的技师学院纳入高等职业学校序列。

其他学校、教育机构或者符合条件的企业、行业组织按照教育行政部门的统筹规划，可以实施相应层次的职业学校教育或者提供纳入人才培养方案的学分课程。

第十六条　职业培训包括就业前培训、在职培训、再就业培训及其他职业性培训，可以根据实际情况分级分类实施。

职业培训可以由相应的职业培训机构、职业学校实施。

其他学校或者教育机构以及企业、社会组织可以根据办学能力、社会需求，依法开展面向社会的、多种形式的职业培训。

第十七条　国家建立健全各级各类学校教育与职业培训学分、资历以及其他学习成果的认证、积累和转换机制，推进职业教育国家学分银行建设，促进职业教育与普通教育的学习成果融通、互认。

军队职业技能等级纳入国家职业资格认证和职业技能等级评价体系。

第十八条　残疾人职业教育除由残疾人教育机构实施外，各级各类职业学校和职业培训机构及其他教育机构应当按照国家有关规定接纳残疾学生，并加强无障碍环境建设，为残疾学生学习、生活提供必要的帮助和便利。

国家采取措施，支持残疾人教育机构、职业学校、职业培训机构及其他教育机构开展或者联合开展残疾人职业教育。

从事残疾人职业教育的特殊教育教师按照规定享受特殊教育津贴。

第十九条　县级以上人民政府教育行政部门应当鼓励和支持普通中小学、普通高等学校，根据实际需要增加职业教育相关教学内容，进行职业启蒙、职业认知、职业体验，开展职业规划指导、劳动教育，并组织、引导职业学校、职业培训机构、企业和行业组织等提供条件和支持。

第三章 职业教育的实施

第二十条 国务院教育行政部门会同有关部门根据经济社会发展需要和职业教育特点，组织制定、修订职业教育专业目录，完善职业教育教学等标准，宏观管理指导职业学校教材建设。

第二十一条 县级以上地方人民政府应当举办或者参与举办发挥骨干和示范作用的职业学校、职业培训机构，对社会力量依法举办的职业学校和职业培训机构给予指导和扶持。

国家根据产业布局和行业发展需要，采取措施，大力发展先进制造等产业需要的新兴专业，支持高水平职业学校、专业建设。

国家采取措施，加快培养托育、护理、康养、家政等方面技术技能人才。

第二十二条 县级人民政府可以根据县域经济社会发展的需要，设立职业教育中心学校，开展多种形式的职业教育，实施实用技术培训。

教育行政部门可以委托职业教育中心学校承担教育教学指导、教育质量评价、教师培训等职业教育公共管理和服务工作。

第二十三条 行业主管部门按照行业、产业人才需求加强对职业教育的指导，定期发布人才需求信息。

行业主管部门、工会和中华职业教育社等群团组织、行业组织可以根据需要，参与制定职业教育专业目录和相关职业教育标准，开展人才需求预测、职业生涯发展研究及信息咨询，培育供需匹配的产教融合服务组织，举办或者联合举办职业学校、职业培训机构，组织、协调、指导相关企业、事业单位、社会组织举办职业学校、职业培训机构。

第二十四条 企业应当根据本单位实际，有计划地对本单位的职工和准备招用的人员实施职业教育，并可以设置专职或者兼职实施职业教育的岗位。

企业应当按照国家有关规定实行培训上岗制度。企业招用的从事技术工种的劳动者，上岗前必须进行安全生产教育和技术培训；招用的从事涉及公共安全、人身健康、生命财产安全等特定职业（工种）的劳动者，必须经过培训并依法取得职业资格或者特种作业资格。

企业开展职业教育的情况应当纳入企业社会责任报告。

第二十五条　企业可以利用资本、技术、知识、设施、设备、场地和管理等要素，举办或者联合举办职业学校、职业培训机构。

第二十六条　国家鼓励、指导、支持企业和其他社会力量依法举办职业学校、职业培训机构。

地方各级人民政府采取购买服务，向学生提供助学贷款、奖助学金等措施，对企业和其他社会力量依法举办的职业学校和职业培训机构予以扶持；对其中的非营利性职业学校和职业培训机构还可以采取政府补贴、基金奖励、捐资激励等扶持措施，参照同级同类公办学校生均经费等相关经费标准和支持政策给予适当补助。

第二十七条　对深度参与产教融合、校企合作，在提升技术技能人才培养质量、促进就业中发挥重要主体作用的企业，按照规定给予奖励；对符合条件认定为产教融合型企业的，按照规定给予金融、财政、土地等支持，落实教育费附加、地方教育附加减免及其他税费优惠。

第二十八条　联合举办职业学校、职业培训机构的，举办者应当签订联合办学协议，约定各方权利义务。

地方各级人民政府及行业主管部门支持社会力量依法参与联合办学，举办多种形式的职业学校、职业培训机构。

行业主管部门、工会等群团组织、行业组织、企业、事业单位等委托学校、职业培训机构实施职业教育的，应当签订委托合同。

第二十九条　县级以上人民政府应当加强职业教育实习实训基地建设，组织行业主管部门、工会等群团组织、行业组织、企业等根据区域或者行业职业教育的需要建设高水平、专业化、开放共享的产教融合实习实训基地，为职业学校、职业培训机构开展实习实训和企业开展培训提供条件和支持。

第三十条　国家推行中国特色学徒制，引导企业按照岗位总量的一定比例设立学徒岗位，鼓励和支持有技术技能人才培养能力的企业特别是产教融合型企业与职业学校、职业培训机构开展合作，对新招用职工、在岗职工和转岗职工进行学徒培训，或者与职业学校联合招收学生，以工学结合的方式进行学徒培养。有关企业可以按照规定享受补贴。

企业与职业学校联合招收学生，以工学结合的方式进行学徒培养的，应当签订学徒培养协议。

第三十一条　国家鼓励行业组织、企业等参与职业教育专业教材开发，将新技术、新工艺、新理念纳入职业学校教材，并可以通过活页式教材等多种方式进行动态更新；支持运用信息技术和其他现代化教学方式，开发职业教育网络课程等学习资源，创新教学方式和学校管理方式，推动职业教育信息化建设与融合应用。

第三十二条　国家通过组织开展职业技能竞赛等活动，为技术技能人才提供展示技能、切磋技艺的平台，持续培养更多高素质技术技能人才、能工巧匠和大国工匠。

第四章　职业学校和职业培训机构

第三十三条　职业学校的设立，应当符合下列基本条件：

（一）有组织机构和章程；

（二）有合格的教师和管理人员；

（三）有与所实施职业教育相适应、符合规定标准和安全要求的教学及实习实训场所、设施、设备以及课程体系、教育教学资源等；

（四）有必备的办学资金和与办学规模相适应的稳定经费来源。

设立中等职业学校，由县级以上地方人民政府或者有关部门按照规定的权限审批；设立实施专科层次教育的高等职业学校，由省、自治区、直辖市人民政府审批，报国务院教育行政部门备案；设立实施本科及以上层次教育的高等职业学校，由国务院教育行政部门审批。

专科层次高等职业学校设置的培养高端技术技能人才的部分专业，符合产教深度融合、办学特色鲜明、培养质量较高等条件的，经国务院教育行政部门审批，可以实施本科层次的职业教育。

第三十四条　职业培训机构的设立，应当符合下列基本条件：

（一）有组织机构和管理制度；

（二）有与培训任务相适应的课程体系、教师或者其他授课人员、管理人员；

（三）有与培训任务相适应、符合安全要求的场所、设施、设备；

（四）有相应的经费。

职业培训机构的设立、变更和终止，按照国家有关规定执行。

第三十五条　公办职业学校实行中国共产党职业学校基层组织领导的校长负责制，中国共产党职业学校基层组织按照中国共产党章程和有关规定，全面领导学校工作，支持校长独立负责地行使职权。民办职业学校依法健全决策机制，强化学校的中国共产党基层组织政治功能，保证其在学校重大事项决策、监督、执行各环节有效发挥作用。

校长全面负责本学校教学、科学研究和其他行政管理工作。校长通过校长办公会或者校务会议行使职权，依法接受监督。

职业学校可以通过咨询、协商等多种形式，听取行业组织、企业、学校毕业生等方面代表的意见，发挥其参与学校建设、支持学校发展的作用。

第三十六条　职业学校应当依法办学，依据章程自主管理。

职业学校在办学中可以开展下列活动：

（一）根据产业需求，依法自主设置专业；

（二）基于职业教育标准制定人才培养方案，依法自主选用或者编写专业课程教材；

（三）根据培养技术技能人才的需要，自主设置学习制度，安排教学过程；

（四）在基本学制基础上，适当调整修业年限，实行弹性学习制度；

（五）依法自主选聘专业课教师。

第三十七条　国家建立符合职业教育特点的考试招生制度。

中等职业学校可以按照国家有关规定，在有关专业实行与高等职业学校教育的贯通招生和培养。

高等职业学校可以按照国家有关规定，采取文化素质与职业技能相结合的考核方式招收学生；对有突出贡献的技术技能人才，经考核合格，可以破格录取。

省级以上人民政府教育行政部门会同同级人民政府有关部门建立职业教育统一招生平台，汇总发布实施职业教育的学校及其专业设置、招生情况等信息，提供查询、报考等服务。

第三十八条　职业学校应当加强校风学风、师德师风建设，营造良好学习环境，保证教育教学质量。

第三十九条　职业学校应当建立健全就业创业促进机制，采取多种形式为学生提供职业规划、职业体验、求职指导等就业创业服务，增强学生就业创业能力。

第四十条　职业学校、职业培训机构实施职业教育应当注重产教融合，实行校企合作。

职业学校、职业培训机构可以通过与行业组织、企业、事业单位等共同举办职业教育机构、组建职业教育集团、开展订单培养等多种形式进行合作。

国家鼓励职业学校在招生就业、人才培养方案制定、师资队伍建设、专业规划、课程设置、教材开发、教学设计、教学实施、质量评价、科学研究、技术服务、科技成果转化以及技术技能创新平台、专业化技术转移机构、实习实训基地建设等方面，与相关行业组织、企业、事业单位等建立合作机制。开展合作的，应当签订协议，明确双方权利义务。

第四十一条　职业学校、职业培训机构开展校企合作、提供社会服务或者以实习实训为目的举办企业、开展经营活动取得的收入用于改善办学条件；收入的一定比例可以用于支付教师、企业专家、外聘人员和受教育者的劳动报酬，也可以作为绩效工资来源，符合国家规定的可以不受绩效工资总量限制。

职业学校、职业培训机构实施前款规定的活动，符合国家有关规定的，享受相关税费优惠政策。

第四十二条　职业学校按照规定的收费标准和办法，收取学费和其他必要费用；符合国家规定条件的，应当予以减免；不得以介绍工作、安排实习实训等名义违法收取费用。

职业培训机构、职业学校面向社会开展培训的，按照国家有关规定收取费用。

第四十三条　职业学校、职业培训机构应当建立健全教育质量评价制度，吸纳行业组织、企业等参与评价，并及时公开相关信息，接受教育督导和社会监督。

县级以上人民政府教育行政部门应当会同有关部门、行业组织建立符合职业教育特点的质量评价体系，组织或者委托行业组织、企业和第三方专业机构，对职业学校的办学质量进行评估，并将评估结果及时公开。

职业教育质量评价应当突出就业导向，把受教育者的职业道德、技技能水平、就业质量作为重要指标，引导职业学校培养高素质技术技能人才。

有关部门应当按照各自职责，加强对职业学校、职业培训机构的监督管理。

第五章　职业教育的教师与受教育者

第四十四条　国家保障职业教育教师的权利，提高其专业素质与社会地位。

县级以上人民政府及其有关部门应当将职业教育教师的培养培训工作纳入教师队伍建设规划，保证职业教育教师队伍适应职业教育发展的需要。

第四十五条　国家建立健全职业教育教师培养培训体系。

各级人民政府应当采取措施，加强职业教育教师专业化培养培训，鼓励设立专门的职业教育师范院校，支持高等学校设立相关专业，培养职业教育教师；鼓励行业组织、企业共同参与职业教育教师培养培训。

产教融合型企业、规模以上企业应当安排一定比例的岗位，接纳职业学校、职业培训机构教师实践。

第四十六条　国家建立健全符合职业教育特点和发展要求的职业学校教师岗位设置和职务（职称）评聘制度。

职业学校的专业课教师（含实习指导教师）应当具有一定年限的相应工作经历或者实践经验，达到相应的技术技能水平。

具备条件的企业、事业单位经营管理和专业技术人员，以及其他有专业知识或者特殊技能的人员，经教育教学能力培训合格的，可以担任职业学校的专职或者兼职专业课教师；取得教师资格的，可以根据其技术职称聘任为相应的教师职务。取得职业学校专业课教师资格可以视情况降低学历要求。

第四十七条　国家鼓励职业学校聘请技能大师、劳动模范、能工巧匠、非物质文化遗产代表性传承人等高技能人才，通过担任专职或者兼职专业课教师、设立工作室等方式，参与人才培养、技术开发、技能传承等工作。

第四十八条　国家制定职业学校教职工配备基本标准。省、自治区、直辖市应当根据基本标准，制定本地区职业学校教职工配备标准。

县级以上地方人民政府应当根据教职工配备标准、办学规模等，确定公办职业学校教职工人员规模，其中一定比例可以用于支持职业学校面向社会公开招聘专业技术人员、技能人才担任专职或者兼职教师。

第四十九条 职业学校学生应当遵守法律、法规和学生行为规范，养成良好的职业道德、职业精神和行为习惯，努力学习，完成规定的学习任务，按照要求参加实习实训，掌握技术技能。

职业学校学生的合法权益，受法律保护。

第五十条 国家鼓励企业、事业单位安排实习岗位，接纳职业学校和职业培训机构的学生实习。接纳实习的单位应当保障学生在实习期间按照规定享受休息休假、获得劳动安全卫生保护、参加相关保险、接受职业技能指导等权利；对上岗实习的，应当签订实习协议，给予适当的劳动报酬。

职业学校和职业培训机构应当加强对实习实训学生的指导，加强安全生产教育，协商实习单位安排与学生所学专业相匹配的岗位，明确实习实训内容和标准，不得安排学生从事与所学专业无关的实习实训，不得违反相关规定通过人力资源服务机构、劳务派遣单位，或者通过非法从事人力资源服务、劳务派遣业务的单位或个人组织、安排、管理学生实习实训。

第五十一条 接受职业学校教育，达到相应学业要求，经学校考核合格的，取得相应的学业证书；接受职业培训，经职业培训机构或者职业学校考核合格的，取得相应的培训证书；经符合国家规定的专门机构考核合格的，取得相应的职业资格证书或者职业技能等级证书。

学业证书、培训证书、职业资格证书和职业技能等级证书，按照国家有关规定，作为受教育者从业的凭证。

接受职业培训取得的职业技能等级证书、培训证书等学习成果，经职业学校认定，可以转化为相应的学历教育学分；达到相应职业学校学业要求的，可以取得相应的学业证书。

接受高等职业学校教育，学业水平达到国家规定的学位标准的，可以依法申请相应学位。

第五十二条 国家建立对职业学校学生的奖励和资助制度，对特别优秀的学生进行奖励，对经济困难的学生提供资助，并向艰苦、特殊行业等专业学生适当倾斜。国家根据经济社会发展情况适时调整奖励和资助标准。

国家支持企业、事业单位、社会组织及公民个人按照国家有关规定设立职业教育奖学金、助学金，奖励优秀学生，资助经济困难的学生。

职业学校应当按照国家有关规定从事业收入或者学费收入中提取一定比例资金，用于奖励和资助学生。

省、自治区、直辖市人民政府有关部门应当完善职业学校资助资金管理制度，规范资助资金管理使用。

第五十三条　职业学校学生在升学、就业、职业发展等方面与同层次普通学校学生享有平等机会。

高等职业学校和实施职业教育的普通高等学校应当在招生计划中确定相应比例或者采取单独考试办法，专门招收职业学校毕业生。

各级人民政府应当创造公平就业环境。用人单位不得设置妨碍职业学校毕业生平等就业、公平竞争的报考、录用、聘用条件。机关、事业单位、国有企业在招录、招聘技术技能岗位人员时，应当明确技术技能要求，将技术技能水平作为录用、聘用的重要条件。事业单位公开招聘中有职业技能等级要求的岗位，可以适当降低学历要求。

第六章　职业教育的保障

第五十四条　国家优化教育经费支出结构，使职业教育经费投入与职业教育发展需求相适应，鼓励通过多种渠道依法筹集发展职业教育的资金。

第五十五条　各级人民政府应当按照事权和支出责任相适应的原则，根据职业教育办学规模、培养成本和办学质量等落实职业教育经费，并加强预算绩效管理，提高资金使用效益。

省、自治区、直辖市人民政府应当制定本地区职业学校生均经费标准或者公用经费标准。职业学校举办者应当按照生均经费标准或者公用经费标准按时、足额拨付经费，不断改善办学条件。不得以学费、社会服务收入冲抵生均拨款。

民办职业学校举办者应当参照同层次职业学校生均经费标准，通过多种渠道筹措经费。

财政专项安排、社会捐赠指定用于职业教育的经费，任何组织和个人不得挪用、克扣。

第五十六条　地方各级人民政府安排地方教育附加等方面的经费，应当将其中可用于职业教育的资金统筹使用；发挥失业保险基金作用，支持职工提升职业技能。

第五十七条　各级人民政府加大面向农村的职业教育投入，可以将农村科学技术开发、技术推广的经费适当用于农村职业培训。

第五十八条　企业应当根据国务院规定的标准，按照职工工资总额一定比例提取和使用职工教育经费。职工教育经费可以用于举办职业教育机构、对本单位的职工和准备招用人员进行职业教育等合理用途，其中用于企业一线职工职业教育的经费应当达到国家规定的比例。用人单位安排职工到职业学校或者职业培训机构接受职业教育的，应当在其接受职业教育期间依法支付工资，保障相关待遇。

企业设立具备生产与教学功能的产教融合实习实训基地所发生的费用，可以参照职业学校享受相应的用地、公用事业费等优惠。

第五十九条　国家鼓励金融机构通过提供金融服务支持发展职业教育。

第六十条　国家鼓励企业、事业单位、社会组织及公民个人对职业教育捐资助学，鼓励境外的组织和个人对职业教育提供资助和捐赠。提供的资助和捐赠，必须用于职业教育。

第六十一条　国家鼓励和支持开展职业教育的科学技术研究、教材和教学资源开发，推进职业教育资源跨区域、跨行业、跨部门共建共享。

国家逐步建立反映职业教育特点和功能的信息统计和管理体系。

县级以上人民政府及其有关部门应当建立健全职业教育服务和保障体系，组织、引导工会等群团组织、行业组织、企业、学校等开展职业教育研究、宣传推广、人才供需对接等活动。

第六十二条　新闻媒体和职业教育有关方面应当积极开展职业教育公益宣传，弘扬技术技能人才成长成才典型事迹，营造人人努力成才、人人皆可成才、人人尽展其才的良好社会氛围。

第七章　法律责任

第六十三条　在职业教育活动中违反《中华人民共和国教育法》《中

华人民共和国劳动法》等有关法律规定的，依照有关法律的规定给予处罚。

第六十四条　企业未依照本法规定对本单位的职工和准备招用的人员实施职业教育、提取和使用职工教育经费的，由有关部门责令改正；拒不改正的，由县级以上人民政府收取其应当承担的职工教育经费，用于职业教育。

第六十五条　职业学校、职业培训机构在职业教育活动中违反本法规定的，由教育行政部门或者其他有关部门责令改正；教育教学质量低下或者管理混乱，造成严重后果的，责令暂停招生、限期整顿；逾期不整顿或者经整顿仍达不到要求的，吊销办学许可证或者责令停止办学。

第六十六条　接纳职业学校和职业培训机构学生实习的单位违反本法规定，侵害学生休息休假、获得劳动安全卫生保护、参加相关保险、接受职业技能指导等权利的，依法承担相应的法律责任。

职业学校、职业培训机构违反本法规定，通过人力资源服务机构、劳务派遣单位或者非法从事人力资源服务、劳务派遣业务的单位或个人组织、安排、管理学生实习实训的，由教育行政部门、人力资源社会保障行政部门或者其他有关部门责令改正，没收违法所得，并处违法所得一倍以上五倍以下的罚款；违法所得不足一万元的，按一万元计算。

对前款规定的人力资源服务机构、劳务派遣单位或者非法从事人力资源服务、劳务派遣业务的单位或个人，由人力资源社会保障行政部门或者其他有关部门责令改正，没收违法所得，并处违法所得一倍以上五倍以下的罚款；违法所得不足一万元的，按一万元计算。

第六十七条　教育行政部门、人力资源社会保障行政部门或者其他有关部门的工作人员违反本法规定，滥用职权、玩忽职守、徇私舞弊的，依法给予处分；构成犯罪的，依法追究刑事责任。

第八章　附　则

第六十八条　境外的组织和个人在境内举办职业学校、职业培训机构，适用本法；法律、行政法规另有规定的，从其规定。

第六十九条　本法自 2022 年 5 月 1 日起施行。

（摘自中华人民共和国教育部门户网站，网址：http://www.moe.gov.cn/）

[附录2] 2021届主要学科门类本科毕业生就业质量排名

学科门类	毕业去向落实率排名	平均月薪排名	专业对口度排名	就业满意度排名	离职率排名
工学	1	1	8	6	7
艺术学	2	3	7	3	1
农学	3	5	10	10	5
教育学	4	10	2	4	8
管理学	5	4	9	7	2
医学	6	8	1	5	11
理学	7	6	5	8	9
历史学	8	11	3	9	10
经济学	9	2	11	2	4
文学	10	7	6	11	3
法学	11	9	4	1	6

[附录3] 2021届本科毕业生在主要行业门类的就业质量排名

行业门类	平均月薪排名	专业对口度排名	就业满意度排名
采矿业	1	4	3
信息传输、软件和信息技术服务业	2	10	6
房地产业	3	15	16
电力、热力、燃气及水生产和供应业	4	3	2
科学研究和技术服务业	5	6	4
制造业	6	11	14
交通运输、仓储和邮政业	7	12	5
金融业	8	14	9
建筑业	9	5	17
农、林、牧、渔业	10	8	11
文化、体育和娱乐业	11	9	7
批发和零售业	12	18	15
水利、环境和公共设施管理业	13	7	10
租赁和商务服务业	14	13	13
住宿和餐饮业	15	16	18
卫生和社会工作	16	1	8
公共管理、社会保障和社会组织	17	19	1
居民服务、修理和其他服务业	18	17	19
教育	19	2	12

[附录4] 2021届本科毕业生毕业去向落实率最高的前50个专业

专业	毕业去向落实率（%）	专业	毕业去向落实率（%）
地质学	94.52	轻化工程	88.32
飞行器动力工程	94.44	交通设备与控制工程	88.10
农业电气化	94.29	地质工程	88.07
勘查技术与工程	91.96	意大利语	88.06
财务会计教育	91.94	草业科学	88.04
葡萄牙语	91.84	新能源材料与器件	88.03
石油工程	91.61	能源与动力工程	87.86
消防工程	91.18	产品设计	87.86
基础医学	91.04	核工程与核技术	87.72
艺术与科技	91.00	微电子科学与工程	87.66
矿物加工工程	90.57	土木工程	87.63
国际政治	90.38	金属材料工程	87.44
纺织工程	90.08	资源勘查工程	87.33
油气储运工程	89.72	数字媒体艺术	87.30
商务经济学	89.53	安全工程	87.19
工程管理	89.44	给排水科学与工程	87.18
集成电路设计与集成系统	89.16	森林保护	87.10
服装设计与工程	89.06	小学教育	87.00
摄影	89.01	港口航道与海岸工程	86.84
工程造价	88.80	农业机械化及其自动化	86.80
车辆工程	88.59	电气工程及其自动化	86.80
艺术设计学	88.57	交通工程	86.72
水利水电工程	88.55	录音艺术	86.67
生物信息学	88.41	表演	86.64
智能电网信息工程	88.37	哲学	86.61

[附录5] 2021届本科毕业生就业满意度最高的前50个专业

百分比/%

专业	满意	基本满意	不满意	专业	满意	基本满意	不满意
侦查学	77.88	22.12	0.00	轮机工程	56.25	31.25	12.50
治安学	76.00	22.00	2.00	国际经济与贸易	56.07	36.99	6.95
戏剧影视文学	68.89	26.67	4.44	港口轨道与海岸工程	55.56	35.56	8.89
运动训练	67.13	27.04	5.83	医学影像技术	55.47	35.16	9.38
表演	65.75	30.14	4.11	中国少数民族语言文学	55.45	31.68	12.87
保险学	64.10	25.64	10.26	医学影像学	55.38	40.32	4.30
西班牙语	63.89	34.72	1.39	服装设计与工程	55.38	36.92	7.69
农村区域发展	62.16	32.43	5.41	预防医学	55.15	36.34	8.51
生物医学工程	61.83	30.53	7.63	林学	55.00	33.75	11.25
金融数学	60.00	34.00	6.00	休闲体育	54.82	36.14	9.04
公共艺术	59.46	35.14	5.41	动物科学	54.76	38.10	7.14
针灸推拿学	59.42	37.68	2.90	体育教育	54.61	37.85	7.54
工艺美术	59.30	33.72	6.98	石油工程	54.26	32.98	12.77
食品营养与检验教育	58.62	37.93	3.45	电气工程及其自动化	54.16	35.77	10.07
油气储运工程	58.54	34.15	7.32	服装与服饰设计	53.48	37.75	8.77
经济与金融	57.85	36.02	6.13	数字媒体艺术	52.99	39.67	7.34
播音与主持艺术	57.75	36.35	5.90	阿拉伯语	52.94	39.22	7.84
轨道交通信号与控制	57.75	36.71	5.70	雕塑	52.86	37.14	10.00
软件工程	57.46	35.29	7.25	信息与计算科学	52.73	37.30	9.96
武术与民族传统体育	57.14	34.69	8.16	金融工程	52.59	37.68	9.73
符合材料与工程	56.82	38.64	4.55	计算机科学与技术	52.50	39.15	8.35
舞蹈编导	56.82	40.34	2.84	网络工程	52.45	40.35	7.19
汽车服务工程	56.58	36.21	7.20	生物制药	52.43	40.78	6.80
农林经济管理	56.48	34.26	9.26	资源勘查工程	52.11	35.21	12.68
药物制剂	56.32	36.21	7.47	音乐表演	51.91	41.38	6.72

第二章 职业生涯规划

大学生正处于职业的学习、准备和起步阶段。在此阶段中，大学生应该根据职业生涯的指导思想，遵循职业生涯规划的原则，寻求大学生活与未来职业生涯的联系，充分认识职业生涯规划对大学生未来生活道路的影响和现实意义。

第一节 职业生涯规划及其现实意义

一 职业生涯与职业生涯规划

（一）职业生涯概述

1. 职业生涯概念

与职业不同，职业生涯是指人们一生的职业历程，也就是一个人连续从事的职业，担任着工作角色、工作职责和工作任务的发展道路。职业生涯不但包括过去、现在和将来可以实际观察到的职业发展的每个过程，而且还包括对职业生涯发展的见解和期待。

可以说，职业生涯是以心理、生理、智力、技巧、能力等潜能开发为基础，以工作内容的确定和变化、工作成绩的评估、工资待遇、职称、职务的变动为标志，以满足个人需求为目标的工作历程和内心体验的整个经历过程。职业生涯是人生中重要的历程之一，是个人自我实现的重要人生历程，对人生有着决定性的现实意义。

职业生涯是一个动态、漫长的过程。人可以遵循传统观念，在一生中只从事某一种职业，在这一职业中保持稳定的工作环境、平稳的职务晋升、工资待遇等来实现人生价值；也可以基于兴趣、爱好、能力、价值取向的变化而经历不同的职业岗位，体现这一职业的个性色彩。对于大多数人而言，人们还是向往稳定、适合自己爱好的职业。

2. 外职业生涯与内职业生涯

（1）外职业生涯

外职业生涯是指从业人员从事某一种职业的工作单位、时间、地点、角色、职责、内容、职务以及工资待遇、职称等部分因素的组成及其变化的过程。

外职业生涯可以通过个人名片、工资等项目体现出来。名片上表明从业人员的工作地点、工作单位、职务、职称等内容；工资单里表明从业人员所得的薪酬，包括基本工资、岗位工资、薪级工资、福利待遇等内容，这些就是外职业生涯的主要构成因素。

（2）内职业生涯

内职业生涯是从业人员从事某一种职业时的知识、技巧、能力、观点、经验、心理素质等部分因素的组成及其变化的过程。

内职业生涯中的各个因素，并非通过个人名片、工资等项目体现出来，而是在工作过程中通过工作结果、日常表现、行为方式等表现出来。

外职业生涯的进展主要是由从业者本人来决定、给予与认可，也可以被他人给予否定、撤销、争夺。内职业生涯的发展主要依靠从业者本人的不断探求、不断摸索而获取，不随着外职业生涯的发展而自动具备条件，也不会因为外职业生涯的消失而流失。在职业生涯发展的过程中，起主要作用的是人的内职业生涯。

（二）职业生涯规划

1. 职业生涯规划的由来

职业生涯规划在1908年起源于美国。美国既是职业指导的发源地，又是职业指导工作最为普及的国家。

（1）诞生的初期

1908年的美国，针对当时社会上存在大量年轻人失业的情况，美国波士顿大学教授弗兰克·帕森斯成立了世界上第一个职业咨询机构——波士顿地方就业局，首次提出了"职业咨询"的概念。弗兰克·帕森斯的工作当时只是作为解决失业和就业问题的一项社会工作，后来经过不断完善后出现了系统化的"职业指导"。因此，弗兰克·帕森斯被称为"职业指导之父"。

早期的职业指导，其意义在于协助个人做职业的选择。当时的社会由于职业的形态比较稳定，工作机会与选择范围比较狭窄，个人对职业的观念大多倾向于谋生的手段。职业生活主要以工作为核心，因此，"职业指导"工作的重点是"人职匹配"。

（2）发展的中期

20世纪五六十年代，哥伦比亚大学师范学院教授舒伯等人提出"生涯"的概念，进而生涯规划的范畴得以扩大，不再局限于"职业指导"的层面。

特别是随着人本主义思潮的兴起，职业指导慢慢地由最初简单地"协助人择业"，演变成为一项"协助个人发展，接受适当、完整的自我形象，同时发展并接受完整而适当的职业角色形象"的工作，它的名称也由最初的"职业指导"变成了"职业生涯规划"。

（3）发展成熟期

后来，舒伯根据自我心理学的观点，赋予职业指导以新的含义：协助个人发展并接受完整而适当的自我形象，同时也发展并接受完整而适当的职业角色形象，从而在现实世界中加以检验并转化为实际的职业行为，以满足个人的需要、造福社会。

舒伯的这一思想以个人的发展为着眼点；将自我与职业、个人与社会融为一体，既考虑个人发展才能的机会，也兼顾社会的需要和利益。这一思想把职业指导上升到更高的层面，从个体发展和整体生活的高度来考察个人与职业、个人与社会的关系，而不只是局部的人职匹配关系，把树立个人自我形象与职业角色形象作为职业指导的目标，为现代职业指导指出了新方向。

2. 职业生涯规划概念

职业生涯规划又称职业的发展规划。是指个人结合自身情况、眼前的机遇及相关的制约因素，为自己确立职业方向、职业目标，选择职业道路，确定教育计划、发展规划等，为本人实现职业生涯规划目标而确立的行动时间、行动方向、行动方案。一般意义上的职业生涯规划是通过员工的工作评估和职业发展的设计，协调员工的个人需求和单位的组织需求，来实现个人与单位的共同成长与发展。

3. 职业生涯规划特征

（1）独特性

由于每个人的心理特点、价值观念、思维方式、行为定势不同，对他人的评价方式、职业规划的目标、选择职业的标准、对个人和社会关系的认识和所处的职业生涯阶段等都截然不同，所以，职业生涯规划自然就显现出独特性的特点。

（2）开放性

职业生涯规划无时无刻地与外界环境进行信息的交换，如从业者本人始终与自己的领导、平级、下属、家人、职业规划师等进行交流，听取他人的建议与想法，并在工作过程中挖掘自己的潜能、改进自己的工作方法。

（3）连续性

每一种职业都有其自身发展的周期，职业生涯规划在周期内也有其连续性特点，在此周期内有职称上的晋升、技能方面的熟练等，都体现了职业生涯规划连续性特点。

当然，职业生涯规划除以上主要特征外，职业生涯规划还具有时间性、空间性、社会性、发展性等。

二　职业生涯规划的意义

凡事预则立，不预则废。做任何事情，事先谋虑准备就会成功，否则就要失败。职业生涯规划对于个人和单位来说至关重要。

（一）职业规划对个人生活的意义

人生没有规划，就没有目标和计划与实施。职业规划对个人生活的意义，主要体现在以下五个方面。

1. 可以帮助个人清晰认识自我

一个会职业生涯规划的人，可以更认真地审视自身的兴趣、爱好，认识自身的个性特质，把握自己的职业倾向和职业定位，能够分析个人现有和潜在的优劣势，扬长避短，充分发挥自身现有的价值并使其持续增值。

2. 可以帮助个人确立合理目标

一个有职业生涯规划的人，能更好地评估自己职业目标与现状之间的距离，并努力去实现职业目标。要使自己能够在将来的工作中取得成绩、获得成功，必须学会给自己确定目标和努力方向，职业生涯规划正好可以提供这样一种解决方案。通过职业生涯规划，个人将能够更加清楚自身的兴趣、爱好，明确职业倾向，树立客观、科学的人生目标。有了目标，也就有了前进的方向，就会为目标的实现投入更多时间和精力，不断努力去争取成功。

3. 可以帮助个人提升竞争能力

在工作中遇到困难是不可避免的，而通过自我职业生涯规划，就可以提前对可能遇到的困难有一定的思想准备，可以更加合理地分配自己的精力和时间，把现阶段的工作做得更好。职业生涯规划可以帮助个人学会如何运用科学的方法，采取切实可行的步骤和措施，不断增强自己的职业竞争力。

4. 可以帮助个人实现自我价值

当一个人有了职业规划、明确的职业目标之后，就可以为这个目标不断努力，根据自身的职业兴趣、性格特点、能力倾向以及所学的专业知识技能等因素，发挥个人的专长，开发自己的潜能，制定切实可行的措施，把自己定位在一个最能发挥自己长处的位置，以便最大限度地实现自我价值，最后获得事业的成功。应该说，人生的价值不仅仅体现在地位和财富上，更体现在自我的发展和自我的实现上。

5. 可以帮助个人实现和谐发展

个人的生活是由工作和家庭两部分共同组成的，只注重工作，忽略了家庭生活，是没有益处的。通过自我职业规划，个人就可以将工作分解成一个又一个连续的发展阶段，不必在工作上耗费过多的精力，而是可以让工作也能为个人过上更加充实的生活服务。即学会职业规划，可以把个人、家庭和事业更好地统合在一起。良好的职业生涯规划能够使我们不仅考虑到个人职业的发展，取得事业上的成功，同时也会更加合理地利用工作之外的时间处理好个人爱好、特长发展之间的关系，使其和谐统一、共同发展。

(二) 学业规划对职业发展的意义

大学生学业生涯规划是做好职业生涯规划的前提和基础，有助于大学生发掘和激励自己，增强主动性，尽早找到人生目标，及早定位，并为之奋斗。在充分剖析自己优缺点的同时，充分认识自我，明确自己的发展方向。其意义体现在以下五个方面。

1. 做好学业规划有助于学生增强学习动力

有效的学业规划，能够帮助大学生明晰个人的个性特质、潜在的资源优势，进而对自己的优势与劣势进行比较分析，树立明确的学业发展目标与职业理想，学会运用科学有效的方法，采取切实可行的步骤和措施，不断增强学业竞争力，实现学业目标与职业理想。大学生应该从大一开始，明确自己的发展方向，并在大学期间为自己的目标努力，不能等到快毕业了才来想自己要干什么。

2. 做好学业规划有助于学生提升学习效率

如果没有学业规划，大学生的时间、精力容易处于荒废和散乱状态，心态消极怠慢，很容易陷入跟学业无关的琐事中，虚度光阴。而学业规划能让大学生明白现在做的每一点都是实现未来目标的一部分，从而重视现在、把握现在，集中时间、精力和资源，更高效地完成学业。

3. 做好学业规划有助于学生积极完善自我

学业规划是大学生努力的依据，也是对自我的鞭策。随着学业规划的每一个具体目标的实现会越来越有成就感，思维方式及心态就会向着更积极向上的方向转变。好的学业规划为大学生提供了完成学业的清晰时间表和路线图，使他们对学业目标的实现更有信心、勇气，达到自我完善。

4. 做好学业规划有助于学生合理自我定位

大学生需要不断地了解自己，发掘自己的特点，进而不断地调整与修正，找出自己感兴趣的领域，确定自己能胜任的工作，明确人生目标，即自我定位。学业规划确立的过程是一个弹性的、动态的规划过程，是一个认识自身优势与弱势、机会与挑战的过程，是一个自我定位、规划人生的过程。也就是明确自己"能干什么""社会可以提供给我什么机会""我选择干什么"等问题的过程，进而使理想具有可操作性，为进入社会提供明确方向。

5. 做好学业规划有助于学生实现人生价值

大学生的文化知识素质如何，将决定他在求职择业时的自由度和取得岗位的层次。大学是就业准备教育，大学毕业生中的绝大多数都将走上工作岗位。大学生应该做好学业规划并付诸实践，努力为就业或创业去构建合理的知识结构，锻炼较强的实践能力，全面提高综合素质，为未来的就业、创业、立业开山铺路。一名优秀的大学生应把构建合理的知识结构、培养科学的思维方式、锻炼较强的实践能力和提高全面的综合素质统一起来，这样才能体现在择业、从业过程中的人生价值。

(三) 职业生涯规划对大学生的意义

大学期间是一个人职业生涯规划的黄金阶段，对个人的未来职业走向和职业发展具有十分深远的影响，拥有成功的职业生涯才能实现更加完美的人生。因此，职业生涯规划对于大学生的成长成才，创造价值，实现幸福感、成就感及人生理想等都具有特别重要的意义。

1. 职业生涯规划有利于大学生自我定位和人职匹配

好的职业生涯规划是大学生成长、成才、成功的开始。做好职业生涯规划，对自身的个性特点、工作能力、兴趣爱好等有一个客观、全面的了解，更能摆正自己的位置，清楚自己的优势与劣势，从而确定职业发展目标，实现个性与职业之间的匹配。"知己知彼，百战不殆"，大学生要想在社会上寻找到适合自己的职业位置，就要正确认识自我。

2. 职业生涯规划有利于大学生努力学习和奋发进取

职业生涯规划能帮助大学生挖掘并发挥潜能，不仅仅只是认识和了解自己，估计自己的能力、智慧及性格，还能明确自身优势，正确设定自身的职业发展目标，并制订相应的职业行动计划，使自己的才能得以充分发挥，实现自我价值及职业发展目标。大学生制订和实现职业生涯规划必须是具体的、可实现的，就像一场比赛，随着时间的推移，一步一步地实现规划，思维方式和工作方式渐渐进步。职业生涯规划还能对大学生起到内在的激励作用，使大学生产生学习、实践的动力，激发其不断为实现各阶段目标和终极目标而进取的动力。

3. 职业生涯规划有利于大学生提升素质和核心能力

职业生涯规划可以帮助大学生运用各种科学方法，采取切实可行的措施来提升大学生的个人素质、就业能力与技巧，增强大学生的核心竞争力，引领大学生实现职业目标，增加职业成功的可能性。

4. 职业生涯规划有利于大学生进行自我定位和决策分析

职业生涯的规划能让大学生在职业探索和发展中少走弯路，节省时间和精力，可以解决好职业生涯中的"四定"——定向、定点、定位、定心，尽早确定自身的职业目标，把握自己的职业定位，保持平稳和正常的心态，按照自己的目标和理想有条不紊、循序渐进地推进。

5. 职业生涯规划有利于大学生树立目标与远大理想

职业生涯规划会帮助大学生评估自身职业目标的可行性，引导大学生付出努力去实现职业目标与职业理想。职业生涯规划还能让大学生的职业目标和前进的方向更加清晰，能使大学生为目标的实现投入更多精力和时间，不断努力去实现职业目标、职业理想，并获得成功。

第二节　职业生涯规划的分类及原则

职业生涯规划是对个人职业发展道路进行选择和设计的过程。了解职业生涯规划的内容、类型，对个人的职业发展有其现实的意义，职业生涯规划的原则在职业生涯规划的过程中，可为一些职业规划提供相关的要点和准则。

一　职业生涯规划的内容

职业生涯规划的内容是在规划过程中形成的文字性方案材料，便于理顺职业生涯规划的思路，提供操作引导，随时评估与修订。著名的职业生涯学研究者与培训师程社明博士提出，一个完整有效的职业生涯规划方案应该包括以下的十项内容。

（一）标题：包括姓名、规划年限、年龄跨度、起止时间。规划年限不分长短，可以是半年、三年、五年，甚至是二十年，视个人的具体情况而定。例如，×××三年职业生涯规划，2012年9月—2015年9月，20—23岁。

（二）确定职业目标和总体目标：确立职业方向、阶段目标和总体目标。职业方向即从业方向，是对职业进行选择；阶段目标是职业生涯规划中各个时间段的分目标；总体目标即当前有预见性的最长远目标，也可称为在特定规划中的终极目标。

（三）社会环境分析结果：指对政治环境、经济环境、文化环境、法律环境、职业环境等社会外部环境的分析。

（四）行业分析结果：指对将要做从事的行业进行分析，包括对行业文化、发展领域、行业性质等的分析。

（五）自身条件及潜力测评结果：指对自己目前的状况分析和对自己发展潜能的展望。

（六）角色及其建议：指记录对自己职业生涯有一定影响的角色建议。

（七）目标分解与目标组合：分析制订、实现目标的主要影响因素，通过目标分解和目标组合的方法做出果断明确的目标选择。目标分解是依据观念、知识、能力、心理素质等方面的差距，将职业生涯规划中的远大目标分解成为有一定时间性、阶段性各个分目标；目标组合是将若干阶段性目标按照内在的逻辑关系组合起来，已达到更为有利的可操作性目标。

（八）成功的标准：衡量成功的标准是什么。

（九）差距：结合自身对职业、行业与用人单位的分析，寻找与要求者之间的差距。

（十）实施方案：首先找出自身观念、知识、能力、心理素质等方面与实现目标要求之间的差距，然后制定具体方案逐步缩小差距从而实现各阶段目标。如在实施过程中，无法达到的目标或要求应该加以修正和调整。

职业生涯规划的十项内容之间是相互影响、相互促进的，这十项内容是将未来的理想转换为实现目标的具体步骤。可以说是层次分明、联系密切。

二　职业生涯规划的类型

依据职业规划的时间维度来讲，职业生涯规划一般分为四种类型，即短期规划、中期规划、长期规划和人生规划四种类型。

（一）短期规划

短期规划是指 2 年以内的职业生涯规划。规划的主要目的是确定近期目标，制订近期应完成的任务计划。例如，计划在 2 年内熟悉工作单位的规章制度，熟悉单位职工的情况并融合到单位文化之中。

（二）中期规划

中期规划一般涉及 2—5 年的职业目标和任务，它是最常用的一种职业生涯规划。例如，大学毕业后打算做一名中学教师，完成相应的学业，获得一定的荣誉称号，并以此为目标参加的培训等具体措施。

（三）长期规划

长期规划是指 5—10 年的规划设计，其目的主要是设定较长远的目标。例如，规划 35 岁时成为单位的处级领导，掌握较大的人权、财权以及为实现此目标应采取的具体措施。

（四）人生规划

人生规划是指对整个职业生涯的规划，时间跨度可达 40 年左右，其规划的主要目的是设定整个人生的发展目标。

从字面上讲，个人的职业生涯规划设计是从短期到中期，再到长期，直至整个人生规划，如同层层台阶，一步一步地发展。但在实际操作的过程中，时间跨度太大的规划由于环境、个人的变化而难以把握；而时间跨度太小的规划又没有太多的意义。所以，一般来说个人的职业生涯规划控制在 2—5 年内比较好。这样既便于根据实际情况设计可行性目标，又便于随时根据现实的反馈进行修订和调整。

三 职业生涯规划的原则

在做职业生涯规划设计时，既要考虑到未来面临职业的挑战性，又要考虑到现实性，在规划过程中要真诚面对、切合实际，特别是在制订的过程中要注意及时调整，加以更新。一般来说，职业生涯规划应注意以下原则。

（一）长期性原则

职业生涯规划一定要从长远着想，结合自身实际设计出一个明确的、有个性张扬的大方向职业，并紧紧围绕这个大的方向做出努力，最终获取成功。

（二）清晰性原则

职业生涯规划的目标措施要清晰、明确，实现目标的步骤要直截了当、一目了然。

（三）挑战性原则

目标与具体措施要具有一定的挑战性，不能仅保持其原来状况，要付出一定的努力，敢于挑战自己的目标，取得更大的成功。

（四）可行性原则

职业生涯规划要依据本人的特点、社会发展需求来制订，不要好高骛远，存有不着边际的想法。

（五）一致性原则

规划时的主要目标要与分目标保持一致，规划目标要与具体措施相吻合，主体目标下的分目标与各个发展目标保持一致。

（六）全程性原则

拟定职业生涯规划时必须考虑到生涯发展的整个历程，做全程的考虑。各具体规划与人生规划保持一致，做到持之以恒，避免了各发展阶段人力资源的浪费。

（七）具体性原则

职业生涯规划包括个人的各个成长阶段，不同的路线划分与安排必须实际、具体、可行。实现职业生涯目标的途径很多，在做规划时必须要考虑到自己的特质、社会环境、组织环境以及其他相关因素，选择确定可行的途径。

（八）可评性原则

职业生涯规划的设计应有明确的时间限制或标准，可以评量、检查，使自己随时掌握执行状况，并为具体规划提供各种参考的依据。

（九）可调性原则

职业生涯规划，其具体的职业目标或措施应该有一定的弹性或缓冲性，能依据环境及时间段的不同而进行适当的调整。

职业生涯规划除具有以上原则外，还具有变动性原则、激励性原则、合作性原则、实际性原则、可评性原则等。

第三节　职业生涯规划的步骤

每个人都渴望成功，但并非都能如愿。了解自己、有坚定的奋斗目标，并按照情况的变化及时调整自己的计划，才有可能实现成功的愿望。这就需要进行职业生涯的自我规划。大学生职业生涯规划应包括自我探索、环境探索、目标决策、计划实施、反馈评估等五个步骤。

一 自我探索

一个有效的职业生涯设计必须是在充分且正确认识自身条件与相关环境的基础上进行的。自我评估就是对自己做全面分析，通过自我分析，审视自己、认识自己、了解自己。因为只有对自己进行客观而准确的评估，明确了自己的长处和不足，扬长避短，才能对自己的职业做出正确的选择，才能选定适合自己发展的生涯路线，才能对自己的生涯目标做出最佳抉择，所以自我评估是个人职业生涯规划的逻辑起点。

通常自我探索包括自己的兴趣、特长、性格、学识、技能、智商、情商、思维方式、道德水准，以及组织管理、协调、活动能力等内容。也就是要弄清自身想干什么，能干什么，应该干什么，在众多的职业面前自身会选择什么职业等问题。大学生进行职业生涯规划时，可以根据家长、老师和同学们的评价，借助于职业兴趣测验和性格测验，深入挖掘并探索：到底自己是一个较为外向开朗的人还是内向稳重的人？到底自己对哪些问题较为感兴趣？是经济问题还是管理问题？自己擅长哪些技能？同时也可分析出自己的一些弱点，如是否自己的抗压能力、合作能力较弱，考虑问题深度不够，文字表达能力不佳等。尽早知道自己的优劣，利用大学期间的各种锻炼扬长避短。

（一）个人兴趣

俗话说："一种米养百种人。"每一个人的兴趣爱好都有很大区别，有人好动，有人好静，有人健谈，有人沉默，有人擅长算术，有人擅长文学等。

通过探索并深入分析自己到底最感兴趣的是什么，挖掘自己的兴趣，争取实现以兴趣为导向的职业生涯规划。

（二）性格特征

性格决定命运，性格同时影响或制约着个人的职业生涯发展过程。因而，个人在进行职业生涯规划、选择职业时，必须认真分析并结合自己的性格特征来选择适合自己的职业，制定自己的职业目标。

（三）价值观

爱因斯坦说过："一个人的价值，应该看他贡献了什么，而不应当看他取得了什么。"人的遗传基因、成长环境等的不同，会使个人的价值观取向也千差万别。价值观会明显影响或制约一个人的择业以及职业发展，在进行职业生涯规划时，需要考虑个人价值观取向这个因素，所以有必要进行个人价值观取向的探索。

（四）技能

人的技能，主要从自我管理技能、知识技能和可迁移技能三个方面来探究。

1. 人的自我管理技能

经常被视为人格特质，用来描述人或说明人具有的某些特征。例如，负责、冷静、勤奋、亲切、合作、有序、谨慎、精力旺盛等就是属于描述人的自我管理技能的词语。

2. 人的知识技能

需要经过一些有意识的特殊的培训，并通过记忆掌握特殊的词汇、程序和学科。例如打篮球，要知道比赛规则、防御方法等专业知识技能。

3. 人的可迁移技能

可在工作之外得到发展，又被迁移到工作中的一些技能。例如，有的人喜欢比较、复制、计算、分析，可迁移去做一些数据分析如会计等工作；有的人喜欢指示、服务、谈话、教导、商讨，可迁移去做人的管理服务等工作；有的人善于处理、操纵、照管事务或装配东西，可迁移去做一些事务性或技术性工作。

二 环境探索

由于环境对于个人的职业选择和职业发展有很大的影响作用，因此在进行职业生涯规划时，需要学会分析自己所规划的生涯过程将涉及的行业、岗位、氛围、资源等因素。

（一）行业资讯

社会上存在各种各样不同的行业，如果没有进行行业分析，职业生涯规划特别是职业决策就显得空洞，只有在了解行业的变化、搜集行业的信息、进行相关行业的分析的基础上，再结合个人优劣势来进行职业生涯规划，才能使规划更有可行性。

（二）岗位要求

每一个具体的岗位都有不同的职责要求，岗位没有好坏之分，只有适合某个人的岗位，即"人岗匹配"时才可以说是最好且最合适的，因而，在进行职业生涯规划时必须明确各个不同岗位的职责要求，按照人岗匹配的原则去安排。

（三）工作氛围

不同地点、不同性质、不同环境的工作单位，其具体的工作氛围会潜移默化地影响人的职业追求，进而影响人的职业生涯，因而职业生涯规划必须探究人的环境因素。

（四）资源整合

由于每一个人的成长氛围、家庭背景、教育经历等都可能不同，这导致每一个人的身边会有不同的资源，特别是人脉资源，因此，职业生涯规划过程需要尽量考虑和探究可供个人整合的资源要素。

三 目标决策

（一）职业生涯目标概述

职业生涯目标是指一个人渴望获得的与职业相关的结果。职业生涯目标的确定就是在自我剖析及对外部环境进行分析的基础上，设定自己明确的职业目标，即明确自己想成为一个什么样的人。目标就是个人的方向和动力，有了明确而坚定的目标就更可能赢得成功。目标确定是个人制订职业生涯规划的首要内容。

（二）职业生涯目标分类

1. 按时间来分类

如果按时间来分类，个人职业生涯目标可以分为人生目标、长期目标、中期目标和短期目标四类。一般来说，短期目标服从于中期目标，中期目标服从于长期目标，长期目标又服从于人生目标。具体实施目标，通常是从具体的、短期的目标开始的。

2. 按性质来分类

如果按照性质来划分，个人职业目标可以分为外职业生涯目标和内职业生涯目标。

外职业生涯目标：侧重于个人职业生涯发展过程的外在标记。主要包括的内容有工作内容目标、工作环境目标、经济收入目标、工作地点和职务目标等。

内职业生涯目标：侧重于个人职业生涯发展过程中的知识、经验的积累，观念、能力的提高和内心感受等通过个人努力而获得和掌握的目标。主要包括的内容有工作能力目标、提高心理素质目标、观念目标、工作成果目标等。

内外职业生涯目标之间的关系比较密切，内职业生涯目标的发展带动外职业生涯目标发展，外职业生涯目标的实现可以促进内职业生涯目标的实现。表2-1举例说明了职业生涯目标分类间的关系。

表2-1　　　　　**财务经理助理职业生涯目标分类间的关系**

	短期目标	中期目标	长期目标
内职业生涯目标	承担财务管理的更多职责，与直线财务经理更多的互动	负责财务管理，参与公司各部门经理之间的交流沟通	参与财务规划活动，参与公司长期规划，参与政策制定和执行
外职业生涯目标	2—3年成为财务主管	3—5年成为财务经理	5—7年成为财务总监

(三) 大学期间的目标

作为大学生，首要任务是学习，学习专业知识、专业技能以及各种综合能力。那么，大学期间如何更加合理地确定个人的学业目标以及毕业后的职业生涯目标呢？

大一试探期：学业目标建议应设法了解自己未来想从事的职业或与所学专业对口的职业，多参加校园活动来提高人际沟通能力，多利用学生手册学习掌握相关政策，多与师长、学长沟通交流。

大二定向期：学业目标建议应认真思考并尽早确定毕业后是深造、就业还是创业，然后结合三个不同方向来提高自身基本素质，并开始有选择性地做好该方向的相应准备。

大三冲刺期：学业目标建议应结合前面三个方向来做相应的具体准备。选择就业方向的必须学习写简历、求职信，提高求职技能，搜集企业信息或为考公务员做相应准备。选择深造的需做考研准备，选择出国留学的可多接触留学顾问做相应准备。有意向创业者要熟悉政策，做好创业前期各种准备，并用心投入其中。

大四分化期：建议目标应继续按照自己选择的方向冲刺，找工作的努力实现目标成功就业，继续深造的积极准备考研或出国，创业的全面做好各种准备。

四　计划实施

在确定了职业生涯目标后，必须制定出相应的、具体可行的计划与措施，并努力付诸行动，才可能实现目标。这里所指的行动，是指落实目标的具体措施，主要包括工作、训练、教育、轮岗等方面的措施。例如，为了达成自己的短期目标，在工作方面，你计划采取什么措施，提高你的工作效率，在业务素质方面，你计划学好哪些知识，掌握哪些技能，提高你的业务能力，在潜能开发方面，你应该采取什么措施开发你的潜能，等等。这些都要有具体的计划与明确的措施，并且这些计划要特别具体，以便于定时检查。

（一）要设定合理可行的职业理想

自己的职业理想、现在从事的职业是否有利于实现自己的职业理想、现在的这些选择对于自己未来的发展的优势、个人职业理想对于自己职业选择的影响程度等问题，都会影响个人的职业生涯规划及职业发展。

（二）要选择合适的职业发展路径

确定了人生目标和职业理想后，为了实现人生目标和职业理想所选择的发展道路就是职业生涯发展路径。首先，选择一个最初的切入点，然后具体到某个行业某类职业某个岗位，以此为起点设计好相应发展路线，可能是专业技术型、行政管理型、市场销售型或者是自我创业型路线，最后需要为此付出一生努力才可能实现人生目标和职业理想。建议考虑"想、能、可"三要素：想——我想往哪一路线去发展；能——我能往哪一路线去发展；可——我可以往哪一路线去发展；同时要掌握方法和时机来走出一条最佳、最近的职业发展路线。

（三）要善于把握职业发展的机遇

大学生在规划自己的职业生涯和职业发展路线时，会涉及职业发展机会与机遇的问题。一旦自己选择了这条职业发展路线，就应该去把握机遇、机会，或者敢于尝试去创造机遇与机会。

（四）要坚持按照计划去合理实施

大学生职业生涯规划方案完成之后，更重要的是能够设法创造各种条件以保证按照规划的进度去实施。当然在实施过程中，如果发现有需要的话，可以适当调整职业规划的内容或者目标。

五 反馈评估

（一）根据评估的结果修正自己的职业进程和阶段目标。在实施过程中，如果无法达到制定的目标或要求，应当及时进行相应的修正和调整。同时预计职业生涯可能出现的危机，并进行危机干预的准备。

（二）大学生职业生涯规划反馈评估的方法主要有滚动计划法和备用计划法。

第四节 影响职业生涯规划各种因素

大学生在制定自己的职业生涯规划过程中，应该充分考虑到自己的特点、职业与行业、社会的需要等因素，才能取得较好的效果。

一 自我因素

由于个人的职业欲望和职业梦想对职业发展规划产生一定的影响。所以本人应该根据自己的需求与心理动机，清楚地了解自己。自我认识与评价大体包括以下几项内容。

1. 对自己需求的认识。
2. 对自己动机的认识。
3. 对自己理想、信念及世界观的认识。
4. 对自己爱好的认识。
5. 对自己性格的认识。
6. 对自己能力的认识。
7. 对自己受教育和培训经历的认识。
8. 对自己参与社会工作经历的认识。
9. 对家庭背景和其他因素的考虑等。

二 职业因素

（一）产业结构的升级与职业变化

产业结构的变化对社会分工产生革命性的影响。伴随着产业技术与知识含量的增强，社会分工的基础从体力为主逐渐发展到以脑力（智力）为主。

从产业发展的历程来看，每一次产业的更迭，新出现的产业对原有产业的品质都会施以革命性的影响。例如，第二产业的兴起带来了农业的机械化，提升了农业生产效率，减轻了农业生产中的劳动强度；第三产业的兴起带来了农业技术革命和农工商一体化的农产品市场化；信息产业的兴起给农业、工业带来的是高科技、国际化的前景。

产业的发展对行业、职业的影响是较大的，一是可能使一些行业和职业消失；二是使继续存在的行业内涵（产品和服务的内容、技术内核）发生变化，导致行业的经营和岗位分工依据的变化，以及人员胜任工作要求的变化。

（二）未来就业机会较多的职业

就业岗位的增加数额应是需要顶替的工作岗位数与新增工作岗位数之和。我国未来就业机会最多的行业是未来需要顶替的岗位（如职工退休、离职等）较多行业和新增工作岗位多的行业。

1. 世界职业未来发展趋势（15个主导行业）

法庭会计师，广告业，文化艺术与娱乐，咨询业，教育，化学工程，交叉学科专家，医学，市场营销，计算机技术、通讯和信息与网络技术执法，电子工程技术，金融，公共事业，社区医疗服务。

2. 我国发展势头最旺的行业（6大考证行业）

项目管理师，人力资源管理师，电子商务师，心理咨询师，调酒师，调音师。

3. 中国最有发展前景的行业（10大最旺行业）

IT业，建筑房地产业，金融行业，汽车制造业，电信业，老年医疗保健品业，妇女儿童用品业，旅游休闲及相关产业，装潢业，饮食、娱乐与服务业。

（三）社会职业发展对学生择业的影响

在生产力高度发展的情况下，社会分工也逐渐细化起来，特别是在经济进一步发展状态下，原有的人才结构类型已不相适应。除了原有的学术型、工程型、技能型人才之外，迫切需要数以万计的从事生产、管理的技术型专门人才，这样就增加了技术型学生的就业机会。

目前，现代职业的更新速度也在不断加快，这就需要毕业生转变就业观念，以发展的眼光看待就业问题，正确看待初次就业，寻找那些有潜力、有发展机会的职业，在工作中不断更新、丰富自己的知识，提升工作能力，做到面对变化的职业市场而游刃有余。

未来社会对职业的知识含量和技术含量的要求将不断增加，对职业劳动者的素质要求也越来越高，是否具备获得知识、运用知识和创新知识的能力，是现代社会中每个人在激烈的竞争环境中成败的关键。这就要求学生在学习过程中必须拓宽自己的知识面，提升素质，成为适应时代需要的多面性、专业性、复合型人才。

伴随着经济全球化和一体化，以及国际贸易的发展，国际技术和劳务的转移也快速发展，从而产生了国际型人才的需要。现代职业的发展变化无疑会对学生择业产生较大的影响，因此对学生而言，无论是在校学习，还是面临求职择业，都要联系本人实际情况，充分考虑职业发展的趋势，这是极其重要的。

除此之外，外界的影响力、各种潜在的职业机会等都不同程度地影响着每个人的职业选择。

三　环境因素

（一）社会环境

通过对环境的分析，使自己了解产业结构的发展、就业趋势、职业声望、就业政策、就业法规等，依此来做出选择。社会环境因素是职业生涯规划的重要组成部分。主要包括以下几个方面。

1. 社会政策变化

了解社会政策的变化对自己的职业生涯规划的影响。作为一名大学生，不但要了解社会政策，而且要有一定的预见性，及时调整自身以适应社会政策的各种变化。

2. 社会变迁规律

社会变迁对人的职业生涯规划有着较大的影响，例如知识经济和信息化社会的进展。目前的信息行业、电信行业都是如日中天的行业，这些行业的发展正是社会信息化和知识快速发展的结果。在信息化不断发展的过程中，必然会对各行各业产生较大的影响。

3. 社会价值取向

价值观会随着社会的不断发展与进步而发生不同程度的变化，进而会影响社会对人的认识和对职业的要求。有些职业可能现在还不被人们所接受，但在未来的发展空间却较大。如果想从事这方面的行业，在一定时期内对传统社会价值观要承受一定的压力。

4. 社会科学技术

科学技术的发展对理论的更新、观念的改变、思维的变革、技能的补充等都具有现实的意义，而这些都是职业生涯规划过程中不可缺少的主要因素。科学技术的发展，有时候直接决定着一个行业的成败与兴衰，认清科学技术的发展对不同行业可能产生的变化，对职业选择有较大的帮助。

（二）经济环境

经济环境对人的职业生涯发展的影响也较为重要。当经济发展非常景气时，政通人和，就业的领域会越来越广泛，职业发展的机会就会越来越大。反而，人的职业发展就会受到阻碍。对经济环境的把握可以通过以下几个方面：

1. 经济改革状况

我国的经济体制已经由计划经济转为社会主义市场经济，国家的有关政策的调整会对企业产生直接的影响。并且，伴随着经济改革的深入，任何经济状况的重大变革都可能影响中国整体经济和行业环境。

2. 经济发展速度

经济发展速度影响着行业的经营状况。目前中国正处于经济快速发展的有利时期，这个时期为大学生提供了较好的就业环境。但是，由于地区的不同，经济发展的状况也存在不均衡的现象，东部沿海地区和中心城市，如北京、上海、深圳、广东、江苏、浙江、山东等省市对人才的需求量较多，中西部地区则相对少些。近年来，随着西部大开发、振兴东北老工业基地和中部地区的崛起，这些地方对人才的需求量越来越多。

3. 经济建设状况

经济建设状况直接影响着对人才的需求情况。例如，西部地区的经济建设的发展空间较大，尤其是在当前国家政策的指引下，西部地区的经济将得到持续的发展。大学毕业生可以选择去西部地区，为西部地区的经济发展做出自己的贡献。

（三）教育环境

教育环境在大学生职业生涯过程中占有主要地位。首先是获得不同程度教育的人，在个人职业选择与被选择时，具有不同的能量；其次是人们所接受教育的专业、职业种类，对于其职业生涯有着决定性的影响。人们所接受的不同等级教育、所学的不同学科门类、所在的不同院校及其接受的不同的教育思想，会给受教育者带来不同的思维模式与意识形态，从而使人们以不同的态度对待职业的选择与职业生涯的发展。

第五节　大学生职业生涯规划文案的制作

一　大学生职业生涯规划文案的格式

职业生涯规划文案的撰写格式可以不拘一格，只要遵从一般应用文写作的规律就可以。职业生涯规划文案的常见格式有表格式、条列式、复合式和论文式四种。

（一）表格式

设计得当的表格，可以很好地包含所有分析与论证的全部过程，清楚明白、一目了然，但如果只包括最简单的目标、分段实现时间、职业机会评估和发展策略等几个项目，则只能作为日常警示使用的个人发展计划实施方案表而非职业生涯规划完整文案。

（二）条列式

条列式虽然能够罗列出个人职业生涯规划的主要内容，但大多只是作简单的表述，没有详细的材料分析和评估，文章虽精练但逻辑性和说理性不强，不太符合完整的职业生涯规划完整文案。

（三）复合式

复合式即综合运用表格式和条列式的优点，使规划书具有较好的适用性。但复合式的规划书结构比较复杂，不太好设计，设计不好则容易给人凌乱的感觉。

（四）论文式

论文式是最完整、最通用的格式，能够对一个人的职业生涯规划做出全面的、详细的分析和阐述，是一份研究自己未来发展道路的可行性分析报告。

二　大学生职业生涯规划文案的内容

大学生职业生涯规划文案是对大学生个人的职业发展道路进行选择和设计的过程，规划的内容和结果应该在规划过程中及规划后形成文字性的方案，以便理顺规划的思路，提供操作指引，能对具体的学习和工作起到指导及鞭策作用，也方便学生随时评估自己的表现及修正方案。同时，一份完整、翔实的职业生涯规划文案，既是对大学生整体素质的考量，又是大学生人生奋斗的见证。

结合职业生涯规划有关专家学者的观点和建议，并参照近年来参加全国、广东省等各级职业生涯规划设计大赛的作品标准要求，我们认为，一份完整有效的职业生涯规划文案应该包括以下主要内容。

（一）序言部分

1. 封面

职业生涯规划文案的封面应该注明作品的标题名称，可以在封面上设计图片和警示格言，署上规划者的姓名和日期。封面用较厚实的纸张打印，既可以给人以庄重感，又可以增强文本的耐磨性。

2. 扉页

职业生涯规划文案的扉页包括个人姓名、籍贯、年龄、性别、学历层次、专业、所在单位、通信地址、联系方式、规划年限（半年、三年、五年、二十年……）、年龄跨度、起止时间等，也可以在扉页上放个人照片。

3. 目录

职业生涯规划文案的目录应该包括文案所包含的主要内容构成的介绍，同时反映自己的分析思路和整体框架。

（二）主体部分

1. 自我分析

本部分内容包括大学生自己对家庭因素、学校因素、自身条件及个性、兴趣爱好、能力特长与发展潜力等方面的测评结果，是大学生对自己目前的状况分析和对自己将来的基本展望。在这个自我分析的过程中，最好有对自己职业生涯产生影响的家人、师长、同学等的评价和建议。

2. 外部环境分析

本部分内容包括大学生对政治环境、经济环境、文化环境、法律环境、职业环境和组织环境等社会外部环境的分析。对外部环境的分析可以进行适当的取舍，突出职业环境和组织环境，例如对职业、行业与用人单位的分析，包括对用人单位制度、背景、文化、产品或服务、发展领域等的分析，分析完成以后应该有一个简单的总结。

3. 职业目标定位

本部分内容应该根据自己对外部环境和自身特点的分析，确立自己的职业发展方向，结合自己可能面临的职业发展机会进行相应的自我评估，做出相对比较适合自己的职业选择和职业决策。

4. 职业发展路径

职业发展路径是将个人的职业目标按照时间段的划分而做的层层分解，并根据每个阶段的不同特点，提出相应的具体可行的实施办法。

5. 职业生涯的反馈评估与修正

本部分内容是对职业生涯的发展状况按一定的时间周期进行评估，并根据评估的结果修正自己的职业进程和阶段目标。在实施过程中，如果无法达到制定的目标或要求就应当及时进行相应的修正和调整。同时预计职业生涯可能出现的危机，并进行危机干预的准备。

（三）结尾部分

本部分内容是大学生个人在最后对整个职业生涯规划的过程进行总结，对未来进行展望，同时坚定个人发展的信心。

三　撰写职业生涯规划文案的注意事项

撰写职业生涯规划文案应注意以下几项：

（一）要注意自身个性特征、他人评价和人才素质测评结果三方面的结合。

（二）要有具体的、可行的实施措施。

（三）要彰显出自己的个性风格和特色。

（四）内容翔实且有逻辑性和条理性。

[附录1] 职业生涯阶段相关理论阐述

理论一：萨柏的职业生涯阶段理论

萨柏是美国一位有代表性的职业管理学家。萨柏的职业生涯发展阶段理论是一种纵向职业指导理论，重在对个人的职业倾向和职业选择过程本身进行研究。萨柏以美国白人作为研究对象，把人的职业生涯划分为五个主要阶段：成长阶段、探索阶段、建立阶段、维持阶段和衰退阶段。

（一）成长阶段（0—14岁）

此阶段的主要任务是认同并建立起自我概念，对职业好奇占主导地位，并逐步有意识地培养职业能力。萨柏将这一阶段具体分为三个成长期：

1. 幻想期（10岁之前）。儿童从外界感知到许多职业，对于自己觉得好玩和喜爱的职业充满幻想并进行模仿。

2. 兴趣期（11—12岁）。以兴趣为中心，理解、评价职业，开始进行职业选择。

3. 能力期（13—14岁）。开始考虑自身条件与喜爱的职业相符合否，有意识地进行能力培养。

（二）探索阶段（15—24岁）

此阶段的主要任务是通过学校学习进行自我考察、角色鉴定和职业探索，完成择业及初步就业。此阶段也可分为三个时期：

1. 试验期（15—17岁）。综合认识和考虑自己的兴趣、能力与职业社会价值、就业机会，开始进行择业尝试。

2. 过渡期（18—21岁）。正式进入职业，或者进行专门的职业培训，明确某种职业倾向。

3. 尝试期（22—24岁）。选定工作领域，开始从事某种职业，对职业发展目标的可行性进行实验。

（三）建立阶段（25—44岁）

此阶段的主要任务是获取一个合适的工作领域，并谋求发展。这一阶段是大多数人职业生涯周期中的核心部分。此阶段可分为两个时期：

1. 尝试期（25—30岁）。个人在所选的职业中安顿下来，重点是寻求职业及生活上的稳定。

2. 稳定期（31—44岁）。致力于实现职业目标，是个富有创造性的时期。

职业中期危机阶段可能会发现自己偏离职业目标或发现了新的目标，此时需重新评价自己的需求，处于转折期。

（四）维持阶段（45—64岁）

此阶段的主要任务是开发新的技能，维护已获得的成就和社会地位，维持家庭和工作两者间的和谐关系，寻找接替人选。

（五）衰退阶段（65岁及以上）

此阶段的主要任务是逐步退出职业和结束职业，开发社会角色，减少权利和责任，适应退休后的生活。

萨柏从职业生涯显著角色、职业成熟度、职业生涯探索、职业生涯阶段、职业生涯模式和职业生涯主题等几个方面来构建他的职业生涯理论，阐述他对职业指导的观点。

理论二：金斯伯格的职业生涯阶段理论

金斯伯格将职业生涯分为幻想期、尝试期和现实期三个阶段。

（一）幻想期

处于11岁之前的儿童时期。儿童对大千世界，特别是对于他们所看到或接触到的各类职业工作者，充满了新奇和好玩的感觉。此时期职业需求的特点是：单纯凭自己的兴趣爱好，不考虑自身的条件、能力水平和社会需要与机遇，完全处于幻想之中。

（二）尝试期

11—17岁，这是由少年儿童向青年过渡的时期。自此时起，人的心理和生理在迅速成长发育和变化，有独立的意识，价值观念开始形成，知识和能力显著增长和增强，初步懂得社会生产和生活的经验。在职业需求上呈现出的特点是：有职业兴趣，但不仅限于此，而是更多地和客观地审视自身各方面的条件和能力；开始注意职业角色的社会地位、社会意义，以及社会对该职业的需要。

（三）现实期

17岁以后的青年年龄段，即将步入社会劳动，能够客观地把自己的职业愿望或要求同自己的主观条件、能力及社会现实的职业需要紧密联系和协调起来，寻找合适于自己的职业角色。此阶段所希望的职业不再模糊不清，已有具体的、现实的职业目标，表现出的最大特点是客观性、现实性和讲求实际。

金斯伯格将研究的重点放在入职之前的几个阶段，而对于入职后各阶段的权利、责任与义务等在该理论中体现得相对较少。

理论三：格林·豪斯的职业生涯阶段理论

格林·豪斯（Green House）研究人生不同年龄段职业发展的主要任务，并以此将职业生涯划分为五个阶段。

（一）职业准备

典型年龄段为0—18岁。此阶段的主要任务是发展职业想象力，对职业进行评估和选择，接受必需的职业教育。

这个阶段可以理解为找工作前的所有准备，在年龄上也较为符合中国的情况，即高中或中专毕业之后。此时的主要任务就是了解社会上的各种职业，并且在理论和实践上对职业进行体验、评估，结合个人偏好或目标进行大概的职业选择，同时为了达到职业入门的要求，就要接受培训、学校等方面的教育，以取得相应的从业证书和基本的职业能力。

（二）查看组织

18—25岁为查看组织阶段。此阶段的主要任务是在一个理想的组织中获得一份工作，在获取足量信息的基础上，尽量选择一种合适的、较为满意的职业。

这个阶段可以理解为"找工作、找到工作、找到适合的工作"的过程，同时此理论提出一个概念：企业化或组织化，即在了解各类雇主中确定个人所适应的企业类型，在适应企业文化中与组织达到同步发展，这是与企业达成心理契约、获得同步发展的关键时期，也是避免新入职的人过于频繁跳槽的有力方式，就是说我们现在过多地关注内在的职业倾向和外在的职业信息，而忽略了给我们提供工作平台的雇主，导致个人对组织有一点不满意就跳槽，这十分不利于个人的发展，要知道个人职业生涯的发展很大程度上取决于组织，在组织中稳定地工作，与组织共同发展，这样对个人的锻炼和提升才是最大的，尤其是对于刚工作的人来说。

一般来说，人们在25岁之前是很难找到适合的工作的，大多数人都是在毕业时找工作，经过一段时间找到工作，由于对职业与企业的不了解，很多时候是适应和学习，如果不适应就会离职换工作，对于很多国人来说，25岁甚至30岁之前都是职业体验期，即通过做更多的工作来了解自己的职业兴趣、评估各类职业，尤其是那些大学生，能在30岁时找到适合自己的工作就已经很好了。

（三）职业生涯初期

处于此阶段的典型年龄段为25—40岁。此时的主要任务是学习职业技术，提高工作能力；了解和学习组织纪律和规范，逐步适应职业工作，适应和融入组织；为未来的职业成功做好准备。

有的人一辈子都在做着自己不喜欢的工作，但因为"路径依赖"导致转换成本过高，所以只能盼着退休。从这个层面来讲，只有当个人找到了自己的"天职"时才真正地开始自己的职业生涯，当然，对职业生涯的通俗理解就是只要开始工作了就是开始了职业生涯的旅程。天职—天赋之职，发现天赋，找到天职，开始职业生涯。

融入职业、融入企业是把握当下的关键任务，这也是个人加薪晋升的两个必要条件。同时，还要为职业的下一步做好必要的准备，或职业转换，或跳槽。

（四）职业生涯中期

40—55岁是职业生涯中期阶段。此阶段的主要任务是对早期职业生涯重新评估，强化或改变自己的职业理想；选定职业，努力工作，有所成就。

经过十几年的工作之后，也有了寻找天赋之职的念头，以前是为生存工作，现在开始考虑为内心工作，因此有了重新评估和选择的想法，这个最好还是在初期就有所准备，否则四五十岁的人家庭负担很大，不容易轻易转换职业与组织。

（五）职业生涯后期

从55岁直至退休为职业生涯的后期。继续保持已有职业成就、维护尊严、准备退休是这一阶段的主要任务。

快退休，不犯错，维持原有辉煌成就是很不容易的事，发挥最后的余热，同时规划退休后的生活。年轻时的爱好、朋友、理想在此时都会是打发时间的较好选择。

格林·豪斯的职业生涯发展阶段理论从人的工作角度来看很通俗，在逻辑上也很清晰，可以概括人的整个职业生涯，但未免过于简单，不能细分职业生涯的阶段与问题。这个理论适宜简短的职业生涯阶段介绍，可以明了地让听众清楚自己所处的大致阶段，同时为研究职业生涯阶段发展理论提供了参考，可以以此作为大的阶段，根据阶段任务具体划分时期。

理论四：施恩的职业生涯阶段理论

美国的施恩教授立足于人生不同年龄段面临的问题和职业工作主要任务，将职业生涯分为九个阶段

（一）成长、幻想、探索阶段

一般0—21岁处于这一职业发展阶段。其面临的主要任务如下：

1. 发展和发现自己的需要和兴趣，发展和发现自己的能力和才干，为进行实际的职业选择打好基础。

2. 学习职业方面的知识，寻找现实的角色模式，获取丰富信息，发展和发现自己的价值观、动机和抱负，做出合理的受教育决策，将幼年的职业幻想变为可操作的现实。

3. 接受教育和培训，开发工作世界中所需要的基本习惯和技能。在这一阶段所充当的角色是学生、职业工作的候选人、申请者。

（二）查看工作世界

16—25岁的人步入该阶段。首先，查看劳动力市场，谋取可能成为一种职业基础的第一项工作。其次，个人和雇主之间达成正式可行的契约，个人成为一个组织或一种职业的成员，充当的角色是应聘者、新学员。

（三）基础培训

此阶段的年龄为16—25岁。与上一阶段不同，本阶段要担当实习生、新手的角色。也就是说，已经迈进职业或组织的大门。此时的主要任务一是了解、熟悉组织，接受组织文化，融入工作群体，尽快取得组织成员资格，成为一名有效的成员；二是适应日常的操作程序，应付工作。

（四）早期职业的正式成员资格

此阶段的年龄为17—30岁，取得组织新的正式成员资格。其面临的主要任务如下：

1. 承担责任，成功地履行与第一次工作分配有关的任务。

2. 发展和展示自己的技能和专长，为提升或查看其他领域的横向职业成长打基础。

3. 根据自身才干和价值观，根据组织中的机会和约束，重估当初追求

的职业，决定是否留在这个组织或职业中，或者在自己的需要、组织约束和机会之间寻找一种更好的配合。

（五）职业中期

处于职业中期的正式成员，年龄一般在25岁以上。其面临的主要任务如下：

1. 选定一项专业或查看管理部门。

2. 保持技术竞争力，在自己选择的专业或管理领域内继续学习，力争成为一名专家或职业能手。

3. 承担较大责任，巩固自己的地位。

4. 开发个人的长期职业计划。

（六）职业中期危险阶段

此阶段的年龄为35—45岁。其面对的主要任务如下：

1. 现实地估价自己的进步、职业抱负及个人前途。

2. 就接受现状或者争取看得见的前途做出具体选择。

3. 建立与他人的良师关系。

（七）职业后期

从40岁以后直到退休，可说是处于职业后期阶段，此时的职业状况或任务如下：

1. 成为一名良师，学会发挥影响，指导、指挥别人，对他人承担责任。

2. 扩大、发展、深化技能，或者提高才干，以担负更大范围、更重大的责任。

3. 如果求安稳、就此停滞，则要接受和正视自己影响力和挑战能力的下降。

（八）衰退和离职阶段

一般在40岁之后到退休期间，不同的人在不同的年龄会衰退或离职。此期间主要的职业任务如下：

1. 学会接受权力、责任、地位的下降。

2. 基于竞争力和进取心下降，要学会接受和发展新的角色。

3. 评估自己的职业生涯，着手退休。

(九) 离开组织或职业——退休

在失去工作或组织角色之后，将面临两大问题或任务：

1. 保持一种认同感，适应角色、生活方式和生活标准的急剧变化。

2. 保持一种自我价值观，运用自己积累的经验和智慧，以各种资源角色，对他人进行传帮带。

需要指出的是，施恩虽然基本依照年龄增大顺序划分职业发展阶段，但并未拘泥于此，其阶段划分更多的是根据职业状态、任务、职业行为的重要性。正如施恩教授划分职业周期阶段是依据职业状态和职业行为与发展过程的重要性，又因为每个人经历某一职业阶段的年龄有别，所以他只给出了大致的年龄跨度，且各职业阶段所示的年龄有所交叉。

理论五："三三三职业生涯"阶段理论

我国学者廖泉文在国外职业生涯相关理论研究基础上，提出了"三三三职业生涯"阶段理论，其主要包含三个"三阶段"。

(一) 第一个"三阶段"

1991年，廖泉文提出人生大的划分阶段可分为输入阶段、输出阶段、淡出阶段，被称为职业生涯发展的第一个"三阶段"。输入是指对知识、信息、经验的输入，输出是指输出服务、知识、智慧和其他产品，这一划分方式不同于美国的萨柏、金斯伯格、格林·豪斯等那种将职业生涯阶段硬性地按年龄进行划分，也不同于施恩的职业生涯阶段理论在年龄划分基础上增加了重叠的部分，却并没有提出重叠的原因、背景、特点和处理对策。人生三大阶段是一个弹性边界，弹性产生的原因受教育程度、工作行业、职位高度、身体状况、个人特质和成就欲望等因素影响。与美国几位著名学者的职业生涯阶段划分方法相比，这种弹性的划分方法更加具有个性化（因人不同）、弹性化（因教育背景不同）、开放化（因工作性质不同）等特点，更加适合当前迅速发展的人性特质对职业生涯发展影响的现实，具体如表2-2和表2-3所示。

表2-3给我们的最重要启示是进入职业阶段的时间因为学历背景的不同而不同。有的人在输入阶段更长一些，受到更多的教育，获取知识在广度、深度上更进一步；有的人在输入阶段时间更短，受教育更少，这些人进入职业的年龄不同，因此也决定了其今后职业发展道路的不同、职业发展高度的起点不同，尽管人力资本的价值不完全受学历决定，但受教育程

度显然是一个十分重要的因素。

表 2-2　　　　　　　　　第一个"三阶段"划分

阶段	输入阶段	输出阶段	淡出阶段
阶段主要任务	从出生到从业前输入信息、知识、经验、技能，为从业做重要准备；认识环境和社会，锻造自己的各种能力	从就业到退休前输出自己的智慧、知识、服务、才干，进行知识的再输入、经验的再积累、能力的再锻造	退休以后精力渐衰，但阅历渐丰、经验渐多，逐步退出职业，适应角色的转换。该阶段是夕阳无限好阶段，有更加广阔的时空以实现以往的愿望

表 2-3　　　　　　　人生输入阶段与输出阶段的弹性焦点

输入阶段	输出阶段
16 岁左右：中专教育	从业于高级技工、医护师、农村初等教育工作等
19 岁左右：大学本科教育	从业于中学教师、医生、政府公务员和企业中基层管理者等
23 岁左右：硕士研究生学位教育	从业于大专教师、企业中高级管理人员、政府公务员等
26 岁左右：博士研究生学位教育	从业于大学教师、研究院研究员、政府高级公务员、企业中、高级管理人员等

（二）第二个"三阶段"

职业生涯发展的第二个"三阶段"主要是指输出阶段中职业发展的阶段。这一阶段的发展特点与第一个"三阶段"一样，依然是弹性的、开放的、动态的，有显著的个性化特征和受多维环境因素及个体因素影响的结果，表 2-4 表达的是输出阶段的三段论。

表 2-4　　　　　　　第二个"三阶段"中输出阶段划分

阶段		个人的工作状态	职业环境状态
输出阶段	适应阶段	制订三个契约：对领导，我要服从你的领导；对同事，我要与你协同工作；对自己，我要使自己表现出色	适应工作硬软环境，个体与环境、个体与同事相互接受，此时正式进入职业角色
	创新阶段	独立承担工作任务，努力做出创造性贡献，向领导提出合理化建议	受到领导和群众认可，进入视野辉煌阶段

续表

阶段		个人的工作状态	职业环境状态
输出阶段	再适应阶段	由于工作出色获得晋升,由于发展空间小而原地踏步,由于自身骄傲或工作差错受到批评	个体要调整心态,再适应变化了的环境;此时属于职业状态分化的阶段,领导和同事看法不一

人生的输出阶段是人的一生中最重要的阶段,也是人的职业生涯成功与否的决定性阶段。

(三)第三个"三阶段"

职业生涯发展的第三个"三阶段"主要是指再适应阶段中职业发展的阶段。在现实中几乎每一个人都会遇到"再适应阶段",职业一次成功的人很少,都要经历"再适应阶段",这一阶段不是人生最辉煌的阶段,却是人生到达辉煌的必经阶段,表2-5表达的是再适应阶段的三段论。

表2-5　　　　　　第三个"三阶段"中再适应阶段划分

阶段		职业状况
再适应阶段	顺利晋升	面临着新的工作环境与新的工作技能的挑战,原同级同事的嫉妒,领导会提出新的要求,表面的风光隐藏着一定的职业风波
	原地踏步	此时会有倚老卖老的不求上进的状态出现,挂在口头的话是"此事我早已了解"或"我再熟悉不过了"对同事的发展出现心理不平衡,此时作职业平移或变更比较适合
	下降到波谷	由于个体原因或客观原因,遭受上级批评或受降级处分,工作状态进入波谷,此时如能重新振奋精神,有希望进入第二次"三三三"发展状态。

总结三个"三阶段"的理论观点,可以得出"三三三职业生涯"阶段理论图,具体如图2-1所示。

理论六:职业锚

(一)职业锚的概念

职业锚理论产生于在职业生涯规划领域具有"教父"级地位的美国麻省理工学院斯隆商学院、美国著名的职业指导专家埃德加·H.施恩(Edgar H. Schein)教授领导的专门研究小组,是在对该学院毕业生的职业生涯研究中演绎成的。斯隆管理学院的44名MBA毕业生,自愿形成一个小

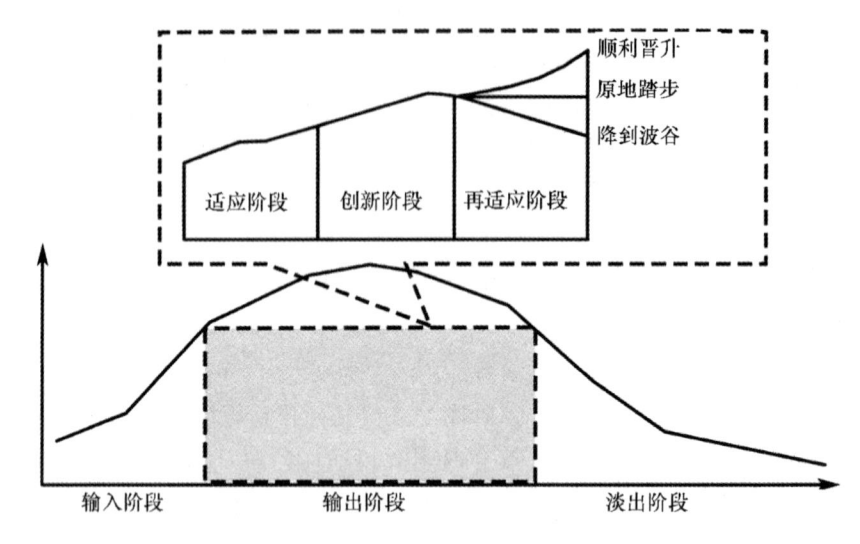

图 2-1 "三三三职业生涯"阶段理论

组接受施恩教授长达 12 年的职业生涯研究，包括面谈、跟踪调查、公司调查、人才测评、问卷等多种方式，最终分析总结出了职业锚（又称职业定位）理论。

所谓职业锚，又称职业系留点。锚，是使船只停泊定位用的铁制器具。职业锚，是指当一个人不得不做出选择的时候，他无论如何都不会放弃的职业中的那种至关重要的东西或价值观。实际就是人们选择和发展自己的职业时所围绕的中心。

职业锚，也是自我意向的一个习得部分。个人进入早期工作情境后，由习得的实际工作经验所决定，与在经验中自省的动机、价值观、才干相符合，达到自我满足和补偿的一种稳定的职业定位。职业锚强调个人能力、动机和价值观三方面的相互作用与整合。职业锚是个人同工作环境互动作用的产物，在实际工作中是不断调整的。

（二）职业锚的类型与理解

职业锚有技术/职能型、管理型、自主独立型、安全稳定型、创业型、服务型、挑战型、生活型等类型。

在了解职业锚的概念时，应该注意以下几个方面。

第一，职业锚以员工习得的工作经验为基础。职业锚发生于早期职业阶段，新员工已经工作若干年，习得工作经验后，方能够选定自己稳定的长期贡献区。个人在面临各种各样的实际工作生活情境之前，不可能真切地了解自己的能力、动机和价值观以及在多大程度上适应可行的职业选择。因此，新员工的工作经验产生、演变和发展了职业锚。换句话说，职业锚在某种程度上由员工实际工作所决定，而不只是取决于潜在的才干和动机。

第二，职业锚不是员工根据各种测试出来的能力、才干或者作业动机、价值观，而是在工作实践中，依据自身和已被证明的才干、动机、需要和价值观，现实地选择和准确地进行职业定位。

第三，职业锚是员工自我发展过程中的动机、需要、价值观、能力相互作用和逐步整合的结果。

第四，员工个人及其职业不是固定不变的。职业锚，是个人稳定的职业贡献区和成长区。但是，这并不是意味着个人将停止变化和发展。员工以职业锚为其稳定源，可以获得该职业工作的进一步发展，以及个人生物社会生命周期和家庭生命周期的成长、变化。此外，职业锚本身也可能变化，员工在职业生涯的中、后期可能会根据变化了的情况，重新选定自己的职业锚。

(三) 职业锚的个人开发及作用

1. 提高职业适应性

一般而言，新雇员经过认识、塑造、充实规划自我等诸多职前准备，经过一定的科学的职业选择，进入企业组织，这本身即代表了该雇员个人对所选择职业有一定的适合性。但是这种适合性，仅是初步的，是主观的认识、分析、判断和体验，尚未经过职业工作实践的验证。

职业适应性是职业活动实践中验证和发展了的适合性。每个人从事职业活动，总是处于一定的物质环境和心理环境之中，个人从事职业的态度，受到诸多主客观因素的影响，例如个人对工作的兴趣、价值观、技能、能力、客观的工作条件、福利情况，他人和组织对自己工作的认可及奖励情况，人际关系情况，以及家庭成员对本人职业工作的态度等。个人的职业适应性就是能尽快习惯、调适、认可这些因素，也就是雇员在组织的具体职业活动中，适合职业工作性质、类型和工作条件，与个人需要和价值目标融合，使自身在职业工作生活中获得最大的满足。职业适应的结果能保证雇员个人在较长一段时间内从事某种职业活动,而且能保证雇员在职业活动中有较高的效率,有利于雇员个性的全面协调发展。因之,雇员由初入组织的主观职业适合,通过职业活动实践,转变为职业适应的过程,即雇员搜寻职业锚或开发职业锚的过程。职业适应性是职业锚的准备或前提基础。

2. 借助组织的职业计划表,选定职业目标,发展职业角色形象

职业计划表是一张工作类别结构表,是将组织所设计的各项工作分门别类进行排列,形成一个较系统反映企业人力资源配给情况的图表。雇员应当借助职业计划表所列职工工作类别、职务升迁与变化途径,结合个人的需要与价值观,实事求是地选定自己的职业目标。一旦瞄准目标,就要根据目标工作职能及其对人员素质的要求有目的地进行自我培养和训练,使自己具备从事该项职业的充分条件,从而在组织内树立良好的职业角色形象。

职业角色形象,是雇员个人向组织及其工作群体的自我职业素质的全面展现,是组织或工作群体对个人关于职业素质的一种根本认识。职业角色形象构成主要有两大要素:一是职业道德思想素质,通过敬业精神、对本职工作热爱与否、事业心、责任心、工作态度、职业纪律、道德等来体现;而职业工作能力素质,主要看雇员所具有的智力、知识、技能是否胜任本职工作。雇员个人应当从上述两个主要的基本构成要素入手,很好地塑造自己的职业角色,为自己确定职业锚位创造条件,打好基础。

3. 培养和提高自我职业决策能力和决策技术

自我职业决策能力,是一种重要的职业能力。决策能力大小、决策正确与否,往往影响整个职业生涯发展乃至一生。在个人的职业发展过程中,特别是职业发展转折关头,例如首次择业、选定职业锚、重新择职等,具有强制职业决策能力和决策技术十分重要。所以,个人在选择、开发职业锚之时,必须着力培养和提高职业决策能力。

所谓自我职业决策能力,意指个人习得的用以顺利完成职业选择活动所需要的知识、技能及个性心理品质。具体而言,要培养和提高个人如下几方面的职业决策能力:第一,善于搜集相关的职业资料和个人资料,并对这些资料进行正确的分析与评价;第二,制定职业决策计划与目标,独立承担和完成个人职业决策任务;第三,在实际决策过程中,不是犹豫不

决、不知所措、优柔寡断，而是有主见性，能适时、果断地做出正确决策；第四，能有效地实施职业决策，能够克服计划实施过程中的种种困难。

职业决策能力运用于实际的职业决策之时，需要讲求决策技术，掌握住决策过程。首先，搜集、分析与评价各项相关职业资料及个人资料，这一工作即是几种职业选择途径的后果与可能性的分析和预测。其次，对个人预期职业目标及价值观进行探讨。个人究竟是怎样的职业价值倾向？由此决定的职业目标是什么？类似的问题并非每个人都十分清楚。现实当中，经常会发现价值观念不清、不确定的情况。所以，澄清、明确和肯定个人主观价值倾向与偏好当为首要，否则无法做出职业决策。最后，在上述两项工作的基础上，将主观愿望、需要、动机和条件，与客观职业需要进行匹配和综合平衡，经过权衡利弊得失，确定最适合、最有利、最佳的职业岗位。这一决策选择过程，是个人的自我意向，找到自己爱好的和擅长的东西，发展一种将带来满足和报偿的职业角色的过程。

[附录2] 大学生学涯发展阶段

大一：新生定向与适应

（一）新生的适应

熟读学生手册；了解校内各种资源；参加各种新生培训（图书馆使用、管理制度的学习等）；了解专业培养计划，了解未来的主修科目、选修科目。

（二）大学学习的开始

了解社团；发展个人的社会支持系统；慢慢认识系里的教师、学校的咨询老师、行政人员。

（三）开始自我探索

开始思考所学科目与生涯发展之间的关系；熟悉学校的就业指导中心及其开展的与生涯发展相关的活动；开始观察自己在休闲生活、课业学习及社交方面的兴趣、技能与价值观。

（四）暑假

找一个感兴趣的工作进行实践或找3个感兴趣领域至少工作3年的人进行生涯人物访谈；慢慢觉察自己的兴趣、技能、性格、价值观。

大二：自我评量与探索

（一）继续自我探索

考虑参加生涯规划工作坊或团体辅导；考虑选修一门生涯规划课程；接受心理测验或职业能力测验；阅读有关生涯规划的书籍。

（二）设定学习目标

自己在大学的学习目标是什么？与未来的发展有何联系？与生涯辅导或咨询老师面谈；尽最大努力取得好成绩。

（三）继续人际探索

接触系里的老师、学校的行政人员、辅导人员、生涯顾问及学习兴趣领域的专家；扩大自己的社会支持系统；参与社团组织，发展领导能力。

（四）暑假

找一个兴趣领域内的工作进行实践；扩大知识领域与技能；积累工作经验。

大三：设定目标、接受现实考验

（一）继续职业生涯探索

多利用就业指导中心或生涯发展中心了解本专业学生的就业去向；多争取实习机会；参加职业生涯探索活动。

（二）设定职业生涯目标

发展自己的职业生涯计划；继续根据职业生涯目标选修相关课程；考验自己在兴趣领域内所具备的条件；按照课程的要求全力以赴。

（三）持续人际探索

接触系里的老师、学校的行政人员、辅导人员、职业生涯顾问及学习兴趣领域内的专家；参加社团活动。

（四）吸取谋职新知

参加有关职业能力训练的团队或工作坊，研习相关技能；考虑是否读研。

（五）暑假

继续找一个真正有兴趣的工作去实习；设定若干职业生涯目标，开始准备简历。

大四：谋职、准备考研

（一）为生涯决策负责

高分通过学科要求；通过网络、招聘会等参加各类人才招聘活动；进行一系列的谋职准备；参加有关简历撰写、面谈技术、企业寻访等辅导或研习活动；通过人际网络，寻求非正式的就业渠道；学习生涯决策的技巧，学会权衡；学习如何"管理"生涯。

（二）走进职场前的准备

了解职场法则；学习职场素养和职场礼仪。

（三）暑假

谋职之路耗时、耗力、持久，寻求本院系、就业指导中心或生涯发展中心的支持。

[附录3] 我的生涯规划档案

姓名_____ 日期_____

一、你如何描述自己？

1. 你的霍兰德类型：

请根据"霍兰德职业兴趣类型"表和职业兴趣测试报告中对六种类型的描述，在下面列出最能描述你自己的语句。

"霍兰德类型"表中符合你自身情况的描述：

2. 你的MBTI偏好类型：

请根据"MBTI维度解释"表和"MBTI16种性格类型及其通常具有的特征"表中对MBTI类型的描述，写下最能描述你自己的语句。

注意：你所考虑的职业至少应当在一定程度上允许你表达自己的兴趣和性格。如果在阅读完相关材料并做完测试后你仍不能确定自己的类型，请与职业生涯咨询师约谈。

二、职业清单

1. 你的霍兰德类型建议你考虑的职业

根据你的兴趣探索结果，列出至少 10 种与你的霍兰德类型相对应（或近似）的职业，并标出每种职业的霍兰德代码。

      职 业   霍兰德代码（3 个字母）

(1) ＿＿＿＿＿＿＿＿＿＿＿＿＿＿＿ ＿＿＿＿＿＿＿＿＿＿＿＿＿

(2) ＿＿＿＿＿＿＿＿＿＿＿＿＿＿＿ ＿＿＿＿＿＿＿＿＿＿＿＿＿

(3) ＿＿＿＿＿＿＿＿＿＿＿＿＿＿＿ ＿＿＿＿＿＿＿＿＿＿＿＿＿

(4) ＿＿＿＿＿＿＿＿＿＿＿＿＿＿＿ ＿＿＿＿＿＿＿＿＿＿＿＿＿

(5) ＿＿＿＿＿＿＿＿＿＿＿＿＿＿＿ ＿＿＿＿＿＿＿＿＿＿＿＿＿

(6) ＿＿＿＿＿＿＿＿＿＿＿＿＿＿＿ ＿＿＿＿＿＿＿＿＿＿＿＿＿

(7) ＿＿＿＿＿＿＿＿＿＿＿＿＿＿＿ ＿＿＿＿＿＿＿＿＿＿＿＿＿

(8) ＿＿＿＿＿＿＿＿＿＿＿＿＿＿＿ ＿＿＿＿＿＿＿＿＿＿＿＿＿

(9) ＿＿＿＿＿＿＿＿＿＿＿＿＿＿＿ ＿＿＿＿＿＿＿＿＿＿＿＿＿

(10) ＿＿＿＿＿＿＿＿＿＿＿＿＿＿ ＿＿＿＿＿＿＿＿＿＿＿＿＿

(11) ＿＿＿＿＿＿＿＿＿＿＿＿＿＿ ＿＿＿＿＿＿＿＿＿＿＿＿＿

(12) ＿＿＿＿＿＿＿＿＿＿＿＿＿＿ ＿＿＿＿＿＿＿＿＿＿＿＿＿

(13) ＿＿＿＿＿＿＿＿＿＿＿＿＿＿ ＿＿＿＿＿＿＿＿＿＿＿＿＿

注意：同时请参考你所做的其他兴趣练习。请思考：什么样的职业令你感兴趣？

2. 你的 MBTI 类型所建议的职业

根据你的 MBTI 类型偏好，从相关测评或资料所列举的职业中挑出你感兴趣的职业，至少要有 10 种。

         职 业

(1) ＿＿＿＿＿＿＿＿＿＿＿＿＿＿＿＿＿＿＿＿＿＿＿＿＿＿＿＿

(2) ＿＿＿＿＿＿＿＿＿＿＿＿＿＿＿＿＿＿＿＿＿＿＿＿＿＿＿＿

(3) ＿＿＿＿＿＿＿＿＿＿＿＿＿＿＿＿＿＿＿＿＿＿＿＿＿＿＿＿

(4) _____
(5) _____
(6) _____
(7) _____
(8) _____
(9) _____
(10) _____
(11) _____
(12) _____
(13) _____

注意：这些工作有什么共同之处吗？请根据自己的 MBTI 类型思考，什么样的职业能使你感到满意？

_____

三、将你清单上的职业进行分类和进一步探索

对于你在前两页上所列出的每一个职业进行分类，并把它填在相应的横线上。比如，若"医生"这个职业在你的兴趣列表和 MBTI 列表中都有出现，就将它列在第一类中。在第四类中，列出那些你特别感兴趣但在前面未曾出现过的职业。

第一类：很有可能

在兴趣和性格探索中都曾出现过的职业

_____   _____
_____   _____
_____   _____

注意：这些职业都值得你去深入地探索。你的职业探索最好首先集中在这些职业上。了解这些职业的要求和工作环境等细节。根据目前你对自己的兴趣和性格的了解，考虑一下你将会如何从事这份工作。

第二类：比较有可能

在兴趣或性格探索中曾出现过一次的职业

_____   _____

_____　　　　　_____

_____　　　　　_____

注意：这些职业也有比较大的可能性，供你进行下一步的探索。

第三类：有些可能

根据你的兴趣和性格探索，符合你一方面却与另一方面的情况有冲突的职业

_____　　　　　_____

_____　　　　　_____

注意：考虑一下，如果你从事这些职业，会出现什么情况？是否会有矛盾冲突？如何解决？

第四类：其他的职业

在兴趣和性格探索中都未曾出现且与之没有共同点的，但你感兴趣的职业

_____　　　　　_____

注意：这些职业的可能性通常不是很大。问问自己：你为什么会对它感兴趣？是出于什么样的动机？想想你的目标和信念是否与这些工作匹配。

四、你的价值观

你最重要的五项价值观，并请具体说明它们的含义。

1. _____

2. _____

3. _____

4. _____

5. _____

五、你的技能

找到你最擅长并愿意在未来职业中运用的技能。

1. 你最重要的五项自我管理技能（形容词）

（1）＿＿＿＿＿＿＿＿＿＿＿＿＿＿＿＿＿＿＿＿＿＿＿＿＿＿＿＿

（2）＿＿＿＿＿＿＿＿＿＿＿＿＿＿＿＿＿＿＿＿＿＿＿＿＿＿＿＿

（3）＿＿＿＿＿＿＿＿＿＿＿＿＿＿＿＿＿＿＿＿＿＿＿＿＿＿＿＿

（4）＿＿＿＿＿＿＿＿＿＿＿＿＿＿＿＿＿＿＿＿＿＿＿＿＿＿＿＿

（5）＿＿＿＿＿＿＿＿＿＿＿＿＿＿＿＿＿＿＿＿＿＿＿＿＿＿＿＿

2. 你最重要的五项可迁移技能（动词）

（1）＿＿＿＿＿＿＿＿＿＿＿＿＿＿＿＿＿＿＿＿＿＿＿＿＿＿＿＿

（2）＿＿＿＿＿＿＿＿＿＿＿＿＿＿＿＿＿＿＿＿＿＿＿＿＿＿＿＿

（3）＿＿＿＿＿＿＿＿＿＿＿＿＿＿＿＿＿＿＿＿＿＿＿＿＿＿＿＿

（4）＿＿＿＿＿＿＿＿＿＿＿＿＿＿＿＿＿＿＿＿＿＿＿＿＿＿＿＿

（5）＿＿＿＿＿＿＿＿＿＿＿＿＿＿＿＿＿＿＿＿＿＿＿＿＿＿＿＿

3. 你最重要的五项专业知识技能（名词）

（1）＿＿＿＿＿＿＿＿＿＿＿＿＿＿＿＿＿＿＿＿＿＿＿＿＿＿＿＿

（2）＿＿＿＿＿＿＿＿＿＿＿＿＿＿＿＿＿＿＿＿＿＿＿＿＿＿＿＿

（3）＿＿＿＿＿＿＿＿＿＿＿＿＿＿＿＿＿＿＿＿＿＿＿＿＿＿＿＿

（4）＿＿＿＿＿＿＿＿＿＿＿＿＿＿＿＿＿＿＿＿＿＿＿＿＿＿＿＿

（5）＿＿＿＿＿＿＿＿＿＿＿＿＿＿＿＿＿＿＿＿＿＿＿＿＿＿＿＿

六、继续探索的职业清单

重阅你在前面所列出的所有职业，根据你对自我的了解，结合你的价值观和技能，在下面空白处列出那些你想继续探索的职业（可以是上面曾出现过的，也可以是未曾出现但符合上面共同特点的职业）。

＿＿＿＿＿＿＿＿＿＿＿＿＿＿＿　　＿＿＿＿＿＿＿＿＿＿＿＿＿＿＿

＿＿＿＿＿＿＿＿＿＿＿＿＿＿＿　　＿＿＿＿＿＿＿＿＿＿＿＿＿＿＿

＿＿＿＿＿＿＿＿＿＿＿＿＿＿＿　　＿＿＿＿＿＿＿＿＿＿＿＿＿＿＿

＿＿＿＿＿＿＿＿＿＿＿＿＿＿＿　　＿＿＿＿＿＿＿＿＿＿＿＿＿＿＿

注意：在选择你想继续探索的职业时，请不要在未对它有任何了解前就轻易地将它排除。在这张清单上,你需要有足够的职业供自己探索,但也要有一定的目标。也就是说,最好不少于5个,不多于10个。将你的精力集中在这些职业上。

作为职业探索的一部分,下一步我打算:
☐收集、研究与特定领域的职业有关的书面信息
☐采访有关人士,对我感兴趣的职业领域有进一步的了解
☐从职业咨询老师或其他老师那里寻求更多的个人帮助
☐通过选修课程来检测自己对某一相关职业领域的兴趣
☐通过参加社团活动来检测自己对某一相关职业领域的兴趣
☐通过业余兼职、实习或做志愿者等方式来检测自己对某一相关职业领域的兴趣
☐_____

七、目标设立与行动计划

1. 我的长期目标

2. 为了做到这一点,我还需要以下信息和帮助

3. 为了达到这一目标,我需要经过哪几个步骤

据此设立你在一个月内的短期目标和行动计划。

4. 为了实现这一目标,在这一个月内我应该做的事

5. 为了实现这一目标，在这一周内我应该做的事

_____

_____

_____

到了你设定的短期目标的实现期限时，回答下列问题：

6. 你是否实现了你自己的目标？ _____

7. 为什么？（请运用目标设立的指导原则加以解释。）

_____

8. 你是否需要对自己的目标做什么调整？ _____

[附录4] 某学生职业生涯设计方案

赢在起点　决胜未来
——我的职业生涯规划

（××大学文学院新闻系2008级学生　滕××）

引　言

汪国真曾经说过——没有比脚更远的路，没有比人更高的山。

人类是伟大的，是无所不能的。

人，应当学会成长，更应当及时发现自己成长的路径是有迹可循的。正确的职业人生规划能帮助我们明晰目标，有的放矢。

我的基本信息

参赛者姓名：滕××

性别：女

学院名称：文学院

专业：新闻学

班级：08级7班

联系电话：1388935××××

电子邮件地址：tengyi2008@163.com

第一章　自我认知

一、成长经历

（一）坚定理想，努力向前

1. 沈阳师范大学阳光直播室优秀站员。

2. 沈阳师范大学2008—2009年度"两优两先"个人。

3. 沈阳师范大学2008—2009、2009—2010年度优秀学生、优秀学生干部。

4. 文学院2008—2009年度优秀宣组委。

（二）享受学习，学生骨干

1. 文学院2008—2009年度新闻系学习一等奖学金。

2. 文学院 2008—2009、2009—2010 年度德育奖学金。

3. 大一学年，综合排名第二，智育排名第二，平均学分绩点 3.5，德育排名第二，文体排名第五。

4. 大二学年综合排名第一，智育排名第三，平均学分绩点 3.4，德育排名第二，文体排名第三。

（三）多才多艺，充实生活

1. 沈阳师范大学第七届社团文化节才艺体验大赛获一等奖。

2. 沈阳师范大学第七届社团文化节数独比赛获三等奖。

3. 沈阳师范大学文学院第五届新闻模拟采访大赛中，获"最佳表演奖"。

4. 沈阳师范大学"闯世界 创事业"大学生创业设计大赛获"优秀组织个人"奖。

5. 沈阳师范大学"闯世界 创事业"大学生创业设计大赛团队作品获得一等奖。

6. "祖国 60 周年·华美篇章大好河山"摄影比赛中荣获三等奖。

7. 沈阳师范大学心理活动月征文三等奖

8. 沈阳师范大学心理活动月心理知识竞赛团体三等奖。

9. 文学院 2009—2010 年度文体奖学金、社会贡献奖学金。

（四）走入大学，从容不迫

1. 大一担任班级宣委一职，负责配合班级团支书，做好各项团委工作，并连任至今。

2. 大一上半学年担任阳光直播室播音部播音员，先后主播《阳光旅行社》《新闻泡泡堂》《伊人风尚》等栏目，并代表沈阳师范大学与辽宁高校广播联盟的其他播音员一起主持由沈阳广播电台办的网络电台节目。

3. 大一上学年担任院学生会文艺部的后备力量，在学姐的带领下，参与举办各种院级晚会及组织各项文体活动。

4. 大一下半学年担任沈阳师范大学校社团联合会协会活动事务部部员，参与举办校级文艺晚会，并兼任院学生会办公室干事，做好各项学生会工作的传达工作，发挥自己的纽带作用。

5. 现任文学院第七届学生会副主席，兼任阳光直播室办公室主任一职。

6. 任 2010 级新生助理辅导员，做好各项助理工作，并且与 2010 级的弟弟妹妹相处融洽。

二、他人评价

评价类别	优点	缺点	备注
家人评价	懂事，自信，大方，自理能力比较强	做事动作有点急躁	
老师评价	多才多艺，能力强，态度谦虚，善于学习他人优点	精力有限，所以要学会找到平衡点	
长辈评价	很懂礼貌，非常有涵养，气质很好，聪明	避免浮躁，做事应该更谨慎	
同学评价	多才多艺，做事有斗志，为人和气，讨人喜欢	大大咧咧	
好友评价	睿智风趣，平易近人，为人处世很大气，善解人意	有时有点急躁，但是还是能马上冷静下来	

三、职业测评报告

（一）霍兰德职业价格能力测验（HLD）测试

职业兴趣是兴趣在职业选择活动方面的表现，不同的人在职业兴趣上有很大差异，兴趣是产生工作动力的一个源泉，人们之间的职业兴趣倾向差异会影响其工作成效。

技能倾向：喜欢现实性的、实在的工作，如机械维修、木匠活、烹饪、电气技术等。这类人通常具有机械技能和体力，喜欢户外工作，乐于使用各种工具和机器设备，喜欢与事物而不是与人打交道的工作。他们真诚、谦逊、敏感、务实、朴素、节俭、腼腆。

研究倾向：喜欢各种研究性工作，如医师、实验室研究人员、产品检查员等。这类人通常具有较高的教学和科学研究能力，喜欢独立工作，喜欢解决问题；喜欢同观念而不是同人或事务打交道。他们逻辑性强，好奇、聪明、仔细、独立、俭朴。

艺术倾向：喜欢艺术性的工作，如音乐、舞蹈、唱歌等。这种取向类型的人往往具有某些艺术技能，喜欢创造性的工作，富于想象力。这类人通常喜欢同观念而不是事务打交道的工作。他们较开放、好想象、独立、有创造性。

社会倾向：喜欢社会交往性工作，如教师、咨询顾问、护士等。这类人通常喜欢周围有别人存在，这种人对别人很有兴趣，乐于帮助别人解决问题。喜欢与人而不是与事物打交道的工作。他们助人为乐，有责任心，热情，善于合作，富于理想，友好，善良，慷慨，耐心。

企业倾向：喜欢诸如推销、服务、管理类型的工作。这类人通常具有领导才能和口才，对金钱和权力感兴趣，喜欢影响、控制别人。这种人喜欢同人和观念而不是事物打交道的工作。他们爱交际、冒险、精力充沛、乐观、和蔼、细心、抱负心强。

事物倾向：喜欢传统性的工作，如记账、秘书、办事员，以及测算等工作。这种人有很好的数学和计算能力，喜欢室内工作，乐于整理、安排事务。他们往往喜欢同文字、数字打交道的工作，比较顺从、务实、细心、节俭、做事利索、有条理、有耐性。

(二) 职业兴趣类型解析（艺术研究型）

十分热衷艺术性强、社交性强的活动，对人和观念性对象都有兴趣，喜欢有艺术色彩和人情味浓的事物、活动；往往在工作和生活中具有热情、开放、外向等特点，喜欢与人交往，注重人际关系，乐于帮助他人。

在管理方面，注重个人优势的表现，有唯美倾向，以积极的心态进行人际交往和合作，关心他人，善于体察上级和下属的情感反应、思想变化及其他方面的细节，能够体会并理解上下级的感受。关心团队氛围的建设和维系，强调促进集体的凝聚力和向心力；不喜欢陷入具体事务的安排和严格化的监督，不太注重树立务实感。

所适宜的工作环境：要求与人交往的社会性活动，对人际敏感要求较高的工作，工作角色与职能有一定的可塑性和灵活性，但制度化约束及工作常规性、刻板性不宜过高。

第二章　职业认知

一、社会环境分析

根据对学生做的就业心态问卷调查，学生们已经不再挑三拣四。85%的毕业生不再要求专业对口，只要工作有一定的专业性；以前85.5%的学生要求工作地点在沈阳、大连、鞍山等几大城市，现在只有12%的学生如此要求；薪酬要求也从3000—5000元降级到2000—3000元。

——摘自《信息时报》一篇 2009 年高校毕业生就业报道

从上述报道中我们可以看出，总体高校毕业生的形势一年比一年严峻。

编辑业的未来发展趋势：随着人民生活水平的提高，人们开始更注重精神资料方面的消费，我国的新闻出版业和广播电视业也快速发展，对编辑人才的需求逐年递增。虽然互联网已经渐渐在人们的家庭中普及，传统的报纸杂志虽受到一定的市场冲击，但随着国家经济的发展、人民生活水平的提高以及文化消费的多层次化，新兴的报刊社纷纷涌现，对于辽宁省来说，报刊也是一个典型的朝阳事业，未来发展前景很好。

二、学校环境分析

我的学校——我所就读的沈阳师范大学是一所涵盖文理工管法等八大门类的多科性大学。建校 59 年，为国家培养了近 7 万名毕业生，大都受到用人单位的好评。

我的专业——新闻专业培养具有系统的新闻理论知识与技能、从事编辑、记者与管理工作的新闻学高级专门人才。这也是我相对于非专业对口的其他人的一个优势。

三、家庭环境分析

（一）家庭经济——家庭经济普通，爸爸妈妈都是公务员，共产党员，主要经济来源就是工资，正常的小康家庭，主要支出就是供我上学，但是我也会努力学习，获得奖学金，并寻找兼职工作，增加自己的社会阅历。

（二）家庭环境——家庭和睦，家庭关系和谐。爸爸每天都有看书看报的好习惯，妈妈是教师，每天都会备课、学习。爸爸妈妈还会经常给我讲一些社会冷暖的故事，让我提前感知社会。家庭学习氛围良好。

（三）家庭期望——家人及亲戚朋友对我的期望都较高，希望我在学校能好好学习，扎实专业基础知识；而我也是这样做的。毕业后能找到一份稳定且压力不大的工作，有固定的收入来源；能带给家人幸福。我在工作领域取得的成绩能使他们感到自豪。

（四）家族影响——爸爸妈妈都是公务员，天性乐观派，思想开放，容易接受新事物，且每天都有学习看书看报的习惯。这样和谐的家庭可以使我没有后顾之忧，去发挥自己最大的优势追寻梦想。爸爸妈妈有一定的社会地位他们也成为我的榜样，并且能给我就业提供一定的帮助与支持，但我更会依靠自身的努力。

四、区域环境分析

我是一个渴望独立自由但不得不依赖身边人的女孩，相对喜欢较稳定的工作环境。综合考虑我的个性特征以及家庭环境、人脉关系以及工作环境的文化市场，我把辽宁省作为我的目标地域，尤其是沈阳。

沈阳，是辽宁省省会，中国十大城市之一，东北地区最大的国际大都市，东北地区政治、金融、文化、交通、信息和旅游中心。沈阳市的文化建设起步较晚，自改革开放以来，沈阳的报刊业如雨后春笋般飞快地发展。1997年，对全省发行的战略进行调整，新闻主攻沈阳，发行主打沈阳；推出"辽宁新闻联网"版，先后创立了《沈阳晚报》《沈阳日报》《辽宁日报》《辽沈晚报》《华商晨报》《辽宁经济日报》《职工快报》《沈阳今报》等。目前沈阳报业市场上综合性日报的发行总量约200万份，平面媒体的广告总量在5亿—6亿，所以说，沈阳有着相对较好的就业环境。

第三章 计划实施

一、近期计划（2010—2012）

目标：取得文学学士学位，成为沈阳师范大学优秀毕业生。

时间	目标及实现目标的具体措施	备注
2010年10月至2011年1月	参加及准备沈阳师范大学大学生职业生涯规划大赛 备考英语六级 背完英语六级词汇，并做一定的六级习题 备考并参加普通话水平测试考试，取得二乙或一乙以上普通话水平 考英语六级，努力通过英语六级考试 备考期末考试，并在期末考试中保持原有系里前5%的成绩 寒假期间已经报名北京新东方英语加强班，学习英语，加强英语口语的表达能力	
2011年2月	加强钢琴的学习，练熟2—3首名曲 继续提高英语口语能力和听力能力 在本地电台或电视台做实行生，加强实践经验	

续表

时间	目标及实现目标的具体措施	备注
2011年3月至 2011年7月	开学后着手开始新一学期的学习；争取发展成为预备党员；准备第八届学生会换届工作，站好最后一班岗；卸下学生会工作，以平常心态对待学习和生活；寻找短期实习机会，并且积极向沈阳各大报纸投稿，积累经验加强自己的摄影技术；多拍摄一些新闻和纪实图片，积累摄影方面的经验；借着气候好的时候，在课余时间，多走出学校，拍一些新闻纪实片，学习会声会影、audition等视频、声音软件的使用	
2011年8月	在暑假家里本地报刊社、电台、电视台实习，并把自己在学校中所积累的写作、摄影、剪片的技术应用到实践当中	
2011年9月至 2012年6月	参加学院组织的集体实习，积累自己的实践经验，如果有精力，加强编辑方面的理论知识，做到理论实践两手抓，相结合，在正式参加工作之前做好最后的武装	
	大学毕业，取得文学学士学位，成为沈阳师范大学优秀毕业生	

二、中期目标（2012—2015）

目标：优秀的助理编辑，月薪不低于1000元/月。

时间	目标及实现目标的具体措施	备注
2012年	毕业后，到自己实习过的报纸、杂志社应聘，凭借着良好印象和过硬的理论知识以及熟练的实践技能，获得助理编辑一职	
2013年至 2015年	工作时虚心向有经验者学习，做事积极主动，尽早熟悉所在报刊社或出版社的风格主旨、运作流程、相关知识等 一丝不苟工作，发挥在大学学生会工作的特长，与同事和领导保持良好关系，业余时间勤于练笔，积极扩展编辑业务知识的同时，继续保持较强的学习能力，博览群书，为向记者转变做好准备。保证自己在一些报纸杂志上的发稿数量及质量，争取在一些知名报纸杂志上发表相关论文。与相关作者保持联系，挖掘、稳定自己的作者队伍，保持并具有自己的关系网，为以后成为记者及编辑做好铺垫 与热心读者保持联系，及时发现和纠正工作错误，积极吸取他们的建议	

三、长期目标（2015—2025）

在 2015 年左右研究生毕业半年后左右，即 2015 年前后，能担任编辑的工作，职场一切步入正轨。按照既定目标凭借自身的工作经验及工作能力，较强的人脉关系，2020 年左右在沈阳主流报刊社工作——或在小型社担任编辑，或者在大型报刊社暂时担任助理编辑、记者，两年至五年后转正为一名正式编辑，能集采编排一体，能自主选题策划、组稿、审稿、选稿及排版等。

我的位置	工作地点在沈阳，担任大型报刊社的助理编辑或小型报纸杂志社的编辑职务；将自己的才能发挥出来，真正实现自我价值与单位价值的统一	备注
我的能力	文字敏感度强，对时事政治及社会热点有自己的见解； 文字风格：视角独特，语言表达到位； 熟悉编辑业务，能集采、编、排于一体	
知识学习	博览群书，学无止境 提高英文写作与翻译水平，能编译一定水平的英文作品 发表一定数量的论文	
职场状态	自己能开始策划选题、筹划板块内容 有自己的社交圈子 巧妙地面对来自内外的工作压力，轻松面对职场陷阱	

四、人生目标

这时候的我有固定的工作场所、固定的工作模式及稳定的收入，成为一名新职业女性。到 2020 年左右能开始计划买一套房子，继续保持着自我务实严谨的工作作风，向着编审的目标迈进。

（一）能力

1. 熟练编辑业务及内部运作，能自主策划选题；
2. 在相关报刊上开辟自己的专栏；
3. 积极参加业内各种活动，保持自己的有利于工作的社交圈子。

（二）目标

1. 平时多看书，多研究其他报刊的成功因素，真正实现自我价值与单位价值的统一；

2. 发表一定量的学术论文；

3. 向主编的方向迈进。

（三）生活

1. 和谐稳定的生活，注重家人物质及精神的满足；

2. 有自己的休闲娱乐方式，使自己的身心处于健康状态；

3. 能开始计划买一套属于自己的房子；

4. 必要时，继续攻读与工作有关的学位。

当然，未来有很多不确定的因素，这一切也仅仅只是计划，我会根据具体情况做出相关的生涯调整。无论那时候的我水平怎样、位置如何，至少我的生活应该是较为宽裕的，有一个稳定的工作环境，有一个温馨的家庭。工作上能与同事友好合作，生活上有自己的休闲方式，且在报刊上发表一定数量的作品。我的目标是文字编辑，不管我在这个生涯阶段能否继续前行，成为主编，可以肯定的是，我一直都在为之努力！

第五章 评估调整

（一）动态反馈调整策略

1. 整体性原则：从整体上看，我的最高目标定为在编辑行业的主管——主编级别；最重的目标地域定为在辽宁省内有较强竞争力的城市——沈阳；总体要求虽然较高，但我相信只要一步一步努力，这一切目标的设定并不是不可能的。

2. 挑战性原则：我的目标和行动计划具有一定的挑战性，能够对自己起到内在的激励作用。

3. 灵活性原则：职业生涯规划设计要随着环境和形势的变化做出相应的调整，有弹性和缓冲性。目前，我所做的职业规划是根据现在的社会环境和形势以及自身特点做出来的，但是随着社会的变化，我可能会遇到这样或那样的问题，这就需要我的规划具有灵活性。所以，当情况发生时，对规划书进行局部调整，可提高实施的弹性空间。

（二）职业生涯动态维系

态度决定一切。将规划书的内容落到实处是我的态度：

1. 积极主动。要有积极的态度，事事用心，事事尽力，不要等机遇上门，要抓住机遇，创造机遇。

2. 以终为始。各个阶段的连接是不间断的，现阶段的重点也将是下一阶段的起点，所以需要我们在前一阶段终止后立即做出回应，制订一份新的阶段计划，进而更好地开展下一阶段的工作。

3. 重要的事放在第一。每天我们会有很多事情要做，有重要的，紧急的，还有琐碎的，如果我们毫无选择，将会大大降低我们的效率；每天选择最重要的事，集中精力先把它们完成；将使我们的工作和学习效率大大提高。

（三）职业生涯风险预测

毕业后三个月内还没有找到合适的报刊社或出版单位，在这种情况下，我会重新审视自己，调整心态，"先就业再择业"；继续总结出自己屡遭失败的深层原因，找出对策，积极应对内外压力；不忽略基层的报刊社和出版社，适当弯曲自我，从基层做起；

告诉身边的熟人如父母、老师和亲朋好友等自己的目标职业，让他们帮忙推荐，寻找伯乐。

为最大限度地避免这种情况的出现，我要在大三左右就开始为自己设计网上简历，积极参加社会实践，避免出现毕业后不适应社会的现象。

后记：手拿着这份沉甸甸的规划书，同时也拿起了那份沉甸甸的梦想。有了规划书做指引，就如人生路上多了一盏指明灯，我将审时度势，一步一步，向着未来方向，出发！

感谢这次大赛的组委会，感谢我的指导老师，是你们让我努力去把自己的梦想展现出来并为之而努力奋斗。

文学院新闻系　滕×ד
2010 年 11 月

第三章　大学生职业生涯决策

人生充满选择，生活就是由一系列的选择组成的，在做出选择之前有一个很重要的心理过程——决策。当人遇到的麻烦和不如意时，往往是由于他做出了不合适的决策或未做出决策而产生的。日常生活中的很多决策往往在不经意中就完成了，其过程相当缺乏理性。但关于职业生涯决策却并非一蹴而就。

职业生涯决策是一个高度复杂的过程，常常会令人左右为难，很难用简单的方程式来概括。人不可能完全理性，但学会把一些理性的方法引入到生涯决策中，培养理性决策的能力将受益终生。

第一节　决策概述

一　决策的概念与特征

（一）决策的概念

决策是一个在多种层面上都能够被广泛运用的概念，但在实际中人们却难以给出一个没有争议的概念。概而论之，人们可以从广义上和狭义上来理解决策的含义。

从广义上来讲，决策是一个由发现问题、提出问题、分析问题、制定解决方案、抉择方案并操作组成的过程，即是决策主要对象以问题为指引，对组织或个人未来行动的目标、方向、方法、原则所做的判断和抉择。

从狭义上来讲，决策是领导层选择方案并最后做出决定的活动与行动。决策是人们实践活动中不可或缺的一种实践性活动。"管理就是决策，决策贯穿于管理的全过程"，小到每一个个体、大到每一个企事业单位团体、政府行政机构团体都需要进行决策。

（二）决策的特征

决策问题一般都包含两个方面的显著特征。

1. 决策是一个面向未来要发生且尚未发生的事件

任何一项决策活动都存在一定的风险性和不确定性且都是面向未来的。这就需要决策行为必须具有前瞻性，需要决策人员必须具备敏锐的分析力和洞察力。由于决策处于千变万化的内部和外部环境之中，要彻底把握决策所需要的所有未发生的要素是十分不容易的，因此十分正确的决策是不存在的，也是绝对不可能的。

2. 决策所追求的目标是"一次成功"

任何一项技术研究都可以反复测试和实验，但决策则不可以。"机不可失，时不再来"，决策多属于一次性，只许成功，不许失败，决策失败造成的损失将无法挽回。

二 决策理论

（一）古典决策理论

古典决策理论又称规范决策理论，是基于"经济人"假设提出来的，主要盛行于20世纪50年代以前。古典决策理论认为，应该从经济的角度来看待决策问题，即决策的目的在于为组织获取最大的经济利益。

古典决策理论的主要内容是：

1. 决策者必须全面掌握有关决策环境的信息情报
2. 决策者要充分了解有关备选方案的情况
3. 决策者应建立一个合理的自上而下的执行命令的组织体系
4. 决策者进行决策的目的始终都是使本组织获取最大的经济利益

（二）行为决策理论

对古典决策理论的潜在假设最先发难的是赫伯特·西蒙（Herbert Simon），他在《管理行为》一书中指出，理性的和经济的标准都无法确切地说明管理的决策过程，进而提出"有限理性"和"满意度"原则。其他的学者对决策行为也作了进一步的研究，他们在研究中也发现，影响决策者进行决策的不仅有经济因素，而且有其个人的行为表现，如情感、态度、经验和动机等。在西蒙等看来，在有限理性、未来的不确定性、难以估量的风险、极大的模糊、时间限制、高信息成本等因素的制约下，管理者不能找到所有可能的方案。管理者只能从备选方案中选择一种"满意"的方案，不可能是"最优"选择。

行为决策理论的主要内容如下：

1. 人的理性介于完全理性和非理性之间，即人是有限理性的，这是因为在高度不确定和极其复杂的现实决策环境中，人的知识、想象力和计算力是有限的。

2. 决策者在识别和发现问题中容易受直觉上的偏差的影响，而在对未来的状况做出判断时，直觉的运用往往多于逻辑分析方法的运用。所谓知觉上的偏差，是指由于认知能力的有限，决策者仅把问题的部分信息当作认知对象。

3. 由于受决策时间和可利用资源的限制，决策者即使充分了解和掌握有关决策环境的信息情报，也只能做到尽量了解各种备选方案的情况，而不可能做到全部了解，决策者选择的理性是相对的。

4. 在风险型决策中，与经济利益的考虑相比，决策者对待风险的态度起着更为重要的作用。决策者往往厌恶风险，倾向于接受风险较小的方案，尽管风险较大的方案可能带来较为可观的收益。

5. 决策者在决策中往往只求满意的结果，而不愿费力寻求最佳方案。导致这一现象的原因有多种：决策者不注意发挥自己和别人继续进行研究的积极性，只满足于在现有的可行方案中进行选择；决策者本身缺乏有关能力，在有些情况下，决策者出于个人某些因素的考虑而做出自己的选择；评估所有的方案并选择其中的最佳方案，需要花费大量的时间和金钱，这可能得不偿失。

（三）自然决策理论

自然主义决策理论抛弃了传统决策理论对规范化的追求，注重决策实际过程的客观描述。真实世界的决策具有高风险、信息不充足、目标不明确、程序不清楚、情境依赖、动态条件、团队合作、专业技能等特征。自然决策理论主要研究不确定环境下的、时间紧迫的真实决策过程。Lip-shitz等总结了自然决策理论有过程导向、情景—行动匹配决策规则、情境依赖的非规范模型、实证基础上的处方等四方面特点。过程导向是指研究者关注决策过程，决策者如何搜索、解释信息，如何运用决策规则。情景—行动匹配决策规则强调，熟练的决策者更多地运用匹配而不是选择的决策规则。情境依赖的含义很容易理解，自然主义决策突出专家的经验和知识，而这些技能只是针对特定的领域和情境的。实证基础上的处方，意味着不应该为了追求模型的规范性优化而牺牲模型的解释效力，构建决策模型的目标是改进可行的决策过程。

三　决策的分类

（一）长期决策与短期决策

长期决策是指组织实施未来有关战略发展方向的长期性、全局性的重大决策，又称长期战略决策。一般年限不少于3年。

短期决策是为实现长期战略目标而采取的短期策略手段，又称短期战术决策。一般时间不超过1年。

当然长期和短期只是相对的概念，因此把1—3年年限的决策称之为中长期决策。

（二）经验决策与科学决策

1. 经验决策，主要是依靠决策者自身具有的知识、经验和智慧而做出的决策，决策成功与否，主要取决于决策领导人和个别高人谋士的认知和才智。其主要特点包括：

（1）这种决策方式一般说来是个人的决策活动，其决断主要取决于决策者个人的智慧。

（2）这种决策方式实际上是以决策者的经验为前提的，所能分析的数据量很有限，一般来讲，定性而不定量。

2. 科学决策，是决策者在遵照科学化的原则和程序的基础上，依靠科学的方法和技术进行的决策活动。其主要特点包括：

（1）要建立科学规范化的决策体制机制，注重团队决策，决策过程中特别注意依靠各种智慧主体，注意各类专家的横向联系，形成合理的人才结构，共同完成某项决策活动。

（2）要将决策建立在科学分析的基础上，从传统的依靠经验分析到现代的依靠科学分析来进行决策的转变，广泛运用科学技术的方法，将定性和定量分析结合起来，确保决策的正确性和可靠性。

（三）程序化决策与非程序化决策

从问题的性质层面把决策分为程序化决策与非程序化决策。程序化决策涉及的是例行问题，而非程序化决策涉及的是例外问题。二者的区别见表 3-1。

表 3-1　　　　　　　　程序化决策 VS. 非程序化决策

特征	程序化决策	非程序化决策
决策类型	结构化很强	结构化很差
频率	重复的、日常的	新的、不经常的
目标	清楚、明确	模糊
信息	容易得到	不易得到、渠道不明确
结果	不很重要	重要
组织的层次	低层	高层
解决时间	短	相对较长
解决的基础	靠决策规则、流程	靠判断力和创造力

（四）确定型、风险型、不确定型决策

从环境因素的可控程度看，可把决策分为确定型决策、风险型决策与不确定型决策。确定型决策是指决策的未来是一种完全确定的状态环境，从而决策选择的结果也是确定的。风险型决策是指决策者对未来的决策把握不是完全确定，但是，决策者对即将发生的各问题环境状态的概率是已知的。因为在这种状况下的决策需要冒一定的风险，所以称之为风险型决策。不确定型决策是指决策者对决策环境认知得少，对未来将发生的各种可能状态和相应后果的概率也不了解。这时，决策者也只能依据少数论据，再凭自身的主观判断来进行决策。

（五）个体决策与群体决策

从决策的主体看，可把决策分为个体决策和群体决策。一项决策，如果最终是由个体独断确定的，即最终决策权归属于个体，这种决策称之为个体决策；一项决策，如果最终是由群体共同议定的，即最终决策权归属于群体，这称之为群体决策。

相对于个体决策，群体决策有一些优点：①能更大范围地汇总信息；②能拟订更多的备选方案；③能得到更多的认同；④能更好地沟通；⑤能做出更好的决策等。但是，群体决策也有一些缺点，如花费较多的时间、产生"从众现象"及责任不明等。

（六）独立决策与互动决策

从决策影响程度来看，可以把决策分为独立决策和互动决策。

独立决策。你的决策对别人没影响，别人的决策对你也没影响称独立决策。

互动决策。对方的决策就是本方的未来客观条件，反之，本方的决策也是对方的未来客观条件称互动决策，也称为对策（博弈论）。

（七）定性决策与定量决策

定性决策是主要依靠决策者的经验、知识和判断能力做出的决策；定量决策是可以根据具体数据资料，并运用一定的决策方法，通过数学计算得出结果的决策。

（八）初始决策与追踪决策

初始决策是组织对从事某种活动或从事该种活动的方案所进行的初次选择；追踪决策是在初始决策基础上对组织活动方向、内容或方式的重新调整。两种决策如图 3-1 所示。

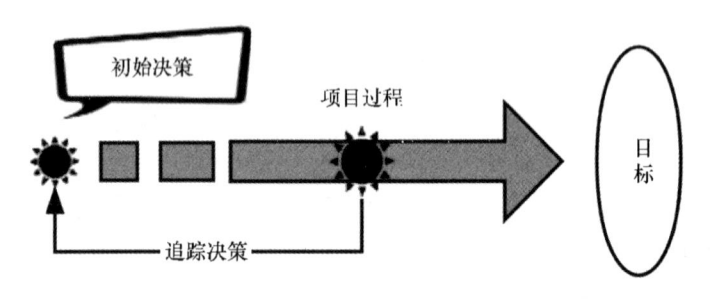

图 3-1 初始决策与追踪决策

1. 初始决策是零起点决策，是在有关活动尚未进行从而环境未受到影响的情况下进行的。

2. 随着初始决策的实施，组织环境发生变化，这种情况下所进行的决策就是追踪决策。因此，追踪决策是非零起点决策。

（九）单目标决策和多目标决策

根据决策问题追求的决策目标的多少，任何一个具体的决策问题都具有多重性质。从不同方向来分析与评价，就可以提出不同的价值标准，从而形成不同的价值目标。如果仅针对一个主要目标进行决策，就构成了单目标决策。如果针对整个目标系统进行决策，就构成多目标决策。在面对多目标决策问题时，必须同时考虑满足多个目标的要求，而且这些目标之间往往又相互制约、相互矛盾，因此这类问题考虑的因素相当得多，解决起来也较为复杂。

四 决策制定过程

决策制定过程如图 3-2 所示。

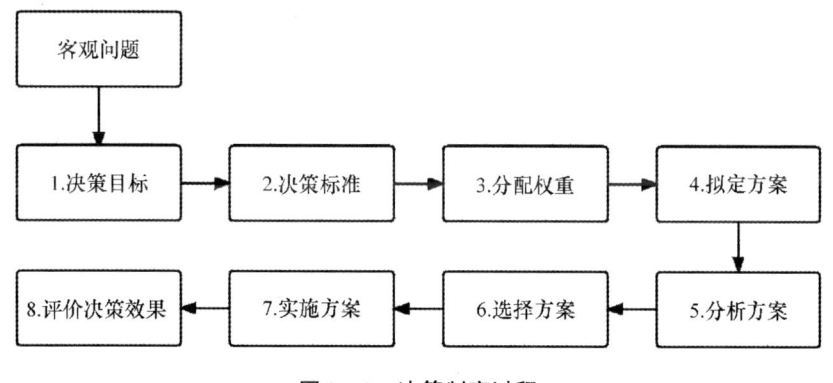

图 3-2 决策制定过程

（一）决策目标

决策制定过程始于一个存在的问题，或更具体一些，存在着现实与期望状态之间的差异。为了解决问题，改变这一差异，我们需要采取一些行动。在行动之前我们要做一个决定（即究竟采取哪种行动），这时，就产生了决策的需求。

例如，老王上班地点离家很远，每天都要 6 点起床去挤 8 路电车上班，很是痛苦。某天突发横财，为了自己多年 7 点起床的梦想，决定买车。老王认为自己的问题是"如何买一辆适合自己的车"，当然，决策目标是"购买一辆适合自己的车"。

（二）决策标准

管理者一旦确定了他需要关注的问题，对于解决问题来说，确认决策标准就非常重要了。就是说，管理者必须确定什么因素与决策有关。

在买车的例子中，老王必须评价什么因素与他的决策有关。这些标准可能是价格、型号（双门还是四门）、体积（小型的还是中型的）、制造厂家（国外的还是国内的）、备选装置（自动换挡、空调等）及返修记录等。

假设老王通过选择，确定自己买车的标准是价格、耐用性、油耗、舒适性、外形等。

（三）分配权重

上一步所列出的标准对于决策者不一定是同等重要的。因此，为了在决策中恰当地考虑它们的优先权，有必要明确步骤2所述标准的重要性。

决策者如何衡量标准的重要性？一个简单的方法就是给最重要的标准打10分，然后依次给余下的标准打分。当然，你也可以从100分或1000分打起，这可以根据你的个人偏好。

表3-2中列出了老王买车决策的标准及权重。在他的决策中，价格是最重要的标准，而外形、舒适性的重要性要小得多。

表3-2　　　　　　　　　老王购车决策标准及权重

标准	油耗	耐用性	舒适性	外形
重要性	8	6	5	4

（四）拟订方案

根据决策的目的和决策的标准，初步拟订一些感觉上可能满足目标的方案，以供具体决策之用。例如，老王经过了解，大众高尔夫、本田飞度、东风标致307、现代伊兰特都可供其选择。

（五）分析方案

方案一旦拟定后，决策者必须批评性地分析每一方案。这些方案经过与步骤2、步骤3所述的标准及权重比较后，每一方案的优缺点就变得明显了。决策者依据标准评价每一备选方案。老王通过向朋友打听、亲自试驾、收听广播等途径，分别给出了对每款车的评价值。采用满分10分的打分方式，得表3-3。

表 3-3　　　　　　　　　　老王对四款车的评价值

方案	价格	油耗	耐用性	舒适性	外形
大众高尔夫	5	8	10	8	2
本田飞度	10	10	5	6	5
东风标致307	6	5	6	10	8
现代伊兰特	8	6	7	7	6

请注意，在表 3-3 中，四种轿车的得分是以老王的主观评价为基础的。当然，评估过程还可以进行得更客观一些，例如，可以从当地经销商那里得到最低的购买价格；利用消费者杂志报告能查到各款车的耐用性。不同的决策者，针对同样的决策问题，经常会有不同的判断，反映在权重分配及方案评价中。这就说明为什么两个汽车购买者花同样的钱可能会选择两种完全不同的方案，或者即使是同样的方案也会给出不同的评级顺序。

（六）选择方案

根据决策标准权重和各方案相对于标准的评价值，采用加权求和的简单方法，可以计算出四款车的整体分值。进行总排序，可以得出最佳的方案。如表 3-4 所示。

表 3-4　　　　　　　　　　四款车综合评价

方案	价格	油耗	耐用性	舒适性	外形	总分
大众高尔夫	50	64	60	40	8	222
本田飞度	100	80	30	30	20	260
东风标致307	60	40	36	50	32	218
现代伊兰特	80	48	42	35	24	229

根据表中数据，老王选择第二个方案，购买本田飞度。

（七）实施方案

尽管步骤 6 已经完成了选择的过程，但如果方案得不到恰当的实施，仍可能是失败的。所以，步骤 7 涉及将方案付诸行动。

实施是指将决策传递给有关人员并得到有关他们行动的承诺。如果必须执行决策的人参与了决策的制定过程，那么他们在决策的执行过程中将表现出更高的积极性和主动性,以极大的热情投入到工作中去。

(八) 评价决策效果

决策制定过程的最后一步就是评价决策效果,看它是否已解决了问题。步骤 6 选择的和步骤 7 实施的方案,是否取得理想的结果?如果没有,管理者需要仔细地分析什么地方出了错,是否意识到正确认识问题?是否做到正确评价方案?是否实施得当等等。对此类问题的回答将驱使管理者追溯前面的步骤,甚至可能需要重新开始整个决策过程。

第二节 大学生职业生涯决策的分类和一般过程

一 大学生职业生涯决策的分类

目前,对于大学生职业生涯决策都有哪些类型,有较多文献进行研究。为了强化对当前大学生职业生涯决策的理解,我们按照一般决策的类型,对大学生职业生涯决策进行了简单的分类。

(一) 长期决策与短期决策

对大学生来说,按照时间的长短来划分,可以将职业生涯规划分为人生规划、长期规划、中期规划和短期规划。定义和任务包括:

1. 人生规划

时间贯穿于整个职业生涯 40 年左右的规划,设定整个人生阶段的发展目标。例如,规划成为一个拥有亿万资产的股东。

2. 长期规划

一般为 5—10 年时间的规划,主要设定较长远的目标。例如,规划 30 岁时成为一家中小型公司的项目经理,规划 40 岁时成为一家大中型公司的副总经理等。

3. 中期规划

一般为 3—5 年内的目标与任务。例如,规划到不同业务部门做经理,规划从大型公司部门经理到小公司做总经理等。

4. 短期规划

3 年以内的规划,主要是确定近期目标,规划近期完成的任务。例如,对专业知识的学习，掌握哪些业务知识等。

相应的，大学生职业生涯决策可以分为人生决策、长期决策、中期决策和短期决策。

（二）科学决策与经验决策

对于很多大学生来说，由于缺乏职业生涯规划的理论知识和方法，同时也因为在进行职业生涯决策时缺乏足够的信息和信心，很多人都是凭借经验和感觉，或是道听途说就进行决策，致使很多大学生浪费了时间，走了很多弯路，没有取得自己的职业成功。而科学的职业生涯决策则是要求大学生按照理性的职业生涯规划过程，使用科学的测量工具和方法，充分地了解自己和职业世界，为长期的发展做好充分的准备，甚至必要时可以求助于专业的职业辅导专家。

（三）程序化决策与非程序化决策

程序化的职业生涯决策也叫计划型生涯决策，指的是大学生按照比较规律的步骤来进行职业目标的定位，职业道路的选择、制定职业发展规划和具体的行动计划。而非程序化决策指其他类型的决策风格下所做的决策。

（四）确定型决策、风险型决策、不确定型决策

根据职业生涯决策时信息的多寡，大学生职业生涯决策分为确定型生涯决策、风险型生涯决策和不确定型决策。确定型生涯决策多是按照设定好的目标或是决策备选方案优劣比较明显时所做的决策。而风险型生涯决策则是面对诸如考研还是就业、国企还是私企等决策方案各有优劣时所做的决策，各方案未来的后果一定情况下可以预期。不确定型生涯决策指大学生对决策环境和未来出现的后果知之甚少时，只能凭主观倾向来进行决策。

（五）个人决策与群体决策

一些大学生有明确的理想抱负、清晰的生涯规划，或是职业决策自我效能感较高，独立性、自主性较强，更倾向于进行个人职业生涯决策。而多数大学生进行职业生涯决策时，会咨询多个人，甚至依赖于他人帮助进行决策，最终的决策结果是群体共同议定，此为群体生涯决策。我们也建议大学生当缺乏信息和相关知识时，适当求助于他人，进行群体决策是必要的。

（六）互动决策与独立决策

当出现诸如争取保研名额、应聘同一家企业、竞聘同一个岗位这类情况时，他人的决策会影响你的生涯决策，这就是互动职业生涯决策。对应的，你的生涯决策不受他人影响也不会影响他人时，属于独立生涯决策。

（七）定性决策与定量决策

虽然职业生涯决策多数是个人的主观判断，如内心是否愉悦、职业是否符合性格、未来发展潜力大小等，很难用完全数量化的手段来进行判断和决策，但是仍然有决策方格法、决策平衡单技术等相对定量的方式来帮助大学生进行有效决策。因此，大学生职业生涯决策分为定性决策和定量决策。

（八）初始决策与追踪决策

由于信息的不完备性和未来结果的不可预期性，职业生涯决策一般不能一次完成，大学生在大学期间或在某特殊阶段所做的决策多是初始决策。而随着时间的推移，内外部的环境发生变化，当初的决策可能出现问题甚至完全错误，这就需要重新进行决策和调整，进行动态性的追踪决策。

（九）单目标决策和多目标决策

人的需求是多样化的，在不同时期是会变化的，甚至是矛盾的。大学生在进行职业生涯决策时，多数会考虑家庭与自我、物质和精神多方面的需要，因此多数情况下属于多目标决策。

二　大学生职业生涯决策的一般过程

大学生职业生涯决策的一般过程包括：自我评估、职业环境评估、职业生涯目标定位、职业生涯路线选择、制定行动方案、实施、评估与反馈七个阶段。

（一）自我评估

通过正式和非正式的测评工具，运用多种自我探索方式，了解自己的职业兴趣、职业价值观、职业能力和职业人格，并进行综合分析和评估。深刻了解自己的职业理想、情趣、价值观和能力特长，总结出自己的优势和劣势，初步形成较为适合自己的职业库。

（二）职业环境评估

对职业库中的职业进行多方位的相关探索，并进行职业环境评估，主要是各种环境因素对自己职业生涯发展的影响的评估。每个个体都处于一定的环境之中，离开了这个环境，便无法生存与成长。因此，在进行个人的职业生涯决策时，要仔细分析环境的特点、环境的发展情况、与环境的关系、在这个环境中所处的地位、环境对个体的要求以及环境对个体有利的与不利的条件等。只有充分了解这些环境对个体的影响因素，才能做到在复杂的环境中避害趋利，找寻到适合于自己的职业生涯机会，使自己的职业生涯规划具有现实意义。

（三）职业生涯目标定位

职业生涯目标，也就是我们常谈的人生目标，人生目标实际上就是探讨人的一生要成为什么样的人，人的一生该如何度过，怎样才能使人生过得有意义、有价值，怎样才算取得成功，怎样才能拥有幸福的生活。生涯目标是指引人生成长和发展的导航标。生涯目标定位是指结合自我评估和职业环境评估，确定自己长期的职业发展方向，明确今后自己取得职业成功时的状态和水平。例如，某同学的职业生涯目标是"创建有自己品牌的中国咨询公司"。

（四）职业生涯路径选择

职业生涯路径选择是指一个人选定职业发展方向并确定目标以后，从什么路径上实现自己的职业理想。在确定职业后，沿向哪一条路径发展，要及时做出判断和选择。是行政管理路径，还是专业技术路径；是先走技术路径，再转向行政管理路径；还是先走行政管理，再转向技术路径。由于发展路径不同，对职业发展的要求也不尽相同。

因此，在职业生涯规划中，个体必须做出抉择，以便使自己的学习、工作及各种行动措施沿着你的职业生涯路径或预定的方向前进。通常职业生涯路径的选择须考虑以下三个问题：

1. 我想往哪一路径发展？
2. 我适合往哪一路径发展？
3. 我可以往哪一路径发展？

针对以上三个问题进行综合分析，以此确定自己的最佳职业生涯路径。表3-5是五种典型的职业生涯路径。

表 3-5 五种典型的职业生涯路径

类型	主要职业领域	典型职业生涯路径
技术型	工程技术、计划、系统分析、财务分析、营销等	财务分析员—会计主管—财务部主管—公司财务副总裁
管理型	政府机构、企业组织及其各部门的主要负责人	工人—生产组组长—生产线经理—部门经理—行政副总裁—总裁
稳定型	医生、教师、研究人员、勤杂人员	更多地追求职称,如助教—讲师—副教授—教授
创造型	企业家、发明家、风险性投资者、产品开发人员	无典型职业路径,极易变换职业或干脆自己单干创业
自主型	职业研究人员、学者、工商个体户、手工业者	自由领域中发展自己的个人事业

(五) 制定行动方案

确定了职业生涯目标和职业生涯路径之后,要实现自己的职业理想,必须把职业生涯发展目标根据发展路径分解成若干个子路径目标,并按时间划分为年度计划、月计划、周计划和日计划,同时制定出各类较为详细可行的实施方案,如学业提升方案、技能开发方案、身体锻炼方案等。

【例】

职称目标:3 年内成为高校本领域讲师;
  8 年内成为高校本领域副教授;
  13 年内成为高校本领域教授。

能力目标:5 年内成为本校内本领域杰出讲师;
  10 年内成为省内本领域杰出名师;
  15 年内成本国内本领域知名教授。

成果目标:在 10 年内带领团队完成国家社科基金 3 项。

经济目标:3 年后年薪达 8 万元,5 年后达 15 万元,10 年后达 20 万元。

以上是一个高校教师的中长期职业发展规划及实现目标的分阶段成果,接下来该教师需要采取的行动是根据现状与目标的差距,制定 3 年内的行动计划及各阶段实施方案,以保证实现 3 年后的各方面目标。后续的实施方案还要依据前一阶段的成果来进行相应的调整。

（六）实施

规划的方案再好，不执行，也只是空中楼阁式的目标。实施阶段需要大学生一日一日地坚持，一周一周地坚持，实现规划好的一个个子目标，一步步取得微小的成功，汇小流以成江海，最终实现职业理想。

（七）评估与反馈

俗话说："计划不如变化。"影响大学生职业生涯规划的因素很多，随着人生的发展而变化。加之，社会转型和市场经济体制不断完善，大学生走向职场的外部环境因素的变化，难以预料。在此种状况下，要使大学生职业生涯规划收效显著，就必须不断地对自身职业生涯规划进行不断地评估、优化、调整。要不断地评价，目前哪些做得好？哪些做得不好？原因何在？现在应该停止做什么？应该开始做什么？哪些还需要再提高等。

修订的主要内容包括：职业方向的再选择，职业生涯路径的再调整，职业生涯确定目标的部分或全部再修正、实施措施与计划的再变更等。

第三节　大学生职业生涯决策方法与模型

一　决策方法

大学生职业生涯决策方法较多，主要有五步规划法、SWOT分析法、决策方格法、决策平衡单法等。

（一）五步规划法（5W法）

Who are you? 你是谁？

What do you want? 你想干什么？

What can you do? 你能干什么？

What can support you? 环境允许你干什么？

What can you be in the end? 你最终的职业目标是什么？

回答了这五个问题，找到了它们的最高共同点，也就有了自己的职业生涯规划。

1. 分析 1W 问题 "Who are you？"

对自己进行一个客观、全面的认识。通过职业性格理论及工具分析自己优势和劣势，找到自己适合做的职业。

2. 分析 2W 问题 "What do you want？"

这个问题是对大学生职业兴趣的一种思考。根据职业兴趣理论工具来发现你的职业兴趣三编码，通过霍兰德兴趣理论进行分析，找到你所真正想要的职业，分析任职匹配度。

3. 分析 3W 问题 "What can you do？"

这个问题是对自身职业能力包括专业知识技能、可迁移技能和自我管理技能的全面梳理，一个人的职业决策除了要考虑个人的职业兴趣外，最关键的还需要个人能力与之相匹配，而技能也是个人职业发展进一步延伸的关键。所以，要通过学习与实践，真正了解你到底能从事什么职业。

4. 分析 4W 问题 "What can support you？"

环境支持在职业选择客观因素方面包括地域的各种状态，例如经济发展、行业建设、政策法规、企业职能、职业发展等，人为主观方面包括人际关系、领导接纳、重要他人关系等，应该将两方面的因素结合起来分析。

5. 分析 5W 问题 "What can you be in the end？"

分析明确了前四个方面的问题后，就会从中找到有利或不利的条件且对实现相关职业目标是有关联的，列举最少的不利条件、自己想做而且又能够做且可能实现的职业目标。

（二）决策方格法

1. 操作步骤

（1）列出最令你向往的职业生涯发展目标 2—3 个。

（2）根据你个人的情况，从你的个人价值满足程度、兴趣一致程度、专长的施展空间等方面，一一评估每个职业目标的回报等级：优、良、中、差。

（3）再根据职业发展机会情况，从职业发展机会中对能力、经验要求、学习限制、发展前景等方面，评估每个职业目标成功的机会。

（4）根据你对回报和机会的评估结果，在职业目标决策方格中找到相应位置，并将职业目标填写入"决策方格"之中。

（5）将每个职业目标的回报与机会的得分相乘，乘积最大的目标，就是最适合你的职业目标。

2. 范例

吴蕊，辽宁省内某高校本科毕业生，在一家企业工作了三年之后，想要有新的发展，她面临着三个选择：考公务员，出国读 MBA，或者在国内攻读硕士研究生。究竟哪个选择更适合她？通过决策方格法，她进行了选择，见表 3-6。

表 3-6　　　　　　　　吴蕊职业目标的决策方格

回报	优		出国读 MBA		
	良				国内读研
	中			考公务员	
	差				
		差	中	良	优
	机会

吴蕊的三种职业目标的决策结果（其中，差＝1分，中＝2分，良＝3分，优＝4分）如下：

$$出国读 MBA = 2 \times 4 = 8$$
$$考公务员 = 3 \times 2 = 6$$
$$国内读研 = 4 \times 3 = 12（分）$$

（三）决策平衡单

1. 步骤

"决策平衡单"（decision-making balance sheet）经常被应用于问题解决模式和职业咨询中，用以协助咨询者有系统地分析每一个可能的选项，判断分别执行各选项的利弊得失，然后依据其在利弊得失上的加权计分排定各个选项的优先顺序，以执行最优先或偏好的选项。其在职业咨询中实施的程序主要有下列步骤：

（1）建立"职业生涯决策平衡单"：列出可能的职业选项，咨询者首先需在平衡单中列出有待深入评价的潜在职业选项3—5个。

（2）判断各个职业选项的利弊得失：平衡单中提供咨询者思考的重要得失，集中于四个方面，分别是：自我物质方面的得失、他人物质方面的得失、自我赞许（精神方面）的得失、他人赞许（精神方面）的得失。考虑每个因素的得失程度，从 -5—+5 给分，正分表示"得"，负分表示"失"。

（3）考虑各项因素的权重：咨询者在各个方面的利弊得失之间，会因身处于不同情境而有不同的考量。因此，在详细列出各项考虑层面之后，需再进行加权计分。对每个考虑因素按照自己的情况设置权重，1—5 分。1 分表示不看重，5 分表示最看重。

（4）计算出各个职业选项的得分：把各因素的权重和利弊得失分数相乘后再累加，计算各个职业选项的总分。

（5）排定各个职业选项的优先顺序：依据各职业选项在总分上的高低，排定优先次序。职业选项的优先次序即可作为咨询者职业生涯决策的依据。

2. 案例

小文是理工科计算机专业的大四毕业生，但他一直对心理学比较感兴趣，想考心理学的研究生。但是由于本专业研究生在就业方面非常不错，薪水也高，并且由于跨专业考研有一定难度，父母和同学不赞成小文的想法，小文有些犹豫。处在人生道路的十字路口，小文利用决策平衡单法，坚定地做出了自己的选择。如表 3-7 所示。

表 3-7　　　　　　　　小文的决策平衡单

考虑因素		本专业研究生			心理学专业研究生		
		得失	权重	小计	得失	权重	小计
自我物质方面的得失	就业前景	5	x2	10	-2	x2	-4
	薪水	4	x4	16	2	x4	8
	对健康的影响	-2	x4	-8	4	x4	16
	未来展望	3	x4	12	-2	x4	-8
自我精神方面的得失	兴趣发挥	-3	x5	-15	5	x5	25
	工作对象	-2	x2	-4	3	x2	6
	价值观	0	x5	0	0	x5	0
他人物质方面的得失	家庭收入	3	x4	12	-2	x4	-8
	与家人相处的时间	-2	x4	-8	4	x4	16
	与朋友相处的时间	-3	x2	-6	2	x2	4

续表

考虑因素		本专业研究生			心理学专业研究生		
		得失	权重	小计	得失	权重	小计
他人精神方面的得失	家人支持	4	x2	8	−2	x2	−4
	家人的荣耀感	2	x3	6	−2	x3	−6
合计				23			45

结果很清楚。通过理性的分析，把很多复杂的信息摆放在面前，虽然有很多外部反对的声音，但并不是小文所看重的，小文更看重的是自己的兴趣。

二 决策模型

（一）多属性生涯决策模型

职业生涯决策与大多数的即时决策不同，其特点是没有固定的职业选项，职业选项的属性也是不确定的，有时职业属性之间存在着冲突。当个体意识到需要做出职业生涯决策时，首先要确定可能的职业生涯方案。在初步确定职业生涯方案时，由于信息加工能力的有限性而可选的职业道路众多，个体不可能详细考察每一个可选的职业道路，这时，个体仅仅根据决策者自己设定的目标考察职业生涯的某个属性，从而快速地做出选择，此时决策者的信息加工是以属性为基础的。初步的职业生涯选择之后往往得到的并非某一个而是几个职业道路，这些职业生涯方案在某个属性上的价值都能满足个体的最低要求。如果这时所剩的职业生涯方案仍然较多的话，个体将根据对他来说第二个重要的属性来剔除过多的选项。

如果初步选择之后所确定的职业生涯选项信息处于个体认知加工能力范围之内，则个体能够充分考察每个职业生涯的属性价值，通过补偿策略确定最后的职业生涯方案。例如，赋予职业选项的每个属性一个价值，将同一选项的属性价值累加起来产生一个总体价值，在总体价值的基础上对比各个职业，最后选择具有最高价值的职业生涯方案；或者决策者首先对比所有职业在同一属性上的差异，然后把同一选项的各属性差异累加起来，累加的差异将导致决策者偏好某个选项。通过对职业生涯属性的加工分析过程，个体可能获得某个确定的职业生涯方案，但是也有可能精细加工的结果是一无所获。当明确了职业生涯方案之后，个体是否会执行这一决策结果呢？这取决于个体对自己决策结果的评估。如果个体认为自己的决策是正确的，对决策结果充满信心，那么，他将很快地投入到确定的职业生涯行动中。如果精细的决策加工没有能够满足决策者要求的职业生涯方案，那么决策者就需要回到初步选择阶段，收集更多的职业生涯信息做出新的决策。

根据以上分析，我们来考虑一个多属性生涯决策模型，见表3-8。该模型假定我们已得到若干职业生涯决策备选方案，我们采用相对定量的方法来确定各个备选方案的完全序或者选出相对满意的方案。

我们定义 $X = \{x_1, x_2 \cdots, x_n\}$ 是决策备选方案的集合；$G = \{g_1, g_2, \cdots, g_m\}$ 是影响职业生涯决策的属性（因素）集合；$W = \{w_1, w_2, \cdots, w_m\}$ 是各个影响因素相对于整个属性集合的重要性大小，即权重集合，当然 $\sum_{j=1}^{m} w_j = 1, 1 \geq w_j \geq 0$；$V = \{v_{ij} \mid i = 1, \cdots, n; j = 1, \cdots, m\}$，$v_{ij} \geq 0$ 是各个方案相对于各个属性的属性值；$P = \{p_1, p_2, \cdots, p_n\}$ 是各个备选方案对于决策者来说实现的可能性概率集合。

表3-8　　　　　　　　　　多属性生涯决策模型

	g_1	…	g_j	…	g_m	P
x_1	v_{11}		v_{1j}		v_{1m}	p_1
…	…	…	…	…	…	…
x_i	v_{i1}		v_{ij}		v_{im}	p_i
…	…	…	…	…	…	…
x_n	v_{n1}		v_{nj}		v_{nm}	p_n
W	w_1	…	w_j	…	w_m	

实际操作过程中，可以按照如下规则进行：

1. 属性（影响因素 g_j）的选取

不同的决策目的，选取的影响因素不同。比如在选择第一份职业时，可能会重点考虑企业的性质、企业所在地、未来收入的多少等；而在大四进行就业还是继续深造决策时，可能会重点考虑自己家庭经济状况、自身能力的大小等因素。选取的因素不宜过多，最好少于 10 个。

2. 属性权重（w_j）的确定

权重的确定有很多方法，属性数量少时可以主观给定；数量较多时可以采取层次分析法（AHP）确定；也可以采取诸如 10 分制分别赋分，加总后再分别归一化确定权重。

3. 各方案属性值（v_j）的确定

由于属性数量比较多、属性间的不可公度性以及属性值分布差异大，往往导致决策者进行属性比较出现很大困难。理论上，为了给出属性在决策人评价方案优劣时的实际价值，使得不同的属性值具有可比性，操作时需要对属性数据进行预处理，即属性值的规范化。例如，要通过线性变换，把效益型、成本型、固定型、区间型属性值转化为 [0，1] 区间的数。但是这种操作对大学生，尤其是低年级学生有一定难度，我们可以在实际操作时采用更简单的等级赋分法直接把各个不同属性的值统一到同一量纲，使其具备可公度性。比如我们可采取里克特（Likert）五级计分法，低分值表示该方案在此属性方面相对于决策者来说价值低，高分值则相反。

4. 备选方案（g_j）的筛选

备选方案不宜过多，否则会加大计算量；我们也可以采用非补偿性策略，比如里克特五级计分赋值时，凡是属性值小于等于 1 的，对应的备选决策方案可以直接剔除。

5. 备选方案相对于决策者实现的可能性概率（p_j）的确定

方案实现的可能性是一个相对性的概念，它涉及决策者的自我效能感、其他人员对决策者的帮助、职业的需求量、竞争强度等因素。这里我们界定 $10 \geq p_i \geq 0$，数值越高表示实现的概率越大。

6 选择策略

这里我们采用数值相乘综合计算法，以及 $V_{x_i} = \sum_{j=1}^{m} v_{ij} \times w_j \times p_i$ 然后根据 V_{x_i} 数值的大小进行排序，可以得到各个方案对决策者的综合价值排序。决策者可以根据结果进行最优决策，也可以选定满意的若干方案进行更进一步的分析与选择决策。

(二) CASVE 循环决策模型

在决策技能领域，盖瑞·彼得森（Gary Peterson）等人提出从信息加工角度解决职业生涯问题的认知信息理论模型（Cognitive Information Processing Theory，CIP），如图 3-3 所示。

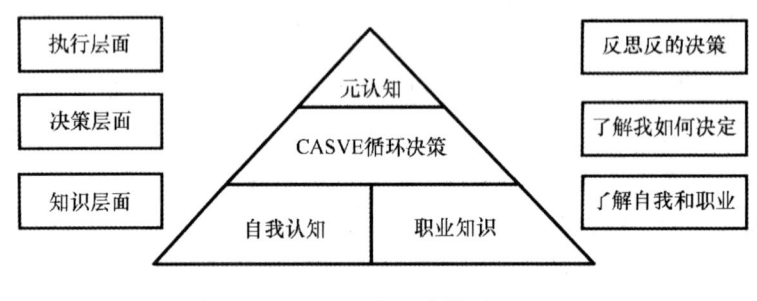

图 3-3　认知信息理论模型（CIP）

CIP 模型的核心价值就是如何做出更好的决策并不断取得好的结果，模型包括 3 个层面：

知识层面。决策的前提是掌握丰富的知识和信息，知识层面就是要对自己和职业获得充分的知识和信息，以支持做出理性的决策。

决策层面。有了充分的信息并不代表一定能够做出有效的决策，必须遵循一定的原则、流程、方法等，才能做出更好的决策。

执行层面。做出决策后，如何实现决策结果，必须依靠元认知的力量，通过自我觉察、对话、监督的方式，进行执行管理，以帮助取得决策成果。

CASVE 循环决策模型是在认知信息理论中提出的一种生涯决策模型。该模型认为个体的决策过程是一个由沟通（Communication）、分析（Analysis）、综合（Synthesis）、评估（Valuing）和执行（Execution）5 个要素构成的循环过程，如图 3-4 所示。

1. 沟通

识别分析问题的存在原因，找到差距与不足。沟通，来自信息内部与外部之间的交流，通过交流，理想和现实之间存在的巨大差距被个体充分意识到。个体自身的身心状态取决于内部的信息交流，外界对个体产生的影响取决于外部的信息交流，通过内部和外部沟通，人们才认识到自身的某些问题需要解决，这种沟通对起步的生涯决策起到十分重要的作用。沟通需要回答的是最基本的问题，自然正在思考的职业选择是什么。

2. 分析

分析个体需要对自我及职业进行充分探索，了解自己的职业兴趣、技能、价值观，了解外部职业，综合分析并列举出自己适合的职业选择。

3. 综合

这个步骤是"将众多选择信息进行自我减法"的过程，是在第一阶段中所得出的清单信息进行综合排列，然后再进行筛选做减法，形成尽可能少的选项。最终锁定3—5个最意愿的清单信息。这个先做加法后做减法的过程十分关键。通过第一个环节，决策者对自身的各方面特质都有了深入的认识，每一个特质都有众多职业相匹配，将每一种特质对应的职业都排列成一个集合，选取多个集合形成的交集，得出相同特质的最小职业范围，经过综合分析，锁定3—5个职业选项。最后，进行自我追问，这3—5个职业选项是否可以解决当前你的职业诉求问题？如果满足条件，就可以直接转到下一个评估阶段，如果依然不能满足你的需求，这时候还需要再返回分析阶段进行重新审视。

4. 评估

对综合环节得出的3—5个职业选项进行详细评估，对每个职业进行可行性评估，以及每个选项利己与利他的程度，对这3—5个职业选项进行排序，得出一个最佳选择。

5. 执行

执行是整个CASVE决策模型的最后一个阶段，前4个环节仅仅是选出了最适合从事的职业，还没有实现职业选择的成功，需要在这个环节达成职业目标策略并付诸实践。比如，最初始的求职为再一次回到沟通环节提供依据，来确定沟通环节所产生的职业问题是否得到了有效的解决。在这个环节，还需要制订可行的计划，付诸实践与行动。如果问题依然没有得到解决，那么再回到沟通，重新启动一次CASVE循环过程，直到职业决策问题得到最终解决。

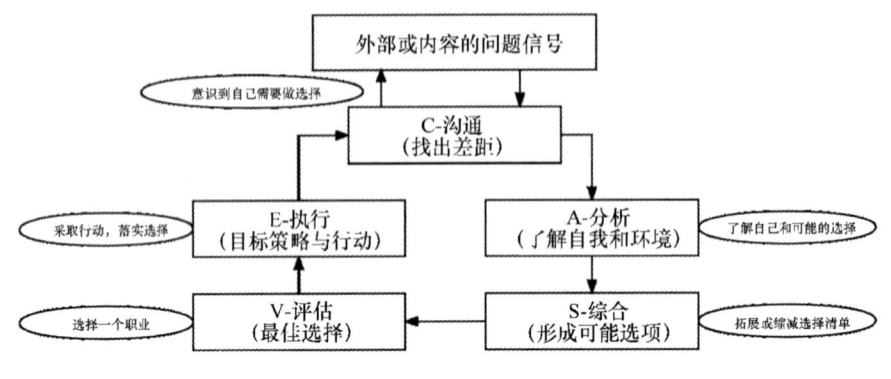

图 3-4 CASVE 循环示意

第四节 大学生职业生涯决策表的制定

大学生职业生涯决策过程是一个复杂的过程。职业生涯决策的有效与否将直接影响大学生的职业生涯发展。通过理性地制定并填写职业生涯决策表（具体内容见表3-9），有助于大学生的职业生涯规划。

表 3-9　　　　　　　　　　大学生职业生涯决策表

姓名		性别		年龄	
健康状况		政治面貌		所学专业	
职业意向					
个人因素评估					
环境因素评估					
职业生涯目标	人生目标				
	长期目标				
	中期目标				
	短期目标				
在校学习规划与措施					
中期规划与措施					
长期规划与措施					
备　注					

[附录1] 职业生涯决策理论

理论一：社会认知职业理论（SCCT）

SCCT 强调个人、背景和学习对职业选择行为的影响，并提出选择过程可以分为三个部分：

（一）表达初步的选择或目标

（二）行动，如为实施自己的选择而参加特定的培训

（三）后来的完成情况，即成功或失败

完成情况构成反馈回路，影响将来职业行为的形成。在 SCCT 中，职业选择过程嵌入在个体的整个职业发展过程之中，可以结合 SCCT 的整个职业发展模型来说明职业选择过程，见图 3-5。

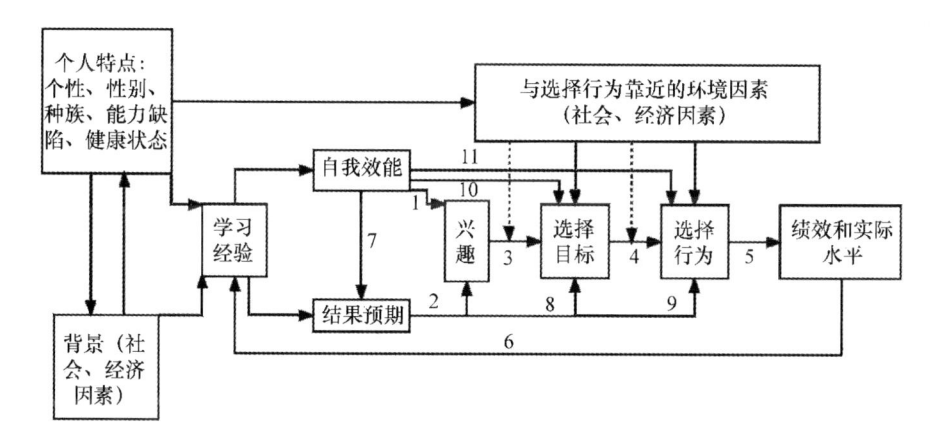

图 3-5 职业发展模型

SCCT 认为自我效能和结果预期结合起来促使个体产生特定的职业兴趣（路径1和路径2）。然后，兴趣对职业目标起非常重要的影响作用，比如目的或计划追求特定的职业道路（路径3）。目标刺激产生实现目标的行动（路径4）。个体与目标相关的行动（如参加运算课）导致特定的绩效表现（路径5），绩效表现的结果（如考试不及格）有助于个体修正或晶体化自我效能及结果预期（路径6），从而帮助巩固或重新定向个体的选择行为。

对于许多人来说，职业选择不是在理想的状态下做出的。经济需要、

教育条件的限制、缺乏家庭支持等将阻碍个体追求最初的兴趣或喜欢的职业目标。SCCT 考虑到了这一点，除了说明自我效能和结果期待对职业目标和行动的直接影响外，还提出现实世界的许多因素将影响职业兴趣，要求人们在选择职业时做出妥协。在这种情况下，符合自我效能和结果期待的工作可得性比职业兴趣对目标和行为的影响更大。

SCCT 指出影响职业生涯决策的环境因素既有内部的，也有外部的。SCCT 中强调个体的认知评估加工在指导个体行为中的作用。SCCT 指出背景因素对职业选择的影响主要通过两条途径：一是机会结构影响人将兴趣转化为目标、将目标转化为行动的能力和意愿，在图中用虚线表示；二是某些环境条件对形成和实施选择将产生直接而重大的影响，如雇佣中的歧视，父母及长者对选择的干预等，这些直接影响在图中用实线表示；还有一些环境的影响可能是偶然的，不可预见的。

总之，SCCT 的职业选择模型认为与个体的职业选择和实施选择行为密切相关的因素是兴趣。然而，该模型同时表明环境和其他个人变量也将影响职业选择。当人们知觉到由于有限的机会，周围的障碍或者非支持性的环境需要对兴趣做出妥协时，他们的选择将主要建立在工作可得性、自我效能感和结果预期基础之上。

SCCT 将心理、社会、经济等影响因素通过自我效能、结果期待和目标三个核心概念整合起来，动态性地揭示职业选择过程，克服了传统理论将心理、社会、经济等因素分割开来进行研究并建构理论、缺乏动态性等局限性，使职业理论更全面。但和传统的职业生涯决策理论相比，SCCT 注重解释力，因此缺乏操作性。例如，在诸多因素影响的情况下，人到底是如何进行职业选择的？如何具体地帮人做决策？该理论没有明确、具体的方案，总体构想较好，但不够深入。

理论二：特质因素理论

（一）理论释义

特质因素论于 1909 年由美国波士顿大学教授弗兰克·帕森斯提出。这是最早的职业指导理论，也是用于职业选择与职业指导的经典理论。帕森斯教授在其著作《选择一个职业》中，提出了"人与职业相匹配是职业选择焦点"的观点。

特质因素论认为，个人和职业都有稳定的特征，而适当的职业选择就是要在这二者之间进行匹配。帕森斯教授明确阐述了职业选择的三大要素，它们分别是：

1. 特质，即应清楚地了解自己的态度、能力、兴趣、智谋、局限和其他特征。

2. 因素，即应清楚地了解职业选择成功的条件、所需知识和在不同职业工作岗位上所占有的优势、劣势、机会和前途。

3. 特质与因素两者的平衡。

（二）特质因素论提出了职业选择中的三大原则

原则一，了解自我，即对自我进行探索，包括了解个人的兴趣、能力、资源、优势、劣势等。

原则二，了解工作，即了解职业的能力素质要求、知识经验、工作环境、薪酬、晋升机会及发展前途等。

原则三，自我与工作的匹配，即将上述两个方面进行整合并找出与个人特质匹配的职业。帕森斯认为个人选择职业的关键就在于个人的特质要与特定职业的要求相匹配，只有这样，个人才能更加适应职业，并使个人和用人单位同时受益。

理论三：职业类型理论

（一）职业类型论产生于20世纪60年代，它是在帕森斯观点的基础上，由美国著名职业指导专家霍兰德提出的。经过50年的发展，现已成为影响最大的理论。

（二）职业类型论的主要原则

原则一，职业选择是个人人格的延伸和表现，个人的兴趣即是人格。

原则二，同一职业团体内的人具有相似的人格，因此他们对很多情境和问题会有类似的反应方式，从而产生类似的人际环境。

原则三，人可以分成六种人格类型，即现实型、研究型、艺术型、社会型、企业型和传统型，人所处的环境也可以相应地分为六种类型，即现实型、研究型、艺术型、社会型、企业型和传统型，每一特定类型人格的人，会对相应的职业类型中的工作或学习感兴趣。

原则四，个人的人格与工作环境之间的适配与对应，是职业满意度、职业稳定性与职业成就的基础。

无论是人格，还是职业的六种类型，都不是并列划分、界线清晰的。

这六种类型，按现实型、研究型、艺术型、社会型、企业型、传统型的顺序围成一个正六边形，存在三种关系：相邻、相隔、相斥。

理论四：生涯发展理论

（一）生涯发展论产生于20世纪50年代，舒伯以新的方式对生涯发展进行了思考，提出了生涯彩虹理论，该理论很好地概括了人的一生的职业发展历程。

舒伯认为职业发展是人生成长的一部分，除了职业角色外，个人在生活中还扮演着其他角色，如孩子、学生、休闲者、公民、持家者、配偶或伴侣、退休者、父母或祖父母等。

（二）舒伯把人的职业生涯发展分为成长、探索、建立、维持与衰退五个主要阶段。

1. 成长阶段：0—14岁，该阶段孩童开始发展自我概念，开始以各种不同的方式来表达自己的需要，且经过对现实世界的不断尝试，修饰他自己的角色。

这个阶段发展的任务是：发展自我形象，发展对工作世界的正确态度，并了解工作的意义。

这个阶段共包括三个时期：一是幻想期（4—10岁），它以"需要"为主要考虑因素，在这个时期幻想中的角色扮演很重要；二是兴趣期（11—12岁），它以"喜好"为主要考虑因素，喜好是个体抱负与活动的主要决定因素；三是能力期（13—14岁），它以"能力"为主要考虑因素，能力逐渐具有重要作用。

2. 探索阶段：15—24岁，该阶段的青少年通过学校的活动、社团活动、兼职等机会，对自我能力及角色、职业做了一番探索，因此选择职业时有较大弹性。

这个阶段发展的任务是：使职业偏好逐渐具体化、特定化并实现职业偏好。

这阶段共包括三个时期：一是试探期（15—17岁），考虑需要、兴趣、能力及机会，做暂时的决定，并在幻想、讨论、课业及工作中加以尝试；二是过渡期（18—21岁），进入就业市场或进行专业训练，更重视现实，并力图实现自我，将一般性的选择转化为特定的选择；三是试验并稍作承诺期（22—24岁），生涯初步确定并试验其成为长期职业生活的可能性，若不适合则可能再经历上述各时期以确定方向。

3. 建立阶段：25—44 岁，由于经过上一阶段的尝试，不合适者会谋求变迁或做其他探索，因此该阶段较能确定在整个职业生涯中属于自己的"位子"，并在 31—40 岁，开始考虑如何保住这个"位子"，并固定下来。这个阶段发展的任务是统整、稳固并求上进。这个阶段又可细分为两个时期：一是试验——承诺稳定期（25—30 岁），这一时期个体寻求安定，也可能因生活或工作上若干变动而尚未感到满意；二是建立期（31—44 岁），个体致力于工作上的稳固，大部分人处于最具创意时期，由于资深往往业绩优良。

4. 维持阶段：45—65 岁，个体仍希望继续维持属于他的工作"位子"，同时会面对新的人员的挑战。这一阶段发展的任务是维持既有成就与地位。

5. 衰退阶段：65 岁以上，由于生理及心理机能日渐衰退，个体不得不面对现实，从积极参与到隐退。这一阶段往往注重发展新的角色，寻求不同方式以替代和满足需求。在上述舒伯的生涯发展阶段中，每一阶段都有一些特定的发展任务需要完成，每一阶段需达到一定的发展水准或成就水准，而且前一阶段发展任务的达成与否关系到后一阶段的发展。在以后的研究岁月中，舒伯对发展任务的看法又向前跨了一步。他认为在人一生的生涯发展中，各个阶段都要面对成长、探索、建立、维持和衰退的问题，因而形成"成长—探索—建立—维持—衰退"的循环。

理论五：社会学习理论

（一）社会学习论由班杜拉于 20 世纪 70 年代提出，它以行为主义、强化理论和认知信息加工理论为基础。克朗伯兹把它引入生涯辅导领域并提出：个人的社会成熟度在很大程度上依赖于对他人行为的学习和模仿，并由此决定了他们的职业导向。

（二）克朗伯兹认为有以下四个因素会影响一个人的职业决策。

1. 遗传因素和特殊能力：个人的遗传特质在某种程度上决定了其职业表现。

2. 环境因素和实践：来自人类的活动和自然的力量，通常在个人能力的控制之外。

3. 学习经验：克朗伯兹认为，每个人都有独特的学习经验。他提出了两种经验类型,即工具式学习经验、联结式学习经验。个人通过观察真实和虚构的模型,通过对人、事之间的比较来学习对外部刺激做出反应,某些环境刺激会引起情绪上积极或消极的反应。

4. 任务取向的技能:包括解决问题的能力、工作习惯、心理状态、情绪反应和认知的历程等。

克朗伯兹认为,在个人发展的历程中,上述四种因素会相互作用,形成个人对自我与世界的推论和信念。

理论六:认知信息加工理论

认知信息加工论于1991年提出,盖瑞·彼得森、詹姆斯·桑普森和罗伯特·里尔登合著的《生涯发展和服务:一种认知的方法》一书,阐述了思考生涯发展的新方法,即认知信息加工理论。该理论提出了信息加工金字塔模型(见图3-6),它包含了做出一个职业生涯选择所涉及的各种成分。

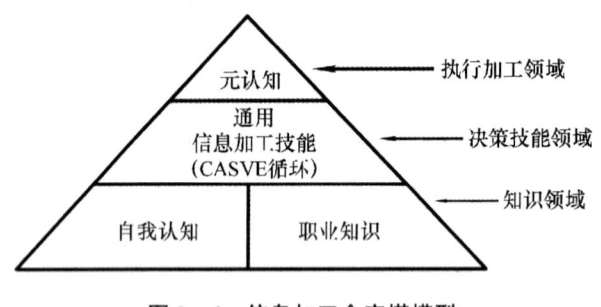

图3-6 信息加工金字塔模型

认知信息加工理论(CIP)也称为职业决策理论,它认为,即使个人充分掌握了自己的内在特质和外部工作世界的信息,也未必就能做好生涯决定,而人的整个生涯发展过程必须不断面临生涯决定的问题,因此决策在生涯发展中具有重要地位。

[附录2] 影响职业决策的因素

这个练习的目的是确定哪些因素会影响你做出决定,以及这些因素之间是否存在某种规律性。参考"反思个人决策风格"活动中你所写下的3个已经做出的重大决定,然后按下表指出哪一个因素影响你的决定,影响的程度有多大。

外部因素	轻微影响	中度影响	强烈影响
1. 家庭成员的期望			
2. 家庭责任			
3. 文化歧视的规条			
4. 性别歧视的规条			
5. 生存需要			
6. 其他因素(具体说明)			

内部因素	轻微影响	中度影响	强烈影响
1. 缺乏自信			
2. 对变化的恐惧			
3. 害怕做出错误决定			
4. 害怕失败			
5. 害怕嘲笑			
6. 其他因素(具体说明)			

[附录3] 比尔·拉福的职业生涯设计

20世纪90年代中期,一位美国青年企业家比尔·拉福曾率团到中国进行商业考察,在北京长城饭店接受中国青年报记者采访时,他谈起了自己的过往经历。他以为他之所以能够取得今天的成功,最应感谢他父亲的帮助,父亲为他量身打造了一个职业生涯规划设计方案使他取得成功。

比尔·拉福早在他中学毕业的时候,就志在从商创业。他的父亲当时是洛克菲勒集团的一名高级职员,年少的比尔·拉福被父亲的作为所影响。比尔·拉福的父亲在商界打拼了多年,对商界中的事情十分了解,其中的奥秘了如指掌。他发现儿子机智果敢、富有创新思维,很有商业天赋,但从小到大几乎没经历过什么磨砺、没有任何从商经验、更缺乏相关知识技能。于是,他在与儿子进行了一次认真谈话后,为其制定了职业生涯规划。拉福听取了父亲的意见,升学时并没有直接选择经济贸易专业,而是选了机械制造专业。这个选择十分绝妙,因为经商需要具有一定的专业基础知识和技能,在贸易中,工商品占绝大数量,如果不了解产品的性能、生产制造研发等情况,贸易的收益很难得到保证。因此,掌握工科专业的一些基本知识是从商的必要条件。而且,经历工科专业训练,不仅是从知识技能层面的训练,还可以帮助他建立一套求实严谨的逻辑思维体系,训练他的分析推理能力,使他有一种严谨的工作作风,这些对他从商有着极大帮助。比尔·拉福在麻省理工学院学习的四年间,他在学好本专业的基础上,广泛涉猎了其他工科专业课程的知识,这些知识在他后来的从商经历中都发挥了不可忽视的作用。

大学毕业后,比尔·拉福按照最初的职业生涯规划设计,他没有即刻从商,而是选择攻读经济学的硕士学位。商业是一种经济活动而不是工业,有其自身的发展规律与特征。现代商业不再像古代阿拉伯人做起来那么简单了,在程序上、规则上、内容上都十分复杂,需要进行深入研究。在市场经济体制下,一切经济活动都要依靠商业活动来表现,不学习经济学的知识,不了解经济发展规律,难以在商业界扎根。于是,比尔·拉福又进入芝加哥大学学习了三年的经济学硕士课程。这三年,他掌握了经济学的基本知识及运行原理,深入认识了经济运行规律,弄清了商业活动的诸多影响因素。他还认真学习了有关的经济法律。没有法律作为保障,现代化商业贸易将陷入一片混乱局面。此外，他将用来研究理论经济学的主要精力转移到微观经济活动的管理知识的学习，因为那是职业经济学家的工作。因此，比尔·拉福对财务管理、会计也较为精通。这样，几年下来，他在知识上完全具备了从商的要求。

令人意想不到的是，比尔·拉福在拿到经济学硕士学位后还是没有立即投身商海，而是选择考取了公务员，去政府部门工作。原来，他的父亲深知，经商必须有很强的社交能力，人际关系在商业活动中尤为关键，要想在商业上真正取得成功，必须深知处世之道，充分了解人的心理特征，善于与人交往，能够给人以良好的印象，使人信任你，愿意与你合作。人是相当复杂的感性动物，有时候一言不慎就会满盘皆输，使你失去很多机会，蒙受巨大损失；相反，如果能更好地利用这些关系，你就能比别人拥有更多的机会，别人得不到的你能得到，别人办不到的你能办到。这种开拓人际关系的能力是在任何学校里都无法学到的，只有在社会的熔炉上，在实际工作中、实践中才能得到真正锻炼，而训练交际能力，处理人际关系的最佳去处就是政府部门。要知道，在复杂的政界，必须格外小心谨慎。有时候一不留神，就会中人暗箭、遭人算计。在这种环境里工作，每个人都会逐渐变得机敏、老练、处变不乱。比尔·拉福在政府部门一干就是五年。这五年中，他从稚嫩的热血青年成长为一名世故、老成、不动声色的公务员。他在环境的压迫下树立起强烈的自我保护意识，很深的城府筑在胸中。他在后来的商业生涯中，没有人能算计到他，从未上当受骗，这都归功于他在政府的五年锻炼。此外，他通过那五年的政府机关工作，结识了一大批各界人士，建立起一张人际关系网络。他非常善于利用这些网络为自己提供丰富的信息，提供许多便利条件，这对他后来的事业成功帮助极大。

比尔·拉福经历过五年的政府工作之后，羽翼丰满，已完全具备了成功商人所需的各种素养。于是，他辞职经商，父亲引荐他去通用公司熟悉商业业务。又经过两年，他已熟练掌握了商情与商务技巧且业绩斐然。这时候，他不再耽搁时间，婉言谢绝了通用公司的高薪挽留，跳出来开办拉福商贸公司，开始了梦寐以求的商人生涯，正式实施多年前的商业计划。功夫不负有心人，比尔·拉福的准备工作太充分了，他几乎考虑到每个细节，学会了商人应学的一切。因此，他的生意进展得异常顺利，公司的成长速度出奇得快。20 年之后，拉福公司的资产从最初的 20 万美元发展到 2 亿美元，这在当今的美国商界，仍不失为一个奇迹，比尔·拉福也因自己的成功而受人尊敬。

比尔·拉福成功的职业生涯规划设计路线图是：工科学习（工学学士）—经济学学习（经济学硕士）—政府工作（锻炼交际能力与熟悉人际关系）—大公司工作（熟悉商务环境）—自己开办公司—致富成功。其设计思路详细清晰、步骤前后关联合理，充分考虑了自己的个人兴趣和素质，着重突出了职业技能的培养，这种职业生涯规划设计在他不懈坚持下，终成现实。当然，比尔·拉福的成功还具备很多其他有利因素和条件，从他的成功之路中，我们可以得到一个重要的启示，事业成功的导航图和助推器源于个人的职业生涯规划和管理，科学的职业生涯规划设计是经营人生的法宝。

第四章 如何进行职业选择

职业选择是职业生涯发展规划中最重要的环节之一，是对职业发展方案和职业发展方向做出审慎决定的系统过程。很多大学生感觉就业压力大，对未来感到迷茫，面对多种职业选择的时候不知如何去做。提高职业决策能力的方法和途径，如何选择目标职业是大学生决策的重要内容。

人们今天的生活与多年前的选择密切相关，而今天的选择影响未来的生活。因此，大学生如何在众多的职业机会中做出选择非常重要。经过职业探索和自我摸索，大学生已经基本锁定了一些自己感兴趣的职业。提高职业决策能力，进行职业定位，进而锁定职业目标。

第一节 提高职业决策能力

决策是管理学上的重要概念之一，指决定的策略或办法，是人们为各种事情出主意、做决定的过程。职业决策是一个复杂的思维操作过程，是信息搜集、加工，最后做出判断、得出结论的过程。在现代职业生涯发展过程中，人们会越来越多地面临多重选择的境地，有时需要选择一个职业而放弃另一个乃至其他多个职业。

一 职业决策的概念

职业决策又称为职业生涯决策或职业决定。广义的职业决策是指一个完整的职业规划过程。狭义的职业决策是指职业规划过程中的一个环节，其目的是选择最优的职业发展方向，这就需要大学生根据主客观条件，经过一系列的分析、判断、比较、筛选，确立个人的目标职业。现实生活中，经常有这样一些大学生，他们对自己的性格、兴趣、价值观、能力分析得非常透彻、合理，也了解了大量相关的职业信息，但不知道如何做出正确的决策。究其原因，很多大学生缺乏必要的决策知识和技巧，无法做出科学决策。了解科学的职业决策有助于大学生理性选择职业。

二 职业决策的类型

决策类型又称为决策风格，是指不同的人在决策方式上所表现出的习惯偏好，是人们在做决策时表现出的比较稳定的决策态度、习惯、方式等综合特征。对做事的效果和效率影响很大。决策者对职业、自身的了解和决策时的价值追求不同，所采用的职业决策类型就会不同，通常有以下几种类型。

（一）理智型

理智型决策个体能够认真分析自己和外部职业社会，综合考虑各方面因素，果断自信地决定自己的职业定位与职业方向，敢于自我承诺、自我挑战，有计划、有策略、有控制地发展自己的职业生涯，合理动态地管理自己的职业发展。理智型是比较受推崇的决策类型，强调综合全面地搜集信息、理智地思考和冷静地判断，是以周全的探索、对选择的逻辑性评估为基础。

（二）直觉型

直觉型决策个体将自己的直觉和感觉作为决定的基础。他们通常说不出什么理由，一味表示"就是觉得这个好"。直觉在人们对环境情况无法获得充分信息的时候会比较有效，但它可能不符合事实，有时候，人们的判断可能会因自身先入为主的偏见而产生较大的误差。直觉型的决策风格以自我判断为导向，在信息有限的情况下可以快速地做出判断，当发现错误时能迅速改变决策。由于直觉型决策以个人直觉而不是理性分析为基础，决策发生错误的可能性较大，因此易造成决策的不可靠。

（三）依赖型

依赖型决策个体以寻求他人的指导和建议为特征。"你帮我做决定吧"，依赖型的决策者常常这样说。他们顺从于别人的计划而不是独立地做出自己的决定，也常说："他们都这样选择，所以我也这样选择了。"比如很多大学生一窝蜂似的争取出国、考研、考公务员，只因为"大家都这

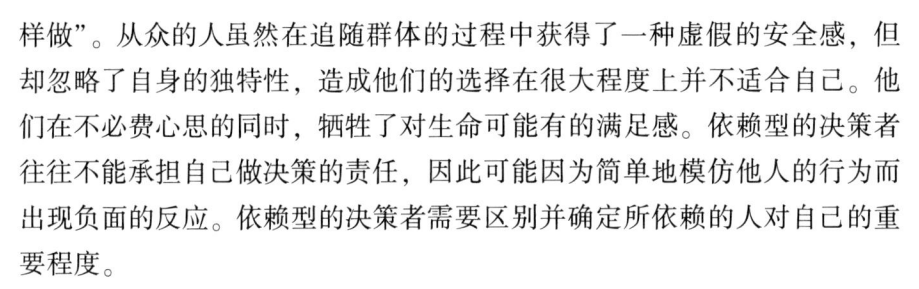

样做"。从众的人虽然在追随群体的过程中获得了一种虚假的安全感，但却忽略了自身的独特性，造成他们的选择在很大程度上并不适合自己。他们在不必费心思的同时，牺牲了对生命可能有的满足感。依赖型的决策者往往不能承担自己做决策的责任，因此可能因为简单地模仿他人的行为而出现负面的反应。依赖型的决策者需要区别并确定所依赖的人对自己的重要程度。

（四）回避型

回避型决策个体以试图回避做出决策为特征。他们常说："我不想做决定，随它去。"回避型的决策风格是一种拖延、不果断的方式。面对决策问题会产生焦虑的决策者，往往因为害怕做出错误决策而采取这样的回避反应。这是因为决策者不能承担做决策的责任，而倾向于不考虑未来的方向，不去做准备，也不思考，更不寻求帮助。所以，大学生只有意识到自身的决策类型及其可能造成的危害，努力调试，增强职业生涯规划的意识和动机，才能从根本上得到帮助。

（五）拖延型

拖延型决策个体习惯将对问题的思考和行动都往后推迟。"过两天再说"是他们的口头禅。"我还没准备好找工作，所以打算先考研"也是这种方式的体现。拖延型的人心中经常抱有这样的希望：也许事情过几天就自动解决了。然而，问题并不会自动解决，有时候甚至会越拖越严重。如果你现在不知道该怎么找工作，那么读完研究生也未必就能知道。

（六）宿命型

宿命型决策个体不愿承担责任，而将命运寄托于外部环境的变化。他们会说"该怎么的就怎么的吧"或是"我这个人永远也不会走远"之类的话。当一个人将自己生活的主导权交给外部环境的时候，就很容易觉得无助和无力。这样的人容易成为外部环境的"受害者"，怨天尤人，却没想到自己的处境正是由于自己放弃了对生命的"主权"而造成的。

（七）瘫痪型

瘫痪型决策个体可能在理性上接受了应当自己做决定的理念，但无法开始决策过程。他们知道自己应该开始了，可在内心深处总笼罩着"一想到这事就害怕"的阴影。事实上，他们无法真正为决策和决策的后果承担责任，而这种害怕承担的心理可能源于家庭在其成长过程中长期的不当养育方式。

三 职业决策的基本原则

任何决策都要遵循一定的规律，符合特定的原则。职业决策作为人生的重大决策，更要遵循特定的准则，体现自身的特点。职业生涯规划专家程社明提出了职业决策的4个基本原则。

（一）择己所爱

在职业生涯方向和目标选择的过程中，每个人都要充分考虑自己的人格特性、职业价值观和兴趣爱好。从事一项自己喜欢的工作，工作本身就能给你一种满足感，从职业中体会到人生的价值和意义，得到生活的乐趣。

（二）择己所能

任何职业都要求从业者掌握一定的技能，具备一定的能力。一个人不可能将所有技能都全部掌握，在进行职业生涯决策时，要考虑自身的能力、性格等，选择自己能力范围内具有一定挑战性的职业。

（三）择世所需

大学生在做职业选择时，要根据国家和社会的需求，不断调整，正如爱因斯坦所说："人只有献身于社会，才能找出那短暂而有风险的生命的意义。"

（四）择己所利

任何职业都存在一定的社会影响和社会价值，大学生在职业决策时选择对自己有用的职业是职业决策的一种方式。

第二节 选择目标职业

面对众多职业，大学生清楚认识到自己未来适合的职业是一个非常复杂的过程。从目标行业、目标职能、目标组织等探索未来职业，帮助大学生准确地进行职业定位。

一 行业选择

确定目标行业意味着为自己未来的职业发展选择了一个大的领域、大的行业范畴。在人才流动越来越自由和畅通的今天，一个职场人士更换工作单位，或者变换工作种类（具体职业）的可能性越来越大，但这些变动跨行业进行相对较难，因为跨行业意味着进入了一个全新的、差异巨大的领域，原有的行业认知、相关行业经历和积累在新行业基本不适用，需要重新开始，变动成本相对较高。但也有很多人通过学习新的行业知识，利用已有的资源和优势，在一个新的行业取得成功。

我们经常用三百六十行来泛指形形色色的行业，可见行业分类比较复杂。行业是从事相同性质的经济活动的所有单位的集合。每个行业在国民经济中都发挥着重要而独特的作用。行业是国民经济的构成单元，按照2017年国民经济行业分类（GB/T4754—2017），我国国民经济行业共有20个行业门类，97个大类，473个中类，1380个小类。20个行业门类如下：

A. 农林牧渔业（包括01—05大类）

B. 采矿业（包括06—12大类）

C. 制造业（包括13—43大类）

D. 电力、热力、燃气及水生产和供应业（包括44—46大类）

E. 建筑业（包括47—50大类）

F. 批发和零售业（包括51、52大类）

G. 交通运输、仓储和邮政业（包括53—60大类）

H. 住宿和餐饮业（包括61、62大类）

I. 信息传输、软件和信息技术服务业（包括63—65大类）

J. 金融业（包括66—69大类）

K. 房地产业（包括70大类）

L. 租赁和商务服务业（包括71、72大类）

M. 科学研究和技术服务业（包括73—75大类）

N. 水利、环境和公共设施管理业（包括76—79大类）

O. 居民服务、修理和其他服务业（包括80—82大类）

P. 教育（包括83大类）

Q. 卫生和社会工作（包括84、85大类）

R. 文化、体育和娱乐业（包括86—90大类）

S. 公共管理、社会保障和社会组织（包括91—96大类）

T. 国际组织（包括97大类）

在整个国民经济体系中，行业与行业之间既有联系，又分工明确。每个行业在国民经济体系中承担着不同的任务，行业与行业之间存在较大差异。所以，了解行业分类，以及进行行业探索与选择非常重要。进行目标行业选择，需要思考以下问题。

（一）国家战略与行业发展未来

国家战略及相关产业政策，对一个行业发展的影响是巨大的，对于行业从业人员的影响也是不言而喻的。《中国制造2025》是我国实施制造强国战略的第一个十年行动纲领。制造业是国民经济的主体，是立国之本、兴国之器、强国之基。《中共中央关于制定国民经济和社会发展第十四个五年规划和二〇三五年远景目标的建议》提出强化国家战略科技力量，瞄准人工智能、量子信息、集成电路、生命健康、脑科学、生物育种、空天科技、深地深海等前沿领域，实施一批具有前瞻性、战略性的国家重大科技项目。国家战略发展需要多层次人才，新时代的大学生应体现青年担当，积极投身国家重点行业，重点领域，为把我国建设成为富强民主文明和谐美丽的社会主义现代化强国贡献自己的力量。

（二）行业的细分领域

很多行业涉及的范围非常广，有多个细分领域，最好能了解清楚，以便于根据自己的专业和兴趣进行明确而清晰的定位。例如，制造业包含31个大类，如农副食品加工业，食品制造业，酒、饮料和精制茶制造业，烟草制品业，纺织业，家具制造业，造纸和纸制品业，文教、工美、体育和娱乐用品制造业，石油加工、炼焦和核燃料加工业，医药制造业，汽车制造业，计算机、通信和其他电子设备制造业等。同样是制造业，每个类别之间的差别却很大，需要仔细探索。

（三）了解行业现状与平均薪酬福利

随着科学技术推进和互联网普及，很多行业进入高速发展阶段，但行业与行业之间的现状、薪资水平与发展潜力存在显著差异。改革开放以来，人均工资较高的行业包括电力煤气、采掘、金融与信息计算机软件业，而近些年又以金融业及信息计算机软件业为主。《中国统计年鉴2020》数据显示，2019年非私营单位就业人员年平均工资为90501元，制造业年平均工资为78147元，信息传输、软件和信息技术服务业年平均工资为161352元，金融业年平均工资为131405元，教育业年平均工资为97681

元。2019年私营单位就业人员年平均工资为53604元，制造业年平均工资为52858元，信息传输、软件和信息技术服务业年平均工资为85301元，金融业年平均工资为76107元，教育业年平均工资为50761元。大学生清晰、客观、全面地认识行业现状，有助于选择那些符合技术发展与变革趋势的行业。

一般来说，应届毕业生应该结合国家战略、社会需求，自己的实际情况从不同行业中确定自己的目标行业。

二 职能选择

行业永远处于不断变化之中，而职能则是相对稳定的，以职能为切入口进行职业选择也是有效的择业方法。现代组织管理中包含的职能大体上可分为8大模块。

（一）市场部

市场部对整体市场策略负责，关注市场均衡和可持续发展，具体工作包括市场调研、竞争分析、新产品定义、新产品上市、品牌宣传、销售促进活动策划和实施、销售人员培训、风险控制等。市场部是决定公司产品战略、产品定位、利润目标和风险控制的部门。

（二）生产部

生产部是生产职能机构，负责对各种设备事故、工伤、伤亡事故、急性中毒事故以及环境污染事故的调查处理，并制定改进措施。

（三）研发部

研发部根据公司产品路线的战略规划、市场部市场调研的结果和客户要求制定产品开发方向，对新产品的可行性进行论证并组织实施等，通过研究来开创、升级与完善产品。

（四）技术部

技术部在生产部经理的领导下，开展各项生产技术工作，对工艺流程进行规范，制定统一标准，编制技术相关文档，研究各类相关技术资料，协助市场、销售等部门确定产品核心竞争力，积极协助其他部门解决技术问题等。

（五）销售部

销售部的工作主要是将市场部研究规划出的产品按设计好的渠道和价

格及促销宣传方式具体实施，使渠道畅通，物流、资金流安全畅通即可，是战术实施方面的事情。销售部关注的是每期的销售业绩和利润，具体工作就是开拓市场，承接业务，负责总体的营销活动，决定公司的营销策略和措施，并对营销工作进行评估和监控，包括公共关系、销售、客户服务等。例如公司有新的产品，销售部就要做好宣传，把新产品推销到消费者手里。

（六）财务部

公司财务部是负责公司的资金运转、会计核算、资产管理和对下属公司财务工作的指导部门，在经营管理中发挥核算、监督、控制的职能，为管理决策提供重要依据，负责公司日常财务核算，参与公司的经营管理等。

（七）人力资源部

人力资源部主要是根据企业整体发展战略，建立科学完善的人力资源管理与开发体系，实现人力资源的有效提升和合理配置，确保企业发展的人才需求。

（八）行政部

行政部在总经理的领导下全面负责企业的行政事务，积极贯彻行政管理方针、政策，为实现上传下达和各部门之间的协调运作提供支持和后勤保障，负责服务、协调总经理办公室工作，检查落实总经理办公室安排的各项工作等。

大学生应该根据自己的专业、兴趣、能力等选择合适的职能部门。以上职能部门中研发部、技术部和财务部对专业依赖性较强，通常要求专业对口和较高的学历，行政部和人力资源部通常要求管理大类的学生，而市场部和销售部对专业要求不高，更看重个人的能力，如表达能力、沟通能力、适应能力、执行力等，当然有专业背景更好。

三　组织选择

大学生在进行职业选择的时候，最终会落到具体的组织，也就是就业单位。确定目标组织的前提和基础是大学生对自己要有合理定位，要根据自己的性格、兴趣爱好、专业特点，以及自己擅长的其他技能，明确自己能做什么、想做什么，在此基础上，选择适合自己的组织。目前大学生可以选择的组织类型主要有以下几种。

（一）国家机关

国家机关是指党和政府为行使其职能而设立的各种机构，是专司国家权力和国家管理职能的组织，包括党和政府的各级权力机关、行政机关、审判机关、检察机关等。国家机关在国家安定、政治体制运行中具有极其重要的作用，处于核心地位。大学生主要通过公务员、选调生等考试进入国家机关工作。

（二）事业单位

事业单位是指为了社会公益，由国家机关举办或者其他组织利用国有资产举办的，从事教育、科技、文化、卫生等活动的社会服务组织。事业单位一般是由国家设置的带有一定公益性质的机构，但不属于政府机构，其从业人员与公务员不同。一般情况下国家会对事业单位予以财政补助，根据补助不同，事业单位可分为全额拨款事业单位，如学校等，差额拨款事业单位，如医院等，还有一种是自主事业单位，国家不拨款，如博物馆。大学生进入事业单位主要通过事业单位招聘考试。

（三）企业单位

企业一般是指自负盈亏的生产性单位，企业分为国企和私企。国企是指国家对其资本拥有所有权或者控制权，政府的意志和利益决定了国有企业的行为。国有企业是国民经济发展的中坚力量，是中国特色社会主义的支柱。按照国有资产管理权限划分，国有企业分为中央企业（由中央政府监督管理的国有企业）和地方企业（由地方政府监督管理的国有企业）。个别中央企业在国家社会经济发展过程中所承担的责任较为特殊，由国务院直属管理，这些中央企业属于正部级。私企是属个人所有的企业单位，其特点是自收自支，通过成本核算，进行盈亏配比，通过自身的盈利解决自身的人员供养，服务社会，创造财富价值。大学生主要通过校招和社招方式进入企业工作。

（四）社会团体

社会团体包括行业性社团、学术性社团、专业性社团和联合性社团。

（五）国际组织

国际组织是指两个以上国家或其政府、人民、民间团体基于特定目的，以一定协议形式建立的各种机构。国际组织可分为政府间组织和非政府间组织,也可分为区域性国际组织和全球性国际组织。政府间的国际组织有联合国、欧洲联盟、非洲联盟、东南亚国家联盟(东盟)、世界贸易组织等;非政府间的国际组织有国际足球联合会、国际奥林匹克委员会、国际红十字会等。各种国际组织在当今世界治理中发挥着重要作用,但我国在国际组织任职的人数偏少,话语权不够。世界正处于百年未有之大变局,在应对未来国际竞争、参与全球治理的过程中,我国需要大批具有全球胜任力的高素质人才在国际组织任职,与时代对话、与世界互动,提高中国的国际形象,讲好中国故事。想去国际组织实习的大学生,可以关注国家留学网,每年基本都有国际组织实习项目和国际组织后备人才培养项目,按照要求申请即可。想去国际组织任职的同学,可以关注国际组织网页发布的招聘信息。

(六) 其他类组织

其他类组织包括民办学校等非企业单位、外国常驻机构等各类组织。

就业单位的选择跟大学生的职业价值观息息相关,例如有的大学生喜欢稳定性工作,可能最适合政府部门,其他依次是事业单位、国有企业(大中型)、外资企业、中外合资企业、民营企业;有的大学生喜欢挑战性工作,上述适合的单位顺序应该倒过来。

锁定具体组织类型后,应该进一步搜集组织信息,增加决策的客观性。对具体目标组织的信息搜集可以按下列提纲进行:用人单位的准确全称;用人单位的联系办法,如人事部联系人电话、通信地址等;用人单位的所有制性质(全民、合资、私营等);用人单位需要的专业、具体工作岗位;用人单位的规模、发展前景、地理环境、企业文化、经营范围和种类等;用人单位对所需人才的具体要求;用人单位的福利待遇(包括工资、福利、奖金、住房等);用人单位的培养机制及今后发展、晋升的前景等。

行业、职能和组织都处于快速变化过程中,一个职业定位、一个明确的目标无法确定自己一生的发展,大学生每隔3—5年,都需要重新定位,重新界定自己的行业、职能和组织。

[附录1] 职业生涯选择理论

理论一：职业—人匹配理论

这是用于职业选择、职业指导的经典性理论，最早由美国波士顿大学教授弗兰克·帕森斯提出。1909年，帕森斯在其《选择一个职业》一书中，阐明职业选择的两大条件：应清楚地了解自己的态度、能力、兴趣、智谋、局限和其他特征；应清楚地了解职业选择成功的条件和所需知识，以及在不同职业工作岗位上所占有的优势、不利和补偿、机会和前途。帕森斯的理论内涵即是在清楚认识、了解个人的主观条件和社会职业岗位需求条件的基础上，将主客观条件与社会职业岗位（对自己有一定可能性的）相对照、相匹配，最后选择一个职业与个人匹配相当的职业。

职业—人匹配分为两种类型：一是因素匹配，是指在工作上要取得成功所必需具备的条件或资格，这可以通过对工作的分析而了解。例如，所需专门技术和专业知识的职业与掌握该种特殊技能和专业知识的择业者相匹配；或者脏、累、苦劳动条件很差的职业，需要吃苦耐劳、体格健壮的劳动者与之匹配。二是特性匹配，就是指个人的人格特征，包括能力倾向、兴趣、价值观和人格等，这些都可以通过心理测量工具来加以评量。例如，具有敏感、易动感情、不守常规、个性强、理想主义等人格特性的人，宜于从事审美性、自我情感表达的艺术创作类型的职业。

实现职业—人匹配的步骤：第一步是评价求职者的生理和心理特点（特性）。通过心理测量及其他测评手段，获得有关求职者的身体状况、能力倾向、兴趣爱好、气质与性格等方面的个人资料，并通过会谈、调查等方法获得有关求职者的家庭背景、学业成绩、工作经历等情况，并对这些资料进行评价。第二步是分析各种职业对人的要求（因素），并向求职者提供有关的职业信息，包括：职业的性质、工资待遇、工作条件及晋升的可能性；求职的最低条件，诸如学历要求、所需的专业训练、身体要求、年龄、各种能力及其他心理特点的要求；为准备就业而设置的教育课程计划，以及提供这种训练的教育机构、学习年限、入学资格和费用等；就业机会。第三步是进行入职匹配。在了解求职者的特性和职业的各项指标的基础上，进行比较分析，以便选择一种适合其个人特点又有可能得到并能在职业上取得成功的职业。

理论二：人格发展理论

罗伊（Roe）是一位临床心理学家，她的人格理论约在20世纪60年代提出，她依据自己所从事的临床心理学经验及对各类杰出人物有关适应、创造、智力等特质的研究结果，综合了精神分析论、莫瑞的人格理论与马斯洛的需要层次论，形成了其人格发展理论。

（一）基本理论

罗伊的理论试图说明遗传因素和儿童时期的经验对于未来职业行为的影响。罗伊认为，早年经验会增强或削弱个人高层次的需求，进而影响人的生涯发展。她特别强调早期经验对个体以后的择业行为的影响。

1. 需求满足

罗伊的理论假设每一个人天生就有一种扩展心理能量的倾向，这种内在的倾向配合着个体不同的儿童时期的经验，塑造出个人需求满足的不同方式。每一种方式对于生涯选择的行为都有不同的意义。

罗伊认为需求满足的发展与个人早期的家庭气氛及成年后的职业选择有着密切的关系。例如，在个体成长过程中，父母对他（她）是接纳的还是拒绝的，家中气氛是温暖的还是冷漠的，父母对他（她）的行为是自由放任的还是保守严厉的，这些都会反映在个人所做的职业选择上，具体如下：

第一，如果需求获得满足，就不会变成无意识的动力来源。

第二，如果高层次的需求（如自我实现、审美等）不能获得满足时，则这种需求将会消失而且不再发展。

第三，如果低层次的需求（如生理、安全、爱与隶属）未获得满足，将驱使人去满足此类需求来维持生存，而间接地妨碍了高层次需求的发展。

第四，如果需求的满足受到延迟，就会无意识地驱动人去满足这些需求，而延迟其他的需要。其影响力将依据该需要的强度、时间的长短及周围环境对满足该需求的价值判断而定。

总之，个人心理能量的运作会影响个人需求的满足状况，而心理能量的方向又受遗传与环境的交互影响，特别是早年所受的挫折和满足的体验和经验对其心理需求的发展会有重大影响。

2. 亲子关系

罗伊认为需求满足的发展与个人早期的家庭气氛及成年后的职业选择有密切的关系。例如，个体成长过程中，父母对他是接纳还是拒绝，家中气氛是温暖的还是冷漠的，父母对他的行为是自由放任还是保守严厉，这些都会反映在个人所做的职业选择上。

罗伊把父母管教的态度从"温暖"和"冷淡"两个基本方面，大致划分为三种类型、六种情况。

关心子女型，包括"过度保护"与"过度要求"两种情况。这种类型的父母多半能够满足子女的基本生理需求，而对心理需求则是有条件地予以满足。

逃避型，包括"拒绝"与"忽视"两种情况。此类父母只满足了子女生理方面的需求，却忽略了心理上的需求。

接纳型，包括"爱的接纳"与"不明确的接纳"两种情况。充满了爱的父母，不仅能满足子女的需求，而且会鼓励、支持子女发展其独立性。而不明确型的父母，则多采取自由放纵、任其发展的态度。

3. 职业分类

罗伊认为，我们所选择的工作环境，往往会反映出幼年时的家庭气氛。如果我们小时候生活的环境充满温暖、爱、接纳或保护的氛围，就可能会选择与人有关的职业，包括服务、商业、文化、艺术与娱乐或行政（商业组织）等一类的职业。如果我们小时候生活在一个冷漠、忽略、拒绝或适度要求的家庭中，便可能会选择科技、户外活动一类的职业，因为这些职业的研究范围是以事、物和观念为主，不太需要与人有直接、频繁的接触。

罗伊更把上述的服务、商业交易、行政、科技、户外活动、科学、文化和艺术娱乐八大职业组群，依其难易程度和责任要求的高低，分为高级专业及管理、一般专业及管理、半专业及管理、技术、半技术及非技术六个等级。这八大职业组群和六个专业等级，组成了一个职业分类系统。

4. 亲子关系与职业选择

在第一种类型"关心子女型"中的"过度保护型"父母，会毫无保留地满足子女的生理需求，却不一定能满足子女对爱与自尊的需求，即使这些需求都能得到满足，子女的行为未必表现出社会认可的行为。因此，在这类氛围下长大的子女，日后显示出较多的人际倾向，而且不是出自防御的心理机制。而"过度要求型"的父母，对于子女需求的满足往往附加某些条件，也就是当子女表现出顺从的行为，或表现出父母认可的成就行为时，其生理需求或爱的需求才能得到满足。因此，在这种氛围下成长的儿童，虽然也有强烈的人际倾向，但有时出自一种潜意识的防卫作用——害怕无法从人群里得到较高层次需求的满足。在第二种类型"逃避型"父母的教养态度下，无论是受到拒绝或忽视，儿童的需求满足的经验都是痛苦的，即不论生理或安全的满足都会有所欠缺，更谈不上高层次的满足。因此，这类儿童日后会害怕和他人相处，宁可在自己的工作岗位上，靠自己的努力得到高层次需求的满足。第三种类型"接纳型"家庭的氛围大体上是温暖的。在温暖、民主气氛下长大的孩子，各类层次的需求都不会缺乏，长大之后也能做独立的选择。

由上可知，童年的经验与职业选择有极大的相关，每一个家庭对于子女的养育方式都不尽相同，由于养育方式上的差异，致使个人各种心理需求的满足方式与程度也有层次上的出入。因此，父母的教养态度对孩子的职业选择有重要的影响力，应该让孩子从小去发展自己的能力倾向及职业的兴趣，这样他们对终身的择业及志向才有正确的观念及选择的能力，也愿意承担选择后的责任。

（二）理论评述

该理论的优点主要体现在以下三个方面：①罗伊特别强调早期经验，尤其是父母的养育方式和亲子间的互动对个体需求的满足及以后职业选择行为的影响，这些理论与观点都是富有见地的。②罗伊的职业分类系统采用多向度的分类方法，有助于个体对工作世界进行深入地了解。目前在美国被普遍使用的"电脑辅助职业资料系统"就是依照此分类系统设计的。③美国华盛顿州各大学的课程，也参考罗伊等的分类系统（1984）。罗伊的理论提醒我们必须注重个体的心理需求，同时也培养满足其需求的能力，以克服阻碍满足需求的各种困惑或心理障碍。

该理论也存在其局限性：①就罗伊的理论框架而言，大多数研究并不支持其亲子关系与职业选择关系的假设，而双亲的管教方式也不一定一致，难以作统一的分类；②罗伊的理论在实际应用上过于笼统，尚未提出具体明确的指导方法与技术；③用心理能量的需求来满足个体，了解与分析需要花费较长的时间，这对于讲究时效的现代心理指导也不太可行；④罗伊的理论对个体职业选择密切相关且非常重要的教育因素和其他环境因素基本未涉及。

理论三：心理动力理论

心理动力理论起源于心理学上的精神分析论，然而弗洛伊德虽承认工作对社会的重要性，但并不特别重视职业方面的问题，甚至认为工作对个人而言，是一个不愉快但仍需完成的责任，但新弗洛伊德学派却十分重视工作的意义，并认为它是满足需要促成个人心理发展的要素，他们强调人内在动力与需要等动态因素的心理作用在个人选择职业历程中的重要性，即早期亲子互动会影响后来需求层次的建立。换句话说，职业选择主要是用于满足早期建立起的需求（约在六岁左右建立），由此称为心理动力理论。

心理动力理论者认为职业选择为个人综合快乐原则与现实原则的结果。个人在人格与冲动的引导下，通过升华作用，选择可以满足其需要与冲动的职业。职业指导的重点应着重"自我功能"的增强。如果心理问题获得解决，则包括职业选择在内的日常生活问题将可顺利完成而不需再加指导。另外，他们认为社会上所有职业都能归入代表心理分析需要的、分属以下范围的职业群：养育的、操作的、感觉的、探究的、流动的、抑制的、显示的、有节奏的运动等，并认为这一理论除了对那些由于文化水平和经济因素而无法自由选择的人之外，可以适用于其他所有的人。

（一）基本观点

鲍丁（Bordin，1963）认为，职业是用以满足个人的需要，如果个人有自由选择的机会，必定会选择以自我喜好的方式来寻求满足需要，而避免焦虑的职业。在选择的过程中，每个人早期经验所形成的适应体系、需要等人格结构是最重要的心理动力来源。之后，鲍丁等依据传统精神分析学派的观点，探讨职业发展的过程，视工作为一种升华作用，而影响个体职业选择的动力来源则是个人早期经验所形成的适应体系、需要等人格结构。它们影响个人的能力、兴趣及态度的发展，进而左右其日后的职业选择与行为有效性。个人生命的前六年决定着他未来的需要模式，而这种需要模式的发展受制于家庭环境，日后的职业选择就取决于早期形成的需要。如果缺少职业信息，职业期望可能因此受到挫折，在工作中会显示出一种婴儿期冲动的升华。若个人有自由选择的机会，则必将选择能以自我喜欢的方式寻求满足其需要而又可免于焦虑的职业。之后，鲍丁（1984）更强调好奇、精确、权利、表达、是非价值观及哺育等自我需求方面在职业选择上的功能，他认为人格与工作或生涯的关系在于"游戏"所扮演的角色，"游戏"是一种自我表达、自我实现的表现方式，也是一种需要，会刺激个人在寻求自我满足的职业时，把工作与"游戏"融合成一体。在生涯发展过程中，关键在于个人人格发展历程反映了对双亲的认同，若亲子双方交互关系良好，则外在的要求与"游戏"的需要满足融合在一起，工作即成为愉快有趣的经验；否则，将会使工作变成负担。鲍丁认为个体的问题可能会有以下五种情况：

1. 依赖

个体没有独立判断、解决问题的能力，而将问题的责任交付于他人，根据他人的指示来采取行动以获得满足。

2. 缺乏知识

个体因缺乏适当的资料，表现出困扰、需要依赖他人的态度。

3. 自我矛盾

个体的自我观念不协调，或者自我概念与环境有产生冲突的现象，如女性在事业与家庭生活间的角色冲突。

4. 选择上的焦虑

个体遭遇到各种选择上的冲突时，所产生的情绪焦虑或挫折的现象。

5. 求证

个体来寻求咨询辅导并非有问题，而是想验证自己的选择是否正确。

鲍丁等提出了一套诊断的系统，可以帮助个体更深入地辨认所面临的问题，这些问题包括：

（1）认知统整的困难：个体无法澄清或了解真实状况；

（2）自我认同的问题：个体缺乏正确的自我认识；

（3）心理需求满足的矛盾：对各种工作所能给予的满足产生矛盾；

（4）企图改变的倾向：个体不满意自己，企图以选择职业的方法来改变自己；

（5）明显的精神疾病（使个体无法抉择）；

（6）有动机上的冲突，但又不属于前五项者；

(7) 既不属于前五项原因也没有动机冲突。

心理动力理论重视发展的过程，主要分为三个阶段：

(1) 探索。心理动力理论尽量避免以肤浅的逻辑方式对个体的问题进行表面性判断，而强调对个人与职业间动态关系做深入的探讨分析，特别是需求、心理防卫机制或幼年经验等方面。

(2) 人格与职业的整合。经过探索阶段后，个体会逐渐觉察到理想与现实间的差距，此时可适时提供进一步改变的契机，这种改变不仅限于职业，连人格改变也应通盘考虑在内。这是一个人格与职业的整合过程，其目的在于原来将问题集中在职业选择的焦点上，而现在拓展到人格这一根本症结上。

(3) 改变。个人一旦觉得人格应该有所改变，就可以进入改变阶段。这一阶段的任务就是从自我觉察与了解开始，实施适当的改变计划。如果是涉及不合理的概念、需求或是不恰当的经验，则计划的重点就是如何降低这些方面的压力及焦虑，发展合适的职业行为。

(二) 理论评述

心理动力理论的优点主要体现在以下几点：①该理论兼具精神分析学派、特质因素论及当事人中心学派的优点，可以在一定程度上弥补这些理论的不足；②该理论对个体的需要及个体可能因一些心理因素而造成的困扰，特别给予了深入的研究，而且十分重视加强个体的自我探索功能；③该理论强调职业资料的重要性，并深入分析个体的心理动力，如个体需求获得满足的程度、是如何获得满足的等，以提供个体完整的职业信息。

心理动力理论也存在其局限性：该理论太注重个人早期经验对职业发展的影响，而且把人格的改变作为核心，事实上，人格的改变是一个漫长的过程，辨认个体的需求更非易事，因此该理论在实践中的运用时间较长，难以实施；该理论在分析具体职业与需要满足的方式上，多偏向低层次需要的满足，几乎没有涉及高层次需求的满足，因此对职业资料的分析存在明显的偏差。

第五章 目标定位

第一节 目标定位概述

美国成功学家拿破仑·希尔在《一年致富》中有这样一句名言：一切成就的起点是渴望。一个人追求的目标越高，他的才能发展就越快。一心向着自己目标前进的人，整个世界都给他让路。希尔认为，所有成功，都必须先确立一个明确的目标，当对目标的追求变成一种执着时，就会发现所有的行动都会带领着这个目标向前迈进。

一 职业发展方向选择

对刚刚毕业的学生而言、实现科学的职业发展方向的定位，就要选择一个正确的职业方向。每个人具体的人生目标、职业目标想要完整的实现，这就需要结合当下的时代背景和现实能给我们呈现出的条件，认识到自我职业优势在哪个方向，自我适合做什么职业、不适合做什么职业，或者自我应该在某一或某些职业领域会发展得更好。如何确定这一目标是可以结合前面做过的自我探索、职业探索进行分析和判断出来的。

选择，是我们每个人的人生都应该面对的，它是由一些连贯性选择和决定累积而成的。我们面对的每个看起来微不足道的小小选择，他们都会或多或少地决定着我们的未来。只要我们回顾过去的人生历程，就会发现所有我们现在遇到的事情，都是在过去的一段时间里由我们做出的选择进而产生的结果。个人的工作是选择、个人的感情是选择，个人的习惯也是选择。

我们的人生就是在不断地面对选择、经历选择，并对我们做出的选择负主要责任。比如：我们要选择走哪一条路，选择怎样的人生态度，选择和谁共度一生……从某种意义上说，选择就是我们的生活剧本，我们是通过自己的选择，一步一步地让我们成为今天自己的模样。人生的道理其实很简单，选择什么、是否愿意为选择付出，那么就会得到什么。因此，也可以说选择决定命运，人生的成败关键在于进退适时，取舍得当。

"这是一个最好的时代，也是一个最坏的时代。"在这个时代，我们每个人面对的不是没有选择，而是选择太多了。当今社会是多元化的，我们将面临一个五光十色的充满机遇和挑战的社会环境。这就造成了我们会有很多选择的机会，也都拥有选择的权利。但遗憾是，选择的能力却不被每个人所拥有。面对选择的多样性、复杂性，许多人会无处着手，甚至徘徊、焦虑、痛苦、烦恼。其实，与被各种因素剥夺了人生选择权利的人相比，我们是幸运的！问题的关键在于，我们如何做好人生选择，不要在迷茫中蹉跎掉我们本该用于学习、工作的大好时光。

在今天这个史无前例的丰饶时代，对职业发展方向做出正确的选择，更有其特殊重要的意义。美国著名管理学家彼得·德鲁克（Peter Drucker）曾说，21世纪是一个选择的世纪，因为未来的历史学家如果回顾今天，他们会记得的是今天最大的改革并不是技术方面或网络方面的革新，而是人类将拥有选择的权利。在今天的信息社会里，每个人都面对着洪流一样的信息，信息的高涨也意味着人们更多地了解自我所生活的世界。但是这些海量的信息里通常夹杂着大量与自我不需要的或暂时无关的信息。在这些信息中如何判读、读取、吸收、淘汰哪些信息，很重要。一些企业会利用这些信息进行更人性化的管理，例如，多地放权给员工，让员工有更多的选择权利。在工作中更能发挥自我效能，并且能轻松愉快地做好本职工作，提高工作效率，提升个人幸福感。在这种背景下，个人的成功与否，在很大程度上要看其是否能够智慧地选择适合自己的职业发展方向。

那么，怎样才能智慧地选择自己的职业发展方向呢？西方有则寓言，说的是一个年轻人向一个年长的智者请教智慧的秘诀。年轻人问："智慧从哪里来？"智者说："正确的选择。"年轻人又问："正确的选择从哪里来？"智者说："经验。"年轻人进一步追问："经验从哪里来？"智者说："错误的选择。"

没错，很多人在面对陌生的环境时都很难做出正确的选择，但在一次又一次的错误选择后,通过吸取足够的经验教训,他就能逐渐学会适合自我的选择方法,他也就自然会成为一个有智慧的人。李开复在回顾自己的人生经历时,十分确信地说:"我从失败中学习到的要远远超过我从成功中学习到的。"所以不要畏惧失败,人生中的每一个失败不是惩罚,而是难得的学习机会和经验积累。

当然,学习和经验的积累并不是一蹴而就的事情,有时候甚至要经历一个漫长的、坎坷的,甚至是痛苦的过程。有句名言说:"旅途本身就是收获(The journey is the reward.)。"很多时候,你的收获并不一定是每件事的成功,而是你在走向成功的旅途中所经历的一切。对大多数大学生来说,也许还没有丰沛的经历,没有经历过错误的选择,所以也没有足够的经验来选择自己一生的职业发展方向。但如果因此而不去选择、不去尝试,就很可能永远也无法具备智慧选择的前提条件。

因此,虽然从道理上说,我们在做选择的时候,应该对选择的内容、选择的方法以及选择所涉及的内外部因素都应该有比较深入的了解,但在现实生活中,当我们不具备上述条件而又必须做出选择时,也可以大胆地做出选择。也就是说,当我们在初步选择时,选择没有绝对的对与错,只是面对当时的情况判断出最适合自我的方向。我们的目的也不是一下子就选择到最正确的,最适合自我的,而是要大胆地迈出第一步,并在这条选择了的旅途上努力学到新知识、获得新经验,并从中不断吸取经验,不断纠正我们的选择。当然,这么说不是鼓励同学们在不具备条件时盲目地进行选择,而是强调实践和经验的意义。要相信选择的过程是需要亲自体验的,如果我们只是纸上谈兵而不设身处地,那么不但无法真正了解职业世界,而且也无法真正了解自己。

二 职业发展目标选择

在选择了职业发展方向之后,需要选择具体的职业发展目标。这里说的职业发展目标,指的是一个人渴望获得的与职业相关的结果。它是在一个人根据自我的兴趣、性格、专业能力和对某种行业的了解基础上,选择一个愿意为之奋斗的职业理想,也是一个人渴望达到的人生境界。因此,确立职业发展目标是制定职业生涯规划的关键。有效的职业生涯规划,需要切实可行的职业发展目标,以便排除不必要的犹豫和干扰,全心致力于职业发展目标的实现。

（一）选择过程

职业发展目标的确定，不是一个一蹴而就的决定，而是一个不断探索的过程。注意，这里我们强调的是"探索"，没有前期的摸索、思考和自查阶段，是不可能找到自我满意的职业发展目标的。具体地说，个人需要了解自己的内心世界和价值追求，了解自己的优势和劣势，在此基础上探索自己的职业发展方向、进而制定自己的职业发展目标。下面以大学四年为例，谈谈个人的职业发展目标应该如何定位。

1. 试探期

在大学一年级要了解一些行业，特别是自己未来所想从事的职业或自己所学专业对口的职业。可通过参观实习基地、了解生涯人物、多和师兄师姐们进行社团交流，尤其是大四的毕业生，询问目前一些行业的就业趋势。大一学习任务不重可以适当参加校园活动，多掌握一门专业技术，如英语口语应用、计算机操作；或是增加一些爱好，如滑雪、钢琴、演讲。这些都可以快速地拉近人与人之间的关系，还可以打开视野了解社会。也为以后可能的转系、获得双学位、留学和继续深造做好资料收集及课程准备，多利用学生手册，了解相关规定。

2. 定向期

在大学二年级可以通过职业生涯规划的测评调查问卷和参与相关实践活动，来进一步探索自己的职业发展方向，考虑清楚未来是继续学习深造还是直接就业。这个时候一般对大学课程有一个大概的了解，同学们也熟悉了一些社团，积极参加学生会或社团等组织，锻炼自己的各种能力，同时检验自己的知识技能；可以开始尝试兼职、社会实践活动，并要具有坚持性，最好能在课余多花些时间，从事与自己未来职业或本专业有关的工作，提高自己的责任感、主动性和受挫能力，增强英语口语和计算机应用能力，通过英语考级和计算机考级的考试开始有选择地学习其他专业的知识充实自己，并获得一些资格证书，为将来从事某种行业做准备。

3. 冲刺期

在大学三年级目标应锁定在提高求职技能、收集公司信息、并确定自己是否要考研或考公务员等。在撰写专业学术文章时，可大胆提出自己的见解，锻炼自己的独立解决问题的能力和创造性。有些同学还参加一些暑期实习大赛或暑期创业大赛。通过模拟实际就业、创业，开阔眼界、提升求职技能、发现自我不足、修正自我目标等，都是不错的选择。也可以学习设计漂亮的个人简历、求职信，了解搜集工作信息的渠道。加入校友网络，从已经毕业的校友、师兄师姐那里了解往年的求职情况，恳请已经入职的学长学姐书写职位推荐信；希望出国留学的学生，可多接触留学顾问，参与留学系列活动，准备 TOEFL、GRE、注意留学考试资讯，向相关部门索取简章等。

4. 分化期

在大学四年级，大学生努力找工作、积极准备考公或考研、出国的出国，但大部分学生的目标应该锁定在工作申请及成功就业上。这时，可先对前三年的准备做一个总结：首先检验自己已确立的职业目标是否明确，前三年的准备是否已充分；然后，开始毕业后工作的申请，积极参加招聘活动，在实践中校验自己的积累和准备；最后，预习或模拟面试。积极利用学校提供的条件，了解就业指导中心提供的用人公司资料信息、强化求职技巧、进行模拟面试等训练，尽可能地在做出较为充分准备的情况下进行实战演练。

（二）选择原则

1. 清晰性原则：考虑目标、措施是否清晰、明确？实现目标的步骤是否完整？

2. 挑战性原则：目标或措施是否具有挑战性，这种挑战性是否能实现？与自我能力相比过大或过小的挑战都不适合。

3. 变动性原则：目标与措施是否一致？个人目标与组织发展目标是否一致？目标如果需要微调，是否影响原有的原则性？

4. 一致性原则：主要目标与分目标是否一致？目标与措施是否一致？个人目标与组织发展目标是否一致？

5. 激励性原则：目标是否符合自己的性格、兴趣和特长？是否能对自己产生内在激励作用？

6. 合作性原则：个人目标与他人的目标责任制是否具有合作性与协调性？

7. 现实性原则：目标的选择必须要考虑到自己的现实条件、社会环境、组织环境以及其他相关的因素，具有可行性。

8. 可测量原则：目标应有明确的时间限制或标准，以便测量、检查，使自己随时掌握执行状况，并为调整、修正提供参考依据。

（三）目标分解

职业目标按时间可以分为终生目标、长期目标、中期目标和短期目标。职业发展目标分解，指的是在个人的职业发展过程中，可将终生目标逐级分解，然后通过低级目标的实现，逐渐实现最终目标。

1. 终生目标

终生目标是指个人终其一生的职业发展追求，也是一个人最高的职业目标。一般说来，短期目标服从于中期目标，中期目标服从于长期目标，长期目标又服从于终生目标。

但是在现实社会中，特别是在当下这个充满不确定性的知识经济时代，由于知识老化周期的不断缩短，人们很难在年轻时判断自己老年甚至中年时的职业变化，所以具体情况具体分析，不能刻板地按照上述流程，机械地进行目标定位和目标分解。

2. 长期目标

长期目标是指时间为十年以上的目标，它通常比较笼统、粗略，不够清楚和具体，而且可能随着内外部形势的变化而变化。长期目标在设计时以画轮廓为主，其主要特征有：

（1）有较大的吸引力和可能性；

（2）富于挑战性；

（3）非常符合自己的价值观，能让自己感到自豪；

（4）是认真分析后的理性选择。

3. 中期目标

中期目标一般是时间为五年左右的目标，它相对长期目标要具体一些，如竞争某一行政职位，参评某个级别的专业技术职称，获得专业学位或职业资格证书等，其主要特征有：

（1）通常与长期目标保持一致；

（2）有一定的挑战性；

（3）能用明确的语言说明；

（4）能对目标实现的可能性做出评估；

（5）有比较明确的时间界定，且可做适当的调整。

4. 短期目标

短期目标通常是指时间在一至两年内的目标，短期目标是中期目标和长期目标的具体化、现实化，它是最清楚和最具可操作性的目标，其主要特征有：

（1）目标具备可操作性；
（2）有明确、具体的完成时间；
（3）服从于中长期目标；
（4）目标需要适应环境；
（5）目标要切合实际；
（6）通常短期目标比较多并较易于实现。

个人职业发展目标，还可以按性质分为外职业生涯目标和内职业生涯目标。这里的外职业生涯目标是侧重于职业过程的外在标记，它主要包括：工作内容目标、工作环境目标、经济收入目标、工作地点和职务目标等。内职业生涯目标是侧重于内心感受的目标，这些因素不是靠别人赐给的，而是通过努力自己获得和掌握的，如工作能力目标、心理素质目标和工作成果目标等。

外职业生涯目标和内职业生涯目标关系密切，一般而言，内职业生涯目标的发展可以带动外职业生涯目标发展，外职业生涯发展目标的实现可以促进内职业生涯目标的实现。但具体到每个人的职业生涯，二者之间的发展并不一定是相互协调、相互促进的，有时甚至会起相反的作用。另外，当人们在确定自己的职业发展目标时，也可能会先确定短期目标，再寻求中期和长期的发展，一些人还可能会因为内在或外在的因素，而调整自己的职业发展方向。

三 职业发展路径选择

所谓职业生涯发展路径，是指当一个人确定了自己的职业发展目标后，为了实现职业目标所选择的发展道路。人生目标和职业理想是一种终极的生存和工作状态，它需要我们通过一生的努力才能实现。在这个过程中，我们必须首先选择一个最初的切入点，这个切入点应该具体到某一个行业的某一类职业，然后以此为起点设计自己的发展路线。

(一) 路径分析

常言道"条条大路通罗马"。罗马是目标，而路径就是通往目标最切合实际、最适合自我行动的方向。在确定了以某一行业的某一类职业后，接下来的发展道路还有很多。比如进入到 IT 行业，一开始可能会在某个部门熟悉业务，但在工作一段时间后，就会面临是做技术开发类工作，还是做销售或管理类工作的选择。只是这种选择可能是主动的，也可能是被动的。不同的路线就有不同的实施方案。通常来说，基本的职业发展路线有以下几种：

1. 专业技术型发展路线。指工程、生产、财会、法律等职能性专业方向，需要有一定的专门技术性知识和能力，其相应的职业成就包括技术职称的晋升、技术性成果的认可，以及业内知名度的提高等。

2. 行政管理型路线。把管理这个职业本身视为自己的目标，需要有良好的个人综合素质、人际关系处理技巧和领导才能，相应的职业成就包括行政职位的晋升、管理权限的扩大等。

3. 市场销售型路线。将营销物质产品或精神产品作为自己的职业，需要有敏锐的市场洞察力和反应能力、出众的演讲能力，相应的职业成就包括销售业绩的不断提高，以及随之而来的财富增长。

4. 自我创业型路线。以开创完全属于自己的事业为目标，需要有充足的资本及条件、敏锐的市场大局观、过硬的心理素质和综合能力，相应的职业成就包括打造自己的品牌并成功地立足于市场，在经济收入上有丰厚的回报。

职业发展路线的选择取决于三个要素：想、能、可以。这三个要素的基本含义如下：一是我想往哪一路线发展，二是我能往哪一路线发展，三是我可以往哪一路线发展。

第一要素是通过对自己的兴趣、价值观念、理想、成就动机等因素分析，确定自己的目标取向。即自己的志向是在哪一方面，自己非常希望走哪一条路线。这是一个人的兴趣问题。

第二要素是通过对自己的性格、特长、智能、技能、情商、学识、经验等因素分析，确定自己的能力取向，即自己能向哪一条路线发展。也就是说，自己走这一条路线，是否具有这方面的特长，是否具有这方面的优势，是否能把这条路走到底。这是自身的特质问题。

第三要素是对当前及未来的组织环境、社会环境、经济环境分析，确定自己的机会取向。即内外环境是否允许自己走这一条路线，是否有发展机会。这是环境条件问题。

在确定自己的职业生涯路径时，这三个要素是缺一不可的，它们对生涯路线选择来说，都是一票否决制。例如，我想当歌星，这是我的职业兴趣取向，但我不具备这方面的才能，即气息不稳和音色不好，那么这条路当成爱好可以，但是专业性是走不通的。如果我想当歌星，自身条件也具备，但你工作的单位是一家电子企业，根本不需要歌星，这就是职业发展没有平台，那么就没有发展的余地。

通过上述三要素确定职业发展路线，并不意味着人生的发展就只能沿着一条线发展，路线也是可以改变的。比如，先沿着技术路线发展，从事几年技术工作，取得了一定经验，具备了一定的经历后，再转入行政管理路线，也是可以的。当然路线的转移，必须符合三要素的条件，否则很难成功。

（二）路径选择

无论选择何种职业或岗位，无论在任何单位工作，通常要达到自己的目的地，有多种路线可以选择。只不过是有的路线行不通，有的路线却需要绕些弯路，有的路线近一些，有的要远一些。因此要正确选择自己的最佳路线，下面以行政路线为例进行分析，如图5-1所示。

在图5-1中画出了三条职业发展路线，每条路线从中级职称到副总经理都要经过三个部门任职。实际上将一个单位中所有部门按三个部门排列一下，有几十条，甚至上百条发展路线，究竟哪条发展路线适合自己，需根据"三要素"做出选择。如果这个人，不是学财务专业的，没有在财务部门工作过，中间的发展路线，即中级职称→财务部经理→计划部经理→发展部经理→副总经理，这条路线就走不通。因为，财务知识是可以通过业余时间学习的，也是可以学会的，但是没有在财务部门工作过，就没有财务管理方面的经历和经验。财务管理不同于其他业务，没有经历和经验，是难以担任这个部门经理的。所以，只能选择其他路线。比如说，第三条路线就可能走得通，即中级职称—人事部经理—经营部经理—生产部经理—副总经理。对于专业的技术人员来说，走第三条发展路线困难不是太大。

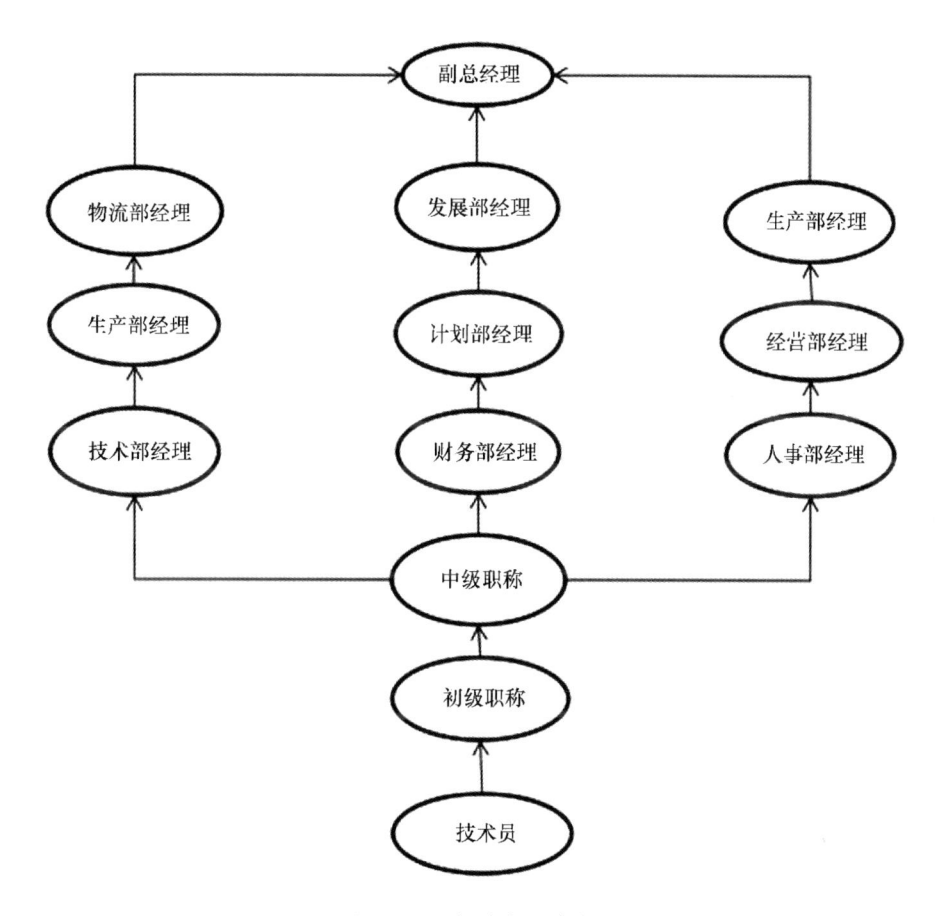

图 5-1　行政发展路线

图 5-1 所示案例，是一位专业技术人员，从专业技术岗位发展到副总经理。为什么从中级职称到副总经理，非得经过三个部门的中层管理岗位？因为从技术岗位到高层管理岗位，一般需要经过几个部门任职。通过不同部门的任职拓宽自己的知识面和工作技能，丰富自己的经历。同时多了解几个部门的工作业务，有利于担任高层主管后的协调与管理。所以，中层管理干部的轮岗，对干部的成长是非常重要的。

根据"三要素"选择自己的职业发展路线，还会涉及机会与机遇问题。如果自己选择了这条路线，自己就得创造机会，创造机遇。例如，自己现在已经从事人事部经理岗位，下一个目标是经营部经理，自己在从事人事部管理的同时，应多了解经营部的岗位工作。如果，你不研究经营业务，对经营业务一窍不通，领导怎么会考虑让你当经营部经理呢？最后，你既当了人事部经理，又当了经营部经理、生产部经理，既懂得人事管理，也懂得经营管理，又懂得生产管理，副总经理这个位置你就是最有竞争力的候选人之一。

"机遇只青睐于有准备的人"。职业生涯发展机会和机遇是自己创造的。用一个形象的比喻，机会与机遇，是一辆公共汽车，你必须在车站等它。车一来，门一开，上车走人。如果你不在车站等车，车是不等你的。因为它是公共汽车。如果能明白这个道理，职业生涯路线就能够实现。

第二节　目标定位的理论依据

在 20 世纪初美国的职业辅导运动开始以后，尤其是最近的三四十年，各种职业指导理论试图通过不同的途径来揭示个人在社会角色和生涯方面的问题，为个人做出有关职业和生活的正确决定提供支持。按职业指导理论的发展历程主要有：帕森斯的特质—因素理论、施恩的职业锚理论、科朗伯兹的社会学习理论和生涯混沌理论等。

一　"特质—因素"理论

美国波士顿大学教授帕森斯（Frank Parsons）是最早对职业指导进行系统的实践探索的学者之一，被誉为"职业指导之父"。他提出的"特质—因素"理论又称人职匹配理论，是最早的职业生涯辅导理论。1909 年帕森斯在其著作《选择一个职业》中，提出了"人与职业相匹配是职业选择的焦点"的观点，认为每个人都有自己独特的人格模式，每种人格模式的个人都有其相适应的职业类型，个人的人格模式与工作要求之间配合得越紧密，职业成功的可能性也就越大。

所谓"特质"，就是指个人的人格特征，包括能力倾向、兴趣、价值观和人格等，这些都可以通过心理测量工具来加以评量。所谓"因素"，则是指在工作上要取得成功所必须具备的条件或资格，这可以通过对工作的分析而了解。

帕森斯的"特质—因素"理论不但重视人职匹配，而且强调在职业选择中，要遵循科学的操作程序，即"三步范式"，其具体步骤如下：

第一步，评价求职者的生理和心理特征。（特质）通过心理测量及其他测评手段，获得有关求职者的身体状况、能力倾向、兴趣爱好、气质与性格等方面的个人资料，并通过会谈、调查等方法获得有关求职者的家庭背景、学业成绩、工作经历等情况，并对这些资料进行评价。

第二步，分析各种职业对人的要求。（因素）职业对人的要求一般包括：职业的性质、工资待遇、工作条件以及晋升的可能性；求职的条件，诸如学历要求、所需的专业训练、身体要求、年龄、各种能力以及其他心理特点的要求；为准备就业而设置的一些培训计划，以及提供这种训练的教育机构、学习年限、入学资格和费用等；职业发展前景及就业的可能性。

第三步，人职匹配。职业指导人员在了解求职者的特性和职业要求两者的基础上，帮助求职者进行比较分析与评价，以便选择一种适合其个人特点又有可能得到并能在职业上取得成功的职业。

人职匹配分为两种类型：①因素匹配（工作找人）。例如需要有专门技术和专业知识的职业与掌握该种技能和专业知识的择业者相匹配；如对计算机编程能力要求很高的职业，需要有计算机工作经验、编程能力非常熟练的劳动者与之匹配。②特性匹配（人找工作）。例如，具有喜欢探索和理解事物、爱分析、有智慧、喜欢独立等人格特性的人，宜于从事实验室研究员、工程师等类型的职业。

"特质—因素"强调个人所具有的特性（特质）与职业所需要的素质与技能（因素）之间的协调和匹配，这种理论为人们在进行职业选择过程中提供了一个最基本的原则——人职匹配原则。此外，"特质—因素"理论十分重视人才测评的作用，可以说，"特质—因素"理论所进行的职业指导是以对人的特性的测评为基本前提的，它为人才测评理论奠定了理论基础，推动了人才测评在职业选拔与指导中的运用和发展。

一个人的职业生涯，贯穿一生，是一个漫长的过程。科学地将其划分为不同的阶段，明确每个阶段的特征和任务，做好规划，对更好地从事自己的职业，实现确立的人生目标，非常重要。

职业生涯阶段如何划分，各国专家学者有不同的划分理论和方法，主要可分为按年龄层次划分、按专业层次划分和按管理层次划分三种类型。我国从事职业生涯规划研究的罗双平认为：以年龄为依据，每十年作为一个阶段比较合适，即20岁至30岁为一个阶段，30岁至40岁为一个阶段，依此类推。我们每个人都要经历这几个阶段，那么你现在该做些什么呢？罗双平谈了他的看法，供读者朋友参考。

1. 起步阶段（20岁至30岁）

这一阶段的主要特征，个人从学校走上工作岗位，是人生事业发展的起点。如何起步，直接关系到今后的成败。

这一阶段的主要任务之一，就是选择职业。在充分做好自我分析和内外环境分析的基础上，选择适合自己的职业，设定人生目标，制订人生计划。另外，就是要树立自己良好的形象，是阳光的、积极的、正面的。年轻人初入社会行业，自身能力如何，是否具有责任心，对未来的发展影响极大。有些年轻人，特别是刚毕业的大学生，总认为自己有知识，有文化，到单位工作后不屑于做零星小事，不能给同事们留下良好的印象，这对一个年轻人的发展而言，可以说是一个危机。还有一个重要任务，就是要坚持学习。根据日本科学家研究发现，人一生工作所需的知识，90%是工作后学习的。这个数据足以说明参加工作后学习的重要性。

2. 修订目标阶段（30岁至40岁）

这个时期是一个人风华正茂之时，在自身专业学识的基础上，加上积累的经验，富于才华，如果能展现自己才能，那么会获得晋升、事业也会得到迅速发展。那么，此时的任务除发奋努力、展示才能、拓展事业以外，对很多人来说，还有一个调整职业、修订目标的任务。人到30多岁，应当对自己、对社会环境有了更清楚的了解。看一看自己选择的职业、所选择的生涯路线、所确定的人生目标是否符合现实，如有出入，应尽快调整。

3. 及时充电阶段（40岁至50岁）

这一阶段，是人生的收获季节，也是事业上获得成功的人大显身手的时期。对于到了这个年龄仍一无所得、事业无成的人应深刻反省一下原因何在？重点在自身上找原因，对环境因素也要做客观分析，切勿将一切原因都归咎于外界因素，他人之过。只有正确认识自己，找出客观原因，才能解决人生发展的困阻，把握今后的努力方向。

此阶段的另一个任务是继续"充电"。很多人在此阶段都会遇到知识更新问题，特别是近年来科学技术高速发展，知识更新的周期日趋缩短，如不及时学习新鲜知识，将难以满足工作需要，甚至影响自身事业的发展。

4. 规划调整阶段（50岁至60岁）

此阶段是人生的转折期，无论是在事业上继续发展，还是准备退休，都面临转折问题。由于医学的进步，生活水平的提高，很多人此时乃至以后的十几年，都能身体健康，照样工作，所以做好晚年生涯规划十分重要。日本的职工一般是45岁时，开始做晚年生涯规划；美国是50岁时做晚年生涯规划。我国的职工按退休年龄提前5年做晚年生涯规划即可。

主要内容应包括以下几个方面：一是确定退休后的二三十年内，你准备干点什么事情，然后根据目标，制定行动方案；二是学习退休后的工作技能，最好是在退休前三年开始着手学习；三是了解退休后再就业的有关政策；四是寻找工作机会。目前我国已有离退休人员的人才职业介绍所，可提前与这些部门联系，取得他们的帮助。

二 职业锚理论

职业锚（Career Anchor），又称职业系留点，是由美国著名的职业指导专家埃德加·H.施恩（Edgar H. Schein）教授提出的。锚，是使船只停泊定位用的铁制器具。职业锚，实际就是人们选择和发展自己的职业时所围绕的中心，是指当一个人不得不做出选择的时候，他无论如何都不会放弃的职业中的那种至关重要的东西或价值观。

（一）职业锚的分类

职业生涯发展实际上是一个持续不断的探索过程，在这一过程中，每个人都在根据自己的天资、能力、动机、需要、态度和价值观等慢慢地形成较为明晰的与职业有关的自我概念。一个人对自己越来越了解，他就会越来越明显地形成一个占主要地位的职业锚。

专家们经过长时间的研究，对几万人的不同职业阶段进行了访谈和分析，确定了八种基本的职业锚类型。八种职业锚的基本特点及不同职业锚之间的区别如下：

1. 技术/职能型

技术/职能型的人追求在技术/职能领域的成长和技能的不断提高，以及应用这种技术/职能的机会。他们对自己的专业自信来自他们的专业水平，他们喜欢面对专业领域的挑战。他们通常不喜欢从事一般的管理工作，因为这意味着他们不得不放弃在技术/职能领域的成就。钻研技术、攻克技术难题、实现更高层次的技术革新，是他们毕生目标，他们也会为这个目标奉献毕生精力。而其他的工作如管理或销售与人打交道的行业则不能引起他们的兴趣。

2. 管理型

管理型的人追求并致力于工作晋升，倾心于全面管理，利用擅长人际关系处理，可以独立负责一个部门，也可以跨部门整合其他人的努力成果。他们想去承担整体的责任，并将公司的成功与否看成自己的成功与否。具体的技术/职能工作仅仅被看作是通向更高、更全面管理层的必经之路。管理型人才更加热情，善于演讲，喜欢团结合作并鼓励团体。

3. 自主/独立型

自主/独立型的人希望随心所欲地安排自己的工作方式、工作习惯和生活方式。追求能施展个人能力的工作环境，最大限度地摆脱组织的限制和制约。他们更喜欢自由的工作时间，开放的工作思路，天马行空的想象带给他们愉悦。一成不变的工作环境会抑制他们的工作热情。

4. 安全/稳定型

安全/稳定型的人追求工作中的安全与稳定感。他们因为能够预测到稳定的将来而感到放松。他们关心财务安全，例如：退休金和退休计划。稳定感包括诚实、忠诚以及完成老板交代的工作。尽心竭力是他们工作的态度，细致的工作风格使他们值得被信赖。他们不喜欢工作的变动，稳定性才能带来安全感。工作的枯燥繁琐反倒是他们喜欢的工作安排。

5. 创业型

创业型的人希望用自己的能力去创建属于自己的公司或创建完全属于自己的产品（或服务），而且愿意去冒风险，并克服面临的障碍。他们善于冒险、喜欢变化，追逐经济带来的满足感。他们善于推销自己或产品，喜欢引领他人或风向，做事果敢有毅力。喜欢不断学习、充实自我，一旦时机成熟了，他们便会走出去创立自己的事业。

6. 服务型

服务型的人一直追求他们认可的核心价值，例如：帮助他人，改善人们的安全等。他们一直追寻这种机会，这意味着即使变换公司，他们也不会接受不允许他们实现这种价值的变动或工作提升。

7. 挑战型

挑战型的人喜欢解决看上去无法解决的问题，战胜实力强硬的对手，克服无法克服的困难障碍等。对他们而言，参加工作的原因是工作允许他们去战胜各种不可能。他们需要新奇、变化和困难，如果事情非常容易，它马上会变得非常令人厌烦。

8. 生活型

生活型的人希望将生活的各个主要方面整合为一个整体，喜欢平衡个人的、家庭的和职业的需要，因此，生活型的人需要一个能够提供"足够弹性"的工作环境来实现这一目标。热爱生活、享受生活，给予生活更高的品质是他们的追求。生活型的人甚至可以牺牲职业的一些方面，例如放弃职位的提升，来换取三者的平衡。

（二）职业锚理论在大学生职业生涯规划中的作用

对于大学生来说，职业锚理论在职业生涯规划和职业选择过程中具有积极的作用：

1. 帮助认识自我。如何认识自我呢？我们可以通过一些职业生涯测评软件或调查问卷来更好地认识自我。当我们更了解自我的时候，才能通过不断反省、调整、学习达到自我职业生涯最好的状态。这里的认识包括了技能、性格、价值观和兴趣。

2. 确定职业目标。大学生也可以通过职业生涯（测评系统），树立自己的职业方向，为今后自我的职业规划有目的性地设计和计划。也可以通过一些生涯培训或专业技能的培训，提升自我在职业选择中的优势。

3. 选择毕业方向。当大学生毕业时，面临诸如：就业还是深造、考研还是考公、出国还是留在国内、国有企业还是外资企业等选择。运用职业锚的理论，还是要确定最后目标，并为之付出努力的。

三　社会学习理论

社会学习理论（Social Learning Theory）由班杜拉（Albert Bandura）于

20世纪70年代提出，它以经典行为主义、强化理论和认知信息加工理论为基础。科朗伯兹（John D. Krumboltz）又将之引入生涯辅导领域。他提出：个人的社会成熟度在很大程度上依赖于对他人行为的学习和模仿，并由此而决定他们的职业导向。

科朗伯兹认为有四种因素会影响职业决策：

（一）遗传因素和特殊的能力

我们会得到一些家族遗传的特质特征。这些遗传的特质特征会在一定程度上决定自我的职业表现或影响到个人所获得的教育、见识、资源等。这些因素包括：种族、性别、外表特征、智力、动作协调能力等。

（二）环境因素和事件

通常在个人控制之外，来自人类活动（如社会、文化、政治、经济活动、家庭、教育系统的影响），或自然力量（自然资源的分布或自然灾害，如地震、洪水以及干旱等）。

（三）学习经验

科朗伯兹认为，每个人都有自我独特的学习经验，这对于个人的生涯抉择具有重要的影响。他提出有以下两种类型的学习：

一是工具式学习经验（Instrumental Learning Experiences）。个人为获得好的结果，在特定的环境中采取一定的行动，其后果对个人会有重要的影响作用。例如：通过自身努力学习，在某次考试中取得了好成绩，这个结果会激励个人更加努力地学习。科朗伯兹认为，生涯规划和职业所需的技能，可以通过工具式学习经验而获得。

二是联结式学习经验（Associative Learning Experiences）。个人通过观察真实和虚构的模型，通过对人、事之间的比较来学习对外部刺激作出反应。某些环境的影响下会引起个人情绪上积极或消极的反应。如果原来来自环境中的一般影响与个人反应已经产生了积极或消极情绪，那么如果过大的环境刺激在此时出现，这种一般影响与过大的环境刺激相结合，个体也会产生积极或消极的情绪。

科朗伯兹提出，我们对于职业的刻板印象（Stereotype），如"教师是清贫的""无商不奸"等，都是通过这种联结式学习经验获得的。有时仅仅一个联结式学习经验就有可能造成个人对某种职业的刻板化印象，但这种印象却可能一生都难以改变，从而对个人的生涯选择产生深远的影响。

（四）任务取向的技能

包括解决问题能力、工作习惯、心理状态、情绪反应和认知的历程等。

科朗伯兹认为，在个人发展的历程中，上述四种因素相互作用，从而形成个人对自我与世界的推论或信念（Self-Observation Generalization/World-View Generalization）。他认为，一般所谓的个人兴趣、价值观等实际上都是学习的结果，属于个人生涯信念的一部分。生涯信念就是一系列对自己以及自己生涯发展的假设，这种假设会影响到个人在生涯历程中的期望与行动。个人可能会由于自我学习方法的不当、学习经验的不足、学习知识的不全面等，导致产生错误的推论或结果的单一化。这对于职业生涯的发展是有阻碍的。

因此，科朗伯兹特别强调丰富而适当的学习经验的重要，强调社会影响因素及学习经验的重要，从社会学习的观点来解释人类生涯选择的行为结果，弥补了其他职业生涯理论在这方面的不足，因此具有重要的意义。

四　生涯混沌理论

随着经济全球化的发展，整个世界充满着不确定性，人们的工作与生活也处在急速变化之中，不确定性也在增加。比如，世界格局的变化，经济类型体的变化以及人们在工作中岗位、职责、地点、形式等多方面的创新变化，使得生涯发展的路径发生了不可抗力的变化与难测定性。外界影响因素更加多样化，意外事件的作用越来越明显；个人的生涯发展需要终身学习和终身规划。全球化和信息化时代的人类生涯是一种新的生涯形态，有人称为"无疆界生涯"（boundaryless career），也有人称为"无常生涯"（protean career），以区别于传统的生涯形态，其意即开放的、弹性的、变化的、个人驱动的和自主的生涯。各种时代思潮的发展为生涯混沌理论的形成提供了思想契机。

生涯混沌理论认为，生涯心理是一种动态、开放性的复杂系统。影响个体生涯心理的内外部因素是复杂的、多样的，它们构成了个体及其生涯发展背景的亚系统、系统和超系统。它们既可以在不同的普遍性水平、以不同的方式形成，也可以在不同的普遍性水平、以不同的方式被解释。这使得我们必须从整体的角度并将个体生涯心理置于复杂的社会关系网中才能理解和把握它。作为一种复杂的系统，生涯心理具有分形特征的静态结构；有着对初始条件敏感依赖性的非线性动态变化过程；从整体来看，生涯心理系统的复杂变化中隐含着不稳定与稳定、无序与有序、不确定与确定以及难以预测性与可预测性的统一。

生涯混沌理论描绘了一幅复杂的、充满变化的、非线性的生涯心理世界，其内容已超越了传统的生涯心理学理论框架，因而是一种新的生涯心理学理论。尽管生涯混沌理论还不是很完善，有不少生涯心理问题未能解释，但仍日益显示出它的理论和应用价值。

1. 强调整体论，反对还原论

目前，主流的生涯心理学理论仍然遵循实证主义思想，采取还原论的方法，通过分析生涯心理的各构成要素，如兴趣、人格、职业承诺、职业满意度等，来理解个体的生涯心理。生涯混沌理论认为，这种还原法是无法完全理解人类生涯心理的，因为它只能研究有限的生涯心理现象，而对生涯心理的目的性、意义性和创新性无能为力。我们只有对生涯心理现象进行整体考察，将围绕个体生涯所发生的各种现象联系起来，才能较好地理解它。这为我们更好地理解个体生涯心理提供了有别于主流生涯心理学理论的新理念。

2. 强调"影响"而非机械的"因果"决定观

生涯混沌理论较少受严格的实验室因果决定论研究范式的限制，它重视的是影响生涯心理的各种因素的模式，而且这种影响模式并不是由某个单一的传统理论所界定的，而是像整个系统理论那样包罗广泛。"影响的观念不是假定因果的直接性"。这种观念与经典生涯心理学理论所奉行的机械因果决定观和经验实证的时代潮流不同，它强调的是"影响"而不是机械的"因果"决定关系。这为我们摆脱严格的因果观，深入理解个体的生涯心理提供了新的视角和方法。

3. 重视微小差异和机会性因素，反对僵化的科学追求

经典的生涯心理学理论常采用测量和统计推断等所谓科学方法来了解个体生涯心理的特征、个体间的差异以及各种因素间的关系。追求研究的科学价值，强调显著性、普遍性、可控制性和预测性。因而，它经常忽视个体间心理的微小差异和机会性因素在生涯心理发展变化中起的重要性。但生涯混沌理论认为，微小的差异对个体生涯心理发展来说有着重要的意

义，这种微小的差异性可能会带来个体生涯心理上意想不到的大变化。同样，机会和偶然性因素也能起到一定的作用，使得个体生涯出现新的形式。这种新形式在急速变化的环境中，起着越来越大的作用。因此，生涯心理辅导不能为追求科学从而忽略个体经验世界中微小事件及其可能的影响。相反，我们要注意个体经验中的各种非常规因素的作用，重视它们在个体生涯心理或职业选择中存在的价值。

4. 不严格区分现实主义和建构主义

生涯混沌理论认为，没有必要严格区分建构主义和现实主义，因为没有实质性的理由表明变量不能既是建构的又是现实的。建构主义是针对我们选择什么理论体系作为生涯心理研究和辅导的观点而言。在生涯心理辅导实践中，有些来访者以意义宽泛的发展性言词描述其生涯发展中的经验，有些则更强调其生涯发展中处于的社会角色或社会贡献，还有些则把生涯看作是人生一大问题来解决等。这种来访者生涯心理的多样性展现，使得生涯心理辅导者必须选择越来越折中的观念作为其工作的理论基础。生涯混沌理论的折中观一方面强调个体主义的观点，另一方面又强调影响的普遍性，这不仅从理论上提供了合理解释现有实践的可能性，而且还提供了新的、进一步扩大辅导者的干预与来访者相结合的可能性。生涯混沌理论认为，传统的量的研究方法，无法理解个体生涯心理的意义性、目的性和创新性等，要想深入地理解个体生涯心理的复杂特性，洞察复杂的、动态的、多层次的生涯发展和选择，就必须采取深度观察，进行个案研究或其他质的研究。这种研究方法观为我们进一步打破生涯心理学中量的研究一统天下的格局，倡导方法的多元化提供了新的支撑点。

5. 重视辩证统一性，反对片面性

生涯混沌理论充分认识到了人类生涯心理的复杂性和内在统一性，因而对人类生涯心理的考察充满着辩证法的思想。它反对受实证主义影响的经典生涯心理学理论只强调生涯心理的确定性、稳定性、有序性一面，而忽略生涯心理的不确定、不稳定和无序性的另一面的做法，主张人类生涯心理是确定与不确定、稳定与不稳定、有序与无序的统一。这种辩证统一的生涯心理观更加符合我们对生涯心理原有的理解。

作为一种新兴的生涯心理学理论，在某种意义上，生涯混沌理论可归为一种系统论，对现有生涯心理学理论与应用研究有着明显的突破。这种突破为我们理解个体发展的生涯，提供了有力的理论框架。但它也有许多不足之处。比如，它认为，生涯心理发展是相位转换的过程，但由于它强调生涯心理发展的复杂性、变化性、非线性，所以就很难也没有像经典的生涯心理学理论那样对个体的生涯心理发展阶段做出明确的划分。

第三节 目标定位的辅助工具

本节重点介绍了职业目标定位的几种关键技术：SWOT 决策分析法、CASVE 循环模型和生涯平衡单。SWOT 决策模型通过分析内部的优势和劣势，发现外界的机会和威胁，从而做出决策。CASVE 循环包括沟通、分析、综合、评估和执行五个阶段，在整个职业生涯问题解决和决策制定过程中，为人们提供规范的操作流程和必要的操作指导。生涯平衡单则从自我物质方面的得失、他人物质方面的得失、自我赞许与否、社会赞许与否来协助我们进行决策。我们要学会运用 SWOT 决策分析法、CASVE 循环模型和生涯平衡单来进行职业生涯规划决策。

一 SWOT 模型

SWOT 决策模型是由美国旧金山大学的管理学教授韦里克于 20 世纪 80 年代初提出来的，它是一种能够较客观而准确地分析和研究个人或组织现实情况的方法。SWOT 四个英文字母分别代表优势（Strength）、劣势（Weaknesses）、机会（Opportunities）、威胁（Threats）。

（一）SWOT 模型的基本结构

从整体上来看，SWOT 模型可以分为两部分：第一部分为 SW，主要用来分析内部条件；第二部分为 OT，主要用来分析外部条件。SWOT 决策分析法通过分析内部的优势和劣势，发现外界的机会和威胁，从而做出决策。

SWOT 分析法原本来自市场营销领域，通常是市场战略分析家们用来分析企业内外部环境、制定企业最终发展战略的一种技术。然而，技术本身是不具有专业性的，我们同样可以借用 SWOT 分析法来为个人的职业生涯决策服务。原本对企业内部环境的优势分析和劣势分析，在职业生涯决策的过程中就可以转换为对个体自身的优势和劣势分析，而所谓的企业外部环境中的机会分析和威胁分析，就相当于对职业环境因素以及各种可供选择的职业前景的分析。综合自身的优势和劣势，认清周围的职业环境和前景，我们可以减少职业决策的难度，更容易地进行职业选择。

因此，SWOT分析也是职业生涯决策过程中的一种关键技术。我们可以利用这种技术更准确地进行自我评估，更清晰地认识自己的生涯机会，从而能就社会就业市场的状况和个人的情况作出最佳的决策。

（二）SWOT模型的操作程序

SWOT分析法被引入职业生涯决策领域后，不但受到了使用者的普遍欢迎，而且逐渐形成了简洁、直观的SWOT决策模型（表5-1）。使用SWOT决策模型，应遵循以下几个步骤。

1. 评估自己的优势和劣势

每个人都会被赋予独特能力。在当今分工非常细致的职业社会中，个人通常会擅长于某一领域，但是样样精通却无法做到。比如有些人热衷于与陌生人打交道，喜欢推荐自己或推荐其他产品；但有些人却喜欢整天坐在办公桌旁，独立完成一些技术研发。在优势分析和劣势分析的开始阶段，我们完全可以回想一下自我喜欢做哪些事情，也可以列举一些具体的词汇来描述这些事情或自我擅长的特点、缺点。当我们将这些讲出来或写下来的时候，出现频率较高的词汇就构成了我们主要的优点和缺点。其次，我们可以寻求外在资源的帮助。如借助一些职业测评工具来帮助自己客观地认识自我。另一方面，还可以请教他人帮助诊断，像我们同学和老师的评语等，都是具有价值的信息。当然我们还可以求助于职业生涯辅导老师。每个人身上都有劣势和优势，找到劣势也很重要。因为我们可以基于自己的优势和劣势做两种选择：一是努力去改正你常犯的错误，提高你所擅长的方向；二是放弃那些你并不擅长的要求很高的职业。这使我们知道，放弃自身中劣势那部分，有时也是一种不错的选择。

2. 找出外部的机会和威胁

不同的人和行业（包括这些行业里不同的企业）都面临着不同的外部机会和威胁，所以找出这些外界因素将助你成功进行职业生涯规划和今后的求职，因为这些机会和威胁会影响你的第一份工作和今后的职业发展。对于企业来说，如果处于一个常受到外界不利因素影响的行业里，那么这个企业能提供的职业及个人发展机会将是很少的，而且职业升迁的机会微乎其微。相反，充满了许多积极的外界因素的行业将为求职者提供广阔的职业前景。请列出自己感兴趣的一两个行业（比如说，保健、金融服务或者电信），然后认真地评估这些行业所面临的机会和威胁。

3. 做出职业生涯决策

根据对自我和外界环境的分析，选择自己所从事的职业。构建一个SWOT分析模型，列出从学校毕业后最想实现的四至五个职业目标。根据优势、劣势、机会和威胁，确立最符合自己实际的职业生涯发展目标，记住：必须竭尽所能地发挥出自己的优势，使之与行业提供的工作机会完满匹配。因为职业选择的正确与否，直接关系到人生职业发展的成败。

4. 制订职业行动计划

在完成SWOT分析后，便可以制订相应的行动计划。制订计划的基本思路是：发挥优势，克服劣势，利用机会，化解威胁。运用系统分析的方法，将各种因素相互匹配起来加以组合，可得出可选择的对策，这些对策包括：

WT对策：考虑劣势和威胁因素，努力使这些因素降低到最小。如成绩不好，就必须以后更努力学习；如果某种你心仪的职业需要丰富的实践经验，那就需要多参加企业实习和社会活动。

WO对策：考虑劣势和机会因素，努力使劣势降低到最小，这样机会才能最大。如你专业水平不高，但某种职业恰恰需要复合型人才，那么可以在专业水平上加强培养自己的综合素质，来应对职业需求。

ST对策：考虑优势和威胁因素，努力使优势提升至最大，这样威胁才能最小。如你个人拥有丰富的专业知识和技能，但同学中有更多优秀的人，你无法凸显出来自我特点，那就要发现自己的优势，增强竞争力。

SO对策：考虑优势和机会因素，努力使这些因素提升至最大。如你个人对某个职业兴趣浓厚，而你在这个职业领域里又有一些人际关系网络，则要抓住机会，尽可能地展现自我。

拟定一个大学四年的职业行动计划，并且详细地说明为了实现每一目标，你要做的每一件事，何时完成这些事。如果觉得需要一些外界帮助，请说明需要何种帮助和如何获取这种帮助。举个例子，你的个人SWOT分析表明，为了实现理想中的职业目标，你可能需要进修更多的管理课程，那么，你的职业行动计划应说明何时进修这些课程。拟订详尽的行动计划将帮助你做决策，就像公司事先制订计划，为职业经理们提供行动指南一样。

尽管做此类个人SWOT分析会花费一些时间和精力，但详尽的个人SWOT分析却是值得的，因为当做完个人SWOT分析后，你将得到一个连贯的、实际可行的个人职业策略。在当今竞争白热化的市场经济社会里，拥有一份挑战和乐趣并存、薪酬丰厚的职业是每一个人的梦想，但并不是每一个人都能实现这一梦想。因此，为了使你今后的求职和个人职业发展更具有竞争性，进行个人职业生涯的SWOT分析是必要的（表5-1）。

表5-1　　　　　　　　职业生涯决策中的SWOT模型

	SWOT分析	
内部个人因素	优势：你可以控制并且可以利用的内在积极因素 我最优秀的品质有哪些？我学习了什么？我曾经做过什么？最成功的经历是什么？	劣势：你可以控制并努力改善的内在消极因素 我的性格弱点是什么？我有哪些失败的经历？我欠缺的经验有哪些？
外部环境因素	机会：你不可控制，但可利用的外部积极因素 社会大环境有利于所选职业发展吗？ 你所向往的企业在本行业中的地位与发展趋势如何？ 哪些人可能对自己的职业发展起到帮助？	威胁：你不可控制，但可以弱化的外部消极因素 专业领域的发展有限吗？ 就业形势是否严峻？ 同专业的大学生竞争者实力如何？ 具有丰富技能、经验的竞争者是否更有优势？
总体鉴定（评估你制定的生涯发展目标）		
职业行动计划		

（三）SWOT模型的应用

应用SWOT分析进行职业决策要注意以下问题。

1. SWOT分析的主观性

个体评估是SWOT分析的主要手段，评价手段自身的主观性可能会影响 SWOT 分析方法的准确性。心理学研究指出，人们往往会夸大自身优势，忽视自己的缺点。在进行 SWOT 分析时，个体可能会做出不太准确的自我评估，从而导致职业决策的失误。人格特征也会对 SWOT 分析的结果造成影响。悲观主义者会强调劣势和威胁的存在，而乐观主义者却更多地关注优势和机会，具有不同人格特质的评价者在面对相同的职业环境时可能会得出截然不同的分析结果。在使用 SWOT 分析法进行自评时，要注意跳出自我的思维模式。明确的个体职业认知是运用 SWOT 分析法制定职业规划的前提。对自己的评价要尽量客观，对职业的了解要尽量全面。自我认知包括对自己的能力、潜质、兴趣、个性、目标、价值取向的了解和认识，要充分挖掘"自己背后"的我。

2. SWOT 分析的静态性

职业生涯决策由一系列不断递进的阶段组成，是某个方案被选择、履行和不断调整的结果。决策并不意味着最后的结果，一个决策者可能会从后面的阶段重新返回前面的某个阶段。人们的工作经历、职业体验以及由于年龄的增长而引起的价值观和需要观念的改变，都会导致对自我的重新认识，从而会修正自己的职业目标。因此，职业生涯决策的过程充满着动态性、连续性和发展性。而 SWOT 分析法是基于某一时间点的静态分析方法，它不能够结合过去、现在和未来的发展趋势做出综合评判。随着职业目标和环境的变化，原有分析结果可能会出现偏差。在生涯规划中进行 SWOT 分析时，个体通常是依据自己已经存在的现实形态和观点来分析自我和职业环境，而很少考虑到未来环境的变化所带来的机会和威胁。因此，要注意在不同的阶段，结合实际，运用多种职业分析工具，定期审视决策结果，密切关注外部环境的变化，根据新的就业政策和人才市场信息，及时调整自身的 SWOT 矩阵，从而做出更加准确的职业规划。

利用 SWOT 分析法进行职业生涯发展规划，要结合大学生自身的兴趣爱好、性格特质和职业价值观进行分析，从而认识到自己的优势与劣势，挖掘自身潜能，广泛地摄取外界信息，及时掌握就业环境动态，从而提高职场竞争力。

二 CASVE 循环

认知信息加工理论从一种认知科学或认知心理学的视角探索生涯问题

和决策,再次提醒人们从关注生涯选择结果的适当与否到关注生涯选择的历程,即认知的历程。在认知信息加工理论的金字塔中,CASVE 循环(图 5-2)处于核心地位。它包含进行良好决策的沟通(Communication)、分析(Analysis)、综合(Synthesis)、评估(Valuing)和执行(Execution)五个阶段。

(一)CASVE 循环的操作程序

在认知信息加工理论看来,职业生涯规划决策是一种问题解决活动,CASVE 循环可以在整个职业生涯问题解决和决策制定过程中,为人们提供规范的操作流程和必要的操作指导。运用 CASVE 循环模型进行职业生涯规划决策,通常采用以下操作步骤:

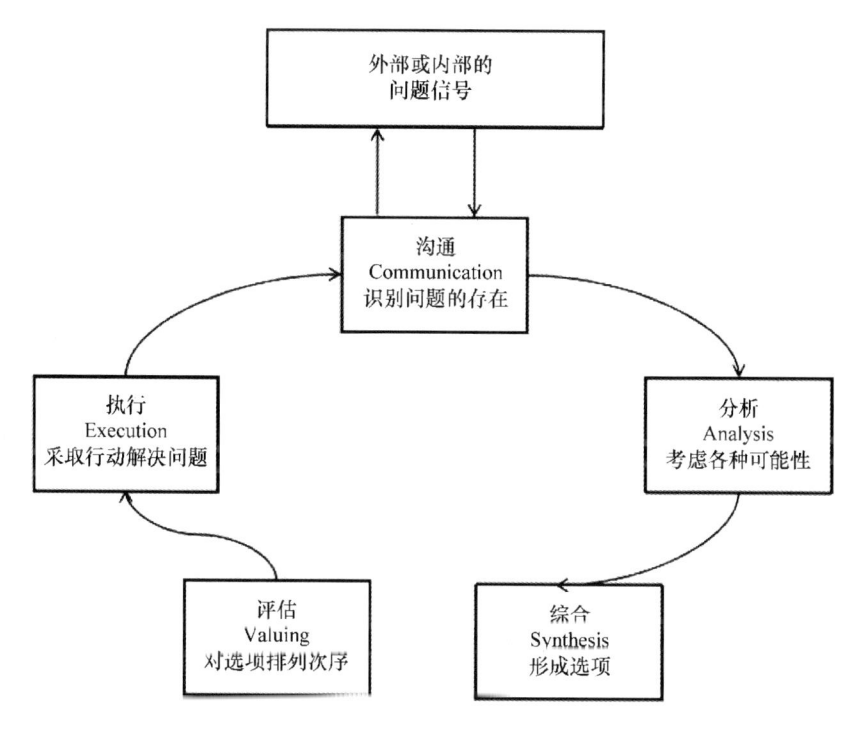

图 5-2 CASVE 循环图

1. 沟通:查找差距,"自我意识到需要做出一个选择"

沟通,包括内部和外部的信息沟通,沟通交流使我们意识到选择理想的职业和现实的职业之间存在着差距。这些信息可能通过内部或外部交流途径传达给我们。内部沟通是指个体本身拥有的身心状态，包括情绪感知，例如不满、厌烦、焦虑、愤怒和失望。还有身体本身的生理表现，如萎靡不振、头痛或其他器官疾病等。在毕业找工作的时候，你可能在情绪上会感受到焦虑、抑郁、受挫等情绪，在躯体上会有疲倦、头疼、消化不良等反应，这些情绪和身体状态都在提醒你，你需要关注身体，并观察身体发出的内部信号，进而与自我进行内部交流沟通。

外部沟通是指外界的一些因素对你产生的影响，比如宿舍同学开始准备简历就是给你提供了一种外部信息，你也需要开始准备找工作了；又如在求职过程中父母、老师、朋友给你提供的各种建议；或者你看到了有部分同学已经顺利地通过某企业面试并拿到 offer 等。这些外部信号都是在影响你的选择，这时通过内部和外部沟通，你意识到自己需要解决某些问题，这样的交流对开始生涯选择十分重要。这个沟通阶段需要回答的基本的问题是：此刻我正在思考并感觉到的自己的职业选择是什么？

2. 分析：大量信息的收集和准备，"了解我自己和我的各种选择"

分析是通过思考、观察和研究，对兴趣、能力、价值观和人格等自我知识以及各种环境知识进行分析，从而更好地理解现存状态和理想状态之间的差距。在分析阶段需要对两方面的知识进行了解。

首先是自我认知，包含了兴趣：我喜欢做什么？做什么事情的时候我能坚持很久并不觉得厌烦？做什么事情能让我得到享受？能力：我擅长做什么？什么事情是我能做得比别人好的？我都掌握了哪些专业知识？价值观：我看重什么？我这一生希望达到的成就是什么？我希望工作给我可以带来什么？人格：我是内向的还是外向的？我更关注的是抽象的事物还是具体细节？我倾向感性体验还是理性思考？我习惯于稳定不变还是随机应变？

其次是环境知识，每一个选择处于什么样的环境？会带来什么样的生活？需要付出什么努力？比如：对于考研来说，需要付出什么努力？花多长的时间准备？读研之后的生活是什么样的？研究生毕业之后的求职情况如何？而对于找工作也需要了解每一份职业相关的信息。

在这个阶段，问题解决者需要花时间去思考、观察，研究关于自我、职业、决策的知识，从而更充分了解差距，了解自己有效地做出反应的能力。相对成功的生涯决策者不会一时冲动来减小在沟通阶段所体验的压力或痛苦，因为他们知道，这是无效的，甚至可能令问题恶化。他们要解决这个问题会先弄明白需要了解自己的哪些方面，需要学会哪些理论知识并作出实践才能解决问题。还有就是这么做自我有哪些感受，选择是为了让自我更清晰目标的过程，而不是强制自我改变一些不擅长方面的过程。

3. 综合：开始确定3—5个选项，"扩大并缩小我的选择清单"

综合，是根据分析阶段所得出的信息，先把选择范围扩展开来，然后再逐步缩小，最终确定3—5个最可能的选项。这一阶段主要是综合和加工上一阶段提供的信息，从而制定消除差距的行动方案。其核心任务是，通过确定我可以做什么来解决问题。

这是一个扩大并缩小选择清单的过程。首先，尽可能多地找到消除差距的方法，发散性地思考每一种办法，甚至采用"头脑风暴"进行创造思维，查看各种可能性以发现尽可能多的解决问题的方法。然后，缩小有效方法的数量，通常缩减到3—5个选项，因为这是我们头脑中最有效的记忆和工作容量数目。这个先扩大后缩小的过程非常重要。

通过分析阶段，我们对自我的各方面都有了很多了解，每一个方面都分别对应着很多职业，把这些职业都列出来，就会得到一个范围很广的选择列表；然后选取其中的交集，就得出了缩小的职业选择范围；接着，把最可能从事的职业限定到3—5个。

最后，可以问自己假如我有这3—5个选择，是否可以解决问题，消除现实和理想状态的差距？如果可以，就进入评估阶段选出最适合的选择，如果还是不能解决问题就需要重新回到分析阶段了解更多信息。

4. 评估：选择最有可能的1—3个，"选择一个职业"

评估，对于综合阶段得出的3—5个职业进行具体的评价，评估获得该职业的可能性，以及这个选择对自身及他人的影响，从而进行排序。评估阶段将选择一个职业，找出最优选择并做出临时选择。在研究了什么选择最适合自己、环境以及那些与自己的生活关系最密切的人之后，选择可能性最大的情况。

第一步是评估每一种选择对自我的生涯决策和他人的影响。每一种选择都要从对自己和对他人的代价和益处两方面进行评估，并综合物质上和精神上的因素。比如，对我个人而言什么是最重要的？我生活中什么是最好的或者是最需求的？大体上，对我所处的环境而言什么是最好的选择？

第二步就是对综合阶段得出的选项进行排序。能够最好地消除差距的选项排在第一位，次好的排在第二位，依此类推。此时，职业规划决策者会选出一个最佳选项，并且做出承诺去实施这一选择。

5. 执行：开始执行，"实施我的选择"

执行，是整个 CASVE 的最后一部分，前面的步骤只是确定了最适合的职业，还不能带来职业选择的成功，需要在执行阶段将所有想法付诸实践。在这一阶段，需要设计一项计划来实施某一临时选择，包括培训准备（如正规教育或培训经历）、实践检验（如兼职、志愿工作等）与求职。这是实施选择的阶段，把思考转换为行动。很多人都觉得在执行阶段制订行动计划是令人兴奋和有价值的，因为他们终于可以开始采取积极行动去解决问题了。

CASVE 循环是一个不断重复的过程，在执行阶段之后，生涯决策者又回到沟通阶段，以确定沟通阶段所存在的职业问题是否得到很好解决，是否能最有效地消除理想与现实间的差距。依据是否需要再做出决策以及是否容易获得信息资源等，个体决定是否重新开始一次 CASVE 循环，直到职业生涯问题被解决为止。

CASVE 决策技术，无论是对解决个人职业规划问题，还是对解决团体问题都非常有用。用系统的方法思考这五个步骤，能够提供一个有用的工具，使你在生涯决策中成为一个更有效率的人。

（二）使用 CASVE 循环应该注意的问题

1. 沟通阶段的任务及应该注意的问题

在沟通阶段我们会就意识到沟通过后需要做出职业决策，发现自我认知状态和理想状态之间的差距。虽然我们在开始改变的时候需要一些来自沟通的压力，但太多的压力可能会引发我们利用拖延作为应对自我挫败的策略，导致我们不进行所需要的改变。比如，父母的焦虑和劝告可能只是起到很小的激发作用，却在很大程度上会导致我们以拖延作为防御。与此类似，辅导员经常会告诉我们很多用人单位的信息，但我们往往对这些信息反应太迟钝。一般来说，只有在恰当的时间对信息进行反应，才能为成功就业提供最好的机会。

2. 分析阶段的任务及应该注意的问题

在分析阶段，我们使用自我认知和就业选择知识来理解现存状态和理想状态之间的差距。就业的自我知识包括价值观、兴趣、技能、就业偏好和家庭条件。关于就业选择的知识包括对用人单位和招聘职位的认识，对行业、组织和各种不同风格的招聘者的洞察，对职位要求的资格证书、教育培训经历的了解。在这个阶段，我们还要考虑自己在作出重要决策时所使用的典型方法，理解自己积极和消极的想法如何影响问题解决和决策过程。我们以大量现有的关于自己的知识开始分析。分析阶段本身就是一个循环，在这个循环中，我们思考我们所知道的，然后获得信息，然后再思考我们所学到的。一般来说，对自己和就业选择的准确理解可以让我们在就业中更有效。

3. 综合阶段的任务及应该注意的问题

在综合阶段，我们首先扩大然后缩小我们考虑的就业选择。这一阶段的目标是避免错过潜在的恰当选择，也就是要扩大和细化我们的选择；同时，要将选择的数量减少为一个足够小的列表，以免在最后选择时面对大量的信息，即要缩小和综合。扩大就业选择的两个方法是：①将我们以前考虑过的用人单位和职位列在表上；②使用信息资源来产生各种选择，比如一些出版物、网上的信息，或者从老师和同学中获得的信息。在考虑潜在的用人单位和职位时，不要忘记了，自主创业也是越来越可行的选择。

在产生一个潜在用人单位和职位的综合列表之后，我们要通过思考我们在分析阶段所学的知识来缩小我们的选择。对个人来说，什么是最重要的？保留那些能提供合理的机会以帮助我们缩小在就业方面现实与理想之间差距的用人单位和职位。如果在我们考虑的选择里面没有一个能提供合理的机会来缩小差距，那么我们要确认是否已经找到了足够多的潜在的用人单位和职位，或者重新考虑什么在我的职业选择中是最重要的。有些求职者这时可能又要回到沟通阶段来澄清理想和现实之间差距的本质，或者回到分析阶段了解更多涉及求职的因素。

4. 评估阶段的任务及应该注意的问题

在评估阶段，我们将围绕少数几个就业选择排列先后次序，最后确定的第一选择是最符合个体要求的职位。在就业选择中，这个阶段可能会为我们的工作确定更具体的行业和组织，直至接到该组织的录用通知。对就业进行评估即判断这个职位能不能满足你的需要。评估的过程可以是同时发生也可以是相继发生。有时我们会在一个或多个用人单位里发现两个或更多的职位。在选择的最后阶段我们可能会在同一时间内有两个或更多的工作机会可供选择。我们的任务就是考虑每个职位对于我们的益处以及要付出的代价。考虑了益处和代价之后，我们会对用人单位所提供的职位进行优先排序，并最后选择接受一个合适的职位。如果所有的职位都不符合要求，我们就要继续搜索潜在的更合适的就业机会。

5. 执行阶段的任务及应该注意的问题

成功就业的最终结果是接受一个录用通知并进入岗位开始工作。在执行阶段，我们要采取行动使自己成功就业。执行的第一步是为找工作做好准备，包括撰写、设计自我的求职简历、求职信和掌握面试技巧，并采取行动申请这个职位。当接收到录用通知时，要及时让用人单位知道你接受这个岗位，并对这个岗位抱有热情。如果同时还有其他的用人单位对你发出邀请，那你也应该礼貌地一一回复，并说明不接受的原因。接下来就是为过渡到新的职业进行准备，包括寻找新的住地、交通安排、自我工作状态调整等。

在完成上述五个阶段的任务之后，还要回到沟通阶段，检查内部和外部沟通是否表明最初的心理差距已经被成功消除。如果信息表明我们接受了某个职位是做出了一个恰当的选择，那么问题解决和决策制定的过程将会暂停，直到出现下一个心理差距，这种机制才被开启。如果信息表明问题依然存在，即我们并不喜欢我们所接受的工作或者在试用期里没有获得成功的体验，那么 CASVE 循环就会回到分析阶段来更好地理解差距，探索其他的用人单位或职位。

[附录1] **职业发展的模式**

一、男性的职业发展模式与特点

（一）男性的职业发展模式

男性的职业发展模式大多是自工作一直到退休，主要模式表现为直线形职业生涯和螺旋形职业生涯。直线形职业生涯是指终生从事某一专业领域，是在一种线性等级结构中，从低级不断走向高级，取得更大的权力、责任和更多的报酬。螺旋形职业生涯是一种跨专业的职业生涯方式，围绕职业锚这个核心，从事不同专业的工作，以取得融会贯通，找到发展的新交点。据美国社会学家米勒和福姆的研究，在直线形和螺旋形职业生涯基础上，可以进一步将其划分为四种基本模式。

1. 标准型。标准型的人，顺序经过职业生涯的各个时期，这是典型的生涯发展过程。社会上大部分的人都属于这种类型。一般来说，他们的素质也是随着生涯的发展而同步发展，逐步提高，最后逐渐衰退的。

2. 稳定型。这是在生涯初期就确定了职业方向或选择期很短、很顺利的类型。属于这种类型的人，通常有较强的职业意识、较高的成就动机、较强的克服挫折的能力，也有较高的专业、职业技能水平，即他们的成功素质较高。他们由学校毕业后，能马上走上早已相中的工作岗位，以后的生涯一般也非常顺利。

3. 不稳定型。不稳定型，即数次选择职业的类型。属于这种类型的人，往往徘徊于"职业选择与适应—职业再选择与再适应"的过程中，不能使自己稳定于某个职业，他们的生涯波折较多。他们普遍素质不高，这也正是生涯有所波折的主要原因。

4. 复杂试用型。复杂试用型，即频繁变动职业的类型。属于这种类型的人，基本上都没有受到良好教育，能力素质较差，而且心理素质也比较差。他们一般没有一个长期的固定工作，而是经常变换职业。所从事的职业往往是工作繁重、收入低、社会地位差，所变换的职业间也没有必然联系。该类人的工作极不稳定、极不可靠，其生活境况往往比较凄凉。

（二）男性的职业发展道路的特点

男性在职业发展的过程中，呈现出以下四个方面的特点：

1. 发展较为规律。通常中年为职业辉煌的顶点，入职适应与退出职业两个阶段相对较短。

2. 男性成功的年龄与职业领域关系十分密切。通常社会科学学者成功年龄偏迟，通常在 40 岁之后，自然科学学者成功年龄较早，通常在 30 岁左右，体育工作者成功年龄更早些，平均在 22 岁左右，文艺工作者视文艺的类别而有所不同。

3. 男性的职业成功与配偶的教育背景关系小，与个人的教育背景关系大。由于历史的原因，男性的职业成功更多地取决于其个人的受教育程度和发展机会，因为婚姻而改变职业生涯和职业发展的概率比较小。婚姻对男性的职业影响小。1930 年以来，我国相当多个领域著名的学者其配偶都是识字很少的家庭妇女，她们相夫教子，帮助丈夫料理家务，男性把家庭和事业的关系分隔得十分清楚。

4. 男性的职业成功与个人家族背景具有一定的关系。中国自古认为男孩是传宗接代、光宗耀祖的传承者，因此，家庭的背景和家族的资源都被用来给男孩的事业作支撑，甚至不惜牺牲自己家庭的女孩的幸福为其兄弟提供更多的支持的资源。新中国成立以后，这一传统虽有变化，但在一定区域还有这样的思想。因此男性的职业成功在一定程度上有其家庭背景的影响。

二、女性的职业发展模式与特点

（一）女性的职业发展模式

女性的职业生涯发展模式，较之男性类型更多，主要有以下四种类型：

1. 稳定型模式。女性的稳定型模式与男性的稳定型模式相似，即从参加工作一直持续到退休，职业生活没有太多的起落，呈现出一种符合常规职业生涯发展阶段的特征。虽然女性在结婚生育后，需要花费很多时间和精力去照顾小孩，出现短暂的职业成长低潮期，但是这个时期不会很长，而且也不会造成职业中断，除非女性自己想退出职业生活。因此，女性一般在孩子上学以后，职业生活会回到正轨。尽管女性在整个职业生涯中都承担工作和家庭双重责任，需要付出比男性更多的辛勤劳动，但在倡导男女平等的社会环境中，这并不影响她们在社会上所扮演的职业角色。

2. 不稳定型模式。女性的不稳定型模式与男性的不稳定型模式相似，即在职业生活中以频繁的职业变换为特征，一生中在职业或事业上都处于坎坷的职业生涯状态。这种状态不是由于生养子女造成的，而是由于自己的主观想法和社会变化造成的，是市场就业环境下的常见现象。

3. 短时型模式。这种类型的职业生涯，主要表现为就业时间不长，不是贯穿整个职业人生阶段，而是选择在某一个年龄阶段上从事一段职业生活。例如，一些国家或民族的女性，在结婚前参加工作，结婚生育后则当全职太太，安心地做家庭主妇，习惯当贤妻良母，夫唱妻和，全靠丈夫挣钱养家。这是新加坡、墨西哥等国许多女性的就业模式。有的地方或民族的女性，年轻的时候不出来工作，先是待字闺中，后是相夫教子，等到孩子长大成人以后，再走出家庭从事职业工作。这两种一前一后的短时就业模式，被统称为职业生涯的短时型模式。从不同就业模式的人数上看，前一种人数居多，后一种人数较少。中国也有不少女性选择这种职业生涯模式。

4. 间歇型模式。这种类型的职业生涯，主要表现为职业生活反复无常、时续时断，从而形成间歇式的职业生涯状态。女性在家庭中的特殊地位，加大了她们的职业生活弹性，不必像男性那样把职业或事业看得那么重要。这种情况下，很多女性可以根据自身的状况，选择何时参加工作、何时退出工作，即使多次进出职场也属正常。例如，有些女性婚前或生育前普遍就业，婚后或生育后辞掉工作，几年以后再重新回到职场。这种就业模式在美国、日本、法国、德国等发达国家非常多见。还有些女性在职业生活中游刃有余，工作几年后就中断几年，之后再工作几年，为的是给生活增加一些变化和新鲜感。这种间歇型的职业生涯发展模式，在家庭条件较好的知识女性中尤其流行。

从上述四种女性职业生涯发展模式中，我们可以看出，女性的职业生活比较复杂，婚姻状况及家庭角色的转换，使得女性的职业生涯状况出现不同阶段的浮动。即使在男女平等的社会环境里，同样的职业成长、成就或成功，女性要比男性有更多的付出，这是一个无法回避的现实问题。例如，女性在职场中被轻视或忽视的现象仍普遍存在。以升迁为例，女性在职业成长机会上比男性要少很多，她们在低水平的升迁上没有问题，但是当到达一个较高水准时，要继续前进就变得相当艰难。与此相联系的是，女性在职业报酬待遇上的平均水平要低于同等学力和资历的男性，即使在同一家公司，这种差别仍能体现出来。

除了上述模式分类外，还有一些其他的分类方式，例如，日本学者神田道子把女性的职业生涯发展类型划分为完全就业型、不就业型、前期就业型、阶段就业型、后就业型几种。完全就业型：完全就业型与男性就业轨迹基本相同，只是绝大部分女性在生涯过程中要完成生育使命，有的受政策等方面影响早于男性退休；不就业型：即终生不参与社会工作，在家庭里相夫教子型；前期就业型：前期就业型就是青年期就业，婚后回归家庭；阶段就业型：主要是指因婚育原因，在婚育期不在社会就业，青年期和成年期就业的类型；后就业型：是青年及婚育期过后到社会就业的一种形式。在经济水平、受教育程度、民族风俗、社会共识以及不同的各个国家，妇女走出家门从事社会职业劳动的人数比例有着相当大的差异。例如，在一些阿拉伯国家，妇女终生在家，不能参加社会职业劳动。又如，在经济发达国家，许多接受了大学教育的妇女，在子女尚未成年的情况下自愿在家照料子女，而不外出就业。我国有着高于许多发达国家的妇女就业率，女性劳动年龄人口趋向于全部就业和全程就业。

（二）女性职业发展道路的特点

女性职业发展道路随着所在国家与地区的不同而不同，总体而言呈现以下共性特点：

1. 两个高峰和一个低谷。两个高峰，一个是在女性就业后的 6—8 年时间，即女性就业后但未生育前；另一个是在 36 岁以后的十余年间，此时孩子基本长大或可托人代管，自身精力仍充沛、阅历丰富，女性事业辉煌通常在此时期。一个低谷在这两个高峰之间，通常是生育和抚养孩子的 8 年时间。

2. 就业面窄，发展速度缓慢。

3. 婚姻状况对女性职业发展道路有决定性的影响。婚姻状况对女性职业发展影响较男性大得多。

女性就业面临的工作角色与家庭角色的冲突是一个十分复杂的社会问题，国际经验表明，缓解这一冲突需要全社会的共同努力，特别是政府应发挥主导性作用。例如，大力发展家政服务业，推进家务劳动社会化，倡导男女平等地共同承担家务责任以减轻女性的家务负担，制定有利于女性就业的社会政策，鼓励实行弹性就业制度，改革社会福利制度等。

三、理论总结

本章按照职业生涯的阶段、职业生涯的选择及提高职业成功概率三个维度，结合不同理论观点提出的时间系统归纳与梳理了职业生涯规划相关理论，各个理论的主要观点和相关评述如表5-2所示。

表5-2　　　　　　　　　相关理论观点与评述

理论维度划分		理论观点	理论评述
职业生涯阶段理论	萨柏的职业生涯发展阶段理论	萨柏以美国白人作为自己的研究对象，把人的职业生涯划分为成长阶段、探索阶段、建立阶段、维持阶段和衰退阶段五个主要阶段	萨柏从职业生涯显著角色、职业成熟度、职业生涯探索、职业生涯发展阶段、职业生涯模式和职业生涯主题等几个方面来构建他的职业生涯理论，年龄划分没有重合
	金斯伯格的职业生涯阶段理论	金斯伯格将职业生涯分为幻想期、尝试期和现实期三个阶段	金斯伯格将研究的重点放在入职之前的几个阶段，而对于入职后各阶段的权利、责任与义务等在该理论中体现相对较少
	格林豪斯的职业生涯阶段理论	格林豪斯研究人生不同年龄段职业发展的主要任务，并以此将职业生涯划分为职业准备、察看组织、职业生涯初期、职业生涯中期和职业生涯后期五个阶段	该理论从人的工作角度来看很通俗，在逻辑上也很清晰，可以概括人的整个职业生涯，但未免过于简单，不能细分职业生涯的阶段与问题，但可以此作为大的阶段，根据阶段任务具体划分时期
	施恩的职业生涯阶段理论	美国的施恩教授立足于人生不同年龄段面临的问题和职业工作主要任务，将职业生涯分为九个阶段	施恩的职业生涯阶段更多的根据职业状态、任务、职业行为的重要性进行划分，因为每人经历某一职业阶段的年龄有别，所以他只给出了大致的年龄跨度，并在为职业阶段上所示的年龄有所交义
	廖泉文的"三三三"职业生涯阶段理论	该理论认为人生大的职业划分阶段可分为输入阶段、输出阶段、淡出阶段，被称为职业生涯发展的第一个"三阶段"；另外，在输出阶段与再适应阶段，也存在职业发展的三种不同阶段，统称为"三三三"职业生涯阶段理论	该理论划分的人生职业的三大阶段具有弹性边界。相比较美国几位著名学者的职业生涯阶段划分的方法而言，这种弹性的划分方法更加具有个性化（因人不同）、弹性化（因教育背景不同）、开放化（因工作性质不同）等特点

续表

理论维度划分		理论观点	理论评述
职业生涯选择理论	职业锚理论	认为职业锚以员工习得的工作经验为基础，产生于早期职业生涯阶段，进一步给出职业锚的类型划分	职业锚理论强调实践经验对入职业选择的影响，但是对于尚未进入职业市场、处于职业探索期的人而言，缺乏有效的指导
	职业—人匹配理论	该理论明确阐明职业选择的三大要素或条件；提出了职业—人匹配的相关因素以及选择职业的具体步骤	职业—人匹配理论强调人的特质、价值观等与职业需求的匹配性，并认为这是选择职业时应当重点考虑的因素。过于强调客观匹配的重要性，忽视了人的主观能动性
	人格发展理论	该理论试图说明遗传因素和儿童时期的经验对于未来职业行为的影响，并对职业划分进行了深入研究，其职业划分方法至今在许多领域得到有效应用	理论强调了早期经验，尤其是亲子关系对以后职业选择行为的影响，但是双亲管教方式不一定一致，难以做统一分类；另外该理论对个体择业选择密切相关且非常重要的教育因素和其他环境因素基本未涉及
	心理动力理论	心理动力理论强调人内在动力与需要等动态因素的心理作用在个人选择职业历程中的重要性，认为可以通过"自我功能"的增强，提高职业适应性	该理论强调人格改变的重要性，与其他理论强调被动选择适合的职业不同，认为可以通过自身调整扩大职业选择面，但是人格的改变是一个漫长的过程，因此该理论在实践中的运用时间较长，难以实施

第六章　培养职业意识

职业意识培养是大学生在就业创业前一项很重要的任务。意识是人们思维的核心，它用以指导人们如何去行动，所以有什么样的意识就有什么样的行动。大学生就业创业时，良好的职业意识是成功的前提和基础，也是引导大学生走向一个又一个事业巅峰的必备"武器"。职业意识有很多，主要有责任意识、规划意识、质量意识、创新意识、团队意识等。

第一节　责任意识

责任意识是职业意识之基。无论大学生从事什么样的职业，首先必须具备责任意识。只有一个人在头脑中具有了责任意识，在内心深处激发起强烈的责任感，才会在行动中展示出对工作的负责与热爱。

一　责任意识的内涵

责任意识在每个人心里都有不同的解读。在人们长期生产劳动建立起来的庞大社会系统中，责任意识充当着每层社会关系网的结点。每个人的责任不是单一的，而是随着社会角色的变化而变化，作为国家公民，履行社会义务是一种责任意识；作为儿女，赡养父母是一种责任意识；作为领导，关心下属是一种责任意识；作为职员，努力工作也是一种责任意识。在这里，我们主要谈的是责任意识在职业生活中的重要性。

对责任可以从两方面来理解，一方面是要做好自己的分内事，也就是我们常说的尽职尽责；另一方面是指对自己没有做好的工作或没有履行的义务承担应有的后果或惩罚。相应地，责任意识是公民对自己角色职责的自我意识及自觉程度，它也包含两方面的内容：一方面，人们的行为必须对他人和社会负责；另一方面，人们对自己的行为必须承担相应的责任。

在职业生活中，一个人如果有责任意识，就能在工作中减少麻烦；如果没有责任意识，再安逸的岗位也会出现意想不到的后果。一个人如果责任意识强，工作中遇到再大的困难也可以克服；如果责任意识差，很小的问题也可能酿成大祸。每个成功的人，都需要有很强的责任意识。

二 责任意识的表现

当今中国经济飞速发展、社会稳步前进，正是无数有责任意识的人在各自工作岗位上努力奋斗结出的硕果。这些在一线工作的精英是社会的楷模，他们用自己的实际行动，向我们诠释到底什么是责任意识，什么是责任心……

最美女教师张丽莉在用自己的身体为学生挡住飞驰而来的大客车的那一刹那，向我们阐释了什么是教师的责任意识，那就是要无条件地爱自己的学生；最美司机吴斌在用自己的生命为乘客筑起一道生命防线时，向我们阐释了什么是司机的责任意识，那就是要无条件地保证乘客的安全；桥吊工人许振超在自己平凡的岗位上经过艰苦而又卓绝的努力创造出"振超效率"，他在用自己对工作的钻劲和韧劲向我们阐释了普通工人也应该有不普通的工作业绩和责任意识；乡村邮递员王顺友二十年如一日地翻山越岭将信息传达到大山深处的每户人家，他在用自己的心和双脚以及他走过的每一段崎岖的道路向我们阐释了一个乡村邮递员不一般的责任意识……在当代中国，这样的例子不胜枚举。从这些人的事迹中，我们无不感受到一种品格，一种境界，这就是对职业的高度责任感。

三 责任意识的培养

（一）明确自己的工作目标和任务

目标和任务是无论从事什么样的工作，完成什么样的任务都必须要首先明确的。在大学生就业创业之初，需要做的第一件事就是要明确自己所从事的这份工作的性质、任务和宗旨。在工作岗上，接到上级的指令或任务时，也要首先明确这项任务的期限、处理方式、涉及范围、预期目标等。只有明确工作目标和任务，才能够在工作中保持清醒的头脑，有明确的方向，按部就班有条不紊地展开工作。

（二）培养敢于和勇于负责的精神

现在常常能听到企事业单位说实行负责制或责任制，一个制度体系较为完善的单位通常讲究责任到人，对于工作人员来说，敢于负责就成为一种职业精神，更是一种职业必备素质。作为一名即将要走上工作岗位的大学生，在日常学习生活中，要注重培养自己敢于负责的精神，在接手任务后，要踏踏实实，认认真真去做，遇到困难勇于迎难而上，通过各种有效可行的方法途径克服困难，完成任务。当因为疏忽或意外造成损失时，要敢于承担责任，积极思考，认真总结经验教训，增长人生阅历，积累工作经验。

（三）建立自我监督的意识和习惯

无论在学习还是日常生活中，当代大学生都需要一种很重要的意识和习惯，那就是自我监督。自我监督是完善自我的有效手段和途径。人都是社会关系的总和，不能脱离社会独自存在，都生存于社会关系网中，渴望在社会上成就事业，造就人生。处于社会大环境中，时刻感受到社会各方面的监督指导，但要提升自我，完善自身，要从个人角度对自己提更多更高要求，做到"慎独"。把楷模作为学习的榜样，向他人学习，时刻检验自己的践行标准。

（四）反省并及时总结工作的得失

"吾日三省吾身"是一种生活态度，作为刚走上社会的大学生，需要及时反省自身的不足，不断涤荡自己的心灵，规范自己的行为。于总结中反省，于反省中思考，不断通过实践改进自己的工作方法，提升工作效率，并在以后的工作中作进一步检验，在一个循环上升的趋势下，推动自身的健康发展，全面发展。

第二节 规划意识

规划意识是职业意识之源。大学生在就业创业过程中，规划意识是不可或缺的。一个成功之人，总是能够在行动之前做好规划，根据实际情况制订恰当的计划，合理分配时间，做到成竹在胸。

一 规划意识的内涵

规划意识是主体根据自己的实际情况及对外部条件分析,列出自己渴望或计划完成的、在不同时期的不同目标和任务的一种自我意识和自觉程度。规划意识要求对自己有一个客观、现实的意念分析,需要随着时间和地点的变化而变化。每个人受环境氛围、认知水平、知识结构的制约,在不同的人生发展阶段会有不同的职业或人生规划。

就像可以把人的理想分为远期理想、中期理想、近期理想一样,规划也可以分为长期规划、中期规划、短期规划。大学生在步入职场前要做到心中有数,列一份详细可行的规划表,并有计划性地付诸实践,避免盲目。对于职业生涯中的规划意识来说又可以大致分为四个部分,即"四定"——定向、定点、定位和定心。定向就是确定自己的职业方向,定点就是确定职业发展的地点,定位就是确定自己在职业人群中的位置,定心就是稳定自己的心态。

二 规划意识的作用

(一)克服盲目,心中有数

在工作岗位上,一个有规划意识的人,首先想到的不是行动,而是为自己列一份详尽的计划表,由浅入深,在不同的时期解决不同的矛盾和任务。在采取每个行动,制订每个计划方案时,预期目的和结果早已在脑海中形成,这样就方便掌控整个局面,也便于在过程中及时对实施方案进行修正,对工作进度和工作成果做到心中有数。

(二)增强信心,激发斗志

规划意识有巨大的能动作用,它指引着人们前进的方向,并指导着人们的整个实践过程。在这个过程中,每完成一个目标,就离成功更近一步,对于行为主体来说,对胜利的渴望就更深入一层,对整个任务的完成就更有信心,更有斗志。前一个目标的顺利完成能够为后来的工作奠定基础、铺平道路,同时也激发了行为者的情感等非智力因素,对成功起到积极的推动作用。

(三)循序渐进,胜利在望

规划意识对于职业一个很重要的积极作用就是将整个职业生涯划分为

一个个阶段性的目标，然后循序渐进、有步骤、有缓急地去完成，提高工作效率，让行为人清楚地了解工作完成进度、工作效果及工作改进方向，引导人们不断走向新胜利。

三　规划意识的培养

（一）善于分析

职业生涯规划中的分析，包括职业分析和自我分析。职业分析大致包含家庭环境分析、学校环境分析、社会环境分析、职业环境分析等。自我分析包含职业兴趣、职业能力、个人特质、职业价值观、胜任能力（能力优势和能力劣势）等。在平时要有意留心和发掘自己在各方面的能力和潜能，有意观察周围的就业形势和职业发展状况，客观分析和评价自己，这样做出的职业规划才能更客观，更符合自身的发展要求。

（二）注重实际

当今有部分生活在象牙塔里的大学生有眼高手低的现象。在就业创业时一味追求优越的工作环境，较高的社会地位，可观的工资待遇等，忽视普通的一线工作岗位，这也是造成当今社会就业难问题的主要原因之一。针对这一现象，大学生要把"注重实际"这四个字沉淀到自己的意识中，在制定规划时要时常提醒自己注重实际，注重客观，择业目标要恰当可行，然后再付诸实施。

（三）着眼长远

制定既有利于自身优势的发挥，又能适应社会需求的职业规划，就必须着眼长远，努力克服眼前各种畸形就业观念影响。从人生发展角度出发，制定符合个人发展的职业规划。这就要求既不能趋之若鹜，又不能脱离实际，正确处理好眼前利益和长远利益、个人利益和环境利益之间的关系，真正做到既顾及当前又着眼长远，既能充分发挥自身的独特优势又能满足社会的需求，只有这样才能在激烈的市场竞争中树立信心，沉着应对，焕发光彩。

第三节　质量意识

质量意识是职业意识之本。在日常生活中常常会听到要保质保量完成工作任务的说法。在一项工作任务的执行过程中，如果不能保证工作质量，生产出"次品"，会导致在生产的过程中浪费了物质资源、人力资源，在流通的过程中又不能很好地满足社会和人民的需要，甚至在一定程度上造成危害。

一　质量意识的内涵

在 ISO 质量体系中，"质量"被理解为：一组固有特性满足明示的、通常隐含的或必须履行的需求或期望的程度。广义上讲，"质量"包括过程的质量、产品的质量、组织的质量、体系的质量以及组合的实体质量和人的质量等。狭义上的"质量"有两层含义，一是产品的质量，即产品合格与否，二是生产产品过程的质量，即生产过程是不是合理，是不是与企业设定的管理基准相一致。

所谓质量意识就是指在一个机构中，从领导层到每一个员工对质量和质量工作的认识和理解。质量意识的主体是"人"，人与动物相区别的地方就在于人有主观能动性，人是有思维有意识的高级动物。质量意识不能用具体的物质来衡量，它是一种沉淀在人们内心深处的意识，能够指导人们的行为，能够反作用于物质，能够在实际生活中在人的参与下物化为具体可见的实际事物。质量意识的客体是人所作用的客观对象，这种客观对象的面貌受到质量意识的直接影响。从狭义上讲，质量意识就是首先要保证产品合格，符合产品的规格要求并且整个生产流程要遵守生产流程的管理规定。从广义上讲，质量意识是每个人必须具备的品质之一，是一种完美人生需要达到的精神和境界。

二　质量意识的功能

（一）质量意识可以衡量一个人的工作质量

质量意识在产品质量形成过程中的作用是十分明显的，它直接决定着产品质量的好坏，也就间接衡量着工作者的工作质量。质量意识差，是工作质量差的根本原因。虽然工作质量差可能是由多种原因造成的，比如说工作者的能力相对较弱等，但工作能力相对较弱可以通过有计划的训练和学习而提高，但是如果缺乏质量意识，那么再容易的工作也不能保质保量地完成，当然也就不能让别人满意。质量意识高低，往往可以衡量一个员工的工作质量,也可以衡量一个组织的质量管理成效。

(二) 质量意识可以控制一个人的质量行为

质量意识对工作者的质量行为具有控制作用。一个质量意识强的工作者会严格要求自己工作的质量,尽量减少在实际操作过程中因误差而造成的麻烦。特别是在出现质量问题的情况下,质量意识往往能够坚定员工的信心,不因为外界的干扰而动摇或改变质量行为。质量意识又具有对质量的评价功能。质量意识能够对产品质量和工作质量等做出一个价值评价,这种价值评价又恰恰能够反映出工作者的价值观。

(三) 质量意识可以调节一个人的工作态度

意识指导行为,能够驱使人们趋向或逃离某种对象或事物,影响着一个人对某事、某物或某人作出个人判断。在职业生涯中,意识同样起着不可小觑的巨大作用,质量意识更是如此。如果工作者质量意识较强,对产品质量的意义有深刻认识,对质量工作抱有肯定态度,就会乐意参加质量管理,重视工作质量;相反,如果工作者质量意识淡薄,态度不端正,就会反感质量管理活动,忽视工作质量,那么在实际的工作过程中也就会频繁出现质量问题,不能顺利完成工作任务。

三 质量意识的培养

(一) 注重质量教育

质量教育从广义上讲,不仅仅是指为了提高工作质量而参加各种课程,各种培训,更重要的是要注重一种潜移默化的教育,一种意识和观念的转变。质量意识的形成、巩固和发展都有赖于质量教育。质量教育的目的就是促进工作者质量意识的形成、巩固和发展。质量意识的培养和增强,或者说是质量教育的成功开展,需要两方面的共同努力。一方面是相关的单位或机构需要提供一个平台,工作者需要在实际操作中逐步感受到注重质量的重要性,此外,还需要健全制度体系来保障;另一方面,工作者要在现实生活中积累经验,从内心深处意识到质量对于实现工作目标的重要性,只有保证了工作质量,才算是为一项工作任务画上了完美的句号。

(二) 端正工作动机

心理学告诉我们,工作者要有正确的工作动机,即要有"我要工作"的心理倾向,才能将工作做好。工作者的各种行为是由工作动机促成的。

工作动机是对工作者所从事的工作起推动作用的心理因素，它不仅决定着工作者的工作态度，同时也影响工作成效。在完成一项工作任务之前，正确的思想动机是先导。如果工作者一心想要把工作做好，那么即使遇到再大的困难和挫折也会想办法去克服。如果工作者有正确的思想动机，那么在工作的过程中就不会投机取巧，置工作成果的质量于不顾，也就相应地会减少因工作中出现的错误而造成不必要的损失。

（三）避免相互推诿

在日常工作中有很多时候需要与别人合作来完成某项具体的工作。尤其是在现代化的生产体系中，每个人只负责生产流程中的某一道具体的工序，而不需要做到面面俱到，全盘负责。此时就会涉及个人与其他工作者，与整体利益的关系。比如你的下一道工序希望你能够保证产品的质量甚至是提高产品的质量，以减少他们的麻烦，而你也同样希望你的上一道工序的产品或工作不给你带来麻烦，这样推理下去，每个工作者都希望别人能给自己带来便利，那么首先要做到的就应该是确保自己工作的质量，给别人带来便利与高效，而不是互相推诿。

第四节　创新意识

创新意识是职业意识之翼。创新是一个民族进步的灵魂，是国家兴旺发达的不竭动力，是学习实践科学发展观的重要内容。创新是一种崇高的追求，它与高昂的精神状态、高尚的精神境界直接联系。

一　创新意识的内涵及构成

（一）内涵

创新就是创造对人类自身发展和社会发展有益的，能改造人们的现实生活，提高人们的生活质量和生活品位的事物。创新的内涵也有狭义和广义之分。狭义就是单指某种产品的创造过程；广义的创新是一个系统网络，这个网络是由不同的行为主体相交互而发生作用的。

创新意识是指人们根据社会和个体生活发展的需要，引起创造前所未有的事物或观念的动机，并在创造活动中表现出的意向、愿望和设想。它是人类意识活动中的一种积极的、富有成果性的表现形式，是人们进行创造活动的出发点和内在动力，是创造性思维和创造力的前提。

（二）构成

创新意识是由创造信念、创造兴趣、创造情感和创造意志四部分构成的。创造信念是创造意识的原始动力，它最初迸发出思维的火花，点燃了人们发动和维持创造性活动的激情。创造兴趣能促使人们不断去探索新奇的事物，保持一颗积极乐观的心去全力研究。创造情感是创造过程中的非智力因素，但对整个创造活动起着至关重要的作用，它是一种必不可少的心理驱动力。创造意志是在创造过程中克服困难，冲破阻碍的心理因素，是维持创造活动持续进行的"定心丸"。

二 创新意识的特征及作用

（一）特征

1. 新奇性。创新意识是一种求新求异的意识。创新活动的宗旨是为了更好地满足人们生活的需求，更能符合人类自身和社会发展的需要，所以创新意识需要不断突破前人的成果，不断研发新技术，开发新成果，创造新纪录。

2. 历史性。创新意识也会受到经济状况、社会客观条件等的制约，具有很明显的社会历史性。社会需要更能推动人们的创新思维的发展。创新是为了社会，为了人民，当社会和人民有需要时，创新活动就有了新的课题。

3. 差异性。创新意识也会受到个体差异性的影响，每个人的社会地位、认知结构、行为习惯、知识构成不同，看待问题和解决问题的方式就不同。创新意识是建立在人们已有的知识结构之上的，所以也定会表现出一定的差异性。

（二）作用

第一，创新意识决定人们是否有创新行动以及创新成果的多寡。意识指导行动，创新意识指导人们的创新活动。一个人、一个社会、一个国家如果有很强的创新意识，那么这个人、这个社会、这个国家是先进的，会有很大的发展空间和前途。

第二，创新意识决定社会资源的合理分配，推动社会的全面进步。创新意识离不开社会生产力等客观的社会条件，它建立在已有的社会生产力基础之上，又推动社会生产力的发展。创新意识的合理运用能够提高社会生产效率，节约社会资源，推动社会全面进步。

第三，创新意识决定人们的创新能力，是新世纪衡量合格人才的必备素质。创新实质上确定了一种新的人才标准，它代表着人才素质变化的性质和方向，社会需要有开拓精神的人。当代大学生是新生社会的主力军，创新意识是必不可少的素质之一。有创新能力的人，会给自己的工作带来新的解决途径和方案。

三 创新意识的培养及运用

首先，培养求知欲。创新是需要有已有的知识做根基的，就像盖高楼大厦要先有地基一样。储备的知识越多，对事物的了解就会越多，眼界就会越开阔，看待问题就会越全面，进而产生的新奇想法就会越多。

其次，培养好奇欲。好奇是一种很奇妙的心理倾向，培养好奇欲对创新意识的培养至关重要。好奇心会促使人们不断探究，不断深入解决新问题和新矛盾，当好奇心得到满足时，会增加人们的自信，激发下一轮更为深入研究的动力。

再次，培养创造欲。知识储备已经具有，再加上强烈的好奇心，会促使人们有一种迫不及待的创造欲。知识在创造的过程中才能转化为现实的力量，而好奇心只有在创造的过程中才能得到满足和展现，才会有现实意义。

最后，培养质疑欲。"学起于思，思源于疑。"在创造的过程中，不免要借鉴前人已有的观点，在看待别人的观点时要批判地吸收，要勇于质疑，解决质疑，这样才能不断修正错误的观点，一步步逼近真理，求得真理。

第五节 团队意识

团队意识是职业意识之魂。英国有句古老的谚语是这样说："一个人做生意，两个人开银行，三个人搞殖民地。"这句谚语道出了团队意识的必要性，向我们直观阐述了在生活中共同承担、赏识共享的重要性。

一　团队意识的内涵

团队意识就是个人所应具备的整体配合意识，它是一种主动性的意识，将自己融入整个团体对问题进行思考，想团队之所需，从而最大程度地发挥自己的作用。团队成员致力于共同的目标，有共同的价值观和理想信念，能够相互配合，相互影响，通过良好的沟通及协作，最终高效地完成工作任务，达到"共赢"的目的。

团队意识包括四个方面，即团队目标、团队角色、团队关系和团队运作过程。每个团队成员要想融入团队并为之做出贡献，都要从这四个角度出发，经过协商达成一致意见，形成整个团队的工作目标和方法，为取得最终胜利共同努力。

二　团队意识的功能

（一）团队意识能够使团队形成强大的凝聚力

在团队意识里包含着共同的工作目标，因此每个优秀的团队成员都会"心往一块想，劲往一处使"，这样就会形成一股强大的合力与凝聚力，为达到最终的目的奠定基础。

（二）团队意识能够使成员产生强烈的归属感

团队成员会意识到自己是团队的一分子，感受到自己肩上的重大责任，逐步将自己的情感态度价值观融入整个团体的整体意识中，并将团队作为自己全部生活、价值的依托和归宿。

（三）团队意识能够使促进成员能力的提升

当个人处理工作难题时，受自身思维及知识结构等的限制，能提供的高效解决方案是有限的。但当个人置身团体中，能深刻感受他人的思考角度和思维方式，从而提出多种解决问题的方案，随着时间的推移，自身的眼界和思维也会更加开阔。

三　团队意识的培养

（一）做事要有明确的目标

团队目标是团队意识的重要方面。一个优秀的团队在工作之始就必须明确目标，甚至是明确每个成员每项工作所要达到的具体目标，这样在实际操作过程中才能避免盲目，做到有的放矢。我们在培养团队意识时，也要有意地培养自己的目标感，学着制定阶段性目标，在具体的实施过程中逐一完成，最终实现终极目标。

（二）做人要有真诚的沟通

以团队的合力去完成一项工作任务，需要浓厚的合作气氛，而团队成员间沟通的越通畅，合作的氛围就会越好。团队是为了一个共同的目标而走到一起，虽然工作分工各有不同，但团队的每个成员间必须要有良好的沟通互动，充分了解与目标相关的信息，了解工作过程中遇到的困难和问题，同心协力，共同商讨，共铸辉煌。

（三）客观了解自身的能力

一个成功的团队与每个成员的努力密不可分。在分配工作任务时，要科学地运用每个人的才能和性格优势，"取各家之长"，优化资源配置，这就要求领导者要善于发掘别人的才能，团队成员要客观评价自己的能力，如哪些方面占优势，哪些方面是劣势，适合做什么类型的工作等。只有这样，才会在工作的过程中做到扬长避短，高效实现目标。

（四）学会信任和支持别人

为了完成一个共同的目标，融众人所长，相互学习支持，团队成员之间的合作是必不可少的。合作就会涉及团队成员之间如何相处以及相处得怎么样等一系列问题。在人与人相处的过程中，首先要学会信任和支持别人，在实际的团队合作中，要信任别人的能力，支持别人为了完成同一个目标而做出的一系列努力，并要真诚地为别人加油鼓劲。

（五）真诚为他人喝彩成功

一个优秀的团队成员，不仅会为自己在工作中取得的成就而感到高兴，而且也会为自己的同伴取得成功而发自内心地去喝彩。当你为他人的成功喜悦时，你也会赢得别人的尊敬和喜爱。爱和被爱的力量是相互的，这样会传递给周围的每一个人，形成一种互敬互爱的合作风格。

[附录1] 价值观市场

使用目的：价值观分析。

使用方法：通过价值观交换的先后顺序，让来询者解释一下交换顺序的原因，以帮助来询者理解自己的价值观选择。

人际/归属感	稳定	高收入	创造性
团队合作	安全	被认可	新鲜感
能帮助他人	健康	受尊重	自由
家庭	乐趣	成就感	挑战感
朋友	物质保障	成功	冒险性
亲密关系	工作与生活平等	名誉	多样性和变化性
有益于社会	符合我的道德观	地位	能发挥自己的才能
		竞争	有学习/成长的机会
		权力	……

具体流程：

1. 参照以上列表，挑选出对你来说5条最重要的价值观分别写在5张小纸条上。

2. 在反面对你挑选的重要价值观进行描述，即要达到什么样的程度你才能满意。

3. 现在，如果你不得不放弃其中的一条，你会放弃哪一条？将你准备放弃的这一条与其他人交换。

4. 如果你不得不再次放弃剩下四条中的一条，你会放弃哪一条？请再次与其他人交换。（保留刚才别人给你的纸条，放在一边。）

5. 继续下去，直到剩下最后一条。这是否是你无论如何也不愿放弃的？

6. 通过这个活动，你对于自己的价值观有什么样的了解？

7. 你的价值观会对你的职业选择和人生产生什么样的影响？

8. 影响你价值观形成的因素有哪些？

[附录2] 气质类型测试量表

使用目的：气质类型分析

使用方法：

下面60道题，可以帮助你大致确定自己的气质类型，请根据自己的情况在"很符合、比较符合、介于符合与不符合之间、比较不符合、完全不符合"五个答案中选择一个适合自己的。很符合2分，比较符合1分，介于符合与不符合之间0分，比较不符合-1分，完全不符合-2分。

1. 做事力求稳妥，一般不做无把握的事。
2. 遇到可气的事就怒不可遏，想把心里话全说出来才痛快。
3. 宁可一个人干事，不愿很多人在一起。
4. 到一个新环境很快就能适应。
5. 厌恶那些强烈的刺激，如尖叫、噪音、危险镜头。
6. 和人争吵时总是先发制人，喜欢挑衅。
7. 喜欢安静的环境。
8. 善于和人交往。
9. 羡慕那种善于克制自己感情的人。
10. 生活有规律，很少违反作息制度。
11. 在多数情况下情绪是乐观的。
12. 碰到陌生人觉得很拘束。
13. 遇到令人气愤的事，能很好地克制自我。
14. 做事总是有旺盛的精力。
15. 遇到问题总是举棋不定，优柔寡断。
16. 在人群中从不觉得过分拘束。
17. 情绪高昂时，觉得干什么都有趣；情绪低落时，又觉得什么都没意思。
18. 当注意力集中于一事物时，别的事很难使我分心。
19. 理解问题总比别人快。
20. 碰到危险情境，常有一种极度恐惧感。
21. 对学习、工作、事业怀有很高的热情。
22. 能够长时间做枯燥、单调的工作。

23. 符合兴趣的事情，干起来劲头十足，否则就不想干。
24. 一点小事就能引起情绪波动。
25. 讨厌做那种需要耐心、细致的工作。
26. 与人交往不卑不亢。
27. 喜欢参加热烈的活动。
28. 爱看感情细腻、描写人物内心活动的文学作品。
29. 工作学习时间长了，常感到厌倦。
30. 不喜欢长时间谈论一个问题，愿意实际动手干。
31. 宁愿侃侃而谈，不愿窃窃私语。
32. 别人总是说我闷闷不乐。
33. 理解问题常比别人慢些。
34. 疲倦时只要短暂的休息就能精神抖擞，重新投入工作。
35. 心里有话宁愿自己想，不愿说出来。
36. 认准一个目标就是希望尽快实现，不达目的，誓不罢休。
37. 学习、工作一段时间后，常比别人更疲倦。
38. 做事有些莽撞，常常不考虑后果。
39. 老师讲授新知识时，总希望他讲得慢些，多重复几遍。
40. 能够很快地忘记那些不愉快的事情。
41. 做作业或完成一件工作总比别人花的时间多。
42. 喜欢运动量大的剧烈体育运动或参加各种文艺活动。
43. 不能很快地把注意力从一件事转移到另一件事上去。
44. 接受一个任务后，就希望能把它迅速解决。
45. 认为墨守成规比冒风险强些。
46. 能够同时注意几件事物。
47. 当我烦闷的时候，别人很难使我高兴起来。
48. 爱看情节起伏跌宕激动人心的小说。
49. 对工作抱认真严谨、始终一贯的态度。
50. 和周围人的关系总相处不好。
51. 喜欢复习学过的知识，重复做能熟练做的工作。
52. 希望做变化大、花样多的工作。
53. 小时候会背的诗歌，我似乎比别人记得更清楚。

54. 别人说我"出语伤人"，可我并不觉得这样。

55. 在体育活动中，常因反应慢而落后。

56. 反应敏捷、头脑机智。

57. 喜欢有条理而不甚麻烦的工作。

58. 兴奋的事情常使我失眠。

59. 老师讲新概念，常常听不懂，但是弄懂了以后很难忘记。

60. 假如工作枯燥无味，马上就会情绪低落。

胆汁质型得分：2、6、9、14、17、21、27、31、36、38、42、48、50、54、58 的得分之和。

多血质型得分：4、8、11、16、19、23、25、29、34、40、44、46、52、56、60 的得分之和。

黏液质型得分：1、7、10、13、18、22、26、30、33、39、43、45、49、55、57 的得分之和。

抑郁质型得分：3、5、12、15、20、24、28、32、35、37、41、47、51、53、59 的得分之和。

确定气质类型的标准：如果某类气质得分明显高出其他三种，均高出 4 分以上，则可定为该类气质。如果该类气质得分超过 20 分，则为典型；如果该类得分在 10—20 分，则为一般型；两种气质类型得分接近，其差异低于 3 分，而且又明显高于其他两种，高出 4 分以上，则可定为这两种气质的混合型；三种气质得分均高于第四种，而且得分接近，则为三种气质的混合型，如多血—胆汁—黏液质混合型或黏液—多血—抑郁质混合型。

胆汁质类型特点：精力充沛、情绪发生快而强、言语动作急速而难于控制；热情、显得直爽或胆大、易怒、急躁等。

多血质类型特点：活泼好动、敏感、情绪发生快而多变、注意和兴趣容易转移、思维言语动作敏捷、善于交际、亲切、有生气，但也往往表现出轻率、不真挚等。

黏液质类型特点：安静、沉稳、情绪发生慢而弱、言语动作和思维比较迟缓、注意稳定、显得庄重、坚忍，但也往往表现出执拗、淡漠。

抑郁质类型特点：柔弱易倦、情绪发生慢而强、体验深沉、言行迟缓无力、胆小、忸怩，善于觉察到别人不易觉察到的细小事物，容易变得孤僻。

[附录3] 某企业员工基本管理的5S标准细化

1. 目的

1.1 制定5S实施标准，使公司5S实施明确化；

1.2 督促全厂员工按照5S要求，养成良好的卫生习惯，树立公德意识，提高全体人员综合素质，创造一个干净、舒适、整洁、卫生、文明的工作环境，特制订本制度。

2. 适用范围

适用于公司各部门办公区域、公司内公共区域及作业现场。

3. 5S执行与考核标准（见表6-1）

表6-1　　　　　　　　　　执行与考核标准　　　　　　　　单位：元

检查区域	检查项目	5S执行标准	考核责任人及标准			
			第一次 责任	第二次 主管	第三次（含以上） 部长	部长	副总
办公室	办公室地面	1. 办公室须经常打扫，保持干净整洁 2. 办公室内严禁堆放杂物 3. 办公室内电器线路走向规范、美观，电脑线不凌乱 4. 严禁乱扔纸屑烟头、杂物等 5. 严禁在办公桌、墙壁上乱涂乱画、乱张贴	10	20	40	50	100
	办公室门窗	1. 办公台面、文件柜、窗台玻璃、花木要打扫干净 2. 电脑、灯具、电扇、空调、打印机等电器，表面洁净，无灰尘 3. 垃圾桶须及时进行清理，严禁溢满	10	20	40	50	100

续表

检查区域	检查项目	5S 执行标准	考核责任人及标准					
			第一次	第二次	第三次（含以上）		
			责任	主管	部长	部长	副总
办公室	办公室桌面	1. 桌面办公设施、台历、文件夹、电话、茶杯等物品放置整齐 2. 抽屉内须保持干净，资料或物品须摆放整齐、合理 3. 桌面的物品或资料，分类整理后合理摆放 4. 用后的文件、物品须归位整齐 5. 下班前整理好当天的资料、文件，进行分类归档	10	20	40	50	100
	办公室文件柜	1. 办公现场严禁存放失效或与工作无关的文件资料 2. 依据使用频率，决定物品、资料放置位置与放置数量 3. 文件资料要分类存放并进行正确明显标识 4. 文件资料禁止乱涂画 5. 不洁物品、过期物品、私人物品清理出现场	10	20	40	50	100
食堂	食堂物品存放与清洁卫生	1. 食堂内外严禁堆放杂物 2. 工作服、工作帽严禁乱挂乱放 3. 清洁卫生工具与餐具炊具分开存放 4. 油盐酱醋等调料摆放整齐 5. 生熟饭菜进行隔离存放 6. 室内外墙壁张贴污迹、破损的提示、通知应及时清理	10	20	40	50	100

续表

检查区域	检查项目	5S执行标准	考核责任人及标准			
			第一次	第二次	第三次（含以上）	
			责任	主管	部长	部长	副总
食堂	食堂餐具与食品安全管理	1. 餐具、炊具摆放整齐 2. 食堂地面、墙壁、炉台、天花板清扫干净 3. 餐桌、消毒柜、窗台玻璃擦拭干净 4. 餐具清洗干净，并进行有效消毒和烘干 5. 严禁使用对人体有害的食品添加剂等物品加工食品 6. 严禁使用腐烂变质的原材料进行烹饪	10	20	40	50	100
生产部	生产部机器设备	1. 机器设备、工具表面无油污、水渍、垃圾及灰尘 2. 地面及时清扫，保持干净、整洁 3. 生产所需零件、材料、包装材料存放妥当 4. 生产产生的废料，视工作闲忙程度，随时进行清扫 5. 机台上无杂物、无锈蚀等	10	20	40	50	100
	生产部作业现场	1. 车间通道保持畅通，无障碍物 2. 物品、物料放置于标识线内。若有特殊情况，须示警示牌 3. 易滑、易落处有防护措施 4. 车间杂物、生产废料严禁乱扔乱放 5. 车间地面保持干净，物料摆放整齐	10	20	40	50	100

续表

检查区域	检查项目	5S 执行标准	考核责任人及标准			
			第一次 责任	第二次 主管	第三次（含以上） 部长	部长	副总
生产部	生产部物品摆放	1. 不良品及时处置并有标识 2. 良品保管良好，并有定位 3. 物品定位放置，摆放整齐，并设置标志牌标识 4. 生产各区域划分明确、标识清楚 5. 常用的配备工具、劳保用品放置工具箱内 6. 现场不常用的配备工具应固定存放并标识	10	20	40	50	100
	生产部办公室	1. 桌面办公设施、台历、文件夹、电话、茶杯等物品放置整齐 2. 抽屉内须保持干净，资料或物品须摆放整齐、合理 3. 桌面的物品或资料，分类整理后合理摆放 4. 用后的文件、物品须归位整齐 5. 下班前整理好当天的资料、文件，进行分类归档	10	20	40	50	100
品管部	品管部办公室	1. 桌面办公设施、台历、文件夹、电话、茶杯等物品放置整齐 2. 抽屉内须保持干净，资料或物品须摆放整齐、合理 3. 桌面的物品或资料，分类整理后合理摆放 4. 用后的文件、物品须归位整齐 5. 下班前整理好当天的资料、文件，进行分类归档	10	20	40	50	100

续表

检查区域	检查项目	5S执行标准	考核责任人及标准				
			第一次	第二次	第三次（含以上）		
			责任	主管	部长	部长	副总
品管部	品管部检验室	1. 检测现场严禁存放失效或与工作无关的文件资料 2. 文件资料要分类存放并进行正确明显标识 3. 文件资料禁止乱涂画 4. 检测台面、文件柜、窗台玻璃清洁干净 5. 电脑、灯具、电扇、空调、打印机等电器，表面洁净，无灰尘 6. 垃圾桶须及时进行清理，严禁溢满	10	20	40	50	100
	区域清洁卫生	1. 责任区域须经常打扫，保持干净整洁 2. 责任区域内严禁堆放杂物 3. 检验室内电器线路走向规范、美观，电脑线不凌乱 4. 严禁乱扔纸屑烟头、杂物等 5. 严禁在办公桌、墙壁上乱涂乱画、乱张贴	10	20	40	50	100
	物品摆放	1. 不良品及时处置并有标识 2. 良品保管良好，并有定位 3. 物品定位放置，摆放整齐，并设置标志牌标识	10	20	40	50	100

续表

检查区域	检查项目	5S 执行标准	考核责任人及标准					
			第一次	第二次	第三次（含以上）		
			责任	主管	部长	部长	副总
研发部	研发部办公室	1. 桌面办公设施、台历、文件夹、电话、茶杯等物品放置整齐 2. 抽屉内须保持干净，资料或物品须摆放整齐、合理 3. 桌面的物品或资料，分类整理后合理摆放 4. 用后的文件、物品须归位整齐 5. 下班前整理好当天的资料、文件，进行分类归档	10	20	40	50	100
	物品摆放	1. 物品定位放置，摆放整齐，并设置标志牌标识 2. 试验区域划分明确、标识清楚 3. 试验物品、试剂瓶做好标识 4. 常用的配备工具、劳保用品放置工具箱内 5. 现场不常用的配备工具应固定存放并标识	10	20	40	50	100
	区域清洁卫生	1. 责任区域须经常打扫，保持干净整洁 2. 责任区域内严禁堆放杂物 3. 检验室内电器线路走向规范、美观，电脑线不凌乱 4. 严禁乱扔纸屑烟头、杂物等 5. 电脑、灯具、电扇、空调、打印机等电器，表面洁净，无灰尘 6. 垃圾桶须及时进行清理，严禁溢满	10	20	40	50	100

续表

检查区域	检查项目	5S 执行标准	考核责任人及标准				
^	^	^	第一次	第二次	第三次（含以上）		
^	^	^	责任	主管	部长	部长	副总
采购（仓储）部	五金仓库	1. 仓库严禁存放废弃材料、物品或工具 2. 货架五金配件摆放整齐 3. 桌面办公设施、台历、文件夹、电话、茶杯等物品放置整齐 4. 仓库储存货物标识明确 5. 仓库内各区域划分明确、标识清楚 6. 保持仓库道路畅通，无阻塞现象	10	20	40	50	100
^	待验仓库	1. 仓库严禁存放废弃材料、物品或工具 2. 原材料物品摆放整齐 3. 仓库储存货物标识明确 4. 仓库内各区域划分明确、标识清楚 5. 保持仓库道路畅通，无阻塞现象 6. 原材料物品码放高度不准超过摆放高度基准	10	20	40	50	100
^	成品仓库	1. 仓库严禁存放废弃材料、物品或工具 2. 成品摆放整齐 3. 仓库储存货物标识明确 4. 仓库内各区域划分明确、标识清楚 5. 保持仓库道路畅通，无阻塞现象 6. 成品码放高度不准超过摆放高度基准	10	20	40	50	100

续表

检查区域	检查项目	5S 执行标准	考核责任人及标准					
			第一次 责任	第二次 主管	第三次（含以上） 部长	部长	副总
采购（仓储）部	原料（粗品）仓库	1. 仓库严禁存放废弃材料、物品或工具 2. 原料（粗品）摆放整齐 3. 仓库储存货物标识明确 4. 仓库内各区域划分明确、标识清楚 5. 保持仓库道路畅通，无阻塞现象 6. 原料（粗品）码放高度不准超过摆放高度基准	10	20	40	50	100
	药品室或危化品储存室	1. 严禁存放废弃材料、物品或工具 2. 药品摆放整齐 3. 药品室或危化品储存室储存货物标识明确 4. 药品室内各区域划分明确、标识清楚 5. 药品储存室或危化品储存室门窗正常开关正常及时上锁 6. 药品储存室实行"五双"管理，并进行详细记录	10	20	40	50	100
	区域清洁卫生	1. 保持仓库地面无积尘、无杂物、无脏污 2. 货架和物品无积尘、杂物、脏污 3. 容器、货架、包装箱无破损 4. 产生污垢时能及时彻底地进行清扫 5. 严禁乱扔纸屑烟头、杂物等 6. 电脑、灯具、电扇等电器，表面洁净，无灰尘 7. 垃圾桶须及时进行清理，严禁溢满	10	20	40	50	100

续表

检查区域	检查项目	5S执行标准	考核责任人及标准			
			第一次	第二次	第三次（含以上）	
			责任	主管	部长	部长	副总
设备动力部	检修管理	1. 每天对所有设备进行巡检一次并进行记录 2. 办公台面、工具箱、配电柜、窗台等不得有积尘 3. 设备维修后，及时清理现场，做到工完场净 4. 做好仪表、工具保养工作 5. 维修工具等用完后归位 6. 机器设备标明保养责任人	10	20	40	50	100
	清洁卫生	1. 机修房、配电房、锅炉房内严禁存放无用的物品 2. 桌面办公设施、台历、文件夹、电话、茶杯等物品放置整齐 3. 机修房、配电房、锅炉房内清扫干净 4. 严禁乱扔纸屑烟头、杂物等 5. 灯具、电扇等电器，表面洁净，无灰尘 6. 垃圾桶须及时进行清理，严禁溢满	10	20	40	50	100
	物品摆放	1. 机修房、配电房内维修工具摆放整齐 2. 在用或闲置设备标识明确 3. 维修工具进行分类存放并正确标识，且有清单 4. 文件、表格分类标识放在固定位置 5. 电器开关、控制箱完好无损	10	20	40	50	100

续表

检查区域	检查项目	5S 执行标准	考核责任人及标准				
			第一次	第二次		第三次（含以上）	
			责任	主管	部长	部长	副总
公共区域	公共区域（厂道）	1. 人行道保持畅通，严禁物品或产品占用 2. 地面保持干净，无垃圾、无积尘 3. 按停放规则停放车辆 4. 公共区域设施完整无损 5. 公共区域每天按时打扫及保洁	10	20	40	50	100
	公共区域（绿化）	1. 绿化带整洁划一 2. 绿化带定期进行修剪 3. 绿化带内无垃圾、杂物放置 4. 绿化区域每天按时打扫及保洁	10	20	40	50	100
	公共区域（办公室）	1. 会议室门窗、窗台、墙壁干净，无积尘 2. 会议室桌椅、台柜、空调干净无尘且摆放整齐 3. 办公室天花板及各角落干净无蜘蛛网 4. 办公室花盆、地面清洁无杂物 5. 会议室饮水机、茶具干净且摆放整齐 6. 办公室洗手间洗手台干净，清洁工具按规定摆放整齐 7. 洗手间垃圾按时清理 8. 洗手间地面、墙面、顶部、门窗清洁无污痕 9. 洗手间设施完整无损坏，洁具清洁无积垢且摆放整齐 10. 洗手间内无异味	10	20	40	50	100

第七章　打造职业素质

大学毕业生在头脑中具备了必要的职业意识，并能够对具体的工作实践做出有益的指导之后，还要逐步打造自己的职业素质。职业素质既受先天遗传因素的影响，又在很大程度上与后天教育相关。所以，当代即将步入工作岗位的大学生们在平日的学习、生活中，就要逐步打造比较稳定的有益于职业生涯发展的基本素质。

第一节　职业素质的内涵及其意义

一　职业素质的内涵

（一）素质的内涵

素质包括两个方面的内容，它有先天素质和后天素质之分。

先天素质是一个生理学上的概念，指人的先天生理解剖特点，主要是指神经系统、感觉器官、运动器官、脑的特征及身体其他方面的一些特点，这个概念后来在心理学、生理学中被人们广泛分析和应用。因为这些生理特点是通过父母遗传获得的，因此也称遗传素质，或称个人天赋。这种素质是个体生理、心理发展的基础和前提条件，它对人的认知水平、能力水平、心理特征的形成和发展产生重要的制约和影响，但只对它们起到加速或延缓形成的作用，并不能起决定作用，不能决定个体生理、心理发展的内容、趋势和发展程度，因为后者是实践的产物，是在实践过程中逐步发育和成熟起来的。即便是某些人有遗传缺陷，也可以通过后天实践、学习和磨炼获得不同程度的弥补。用一句话来概括，先天素质就是从父母那里遗传得来的基本素质，对我们后来的发展有重要作用，但并不是决定性的因素。

后天素质是人的内在的一种东西，它可以概括为人的品质和质量，或者说是人在后天所达到的一种做人的高度和境界，它也是建立在遗传的基础上，受后天环境、教育的影响，通过个体自身的亲身体验、认识和在亲身实践中得出直接经验后，而形成的比较稳定的、内在的、具有整体性和发展前途的基本品质结构，包括人的道德、能力、认知水平、思想、知识、生理、心理等方面。

（二）职业素质的内涵

我们在这里所讲的职业素质主要是指后天素质，它主要靠人们在长期的生活和工作实践中培养的对自己的职业活动起重要作用的稳定的基本品质和人生境界。它同样是人的先天遗传和后天教育实践交互作用的结果。换句话说，职业素质就是从业者在一定生理和心理条件的基础上，通过教育培训、职业实践、自我修炼等途径形成和发展起来的，在职业活动中起决定作用的、内在的、相对稳定的基本品质。

具体来说职业素质表现在四个方面：职业兴趣、职业能力、职业个性和职业情况。职业兴趣是最好的工作内在驱动力，它会推动从业人员保持一颗乐观向上的心去坚持努力工作；职业能力对于工作者来说是极其重要的，它自身又涵盖了包含专业能力、交际能力、应变能力等许多方面，是多种能力的一种综合体；职业个性是因工作者的不同而不同的。工作者的自身个性因素会影响着他的职业个性，关系着他的职业发展；职业情况是一种多种因素作用下的产物，表现为一种结果，代表着一个工作者的工作能力和努力程度。

职业素质是从业者对自己所从事职业的了解与适应能力的一种综合体现，其影响和制约职业的因素有很多，主要包括：受教育程度、认知水平、实践经验、社会环境、工作阅历以及包含身体心理素质在内的自身的一些基本状况。

一般说来，大学毕业生能否顺利就业并取得成就，在很大程度上取决于自身的职业素质，职业素质越高，获得成功的机会就越大。现代社会对大学生的要求越来越高，越来越细，是否具备专业的职业素质成为用人单位对大学毕业生的首要考量。职业素质是人才选用的第一标准；职业素质是职场制胜、事业成功的第一法宝。

二 职业素质的意义

（一）有利于提高大学生应聘的竞争力

大学生在学校里学习科学文化知识，参加各种课外活动的机会是等同的，虽然在各种能力的锻炼方面有自我把握机会程度的不同，但从总体上来说，无论是科学文化研究水平，还是各种能力的差距并不是很大。在这种实际情况下，成千上万的大学毕业生同时去用人单位应聘，用人单位又凭什么能够做到万里挑一，选出自己所需要的人才呢？职业素质是备受人事主管们青睐的一项。

有些职业素质是显性的，而有些职业素质是隐性的，比如一个求职者的心理素质、专业素质、创新素质是可以在求职过程中利用一些相关测试来得到直接体现的，是显性的；而一个求职者的思想素质、政治素质等或许在短短的几分钟面试中看不出来，是隐性的，但这些可以通过人生经历等得到间接的体现。所以，人事主管们在招聘人才时，了解一个求职者的职业素质，可以比较全面地了解一个人在各个方面的表现，是一个主要的考量标准。

一个职业素质良好的求职者比一个职业素质相对一般的求职者更容易在求职的过程中胜出。所以，职业素质是大学毕业生能否找到工作的重要砝码。

（二）有利于提高整个社会劳动生产率

社会劳动生产率，是指一定时期内（通常为一年）全社会劳动者的劳动效率。它表明一个地区的社会生产力发展水平，是反映该地区经济实力的基本指标之一。劳动生产率的提高对经济的发展甚至是整个社会的发展有极其重大的意义。劳动生产率越高就越能满足人民日益增长的物质文化需求，就越能满足社会和人类不断前进的需求，因此，想方设法提高劳动生产率不仅仅是商品生产者的行为，也是整个社会发展的希冀。

社会劳动生产率的提高与社会上每个劳动者的辛勤工作分不开，而劳动者的职业素质对于劳动者工作效率的影响至关重要。如果一个劳动者身体素质好、心理素质好又有正确积极的世界观、人生观、价值观作指导，再加上较强的专业技能，创新能力，工作起来就会得心应手，很容易顺利完成工作任务。相反，如果一个劳动者，身体素质差、心理素质差，连基本的工作时间都不能保证，再加上专业素质不高，创新能力不强，工作过程中就会比其他工作者遇到的麻烦更多、困难更大，不能顺利完成工作任务的风险就会大大增加。

（三）有利于推动社会发展和科技进步

社会的不断发展和科技的不断进步，需要每一个社会成员做出自己应有的贡献，而对于工作在第一线的劳动者来说更是如此。具体地说，社会发展和科技进步是靠无数具有优秀职业素质的从业人员来推动的。社会发展和科技进步是时代发展的需要，也是顺应社会发展规律，人类发展规律的必然选择和必然结果。劳动者在这个过程中既是创造成果的主体，也是享受成功的主体。

一个国家、一个社会、一个民族、一个企业，只有优秀的人才越来越多，人才的素质逐渐越来越高，那么这个企业才会越来越先进，这个国家才会越来越繁荣，这个社会才会越来越进步，这个民族才会越来越兴旺。只有各行各业的从业者都能够意识到职业素质的重要性，并能够将这种意识转化为外在的实践行动，改造成能够产生实际生产力的物质力量，整个社会才能真正取得进步。

大学生在走上工作岗位后，要时刻将打造一流的职业素质作为自己不断追求的目标，不满足于现状，不停留于现状，而要将企业、国家、社会、民族的将来与自己手中的工作紧密联系起来，贡献自己应有的力量。

（四）有利于促进人的全面和自由发展

职业素质的提高对于单位、国家、社会有重要的意义，对劳动者本身同样有十分重要的意义。劳动者在努力提高自己的职业素质为单位、社会、国家做出贡献的同时，也在潜移默化地影响着自身的发展。一个人的职业素质高，不仅仅对职业生涯有诸多益处，而且对生活中的其他方面也是有益无害。

职业素质包含在一个人的综合素养里，职业素质越高，综合素养也就会随之提高，最终沉淀为一个人的人格魅力、道德魅力和品位魅力，象征着一个人的境界和情怀。由此循环开来，一个人的发展就会越来越全面、越来越健康、越来越科学、越来越自由。

第二节　职业素质的特征及其结构

一　职业素质的特征

（一）职业素质的专业性特征

职业素质的专业性是指从事一定职业的劳动者应当具备特定的专业结构和专业知识，有专门的业务能力，受过一定的业务培训和业务教育。不同的职业，职业素质是不同的。比如，要想成为一名医生，应当有自己的专业特长，接受过一定时间的医学知识教育和医学实践培训，具备一定的行医能力，这样才能将患者放心地托付于他。再比如，要想成为一名教师，具备一定的专业知识，接受过良好的师德教育，有深厚的专业文化底蕴，并且有自己独特的教学理念和教学方法等，只有这样才能成为一名让学校、家长、学生放心的好老师。

即将迈入求职门槛的大学生应当明确自己的发展目标，发挥自己的专业特长，提高自己的业务水平，提升自己的专业能力，抓紧一切学习机会，形成自己的专业竞争优势。

（二）职业素质的稳定性特征

职业素质的稳定性是指劳动者的职业素质一旦在长期的劳动实践中形成之后，就不容易改变，并在以后的工作过程中会稳定地表现出来。

比如，一位有良好职业素质的医生，在长期为患者治疗疾病的过程中，已经形成了自己独特的工作风格，积累了很多的工作经验，这些个人的工作特色在面对不同的患者时，是不会轻易改变的。再比如，一位教师，经过很多年的教学生涯之后，就逐渐形成了怎样备课、怎样讲课、怎样热爱自己的学生、怎样为人师表等一系列教师职业素质，在面对一届又一届的学生时，是不会轻易改变的。这就是职业素质的稳定性特征。当然，一个人的职业素质是在长期工作中日积月累形成的，并且随着实践活动的进一步推进，他的职业素质还有可能进一步提升。由于受工作者的继续学习、工作以及周围环境的改变等的影响，这种素质还可继续提高。

（三）职业素质的内在性特征

职业素质的内在性是指工作者对所从事的职业的业务要求和知识能力的内在表现。工作者在长期的工作实践和工作培训过程中，经过自己的亲身经历和学习，已经有了自己的一套较为成熟的并且是量身定做的工作方法，对于怎样工作效率最高，怎样工作效果最好，怎样工作误差最少等问题已经在心中有了明确的解答。这样，他们就会有意识地内化、积淀和升华这种工作经验和教训，形成一种固定的职业表现，这就将职业素质转化为了一种内在的品质和心理特征。我们在工作中常常听说，"把这件事交给某某人去做，有把握，请放心。"人们之所以对他放心，就是因为他已经形成了稳定的良好的具有内在性的职业特征。

（四）职业素质的整体性特征

职业素质的整体性是指包含劳动者的业务知识、专业素质、道德素质以及其他良好品质在内的一切职业素质的概括和综合。我们知道，职业素质包含多方面的内容，每一种职业素质都是作为一个优秀的从业人员所必不可少的，其中，缺少了任何一种，都有可能在工作中遭遇不顺。在日常工作中，我们常说某某职员职业素质好，不仅指他的身体心理素质、职业道德素质好，而且还包括他的科学文化素质、专业技能素质好，甚至还有他的创新能力强等。一个从业人员，虽然思想道德素质好，但科学文化素质、专业技能素质差，就不能说这个人整体素质好。相反，一个从业人员科学文化素质、专业技能素质都不错，但思想道德素质比较差或者身体心理素质比较差，同样，我们也不能说这个人整体素质好。这就是职业素质的整体性特点。

（五）职业素质的发展性特征

职业素质的发展性是指随着时代和社会的发展以及科学技术的进步，在不同的社会历史发展时期，社会对劳动者的职业素质有不同的要求。时代和社会的需要是劳动者职业素质培养的驱动力？首先是普遍劳动者素质提高了，能够为社会顺利创造出更多的价值和财富，接下来才是社会满足人们自身的需要。所以，人们为了更好地适应、满足、促进社会发展的需要，总是要不断地提高自己的素质，从而带动整个社会从业人员素质的提高。这样说来，职业素质就具有了发展性的特征。

二 职业素质的内容

(一) 思想政治素质

思想政治素质在广义上是人们的思想素质和政治素质的集合。所谓思想素质是由思想意识、思想情感、思想态度、思想意志以及思想行为等逻辑的历史的组合而成的综合效益的体现。所谓政治素质是由政治觉悟、政治信念、政治立场、政治意志等构成的,作为人社会性本质的重要体现。思想政治素质集中体现了人们的精神世界和作为社会成员的责任感。

在现实社会生活中,尤其是对于在职的和即将求职的人来说,能够树立科学的、先进的思想政治素质,对于其今后的工作生涯和事业进步有着极为重要的意义。社会在考察一位工作人员的职业素质时,其思想政治素质是首当其冲的,当前社会大学生多学先进思想理论知识,树立科学的思想政治意识,把国家最高理想和现阶段的共同理想作为提升自身思想政治素质的出发点,打造自身投身祖国建设、积极贡献自身力量的素质,做到政治上素质过硬,思想上素质高尚,就定能在激烈的人才竞争中获得首张入场券。

(二) 职业道德素质

职业道德是一个历史范畴。在不同的国家和民族,同一国家不同的历史时期,甚至在同一历史时期不同的发展阶段对于职业素质的要求和定义也不尽相同。当前我国社会主义现代化建设的大背景下,国家所提倡的社会主义职业道德规范的具体要求是:办事公道,爱岗敬业,服务群众,奉献社会。

劳动者在职场生涯和工作岗位上,践行职业道德、提升职业素质。在具体的职业活动中,要积极投身自身所处的事业,锐意进取,钻研业务,提高技能,改进技术,提升服务,树立信誉。

(三) 科学文化素质

科学文化素质是包含科学知识、科学精神、求知欲望以及创新意识等在内的一种重要的职业素质,是指人们对自然、社会、思维、科学等人类在长期生产实践中总结出来的文化成果的认识和掌握程度。

在职业生活中要具备科学文化素质,其核心就是指要做到尊重规律、实事求是,要做到一切从实际出发,达到一种具体的历史的统一。无论在学习生活还是职业生活中，都要有一丝不苟、精益求精的态度和精神。

科学文化素质影响着人们的生活质量，它是治理自然和社会问题的基本依据之一；科学文化素质也影响着人们的价值观念和思维方式，一个具有良好科学文化素质的工作者，在工作中就会努力做到精益求精，就会收到很好的工作效果。

（四）专业技能素质

专业技能素质是指人们在从事某种职业时，从专业知识和专业技能等方面表现出来的状况和水平。专业技能素质是建立在科学文化素质的基础之上的，并且与所从事的职业密切相关。这种专业技能不是一朝一夕就能得到的，也不是轻而易举就能得到的，它一般需要经过长期专门的学习、培训以及实践活动而得来。

不同的职业所要求的专业技能也不尽相同。这就要求各行各业的工作者能够形成自己的专业特色，将专业知识学精学透，才会在激烈的竞争中脱颖而出。事实证明，一个人的专业技能越强，在职业生涯中所能发挥的作用就越显著，创造力就越强。

（五）身体心理素质

身体心理素质是从事职业活动的重要条件，是成就一番事业的基础。尤其是在当今的社会，生活节奏快，工作压力大，竞争性激烈，人们的身心普遍处于亚健康的状态，这时一个健康的体魄和良好的心理素质对我们的职业发展意义重大。

所以当代大学生在进入激烈的社会竞争之前，首先要锻炼好自己的身体，增强体质；其次还要保持一个积极乐观向上的心态，遇事不骄不躁，培养坚强的意志力，为成就事业奠定基础。

第三节　职业素质的种类及其培养

一　职业素质的种类

（一）职业身体素质

职业素质本来就有先天素质和后天素质之分。先天素质主要指一个就业者的身体素质。先天素质是一个生理学上的概念，主要是指神经系统、感觉器官、运动器官、脑的特征及身体其他方面的一些特点。职业身体素质是其他职业素质得以发展的基础。

（二）职业心理素质

指一个职业人员的认知、感知、记忆、想象、情感、意志、态度、兴趣、能力、气质、性格、习惯等方面的素质。职业心理素质是一个从业人员的非智力素质，却有时能在关键的时候逆转工作中的失败和不得志，所以越来越多的著名企业开始关注职工心理素质的健康发展。

（三）职业政治素质

指政治信仰、政治立场、政治观点等方面的素质。只有政治立场和政治观点时刻与党中央保持一致，才会在工作中有较高的政治觉悟，才会保证正确的发展方向和发展目标，才不至于在工作中出现政治方向的偏离。

（四）职业思想素质

指思想觉悟、思想认识、思想方法、价值观念等方面的素质。思想素质会受到多方面的影响，既要受到客观环境等因素影响，比如社会的大环境和家庭的小环境都会影响一个人思想素质的形成，也要受到后天教育的影响。一个人受教育程度越高，思想就会越活跃。

（五）职业道德素质

指道德情感、道德认知、道德意志、道德心理、道德行为、道德修养以及组织纪律观念方面的素质。道德闪现在日常生活中的各个方面，在职业生活中也会受到道德观念的影响。一个人的道德水平越高，就会越有利于工作的顺利开展。道德素质是职业素质的一张"华丽的名片"。

（六）职业文化素质

指科学知识、专业知识、技术知识、文化知识等方面的素质。职业文化素质直接关系到工作质量的高低。职业文化素质是职业生活中不可或缺的一种素质，它受到人们教育程度、认知结构和水平的影响和制约，同时又是一个从业者保留自身特色的重要砝码。

（七）职业审美素质

指审美情怀、审美意识、审美观念、审美情趣、审美能力等方面的素质。一个优秀的工作者能够辨别生活中的真善美，自己也在一直努力朝着崇尚真、崇尚善、崇尚美的方向发展。

（八）社会交往和适应素质

主要是语言表达能力、社会交往能力、社会活动能力、社会适应能力等方面的素质。这些能力是在后天的实践活动中逐渐形成和培育起来的。每个人都是社会关系的总和。一个优秀的职员要学会与别人合作、学会与别人交流、学会尽快地适应不同的社会环境。

（九）学习和创新方面的素质

主要是学习能力、信息搜索能力、创新意识、创新精神、创新能力等方面的素质。学习和创新能力是现代社会呼声最高的需求能力，它代表着一个职员和一个公司的发展前景和发达水平。

二　职业素质的培养

在个人的职业发展中，职业素质的强弱直接影响到将来的成就。大学期间是个人价值观、知识技能、身心状态等素质发展的关键时期，因此，有针对性地打造、培养必备的职业素质是极其重要的。

（一）思想道德素质的准备

1. 树立辩证唯物主义和历史唯物主义的世界观

当代大学生只有认真学习马克思主义哲学才能树立正确的世界观。把握认识世界和改造世界的科学的方法论，不断提高自己的认识水平、实践能力和对人生的强烈责任感，勇于战胜各种各样的困难，乐观地对待人生，以积极的心态看待世界，胸怀远大的追求，珍惜生命，热爱生活，勇于拼搏，锲而不舍地奉献社会。

2. 在道德实践中培养良好的道德品质

道德品质通常称作品德或德性，是一定社会的道德核心、原则和规范等在个人思想和行为中的体现，是一个人在一系列道德行为中所表现出来的比较稳定的特征和倾向。道德品质是一个综合性范畴，由道德意识、道德信念、道德行为等要素构成。

3. 努力践行社会主义道德规范的基本要求

社会主义道德规范的基本要求，即爱祖国、爱人民、爱劳动、爱科学、爱社会主义。"五爱"反映了社会主义社会公有制经济和政治关系的客观要求，是为人民服务道德核心和集体主义道德原则在人们道德生活中的具体体现。爱祖国反映了社会主义国家的公民与祖国之间的关系，爱人民反映了社会主义国家的公民与人民之间的关系，爱劳动反映了社会主义的公民对待劳动的态度，爱科学反映了社会主义国家的公民对待科学的态度，爱社会主义反映了社会主义国家的公民与社会主义制度之间的关系。"五爱"作为一个完整的道德规范体系，是现实性与理想性的统一，也是群众性和先进性的统一。每位大学生应自觉地践行"五爱"基本道德要求。

4. 努力实践社会公德、职业道德和家庭美德

社会公德、职业道德和家庭美德既是社会主义道德核心、道德原则和道德基本要求的体现，也是社会主义道德建设的着力点和主要内容，是大学生加强道德修养、培养良好品德、提高道德素质的基本环节和重要方面。只有积极投身于社会实践，才能不断地提升道德境界。只有这样，才能使自己真正成为一个道德高尚的人，有益于人民的人。

(二) 科学文化素质的准备

科学文化素质是指个体所拥有的科学文化的知识种类、深度和层次，且能灵活、合理地运用这些科学文化知识的一种水平，是外在的科学文化知识量在人脑中的反映和综合。科学文化素质是动态的，随着人们的不断学习而提高，随着无所事事的荒废而降低。随着社会主义精神文明建设的发展和社会的全面进步，时代向人们提出了全面提高科学文化素质的任务。发展无止境，知识无止境，学习也无止境。大学生要全面提高科学文化素质，应从以下几个方面去努力：

1. 培养科学的思维方式

科学思维方式的培养不是一朝一夕完成的，更不可以认为是因一时的心血来潮得来灵感后，对事物有所顿悟得出的。因此，对于大学生来讲，必须注重科学思维方式的培养。

第一，加强哲学的学习。理性思维是科学的思维方式。哲学为人们提供方法，启迪智慧。马克思主义哲学是关于自然、社会和思维发展的一般规律的科学，其理论内容是辩证唯物主义和历史唯物主义。马克思主义哲学作为科学的世界观和方法论，揭示了自然界、人类社会发展的一般规律，是人们认识世界、改造世界的思维武器。同时，它也揭示了思维发展的一般规律。因此，当代大学生提高马克思主义的哲学素养，对于提高自

己的理性思维能力、培养科学的思维方式是至关重要的。

第二，积累丰富的知识。"巧妇难为无米之炊"，一个人如果只掌握了较好的思维方式和理性思维的一般规律，而缺乏丰富的科学文化知识和有益的实践经验作为思维的基础，就不可能有科学的思维结果和有效的解决问题的方法。

第三，独立思考问题。独立思考，是指对每一个问题从头到尾，由理论到实践都经过自己的大脑单独思考，但也不排斥经常参加讨论争辩。讨论争辩可以作为独立思考的补充，也能促进独立思考的严谨、全面和深刻。善于独立思考的人，既能集中别人的智能，又能超越前人的思想。

第四，不断调整自己的思维方式。善于随时整理自己的思路、总结思维方法上的经验教训，这是培养科学思维方式的一个重要方面。一个人的具体思维过程是十分复杂的，得到某一正确认识之前，总是要犯各种各样思维方式上的错误，有时会概念不清，有时会判断有误，有时会不够灵活变通等；不断总结思维方式带来的各种经验教训，可以不断完善自己，大大提高自己的思维能力，逐渐培养起科学的思维方式。

2. 努力提高人文素质

人文素质是指通过人文科学的教育和环境的熏陶，并通过自身的内化和发展而形成的内在品质和价值取向。大学生人文素质教育是以提高思想道德素质为根本，以提高文化素质为基础，进而提高大学生全面素质的一种教育理念。主要通过对大学生加强文学、历史、哲学、艺术等人文社会科学方面的教育，培养学生自尊自爱、自强自立的民族精神，培养学生高尚的道德人格和思想情操，培养学生的审美情趣和审美能力，实现自身的完美，塑造学生的创造性人格和勇于开拓进取的精神，形成正确的人生观、世界观、价值观，促进其全面发展。人文素质是大学生诸多素质当中最基础的素质，对于其他素质的形成和发展具有很强的渗透力和影响力。

加强大学生人文素质的教育和培养，既是时代发展的需要，也是我国高等教育的基础要求和高等教育改革的基本趋势。这将是我国走向真正意义的文明的可靠保证，也是我们培养创新人才的保证。

(三) 注重综合能力的准备

1. 开拓创新能力

开拓创新能力是人们利用已经积累的丰富知识，通过各种智力因素不断地探索研究，提出新颖独特的理论，创造出具有社会价值的新产品的能力。

大学生毕业后在实际工作中，将会遇到一些前人从未问津的新课题，如果谁具备了开拓创新能力，他就能够对这些问题进行科学的分析，抓住本质提出新的方案，获得创新成果。著名物理学家诺贝尔奖获得者温柏格说："不要安于书本上给你的答案，要尝试发现与书本上不同的东西。这种素质可能比智力还要重要。"大学生在校期间应自觉地培养这些能力，为走上岗位后创造性地开展工作打下坚实的基础。

2. 专业技术应用能力

大学毕业生虽然掌握了许多专业知识和技术，拥有较为扎实的理论基础，但是这些知识与技术应能在实践中指导与改造物质世界，达到预期的目标。

在实际工作中，尤其是在企业生产第一线工作的大学生，其实际动手能力的强弱将直接影响到其在该单位的自我发展前景以及在工作中体现自我价值程度的能力。如作为一名科技人员，只懂得技术原理是不够的，没有操作能力在很多情况下是不能完成技术任务的。大学生要提高自己的动手能力，关键在于多思考、多观察、多进行有意识的训练。有意识地多观察、多接触，就可以掌握一些基本的操作程序和技巧，掌握正确挑选、使用工具的本领。大学生要利用在校期间的大好时光，珍惜每次的教学实践、实习环节。利用第二课堂活动、科技兴趣小组、勤工俭学和搞科研项目等机会，着力培养和提高自己的实际动手能力，以满足今后工作的需要。

3. 奋发向上的竞争能力

在现代社会中，由于人们知识技能的激增与强化，这种本能的潜质在人们身上变成顺利完成某种活动的明显的心理特征，因而也变成了人们的一种能力素质。

竞争的目的不是单纯为了打败竞争对手，而是共同努力，促进生产发展和社会进步。随着社会市场经济的发展，我国的市场竞争日趋激烈，而市场竞争归根到底是人才的竞争。充满竞争的市场需要具有较强竞争力、掌握先进思想与技术的大学生。我们要想在竞争中取胜，必须强化竞争意识，一方面要克服焦虑、自卑、怯懦、优柔寡断等心理障碍，敢于参加竞争,大胆地与竞争对手比高低;另一方面,平时必须注意积累丰富的知识,建立合理的知识结构,培养科学的思维方式,积极全面地发展自己的各种实际能力,全面提高自身的综合素质。

4. 果断的决策能力

决策能力就是大学毕业生在面对错综复杂的问题时,能否及时果断地做出正确的判断和科学地选择解决问题方案的一种能力。

对于大学毕业生来说,走出校门步入社会是人生的一大转折点,面临求职择业、何去何从的紧要关头,一方面要认真听取他人的意见和忠告;另一方面应清楚地认识到今后人生旅途主要靠自己不懈的努力来完成,需要对自己所处的环境、自己的能力有一个正确的评估。因此,在大学学习工作期间就要有意识地培养和训练自己的决策能力,从日常小事做起,培养自己多谋善断的能力,日积月累,当以后遇到重大问题需要抉择时,才不至于无所适从。

5. 适应社会的能力

当前许多大学毕业生胸怀美好的憧憬、怀着宏图大志进入社会,但刚与就业市场接触就有不适感,具体表现在:对介入就业市场有恐惧心态,或畏缩,或困惑,或彷徨;有些则是定位不当,好高骛远,方法不对,眼高手低,虎头蛇尾,错失许多就业机会。导致这一现象产生的真正原因是当代大学生缺乏适应社会的能力。首先是大学生适应社会的意识不强,常常对真正的社会生活作了简单或片面的估计,一旦出现反差便产生不适。其次由于社会、家庭和大学生个人等方面综合的原因,使某些大学毕业生平时不注意本身综合素质的提高,因而步入社会后发现自己的特长不能充分施展,满足不了社会的多种需求,自己的价值很难在现实社会经济活动中得以实现。

大学毕业生要想提高自己适应社会的能力,一方面要努力提高自身的整体素质,以适应社会多层次、多方面的需要;另一方面要以积极主动的态度接纳现实社会、适应社会,缩短适应期,实现人生理想。

6. 人际交往能力

在社会主义市场经济发展的今天,人们不仅重视自己工作技能的提高,也会越来越体会到社会交往的重要性,在人际交往过程中可获取知识、信息和他人的帮助,获取情感的满足和心灵的安慰。

社会上人际关系远不如学校中的同学、师生关系那么简单。大学生毕业后步入社会，要与各种各样的人发生这样或那样的关系，能否正确、有效地处理、协调好职业生活中人与人之间的各种关系，不仅影响一个人对环境的适应状况，而且影响其工作效能、心理健康、生活的愉快和事业的成败。因此，大学毕业生自觉地培养良好的人际交往能力是非常重要的。

7. 表达能力

表达能力是指运用语言文字阐明自己的观点、意见或抒发思想感情的能力。

对于大学生来说，表达能力的重要性是不言而喻的，不仅体现在工作中，计划、总结、工作汇报、设计说明、通知、申请等都需要，而且在择业时自荐信的撰写、个人材料的准备、面试时回答招聘人员的问题等每一个环节都发挥着不可低估的作用，因此在日常生活中交流思想、讨论问题、互通情况时要注意表达能力的培养，否则再好的见解和办法，如果表达不确切、不清楚，也会直接影响本领的施展。

因此，大学生在校期间应注意提升自己的文学修养，积极地创造条件锻炼自己，不断培养和提高自己的表达能力。

8. 组织协调能力

每个人在将来的工作中都不同程度地需要与其他单位和个人进行协作，这就要求其具有一定的协调才能。而且随着大学毕业生就业制度的改革，具有一定交往能力和组织能力的大学生将越来越受到用人单位的欢迎。当前许多单位在挑选大学毕业生时，在注重学业成绩的同时，格外青睐担任过学生干部，或者参加过社会工作的学生，认为这些人容易沟通，比较容易适应社会组织的工作运行要求。因此，无论哪个专业的大学生都应积极参加社会活动，不断增强自己的组织能力，以适应时代的客观要求。

（四）良好的身心素质的准备

所谓身心素质，一般是指个体在先天禀赋的基础上，通过环境和教育的影响形成和发展起来的相对稳定的身心组织的要素、结构及其质量，包括生理素质和心理素质。健康是人们的第一财富，是人生发展的基础。身心健康是大学生实现人生理想和树立成才目标的必要前提，提高思想政治素质、道德素质、科学文化素质的必备条件。大学生要提高身心素质需从以下几个方面去努力：

1. 加强心理素质的培养与提高

一是，正确认识健康的科学内涵和大学生心理健康的社会标准。健康是以生理健康和心理健康相互协调为基础，且具有良好社会适应性三方面的有机统一。一个人只有生理、心理和社会适应三个方面都处于完满状态，才算真正的健康。

二是，培养高尚的个性心理品质，提高心理承受能力和心理适应能力。个性心理品质是人的内在综合素质，主要表现为气质、性格和兴趣三个方面。高尚的个性心理品质可以增强心理健康的免疫力。每个人只有充分认识自己的心理状态，才能在实际生活中扬长避短，发挥优势，选择适合自己气质特点的学习和工作方法，使自己的心理健康发展；每个人只有充分认识自己的性格特征，才能培养优良的性格，改变自己对社会生活的态度和行为方式，改变自己气质的消极方面；每个人只有充分认识自己的兴趣，才能激发积极性，保持良好的心境，提高认识水平，增强活动能力，使自己视野开阔，心胸豁达，朝气蓬勃，增强克服困难的勇气，形成良好的品质。

心理承受能力是每个人身处逆境时的自我保护能力，是人们克服困难和战胜困难的心理前提。心理适应能力是一个人面对陌生环境的自我调节能力，是人们战胜自己并顺应环境的心理基础。良好的个性心理品质有利于提高人们的心理承受能力和适应能力。

2 身体素质的养成

健康的身体素质是学生职业发展的需要。大学生是生产、服务和管理岗位需要的一线工作人员，工作环境对职员的体质要求很高，没有强健的体魄，将来很难适应职业对员工体质的要求。身体素质是一个人最基本的素质。健康的身体素质养成依靠健康的生活习惯。学校以加强行为习惯养成教育，强化大学生的体能锻炼意识，提高学生的身体素质为己任，体现了学校管理者的高度社会责任感、对学生长远发展负责的态度，学生应该予以支持。

同时，身体健康和心理健康是相互关联、相互依存的。如果加强锻炼，身体健康，精力充沛，心理上就会比较乐观，有利于保持良好的学习状态，积极地面对学习过程中遇到的各种困难。相反，如果身体不好，心理就会相对脆弱，也就容易产生恐惧、烦躁等不良情绪，容易怯场。

因此，为了养成良好的身体素质，在紧张的学习之余要坚持锻炼身体，养成良好的生活和起居习惯。平时除了上好体育课，参加必要的锻炼之外，还要制订健身计划，把锻炼身体作为大学生学习过程中的一件大事来做，使锻炼身体成为习惯。

[附录1] 大学生职业素质主要分类

1. 身体素质：指体质和健康（主要指生理）方面的素质。

2. 心理素质：指认知、感知、记忆、想象、情感、意志、态度、个性特征（兴趣、能力、气质、性格、习惯）等方面的素质。拓展训练以提高心理素质，很多知名企业都通过拓展训练来提高员工的心理素质以及团队信任关系。

3. 政治素质：指政治立场、政治观点、政治信念与信仰等方面的素质。

4. 思想素质：指思想认识、思想觉悟、思想方法、价值观念等方面的素质。思想素质受客观环境等因素影响，例如家庭、社会、环境等。

5. 道德素质：指道德认识、道德情感、道德意志、道德行为、道德修养、组织纪律观念方面的素质。

6. 科技文化素质：指科学知识、技术知识、文化知识、文化修养方面的素质。

7. 审美素质：指美感、审美意识、审美观、审美情趣、审美能力方面的素质。

8. 专业素质：指专业知识、专业理论、专业技能、必要的组织管理能力等。

9. 社会交往和适应素质：主要是语言表达能力、社交活动能力、社会适应能力等。社交适应是后天培养的个人能力，职业素质的另一核心之一，侧面反映个人能力。

10. 学习和创新方面的素质：主要是学习能力、信息能力、创新意识、创新精神、创新能力、创业意识与创业能力等。学习和创新是个人价值的另一种形式，能体现个人的发展潜力以及对企业的价值。

[附录2] 名企用人概述

一、华为公司用人理念①

华为用人有六条标准。

1. 全力以赴的奋斗激情

要想打造一支狼性团队，就一定不能找绵羊；找了一群绵羊，想要把它们培养成狼，这是绝对不可能的。所以要打造一支狼性团队，首先要招狼崽。从人才入口出发，就是要找全力以赴、有奋斗激情的人。

2. 客户为先的服务意识

一个企业要打造以客户为中心的文化，前提是要有以客户为先的服务意识。首先我们要明确什么是以客户为先的服务意识。华为董事、战略研究院院长徐文伟先生2009年在校园招聘核心工作组会议上曾经讲过一句话，以客户为先的服务意识就是端茶倒水的能力。华为招了很多来自985、211院校重点专业毕业的硕士，他们都是天之骄子，但选拔中一个很重要的标准就是要有服务精神。只有具备这种端茶倒水的精神，才可能服务好客户。所以以客户为先的服务意识不是抽象的，那种成就他人、服务他人的意愿，可以从各种具体的小事中得到体现。

3. 至诚守信的优秀品格

在华为，大家在会上承诺要做的事，到规定时间一定都会很自觉地交出成绩单，这就是诚信。华为把诚信设为高压线，一旦触碰就会立即被开除。许多年前我负责华为人才录用的审批工作，有一次财经部门的人力资源找我，说有一个员工的英语四级证书造假，但是这个人的背景好，孟总（孟晚舟）也说这个人可用。我对那个人力资源说，请你在这份申请录用的材料上面写清楚此人英语四级证书造假，但是鉴于这个人的专业能力，可以录用，请孟总签字。只要孟总签字，我们就通过。结果这个人力资源再也没有就此事找过我。

4. 积极进取的开放心态

我在华为曾负责全球人才引进。华为虽然在这个领域已经具备了领先的优势，但仍时刻关注着这个世界任何一个角落的创新。当领英这家美国

---

① 转引自《华为用人的六条标准，你符合几条？》，http://zhuanlan.zhihu.com/p/93952774。

公司规模还不大的时候，华为就跟领英全球销售副总裁有过交流，并派人参加了它在拉斯维加斯举办的全球年会。了解到领英基于商业交流所构建的人脉社交模式之后，我们就推动采购立项，一次性采购了它的 7 个全球账号，甚至影响领英将它位于澳大利亚的区域总部搬到了中国香港，就近提供服务。正是因为对于新事物永远保持一个积极开放的态度，才能在早期就发现像领英这样的优质伙伴，并获得更优质的服务。许多大企业的员工总有一副高高在上的姿态，这是很不可取的。一定要始终保持开放的心态，主动而为，积极开放，这样才能接纳更多好的东西，并为己所用。

5. 携手共进的合作精神

这也是华为用人标准中很重要的一点。在华为内部有一句话：胜则举杯相庆，败则拼死相救。同事胜的时候能够为其举杯，是一种大度；同事败的时候不落井下石，而是拼死相救，是一种大义。以这种大义为核心的合作精神才是一个公司的灵魂。而在很多企业中，我们看到更多的是墨守成规，是漠然，是墙倒众人推。

6. 扎实的专业知识与技能

华为的六条用人标准中，真正针对专业技术的要求只占一条，而且放在最后。为什么？因为人的能力是可变的，知识技能也是可变的，但是人的素质是早已形成的，不是说变就能变。看重人的素质，为华为更好地识别和使用人才奠定了基础。华为从 30 多年前成立到今天，按任总的话说，是从扎着羊毛巾的泥腿子，到洗脚上岸穿西装。从国内市场到全球市场，再到在全球市场成为行业领军企业，这个过程中几千名各层级的核心干部都是华为自己培养的。这一点在中国企业管理的历史上，甚至在整个企业管理的历史上都是非常难得的。

二、腾讯公司用人理念

1. 用人以德为先

马化腾说：正直是创始人团队始终坚持的价值观，领导力就是人品，人品决定产品，素质决定品质。君子爱财，取之有道，希望员工凭本事赚钱，坚决反对漠视同事劳动成果、依靠岗位谋取私利的行为。价值观正方向成长的人才，不会因为小利而失去鸿鹄之志，反之亦然。所以人品差，再努力也进不了腾讯。

2. 高情商的人优先

团队没有信任基础，很难做出重大决策。市场速度永远比你个人快。腾讯奉行的 CPEI 文化体系。强调的就是合作（Cooperation），实用（Practicality），探究（Exploring），创新（Innovation）。尤其是激发创意，只要员工有好的点子并反馈给经理，公司就会给予相应的精神物质奖励，当年 QQ 秀的策划者就受益于此。比尔·盖茨曾忏悔：我不再像以前那样认为智商是无可替代的。想要成功，你还必须要知道应该如何做出明智的选择，以及拥有更宽广的思考力。这就是领导者的情绪智商。

3. 管理人员大局观

马化腾希望自己的团队氛围是饥渴的，腾讯倾向于营造激情、好学、开放的环境。因此在任人唯贤时，腾讯考虑 3 个因素：是不是有激情？有没有大局观？对负责的产品和服务是不是有抓到底的决心？

4. 团队要有互补性

马化腾说：团队要有互补性，并且能够拥抱变化。互补性是指团队成员需要个性和能力的差异，八仙各显神通才过得了那东海嘛。而这个变化应该是指团队在应对市场瞬息万变的速度中能具备像猫抓老鼠一样的灵敏性，达成积极有效的反应速度。

5. 不培养副手的中层—最多容忍半年

腾讯注重人才梯队的交接班，内部挑选的管理人才如果在行业内不算出头，就需要团队来做出补偿，于是每一位中层需要为自己培养一位能力强劲的副手，内部找不到就去外面挖。

三、阿里巴巴公司用人理念

1. "双商"都高的人

双商指的是智商和情商，智商高并不是要求一个员工是天才，是无所不能的，智商高的意思就是这个员工喜欢学习，有一颗积极进取的心，对于公司的业务上手快，对于新的业务学习接受能力比较强，专业度比较高，可以很快地理解上级教给自己的任务，并且总结出一个合适的方法和步骤。公司里有一个智商很高的员工，工作效率会提高 50%，工作进程也会得到相应的加快，公司自然喜欢这样的员工。

情商高的员工也不是指感情生活比较丰富的员工，而是在人际交往中游刃有余的员工，有这样一种人，你和他虽然不熟悉，但是相处起来就很自然、很舒服，虽然是第一次见面，但是他总能找到适合你们两个之间的话题，这样的人就是情商很高的一种人，他是尴尬局面的打破者，也是气氛的调剂者，公司有这样一个人存在，工作氛围就会变得轻松很多，在接待客户的时候，他也可以提供强有力的支持，所以是值得公司重用的。

2. 积极向上的人

积极向上的人就是一个对工作充满希望的人，是一个对于工作很热情、很有激情的员工，这样的员工往往拥有一颗健康乐观的心，他们的抗击打能力是非常强的，不仅是这样，他们还会影响着自己周围的员工，因为一个人的情绪是会对周围的同事产生很大的影响的，负面情绪太多的员工会让整个办公室都变得压抑，相反，积极乐观的员工同样会对周边的同事产生积极的影响，感染着身边的朋友，也会改变整个办公室的氛围，不同的环境中，员工的工作效率是不一样的，开心的时候，往往是他们工作效率最高的时候。

3. 拥有一颗强心脏的人

想要在社会上立足，想要在自己的工作岗位上有所成就，就要学会接受失败，接受挫折，对于失败和挫折，自然要有一颗强心脏，不被困难打倒，在困难中变得更加的坚强，才能有毅力去迎接更大的挑战。在公司选人的时候，就要着重注意员工的抗打击能力，因为一个员工如果承受不住困难的话，在公司中是无法长久地做下去的，遇到一点麻烦就想着放弃，就想着自己不行的员工，最后只会损害公司的利益，所以，坚强的员工，才是 HR 的首选。

4. 懂得自我提升的人

懂得自我提升的员工有两个特征，一是喜欢学习，而且可以坚持不断地学习，二是敢于承认自己的错误，并且愿意为自己的错误承担责任。一个员工，只有不断地学习，才能更加了解公司的业务，才能在工作中更加地游刃有余，这是无可厚非的。愿意承认错误并且改错的员工，会在一次次的失误中总结原因，提升自己，等到下次再遇到这样的问题的时候，他肯定可以提出更好的解决方法，这对于公司来说，是很有必要的，这样的员工，是很珍贵的。

第八章 职业生涯规划案例分析

第一节 生涯初识

案例一：我的未来向哪里去

【案例概况】

刘昊，男，某高校人力资源管理专业学生。刘昊同学衣着整洁、举止得体、语言表达流利，能够清晰表达自己目前的困惑："读高中期间目标明确，上大学后目标没有了，对自己未来的发展目标不清晰"。刘昊同学的家在东北的一个小镇上，父母虽有稳定的工作，但家庭收入一般。刘昊本人性格开朗，自尊心强，在高中时还担任过班级的干部，喜欢为老师和同学服务，是一个阳光大男孩。跟其他高中生一样，刘昊参加高考目标明确，拼命努力学习就是为了考上一个好大学。

高考过后，怀揣对大学的憧憬，非常兴奋地走进了象牙塔，开始了他理想中的大学生活。在过去一年的大学生活中，他积极参与各种各样的活动，参加学校各个社团，但随着时间推移，他渐渐地发现，在大学里越来越没有意思，他感觉自己也不知道整天在忙些什么，他试图向其他同学那样整天泡在图书馆或者追剧，或做兼职赚钱。但都没法坚持，而且一点也提不起兴趣，他开始深切地感受到前所未有的迷惘，他不知道接下来的大学生活应该怎么度过。同时，对自己的专业也越来越不了解，不知道毕业后能干什么，目标不明确。

【案例分析】

刘昊所遭遇的困境，是大学二年级同学比较常见的问题。从大学生职业生涯发展的角度考虑，这是一例因发展目标不明确而引发的个体心理不适的典型案例。可以通过以下角度对案例进行分析：

第一，通过职业发展目标不明确的具体表现来判定问题。本案例中的刘昊同学高中时以"考大学"为目标，目标看似具体明确，所以其在高中能够努力学习。但这一目标仅指向上大学这一结果，对大学所学专业及自己人生发展的关联并没有明确考虑。因此，考上大学后，他在大学的前一年看似积极，但也只是随波逐流。"上大学后究竟要做什么？自己想要的未来发展是怎样的？为实现目标需要做哪些事情？"因为没有自己的思考，也没有寻求专业的指导；所以就放飞自我，经过一年的时间累积后，彻底迷失了方向，不知道接下来的大学生活怎么过。表现出了对什么都不感兴趣、以前喜欢的东西也不想接触、厌倦学习等情况。

第二，根据"舒伯生涯彩虹理论"对职业发展目标不明确的原因进行分析。舒伯生涯彩虹理论认为，个体在发展历程中，会随年龄增长而扮演不同的角色。从刘昊同学所处的阶段来看，他并没有很好地适应大学期间自身角色比重的变化，从而导致出现茫然的结果。

第三，根据"霍兰德职业兴趣理论"对职业发展目标的确定途径进行分析。霍兰德认为：人的人格类型、兴趣与职业密切相关，兴趣是人们活动的巨大动力，凡是具有职业兴趣的职业，都可以提高人们的积极性，促使人们积极地、愉快地从事该职业，且职业兴趣与人格之间存在很高的相关性。

【案例处理】

第一，通过"撕思人生"游戏帮助刘昊认识确定目标的重要性。

进入大学后，个体原生资源是现实存在且无法更改的，但通过职业生涯规划并付诸实施却可以改变未来的发展。针对刘昊同学的情况，首先要做的工作就是帮助他意识到在大学里确立发展目标对自身的重要性，让他理解人生的剧本是由自己书写的，而不是由他人执笔。具体操作如下：

给刘昊一张普通的白纸，在白纸上画一条长线段，在起点写上自己的出生日期和年龄（0岁），在终点上标出自己预测的死亡年龄（刘昊把自己的死亡年龄预测为80岁）。在分别撕掉退休后的人生、过完的人生、睡觉休息的人生后，请他思考：剩下的部分有多少？手中拿的这段时间是什么？有多少我们可以用来努力学习和工作的时间？

刘昊看见手里的一张大白纸变成短短的一小块儿的时候，触动很大。他表示，原以为后面 60 多年的人生中，有大把的时间去学习、去工作、去奋斗，但通过这个直观的撕纸游戏，让他看到了人生的短暂，不规划或晚规划都将会让他错失成功的时机。

第二，通过画"生涯彩虹图"帮助刘昊确定现阶段发展目标。

我们用"画生涯彩虹图"的方法，并让刘昊根据自己的彩虹图回顾发展历程中的一些特殊经历，生活中重要任务的影响、个人的态度与感受等，并对每一次的决定加以分析，以增进他对自己发展历程的认识。最终，在老师的引导下，他明确了作为一名大二学生，他已经涉及第一层子女，第二层学生，第三层休闲者，第四层公民等角色，但目前对他来说，最为重要的角色是"学生和子女"。

第三，通过四步访谈法帮助刘昊认识自我，了解职业兴趣。

四步访谈法包括"辨认、描述、分析、应用"四个步骤，使用该方法的目的是用来促进刘昊同学了解未来职业发展的兴趣所在。

在前期访谈中，了解到刘昊喜欢人力资源或企业管理方面的工作，并希望自己能带领一个团队创业，但不知道现在应该做些什么？如何去实现？自己到底适不适合做这个等。在确定了他的职业兴趣后，我们让他在学校的生涯测评系统中进行兴趣、性格的测试，并详细告知他完成正式测评时所需要的时间、环境和心态等要求。告诉他这是帮助他了解自己的兴趣、爱好和性格特点，包括适不适合做他设想的工作。通过测试结果得知，刘昊的职业兴趣为 E 型——企业型，企业型的人不是思考者，是实干家。他们喜欢与人和理念打交道，而不是实际执行。倾向于用自己的语言技巧说服和影响他人，喜欢领导他人，作出决策。企业型的人喜欢从事和销售、管理、政治或其他管理、领导相关的职位。在填写"你心目中的理想职业"，刘昊填的是人事主管、检察官、律师。我们通过技能澄清，处理了刘昊在自我技能认识中的一些不合理信念，进而引发他对未来目标职位的定位。同时我们帮助刘昊分析了他的性格，测试的结果为外倾、直觉、思维和判断，是热心又真诚的天生的领导者。我们向刘昊解释了性格类型的相关理论，并说明，一份适合自己性格类型的工作可以更好地让我们成为一个有效的工作者，而我们也可以为自己的工作改善自己的性格。

第四，通过资源检索进一步帮助刘昊结合职业兴趣探索未来发展目标。

随着发展目标探索的逐步深入，刘昊现在的职业目标越来越清晰。为了巩固成果，建议刘昊进一步通过网络、书籍、报纸等多种形式对匹配职业兴趣的职业岗位信息进行检索，并鼓励他通过周围人脉关系对相关的职业信息进行更丰富、更有效的了解和探索，同时，与刘昊共同商定，在对未来规划探索的过程中，要保持开放的态度。

【案例效果】

经过一系列的工作，可以看到刘昊对自己的现状和未来发展有了一定的认知和感受，并为自己制定了短期、中期和长期目标。刘昊同学也表示在经过自我认知和职位目标确认后，不仅对自身有了进一步了解，对未来也感到更加清晰。他意识到自己喜欢接受各种新的变化和发展，不愿制定单一目标，因为人生本身就充满各种不确定性。他为自己制定了明确的分阶段目标，并表达了会为这些目标努力的决心。因此，可以确定已经达到了刘昊同学的帮助目标。

在后续的追踪中，了解到刘昊明确地知道自己想干什么，他选定了一个社团，辞掉了其他的活动和职务，在工作中全心地投入，很快就能独当一面。他的大学生活中也再没有了游戏、没有了挂科，有的是充实和累累硕果，他正在按照自己的职业规划去实现一个个目标。

【案例启示】

第一，生命对于每个人只有一次，珍贵而不可重来。在这场不可逆的单程人生旅行中，花费在工作中的时间几乎占到一半，可见，拥有成功的职业生涯才能拥有完美人生。身在象牙塔的大学生更应该尽早确立"职业生涯"概念，树立"谋业"意识，与大学四年的学习生活同步，才不会到了毕业时才去"临时抱佛脚"，出现"就业难"的恐慌。

第二，真正的职业规划不只是一纸计划，而是需要在合理的自我认知的基础上，进行合适的职业定位，设定合适的职业方向与职业目标，然后按步实施，才可能走向成功。

第三，明确的目标设定具有一种潜在的强大能量。人一旦有了明确清晰的目标，潜意识就会自动发挥它无限的能量，产生强大的推动力，并且能够不断地定位和修正，朝着目标方向前进。

案例二：我将如何进行规划

【案例概况】

廖丽，女，沈阳某大学电子信息工程专业大四学生，虽成绩平平，但因性格外向，在校学生会社团部部长期间，工作得心应手，而且锻炼了较强的沟通能力。大学期间从未考虑将来从事什么职业，直到大四的时候看到周围的同学都开始找工作了，廖丽同学才意识到这点。

廖丽同学刚开始找工作的时候有些心高，希望能进外企。因此她选择了一家做医药业务的外企，笔试非常顺利，以第二名的身份进入面试，但面试后因专业不对口被刷下来了。这时又想起自己报了考研，又参加了研究生的考试，因为没有好好学习，出考场就知道自己不可能被录取。之后，又出台了招收大学生村官的政策，廖丽也想参加大学生村官的选拔，但因为政治面貌不符合条件而没有参选机会。时间就这样一天天过去，她彻底错失了秋季招聘的黄金期，转眼间春节过了，同学们就要毕业了。而且春节过后的招聘市场就变得冷清了不少，单位少了很多不说，招聘的岗位也都是销售之类的了，廖丽对这方面的工作一点儿也不感兴趣。看到平时学习成绩及各方面表现不如自己的同学都找到了满意的工作，廖丽对就业的前景感到迷茫，不知所措。

【案例分析】

案例中的廖丽同学之所以在求职中屡次失败，主要是她在大学期间忽略了对自身职业发展的探索、大学生活对职业生涯发展的影响以及综合素质的培养。大学期间没有做好职业规划，没有规划的人在上学期间就不知道自己所学专业未来的就业方向是什么，不明白自己即将进入的行业对人才的要求标准是什么，更加不清楚自己喜欢或者适合什么样的职业，即使自己有了理想的职业目标，也没有认真地、有计划性地去提升自己，缩短与用人单位的差距，最终导致自己在就业市场上没有竞争力，这样很容易被用人单位拒之门外。

第一，廖丽同学的案例是一个没有做好职业规划的案例。

第二，据"霍兰德职业兴趣理论"进行分析。霍兰德认为：人格类型、兴趣和职业密切相关，在这其中，兴趣是人们活动的巨大动力。任何有职业兴趣的职业都能极大地提高人们的工作积极性，使人们积极愉快地工作，另外，职业兴趣与人格有着高度的相关性。案例中的廖丽同学完全没有根据自己的兴趣选择职业，而是盲目地选择自己认为"高大上"的职业，结果完全不适合自己，最后导致择业失败。

第三，没有具体的求职单位。根据各省市教育局及各公办学校的招聘要求，了解到一般普通学校的招聘要求是：本科及以上学历应届毕业生、师范类专业、非师范类专业毕业生有教师资格证书者皆可等。廖丽本科就读的是非师范类专业，在校期间也没有考取教师资格证书，所以不符合公办学校的招聘条件。经过老师的引导，最后把求职单位扩大到私立学校和比较好的培训机构。

【案例处理】

第一，确定职业类型。根据测试结果显示，廖丽属于社会型，社会型的主要表现有：关心社会各类问题、渴望发挥自己的社会作用。具有广泛的人际关系，比较看重社会义务和社会道德职业；喜欢从事与人打交道的工作，能够不断结交新的朋友，乐于从事提供信息、启迪、帮助、培训、开发或治疗等事务，并且具备相应的能力。比如说教育工作者（教师、教育行业行政人员），社会工作者（顾问、公关人员）等。

第二，根据职业类型选择就业方向。因廖丽同学所就读的是师范院校，虽是电子信息工程专业，但是她的数学和物理都非常棒，根据测试结果，结合廖丽同学自身的性格特点，经过老师对可能从事行业类别、发展未来前景、薪资待遇、对生活的影响等分析，廖丽表示非常愿意从事教育行业，当一名老师。

第三，找出短板，缩短与单位的差距。廖丽的优势在于性格外向、为人和善、并善于与人沟通交流，喜欢从事教育行业。但同时不足的地方就是没有试讲的经验。应聘教师关键的环节就是试讲，如何在短短的20分钟内抓住学生和用人单位的心，是能否应聘成功的关键所在。接下来重点攻破试讲难关。我们鼓励廖丽去向有丰富师范生实习试讲经验的老师请教，提升试讲能力。老师给廖丽三点启示：一是流畅自信的外在表现。在教姿教态方面，要注意穿着得体，在讲课过程中要合理使用肢体语言，不能出现把手撑在讲台上或者出现兰花指等情况。二是合理的教学设计。在教学过程中，教师要保证教学过程完整，围绕教学重难点设置教学议题，根据学生的实际安排好教学环节。教学设计要围绕教材出发，设置合理的教学目标，要考虑学生的实际情况，注重知识、能力、情感态度价值观目标的实现。三是要注重美观大方的板书设计，板书设计必须要做到准确无误，在这个基础上要追求美观大方，一个好的板书设计在整个试讲过程中都是一个亮点，是一个很好的加分项。

第四，调整心态，事半功倍。经过老师的指导及廖丽同学自身的努力，她已经初步掌握了试讲的技巧。我们又根据她的情况指导她注意以下三点：一是要有坚定的信心和良好的心态。廖丽因为不是师范类专业没有教师资格证书而显得胆怯，事实上，是否能成为一名优秀的老师，个人能力也很重要。我们及时跟她沟通，提升她的信心，除了有足够的信心之外还要保持良好的心态，要以沉着冷静的态度面对面试，要保持一颗平常心，尽自己最大努力，发挥出自己最好的状态。二是要注重面试礼仪。在面试的过程中要注重细节，要始终面带微笑，走路要注重姿势，保持一个适中的速度。注重了这些小细节之后就会提升整体形象，在面试官心中留下一个好印象。三是穿着要大方得体。教师招聘面试往往没有规定穿着要求，但是要注重大方得体，朴素自然。

【案例效果】

廖丽同学进行了自我认知以及职业认知后，确定了职业发展的目标是教育行业，目标岗位是教师。在目标确定好以后，廖丽在老师的帮助下提升自我，努力缩小与用人单位的差距。把简历重点投放在了私立学校和各大培训机构，不放弃每一次试讲的机会，通过试讲不断地锻炼自己、提升自己，最终廖丽被学校所在地的一所规模较大的培训机构录取为数学老师。因廖丽业务能力强，为人和善，受到了学生和单位的一致好评，经过三年的努力已经被升为该机构的数学教学组组长。

【案例启示】

第一，机会从不给没有准备的人，也不给没有毅力、没有思想的人。职业选择在人生历程中是非常重要的一步，要获得理想的职位，必须学会未雨绸缪，及早定向做好规划和准备，方能做好充分的择业准备，也才能实现成功的求职。千万不要抱有侥幸心理，认为"车到山前必有路"，尽早树立规划意识和做好充分的就业准备。

第二，一定要做好充分的择业准备。一个人从踏入大学校门开始，就已经进入了择业准备的阶段。每个人都必须树立一种良好的职业规划意识。不进行职业规划的人，在严峻的就业形势下，往往也是求职的"困难户"，没有规划就没有思路，没有思路肯定就没有出路。

案例三：目标模糊带来迷茫

【案例概况】

李想，女，西北某高校大四本科学生，就读于汉语言文学专业。初次见面李想同学给人的感觉是衣着整洁、思维清晰、语言表达基本流利。她出生在一个普通家庭，父亲在一家小公司担任主管，母亲是高中老师，家里虽说不上富裕，但是家庭和睦，她又是家中的独生女，一直都是"别人家的孩子"，生活在父母的庇护之下，上大学前的生活都是由父母去安排，她只负责学习，其他的任何事情都不用操心，对生活无忧无虑。高考填报志愿时，因妈妈是高中的语文老师，觉得女孩当老师不错，就让她填报当地某高校的汉语言文学专业，对于这个专业李想既不喜欢也不讨厌，只是听从了父母的建议填报，并被顺利录取了。大学四年，李想的目标很低，只要不挂科就万事大吉。所以，整个大学的时间除了上课就是"玩"。这期间，她也跟其他同学一样参加了学生会和一些社团组织，但因没有全身心地投入，所以感觉一无所获。再看看自己专业因为整天混日子学得一点都不精，又没有其他特长，大学四年从老师和父母口中的"好孩子"变成了"平淡无奇"没有任何闪光点了。李想现在不敢想象自己的未来，马上就要毕业离校，班级和宿舍的同学都在忙着找工作，有的已经找到了理想工作。李想自我感觉烦闷和焦虑，一天到晚要么徘徊在校园里，要么整天待在宿舍里，无所适从，没有目标，没有选择，也没有方向。李想找到老师，想通过和老师交流，向老师咨询，找到方向，让自己不再迷茫。

【案例分析】

案例中李想同学的现象在我们现实的生活中也是普遍存在的现象。李想现在正站在人生的十字路口上，大学四年，感觉一无所获，面临毕业没有明确目标规划和发展方向，不知道自己要干什么，追求什么。

这是一例对自身职业规划特别迷茫的案例。

第一，根据"霍兰德职业兴趣理论"进行分析。案例中的李想，生活全部是由父母安排，遇到什么事都是父母做主，任何事都不用她操心。这种情况下，造成她没有自我探索的机会，虽然现在具有一定的专业知识基础，但由于没有树立正确、科学的职业生涯意识，导致没有做好职业生涯规划，需要通过霍兰德职业兴趣理论对她在"兴趣、性格、技能、价值观"中取得一个平衡点。

第二，从自我探索、外部世界探索以及价值观等方面对其进行全面的剖析。李想已经认识到职业生涯规划的重要性，树立起了职业生涯规划意识。为了帮助李想做好职业规划探索，明确方向和目标，需要从自我探索、外部世界探索以及价值观等方面对其进行全面的剖析。

第三，利用"SMART原则"进行分析确定目标。除了常见的"SMART原则"之外，生涯咨询目标还有其独有的确立原则：必须由咨询双方共同制定目标；要保证咨询目标的针对性，即解决生涯问题而不是其他问题；中间目标与终极目标要统一等。引导李想明确职业生涯目标，并让她制定不同阶段的目标，以此来进行整个人生的职业生涯的规划，把自己的未来掌握在自己手中，同时鼓励李想不断地去审视整个职业规划的实施效果，根据实际情况进行调整，阶段性地总结实施过程中出现的问题，找出相应对策，对规划进行完善。

【案例处理】

第一，充分了解李想目前的需求状态。李想想在确定职业目标的方面获得帮助，想知道如何更好地了解自己、自己到底适合什么样的工作、对于职业生涯规划应如何着手准备等。我们告诉李想，我们不能直接给你答案或者帮你做出决定，我们咨询的目的不是给一个结果，而是让她自己能够为结果去行动。也就是说我们只是教她方法，不会给出答案。正所谓："授之以鱼不如授之以渔。"李想表示明白我们的用意。我们每个人在做出选择的时候，都要综合主观条件和客观条件，才能得出答案。而我们在寻求答案的过程中，是可以用一些科学的理论和方法来探索的。我们根据李想的现状，思考并回答下面的问题：

1. 你有什么特长？
2. 知道自己是什么性格吗？
3. 你对你所学专业的就业方向了解吗？
4. 你将来想从事什么职业？
5. 你最近遇到什么困难？是怎么处理的？
6. 你认为在做职业规划时，是应该听从老师、父母的意见还是应该听从朋友的意见？

在老师的引导下，李想回答完上述问题，通过问题分析结果看：李想对自己的兴趣、特长、做事风格、所学专业就业前景、自己适合岗位和感兴趣的职业没有认真地思考和关注过，总是习惯于他人给出的意见和指令，习惯于被规划。

第二，在征得李想同意后，根据"霍兰德职业兴趣测量表"对她进行测试。兴趣类型和性格类型测试的结果是SEA，这样的结果和我们当初预想的差不多。因为李想平时与人沟通的能力还可以，平时老师交给的文案工作也能比较轻松地完成，喜欢思考，更喜欢琢磨。SEA的人群的共同特征是善于与其他人交往、和蔼平易近人、有好的人缘、善于表达自己、关心社会的热点问题、想要为社会做出贡献。适合职业：教师、教育行政人员、咨询人员、公关人员、社会学者、导游、福利机构工作者、社会工作者等。

通过测试结果，我们与李想同学进行了深入的交流，告诉她这个结果只是代表她有兴趣做这些工作，但这并不代表她有能力做这些事。在确定职业目标之后，她应该思考如何把兴趣与能力结合起来。李想的性格类型测试结果是ISFJ型，这个类型的人的性格特征为：温顺、自制力强、对他人友好；注重细节、喜欢琢磨、勇于创新；在意他人的感受、善解人意；做事有规划、喜欢把事情安排得井井有条，按照计划行事。李想表示大部分与她都相符。我们告诉她这些测试结果只是一个参考，除了性格、适合职业之外，还要考虑家庭、社会等实际情况，要对自己有一个更全面的认识，不能只凭借自己的喜恶选择职业。为了更高效地工作，我们应该完善自身性格。李想对这一点也表示完全赞同。在我们的引导下，她希望将来她所从事的职业可以与人打交道，并且希望能在工作中不断提升自己，有一个好的职业前景。根据以上的结果，李想对自己的目标职位进行了定位：社会工作。

第三，利用"SMART原则"进行分析明确目标。我们借助"SMART原则"与李想共同制定了近期目标、中期目标、长期目标，她的近期目标是积极地完成毕业论文，为更好地就业打下坚实的基础。我们告诉她目标是由自己去实现的，她所有职业规划的前提是确定就业目标，之后围绕着就业目标进行就业规划的实施。我们提醒李想，职业生涯规划并不是一成不变，要具体情况具体分析。在实施的每个阶段，都要定期地回顾目标的实现程度，检验效果，实施作出正确的选择。获得成功的重要因素之一就是坚持，我们鼓励李想同学一定要坚持下去，不断地奋斗，才能获得想要的结果。

【案例效果】

李想同学在进行了自我认知以及职业认知后，确定了职业发展的目标是社会工作者。李想在咨询的过程中得到了自己想要的答案，对自己和未来都有了一个较为清楚和全面的认识，同时为自己确立了一个明确的短期目标，对于未来也充满了自信。在李想完成毕业论文之后，经过辅导员老师的帮助，她成功应聘到了某省的一家规模较大的物业公司。离开了父母及老师的帮助，一切都靠她自己打拼。她目前的状态非常乐观，信心满满，立志要在5年之内坐上客户服务部主管的位置。

【案例启示】

第一，过程重于结果。职业生涯咨询并不是要给咨询者一个确定的结果，生涯咨询的目的是要形成咨询者的自我反思，让咨询者找到自己当下的需要，而不是代替性地给予答案。因为职业生涯本身就是一个不断变化的复杂过程，所以答案不是外在的，而是要咨询者在咨询的过程中有所悟。

第二，凡事预则立，不预则废。人生掌握在自己的手中，我们要好好把握，不能荒废一生，要通过制定一个全面准确的职业生涯规划来使我们的人生不虚此行。

案例四：如何适应专业成长

【案例概况】

于洋，男，辽宁某高校应用物理专业学生，本科一年级，父母均为农民，母亲长期患有慢性病，已丧失劳动能力，还有一个弟弟刚刚上大学，家庭负担较重。

于洋同学自小懂得生活的艰辛，学习努力刻苦，成绩优异，同时还担任院学生辅导员助理，希望通过自己的努力，改变家庭的现状，为父母创造好的生活环境。高考时，他第一志愿报考了国内一所较好的工科学校，由于差十几分未达分数线，调剂到其他学校的应用物理专业。入学以来，他情绪比较低落，原因是他听说自己所在的应用物理专业就业情况不是特别乐观。找不到好工作，从而也就不能改变家里的经济状况。为此，于洋产生了转专业的念头，但自己又比较喜欢应用物理专业，反复的思想斗争让他很痛苦。

在这种情况下，他希望能够得到一些建议和指导。

【案例分析】

第一，于洋对于应用物理专业还是比较喜欢的。但是，他不清楚该专业毕业生的就业状况，听说很不理想，担心将来自己找不到好工作，不能回报家人，所以开始怀疑自己的专业就业前景，由此产生了矛盾心理。

第二，虽然喜欢现在的专业，但是究竟自己具体适合什么职业，应当如何努力，大学应该做什么准备？对于这些问题于洋还是比较茫然。

第三，于洋之前曾经设想过从事何种工作，但是对这些工作没有做过具体的了解，对于工作内容和性质也没有具体了解，不知道自己要在哪些方面有所提高。也不清楚应该从哪些方面去了解这些信息。

【案例处理】

第一，明晰于洋当前迷茫和困惑的原因。通过谈话，于洋讲述了自己的成长经历、介绍了自己入校以来的学习生活情况和当前存在的困惑，以及对以后自己职业道路的担忧。根据于洋的讲述，明确了他的困惑，于洋对自己专业未来前景担忧，产生转专业的想法。

第二，提供数据支持。为了更直观地让于洋了解该专业毕业生的就业状况给于洋看了近5年应用物理专业的毕业生就业派遣方案。这些毕业生中有的选择继续到高校深造，有的到了科研院所，有的到企业从事研发工作。看到这些数据，于洋对自己的专业有了一定的信心。

第三，完成自我探索，充分了解自己。由于于洋选修过大学生职业生涯规划课程，系统地学习过职业生涯规划的理论和方法，所以为他推荐了"兴趣岛"游戏、北森公司研发的Careersky测评系统和朗途职业规划系统。

一是，性格测试（MBIT理论）。根据测评结果，于洋的性格类型是INFP，能量倾向上是内向型，接收信息的方式是直觉型，处理信息的方式是情感型，行动方式是知觉型。INFP类型的人善于寻求思想、关系、物质等之间的意义和联系，希望了解什么能够激励人，对人有很强的洞察力；

有责任心，坚持自己的价值观；对于怎样更好地服务大众有清晰的愿景。

二是，职业兴趣。于洋的霍兰德代码是 IRS，I 反映了他喜欢学术研究，R 反映了他喜欢探索，喜欢与物打交道、解决实际问题，S 反映了他还喜欢与人互助合作，互相关爱。

根据霍兰德的六边形图形分析，R 与 S 对角，R 与 I 相邻，很难从三者的结合中看出明确的职业兴趣取向。这也对应了性格测试中反映的他模棱两可和矛盾的性格类型：既喜欢跟物打交道，探究物的内在联系，解决实际问题，同时又喜欢关心他人的利益，善于帮助别人解决实际困难。于洋自我分析认为，每个人的性格类型都不是单一的，都是一个矛盾的综合体，性格倾向和职业兴趣倾向较复杂，说明于洋有广泛的职业选择空间，这是优势。总的来讲，于洋的职业兴趣取向是进行科学研究、分析解决实际问题，同时他希望在工作中能与人交流沟通，通力合作，关心他人，并且能够实现自己的社会价值。

于洋的职业价值观测评结果显示他崇尚独立自主、专业性的工作，注重人际关系，希望得到别人的关注和肯定。他希望自己可以灵活分配工作的时间，可以掌握工作的主动权和灵活性。他不太重视工作所能带来的物质回报和享受，只要生活无忧就可以。更注重工作给他带来的个人能力的提升和成就，希望工作能够帮助实现自身的理想和价值，并让自己能够得到别人的肯定和认可。

于洋对于家人、老师、同学、自我和亲密朋友的评价进行了系统分析，总体来说，可以看出，于洋具有较强的亲和力、人际交往和团队合作能力，乐于帮助他人；崇尚独立和自由，具有较强的追求成就的愿望。

第四，根据探索结果，探讨职业发展方向。根据自我探索结果和职业探索结果，结合沟通过程中的信息，给于洋一些建议。一是明确自己具体做什么事情；二是了解这些工作的具体性质和内容；三是了解这些工作需要具备的素质和能力；四是将这些能够改进的内容作为接下来自己努力的方向，制订计划，采取行动。

于洋不知道怎样去获得信息，引导他做到三点：一是通过今天的自我了解，对自己的特点做一个全面的梳理；二是认真地思考一下自己到底想从事什么岗位的工作，尽量考虑到具体的岗位，并对这些岗位做信息收集；三是结合自己选择的岗位写一份职业探索报告。

【案例效果】

第一，对自己充满信心。通过谈话和本专业毕业生的近几年就业情况，于洋对自己的专业有了一定的信心。

第二，能全面认知自我。于洋是一个喜欢自我探索的人，职业规划测评正好可以帮助他进行更深入的探索。经过系统的职业规划理论和方法的学习，于洋将已经掌握的自我探索的方法和技巧与测评系统结果相结合，并写出了自己的自我探索报告。

第三，明确了职业目标。于洋通过网络搜集职业信息，并找应用物理系老师和在高校、科研院所工作的学长交流，对高校教师、研究员和研发人员进行了分析比较，还与家人进行了商量。结论是，目前感兴趣的职业是高校教师。

第四，确定了行动方案。虽然越早确定职业目标就能越早专注于自己的目标，但是作为大一的学生，其实还有很多适应和探索的空间，所以提醒他在以后的学习和求职过程中，会不会让其他适合自己的职业机会溜走？于是于洋深入探讨了教师和企业研发岗位这两个岗位的发展可能，并设定了自己的行动方案。设定了自己的短期目标和中期目标，大学期间应该注重学习和积累经验。

第五，从专业思想严重到现在有了明确的人生目标。

【案例启示】

第一，于洋对于专业走向的了解还是非常狭隘和片面的，道听途说的成分比较多，缺乏真实的调查了解。所以，给他看了毕业数据，这些师兄师姐的毕业去向是最有说服力的。在事实面前，于洋迅速转变了观念，从咨询是否应该转专业变成了咨询如何对自己进行探索和了解、科学定位。所以，适当地运用数据资料对职业生涯规划很有帮助。

第二，作为大学生，应该根据自己的特点进行分析，多了解、运用正确的方法进行合理的分析评测。

第三，大部分同学，尤其是低年级的学生，职业理想还是停留在自己的头脑当中的，缺乏实效性。因此，要将自己的目标具体化，并且在目标所对应的外在要求进行细致的探索。

第四，要认真聆听职业生涯规划课这类课程对于学生还是很有帮助的，虽然不是每人都能在课程期间找到自己理想的职业目标，但是这些课程已经在潜意识里面塑造了学生的一些思维模式。

案例五：放任兴趣价值缺失

【案例概况】

徐明浩，男，辽宁某高校计算机科学与技术专业学生。该同学给人的第一印象是目光冷淡、面无表情，一副"淡然处之"的状态。他在单亲家庭中成长，高中的时候，因为他痴迷网络游戏，所有人认为这个孩子是考不上大学的。但是他的父亲没有放弃他，经常跟他说，你只要坚持三年，考上大学后就没有压力了，非常轻松，到时候就没有人来管你，可以自由地玩游戏。徐明浩也暗下决心，一定要考上大学。所以，每当他坚持不下去的时候，想想考入大学后的生活，浑身就充满了无穷的动力。在父亲的帮助监督下，他逐渐戒掉游戏，每天早起晚睡，在无尽的作业、测验和压力中，顺利通过高考，来到了自由的象牙塔。

进入大学后，他开始重回游戏战场，没日没夜地打游戏，每天晚上都通宵熬夜地玩游戏，白天也经常逃课，学期末因挂科太多而受到学业警示。他对同学们的好心劝告置之不理，甚至冷言以对，不惜翻脸。他认为兴趣是最好的老师，自己很喜欢计算机专业，又喜欢打游戏，将来想成为一个职业玩家，这样没有错。

【案例分析】

实现理想的时候，就是失去理想的时候。案例中的徐明浩同学从高中起就喜欢玩游戏，后因目标明确逐渐放弃游戏回归课堂，最终如愿以偿考取理想大学。实现理想后，对他来说也许就是失去理想的时候。大学里，他又开始回归游戏战场，对他好言相劝时，他又表示，兴趣是最好的老师，他的兴趣就是玩游戏，导致学业即将荒废。

案例中的徐明浩没有澄清自己的兴趣，活在游戏当中。我们从二个方面帮他澄清兴趣、回归现实。

第一，根据职业生涯"澄清理论"分析"兴趣"。兴趣是一个非常宽泛的定义，可以分为"职业兴趣"和"非职业兴趣"，职业兴趣是指从事相关工作的愿望，非职业兴趣即我们生活中的爱好。徐明浩来到大学后发现课程还是那些数学、物理课，考试还是那些考试，彻底厌倦学习。对于生涯规划课老师所说的要探索自我、探索兴趣、做自己感兴趣的事，人最怕成为一个无趣之人，兴趣是最好的老师。他把"职业兴趣"和"非职业兴趣"混为一谈了。

第二，进行价值观探索分析。在价值观日益多元化和相互冲突的世界里，人们在处理每一件事情时都面临着各种选择。人们在选择的过程中往往根据的是自己的价值观，但他们往往在不明确自己的价值观是什么的情况下做出选择。在这种情况下，应该创造条件，采用一切有效的方式方法，帮助人们明确内心的价值观，做出合理的价值判断和价值选择，对人们做出正确的选择、进一步采取行动是有重要意义的。

第三，根据职业生涯目标理论分析。职业生涯目标是指个人在选定的职业领域内未来时点上所要达到的具体目标，包括短期、中期和长期目标。职业生涯规划的评价与反馈过程不仅是个人对自身认识的过程，也是社会认识的过程。这是使职业规划更有效的有力手段。从案例中徐明浩高考成功的事例中不难发现，他是一个目标感很强的孩子，尤其在外力监督的作用下，目标管理能力不错，我们可以结合他的兴趣，不断地引导他在大学里设立新的目标。

【案例处理】

第一，澄清"兴趣"的概念。引领徐明浩同学，能够认识到兴趣是最好的老师，大家非常认同，但必须要澄清"兴趣"的概念。

兴趣可以分为"职业兴趣"和"非职业兴趣"，职业兴趣是指从事相关工作的愿望，非职业兴趣即我们生活中的爱好。但是，如果非职业兴趣严重影响了我们此阶段的主要任务，那就是玩物丧志。并且"FLOW（沉浸）理论"也表明：当人们在专心致志地、积极地参与、从事某种活动，忘记了时空和自己的时候，他们这个时候将会获得最大的愉快和满足。因此，像他一样的电子游戏爱好者在打游戏的时候会完全沉浸其中，忘记疲倦和烦恼，那是一种从兴奋到成瘾的状态。这时，徐明浩同学也承认自己目前对于电子网络游戏非常痴迷，已经严重影响了他的学习，但他表示自己的梦想是做一个职业玩家。我们告诉他生活中有很多事件，可能会对其中的某些十分感兴趣，可以在这些实践中挖掘自己的兴趣。而这些兴趣能给大家带来相应的价值，甚至有的可以成为人们的副业，比如：社会地位、挑战性、家庭支持、高收入、健康等，那它就是我们的理想职业。

第二，澄清价值观。当徐明浩同学明白了"兴趣"的不同含义后，从他的态度来看，对痴迷于游戏是有悔意的。我们能够感受到他内心的波澜。这时我们给他一份职业生涯规划中非常常见的价值观清单，让他选出认为最重要的5条。他选择了：挑战性、亲情、被认可程度、高收入、团队合作。我们告诉他，如果你不得不放弃其中的一条，你会选择哪一个？依此类推，直到最后一条。最后，剩下的是你无论如何也不愿放弃的。这时他终于明白了，当兴趣爱好与价值观相冲突的时候，哪些是自己生命中最不可缺少的东西。他最后哭着留下了亲情这一条，他说父亲一个人把他养大，太不容易了，我只是喜欢玩游戏，确实不应该把所有的经历都花在玩游戏上。

第三，确定目标。经过澄清兴趣和价值观，接下来，我们帮助他确立新的目标和执行计划。他说他很喜欢自己的专业，只是对那些枯燥的数学、物理不感兴趣，想象不到这对他的专业有什么帮助。我们拿出专业的教学计划，跟他一起画专业的课程地图，帮他梳理专业知识和基础理论之间的关系。他豁然开朗，原来他喜欢的领域与数学、物理等课程有着那么紧密的联系。我们乘胜追击，与他共同制定近期目标、中期目标、长期目标，告诉他兴趣是最好的领路人，关键靠坚持。接下来的行动力和坚持更加重要。如果学习态度不端正，即使刚开始有兴趣，一遇到困难，也一定会退缩，甚至兴趣全无。徐明浩表示自己现在目标明确，一定会坚持下去的。

【案例效果】

案例中的徐明浩同学终于明白，兴趣只是学习中的一个起点，带领大家进入了一扇门。但是一直支持我们走到这扇门的尽头的并不是兴趣，更多的是端正的学习态度、良好的学习习惯、坚持不懈的品质。徐明浩放弃了游戏，回到宿舍后把所有电脑和手机上的游戏全部卸载。他的近期目标是虚心地向老师和同学请教，把以前耽误的课程补上。要努力学好专业知识，把专业学精，将来还要考取人工智能机器方向的研究生，即使遇到困难也会迎难而上。

【案例启示】

第一，区分兴趣和职业兴趣的内涵非常重要。兴趣有三个层次：兴趣、乐趣和志趣，分别对应于爱好、副业和职业。让学生明白自己的兴趣只是到达了爱好这个阶段，而不能成为谋生的事业。要认清自己身处怎样的阶段、怎样的角色，要学会在生活中平衡兴趣。

第二，价值观和兴趣的关系。没有哪一种工作能完全满足所有的兴趣需求，不是所有的兴趣都能发展成自己的职业。价值观在人生发展中往往起着决定性的作用，他甚至超过了兴趣、性格等因素对我们的影响。

第二节 自我探索

案例一：迷失兴趣，迷失规划

【案例概况】

韩欣航，女，某高校网络工程专业本科毕业生。自小家庭生活条件贫困。父母常年在外打工，辛辛苦苦挣钱供养她考上大学。希望她将来能有一份好工作，留在大城市，过上体面的生活。她认为自己的性格具有两面性，内向时候多于外向。不喜欢主动与他人交往，喜欢沉浸在自己的世界里，看书或者独立思考问题。在学习上是十分刻苦并认真的一个人。不喜欢去认识新的朋友，可能是比较不自信。有时也会与父母意见不一致，不愿与父母交流，不积极参加业余活动，在自己心目中始终认为学习是最重要的，但学习做事效率不高，不善于表达，遇事缺乏主见和克服困难的勇气，有时又过于清高骄傲。

韩欣航同学认为她比较适合从事网络平台工作，或者毕业后能有机会到一些研究所工作。不用过多与人打交道。后来，她被一家大型的国企聘用，岗位是为企业搭建官方网站平台及维护。虽然待遇一般，但也与所学专业和就业理想相匹配。但该企业实行的是轮岗制，新进员工要留在基层锻炼半年，半年算是试用期。这期间，企业会了解员工工作能力、工作态度、个人性格等综合素养。最后再根据其特长、专业，分配相应的具体工作岗位。韩欣航对新工作感受到了十分的不适，不善于交际的她，每天做的却是在新老员工中周旋，繁琐的基层办公室日常工作搞得她焦头烂额。

工作无成就感，不被周围同事及主管领导认同和肯定。工作没有成绩，不断地自责，同时也担心别人对自己看法不佳。有意辞职不干了，转变行业，但担心以后可能找不到这样的企业平台，没有好的机会。她也试着利用直播带货，经营一家网上的小店，但是不善于经营的她，小店经营状况不尽如人意。她希望能梳理明确，进行职业定位。

她对工作的期待是，希望有一个稳定的工作环境，不喜欢冒险和变动，最好依照经验和计划，有规律地解决事情。工作中自己有相对独立的工作时间和空间，可以满足自己专心完成工作任务。能够做到爱岗敬业，做到干一行，钻一行，精一行。同时能够处理好自己的人际关系。与同事和谐相处，虚心向他人请教，再用这些能力来提高自己在工作岗位的处境和地位。争取五年后能成为公司里的高级技术工程师。

【案例分析】

随着互联网和计算机行业的发展，计算机和互联网应用是现在乃至将来重要且有大好前景的发展行业和专业。在现今社会中计算机应用十分广泛，例如现在的手机 APP 软件研发、Office 自动化办公以及游戏动漫与制作电脑技术的发展等一系列的发展前景。对韩欣航本人来说，这个行业有很多的发展机会和空间。

第一，我们从韩欣航的案例可以看出，个体与个体间是存在差异的，所以职业适用性也有着很大的差异性。每种人格模式的个人都有与其相适应的职业。韩欣航之所以对目前所做的工作出现力不从心、迷茫、烦躁及不自信，主要来源于她喜欢干的工作和现在干的工作之间存在冲突。喜欢干的也许并非擅长的，想要干的不一定是适宜干的，现在干的也不一定是感兴趣的。法国思想家蒙田认为，世界上最重要的事情就是——认识自我。认识自我是一件困难的事情，在这个世界上，"我"具有多面性。比如：生理的我，心理的我，社会的我。向内看，认识自我、了解自我才能尊重自己、发挥自己。

第二，自我评估就是为每个个体寻找到适合的相应职业。但与之相对应的职业也并非单一的，它也是多元化的。自我评估主要包括对自我兴趣、能力、性格、价值观等进行探索。通俗地说，即弄清楚自己喜欢干什么？擅长干什么？可以干什么？重视什么？是职业规划的基础，也是能否获得可行的规划方案的前提。建立在没有自我评估基础之上的职业规划，犹如水中之月、镜中之花，既不现实，也缺乏可操作性。自我评估从兴趣入手，是做职业规划过程中常用的方法。

第三，兴趣是一种强大的精神动力，当一个人对某种事情有兴趣时，会产生一种强大的精神力量，调动整个身心的积极性，并能主动克服种种困难。有研究表明，如果一个人对他所做的工作产生兴趣，就能发挥他能力的将近80%，并且长时间感到兴致勃勃从而感受不到疲倦。然而，如果他对这项工作感受不到兴趣，那么就只能发挥个体能力的20%左右，也容易产生负面心理影响。比尔·盖茨曾说："在你最感性的领域，隐藏着你人生最大的秘密。"

第四，每个人都有不尽相同的兴趣爱好，有的人对研究自然科学感兴趣，有的人对研究人文科学感兴趣；有的人兴趣是感性的，有的人兴趣是理性的。当今社会，人们越来越追求个人幸福感，职业兴趣也越来越受到重视。尤其是大中型城市里的青年人，生活压力不是很大，他们注重生活质量，关注生活品质，愿意做一些让个体感兴趣的事情，职业兴趣就成为职业发展极为重要的一部分。

约翰·霍兰德（John Holland）于1959年提出了对社会影响的职业兴趣理论。理论的主要观点是：人的人格类型、兴趣与职业密切相关。兴趣是人们活动的动力，凡是具有职业兴趣的职业，都可以提高人们的积极性，促使人们积极地、愉快地从事该职业，且职业兴趣与人格之间存在很高的相关性。他认为人格可分为现实型、研究型、艺术型、社会型、企业型和常规型六种类型。

如图8-1所示，每种兴趣类型都有其相应的职业范畴。我们可用霍兰德职业兴趣量表，来深入地了解个体的职业兴趣。

第五，韩欣航需要了解自身属于哪个类型以及符合这一类型的特点和典型职业：

现实型（R）。其共同特点：倾向从事操作性工作，表现出动手能力比较强，工作中表现手脚灵活，协调性好。喜欢任务具体化，语言表达能力稍显不足，处事保守，为人比较谦虚。社交能力不足，通常喜欢独立做事。

典型职业：喜欢使用工具、机器，需要基本操作技能的工作。如：技术型职业和技能型职业。

研究型（I）。共同特点：思想家而非实干家，抽象思维能力强，求知欲强，肯动脑，善思考，不愿动手。

典型职业：喜欢智力的、抽象的、分析的、独立的定向任务。如：科

图 8-1 霍兰德人格类型

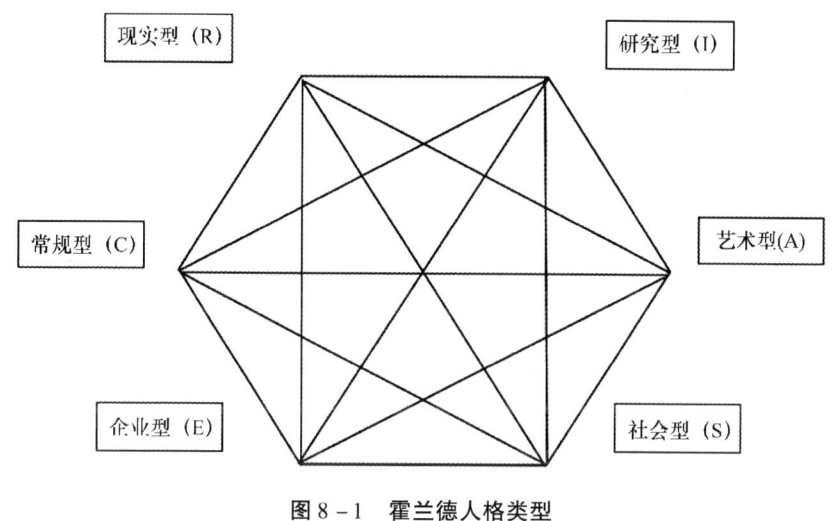

学研究人员、教师、电脑编程人员、医生。

艺术型（A）。共同特点：有创造力，乐于创造新颖、与众不同的成果，渴望表现自己的个性，实现自身的价值。做事理想化，追求完美，不重实际。

典型职业：喜欢的工作要求具备艺术修养、创造力、表达能力和直觉，并将其用于语言、行为、声音、颜色和形式的审美、思索和感受，具备相应的能力。如：艺术方面的导演、建筑师、艺术设计师，音乐方面的作曲家、乐队指挥，文学方面的小说家、诗人。

社会型（S）。共同特征：喜欢与人交往，不断结交新的朋友，善言谈，愿意教导别人。

典型职业：喜欢与人打交道的工作，能够不断结交新的朋友，从事提供信息、启迪、帮助、培训、开发或治疗等事务，并具备相应能力。

企业型（E）。共同特征：追求权力、权威和物质财富，具有领导才能。

典型职业：喜欢具备经营、管理、劝服、监督和领导才能。如：项目经理、营销管理人员、政府官员、企业领导、律师。

常规型（C）。共同特点：尊重权威和规章制度，喜欢按计划办事，细心、有条理，习惯接受他人的指挥和领导，自己不谋求领导职务。

典型职业：喜欢注意细节、精确度、有系统有条理。如：秘书、办公室人员、记事员、会计、行政助理、图书馆管理员、投资分析员。

在霍兰德的职业兴趣中，大多数人都并非只有一种性向。有的人的性向中很可能是同时包含着两种或三种。霍兰德认为，这些性向越相似，相容性越强，则一个人在选择职业时所面临的内在冲突和犹豫就会越少。

第六，案例中大学生面临所学专业与自己的工作不相符；或者还有对现有工作不感兴趣的困境。通常他们想到的方法就是转换工作岗位，可不是一件容易的事情。有些同学在这种境地里备受煎熬，茫然失措。

根据韩欣航目前困境，利用霍兰德职业兴趣测评来具体分析。

【案例处理】

第一，通过兴趣测试了解兴趣。下面的图 8-2 中为韩欣航职业兴趣测验后的综合图形。通过下图可以了解到自己职业兴趣倾向的分布情况。分数越高表明越倾向和适合于从事该类型的职业。

测评结果：相对来说，韩欣航在兴趣测评中更倾向于从事研究型、企业型和艺术型的职业。对于这三种类型职业的环境，相对来说更容易适应和胜任。

一是，研究型职业兴趣倾向的人，通常具备以下特征：

● 擅长对各种现象进行观察、分析、判断和推理，喜欢与符号、概念、文字、抽象思考有关的活动；

● 是思想家而非实干家，抽象思维能力强，头脑聪明，思考理性、有逻辑，但有时不愿动手；

● 关注如何创造性地解决问题，能提出新的想法和策略，而不愿循规蹈矩；

● 求知欲强，知识渊博，有学识才能，但比较不喜欢领导和竞争；

● 个性独立、温和、谨慎、保守、内向。

适合研究型人才的工作环境：

● 通常需要运用复杂抽象的思考能力；

● 常常需要采用数学或科学的知识，来寻求问题的解决；

● 不太需要处理复杂的人际关系，大多数情况下，必须独立解决工作上的问题；

● 不具有高度的结构化，不需要动手操作能力。

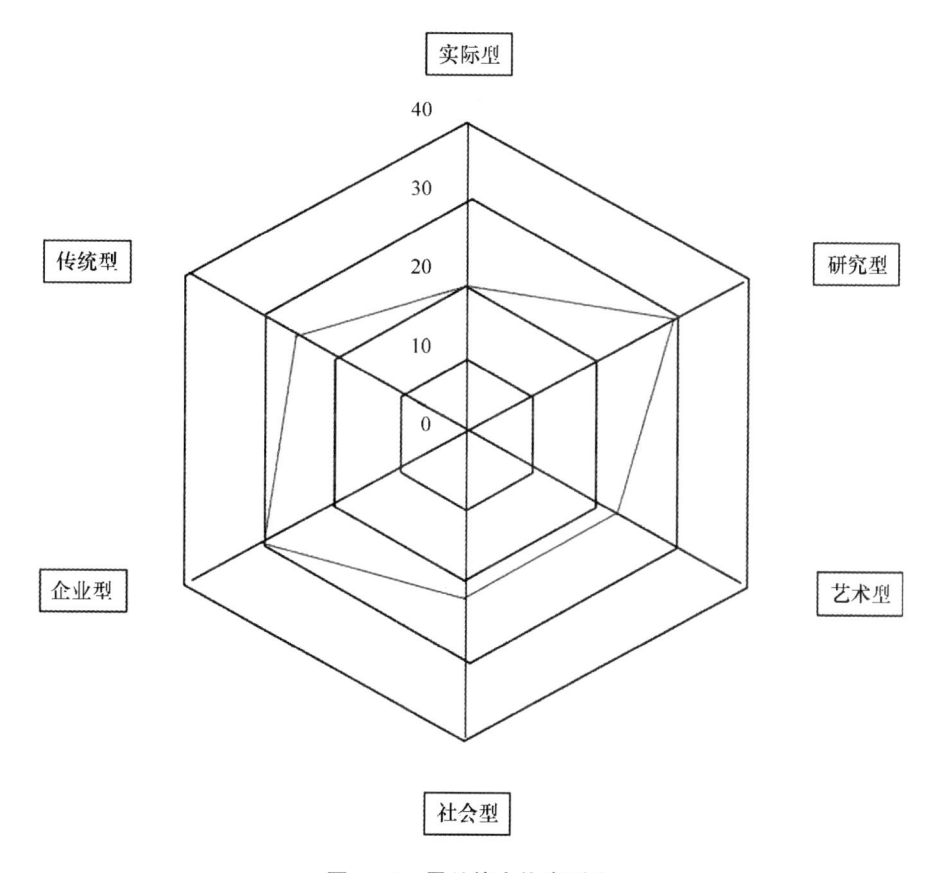

图 8-2 霍兰德人格类型分

可以优先考虑的职业：临床研究员、软件工程师、电子技术研发工程师、课程设计与开发人员等。

二是，企业型职业兴趣倾向的人，通常具备以下特征：

• 精力充沛，自信，个性外向积极、有冲劲，热情洋溢，富于冒险，喜爱竞争，支配欲强；

• 社交能力强，特别善于沟通协调，具有领导才能，能够影响、说服他人共同达到组织或个人的目标；

• 做事有组织、有计划，喜欢立刻采取行动，有时比较武断；

• 为人务实，喜欢追求权力、财富和地位，习惯以利益得失、权利、地位、金钱等来衡量做事的价值，做事有较强的目的性。

适合企业型人的工作环境：

- 需要展示自己的经营、管理、劝服、监督和领导才能，并实现机构、政治、社会及经济目标；
- 充满了权力、金融或经济的议题，需要胆略、冒风险和承担责任；
- 重视升迁、绩效、权力、说服力与推销能力；
- 非常强调自信、社交手腕与当机立断。

可以优先考虑的职业：项目经理、房地产销售/售楼员、职业经理人、律师、拍卖师等。

三是，艺术型职业兴趣倾向的人，通常具备以下特征：

- 具有丰富的想象力和很强的创造力，乐于创造新颖、与众不同的成果；
- 对美的事物有敏锐的直觉，具有一定的艺术才能和个性，喜欢以各种艺术形式的创作来表现自己的个性，实现自身的价值；
- 做事理想化，凭直觉对事物做出判断，追求完美，不重实际；
- 个性热情、冲动，善于表达，感情丰富、敏感，容易情绪化；
- 喜欢自由自在、富有创意的工作环境，乐于独立思考、创作，不喜欢受人支配。

适合艺术型人的工作环境：

- 非常鼓励创意以及个人的表现能力；
- 提供开发新产品与创造性解决问题的自由空间；
- 鼓励感性与情绪的充分表达，不要求逻辑形式；
- 需要具备艺术修养、创造力、表达能力和直觉。

可以优先考虑的职业：装潢设计师、演员、导演、主持人、化妆师、摄影师、作家等。

第二，给韩欣航这类职业兴趣的职业发展建议：

一是，在职业发展过程中，可以充分发挥善于运用抽象思维、逻辑推理等能力来分析解决问题的优势，发扬独立钻研的学习精神；在工作中应该有意识地加强团队合作，注意提高自己的领导能力。

二是，在职业发展过程中，可以充分发挥自己在劝说、支配和言语方面的技能，以及自信、精力充沛、领导力强的优势；应尽量避免过于冲动的想法和行为，多注意日常工作和工作中的细节。

三是，在职业发展过程中，可以充分发挥自己的艺术、直觉、想象和创造能力，发挥自己勤于自我反省的特长；注意进一步增强自己处理实际事务的能力。

【案例效果】

社会上有许多不同种类的工作，我们不可能全面认识并了解。不过根据工作的共同性质，我们把这些工作分类。并按照工作性质和其所需的职业素养，将根据个体兴趣来指向不同的职业类型。可以在这些职业中结合测评结果找到自己心仪的职业。

韩欣航的职业兴趣中，最看重独立自主、成就满足和声望地位。她希望能在工作中充分发挥自己的独立性和主动性，按自己的方式、步调或想法去做，不受他人的干扰。能及时看到自己工作的成绩，不断得到领导与同事的赞扬或不断实现自己想要做的事。希望自己所从事的工作在人们心目中有较高的社会地位，从而使自己得到他人的重视与尊重。如果现在的职业没有满足以上个体需求，那么她就会感到力不从心，情绪低迷。

由上面的综合分析，韩欣航和大多数大学生相比，对事物的观察不够敏锐，分析条理不够清晰，对问题的核心判断不够准确。给出的行动建议为：推理能力和大多数大学生相比水平较低，有待加强。可以去了解和学习一些逻辑推理的知识和方法，多阅读一些推理性的文章，面对问题进行多方面的思考，还可以去听听演讲或辩论会，同时要在保持自己平静、轻松的情绪状态后，再对现有自身状况做出调整。

【案例启示】

在做职业生涯规划时，既要知道自己的特长特点，自己善于做什么工作，同时也要知道哪些工作与自己的特长和兴趣爱好相符。把兴趣、爱好和自己的能力有机地结合起来做出综合判断，才更有可能取得职业生涯的成功。

第一，兴趣是成功的重要推动力，它能把个人的潜能最大限度地调动起来，使人专注于某一方向，做出艰苦的努力，取得令人瞩目的成绩。

兴趣不代表能力，当你对某一特定职业有兴趣并不意味着你能干好这个职业；同样，如果你具有从事某项工作的能力但缺乏兴趣，那么你在该职业生涯上成功的可能性也是非常小的。你只有对某一种职业感兴趣，并具有该职业所要求的能力才能做好这项工作。

第二，现实具有不确定性，而且是变化的，设计好的计划随时都可能遇到问题，需要我们随时保持头脑清醒。一个人，若要获得成功，必须有勇气，肯于努力、拼搏。成功的路上并不是鲜花和掌声，成功也不相信眼泪；成功的未来，只有自己去打拼！实现目标的历程需要付出艰辛的汗水和不懈的追求，不要因为挫折而畏缩不前，不要因为失败而一蹶不振；要有越挫越勇的气魄。成功最终会属于你的，每天要对自己说："我一定能成功，我一定按照目标的规划行动，坚持直到胜利的那一天。"既然选择了远方，就要一直走下去。然而，我的真正行动才刚刚开始。

案例二：兴趣引领，事半功倍

【案例概况】

任羽彤，女，某高校行政管理专业学生。她家境一般，但是在上大学第一天，父母就告诫她：大学四年时间不是很长，如果想每天打游戏、聚会可能很快就消磨过去了；大学四年也不是很短，如果每天能在图书馆里多学上一个小时，那么毕业的时候就会比同龄人多学到很多知识。她在大一的第一个学期，就积极地安排了自己的作息时间。每天早上7点准时晨读，这使她在大二第一个学期就顺利地通过了英语四级的考试。她刻苦学习，想着无论是考研还是就业，根本的目的就是离开校园后能找到一份满意的工作，为家里减轻负担，如果可能，还可以把父母接过来一起居住。在这个观点的指导下，她结合自身条件，明确自己本科阶段的奋斗目标：先择业，进入社会后再逐步学习，提升自己。

凡事预则立、不预则废。她开始准备一切就业所需要的必备条件和素质要求。在此期间她通过努力拿到了一些为就业准备的证书：CET英语等级证书、计算机等级证书、专业资格证书、教师资格证以及机动车驾驶证等。此外她的学习成绩也在本学院连年达到优秀，并申请到了奖学金。她积极参加社会实践锻炼，竞聘并担任学生会干部。同时学习党的思想，积极向党组织靠拢，在大三时成为一名合格的中共党员。

努力的背后是从容面对挑战的底气，成功的机遇也往往青睐有准备的人。在大四临近毕业时，她搜集各种简历设计的方案，并按照自己的情况设计简历，在学校春招时将简历投到自己心仪的企业。把已投简历的企业信息、行业前景、人才需要规模等做好功课，等待面试时可以对面试官就该企业发展方向有清晰的思路。在别人还在忙着论文答辩和人才市场上盲目投递简历的时候,她已经顺利通过两家大型企业的面试及笔试,并被告知可以签订三方协议。

只是现在还有一个比较纠结的地方,就是一家企业给她的岗位是管培生,而另一家企业给她安排的岗位是销售专员。这两个岗位据她自己认为是各有优缺点的。管培生的上升空间更大,可以在短时间内与多个部门打交道,迅速了解该企业的基本运营操作及基层管理模式。2—3年基层锻炼后,可以向上升职,而她最中意的岗位是HR主管。而销售专员可以借助企业平台快速积累人际关系,并且销售还有额外的奖金。对于她来说,想要在大城市站住脚,金钱积累也是很有诱惑性的。

这是大学生在就业中经常碰到的困惑,具有典型性。根据她目前诉求,完全可以根据其职业兴趣测评来进行判断。兴趣发展的方向,就是个体在岗位中能更加发挥特殊性的方向,可以使事业事半功倍,更上一层楼。

【案例分析】

在进行测评之前,我们要充分了解什么是兴趣。兴趣不等于职业兴趣,只有两者分开来,我们才能更好地了解自己,帮助我们在择业择岗过程中思路清晰,并做出正确选择。

(一) 兴趣的含义的界定

兴趣是自我认识需要的心理呈现。它使人对某些事物优先给予注意,并带有个体不同的情绪色彩。比如,对音乐方面感兴趣的人,总是对乐器以及有关音乐的书籍、报道等优先加以注意,并总是以积极的态度去探究、领会它。自我的兴趣有很大的不同,这种由个体不同带来的兴趣不同可从四方面解释:

1. 兴趣的指引性,是指个体对丁事物感兴趣的方向。有的人对文学感兴趣,有的人对机械感兴趣。个体的兴趣不同,主要是由于生活中环境或影响的不同造成的。我们也可以根据社会伦理的观点把兴趣区分为两类:高尚的兴趣和低级的兴趣。前者使个人身心健康和社会进步相连;后者使人腐化堕落。

2. 兴趣的宽广程度,是指兴趣的数量多少。有的个体兴趣非常广泛;有的个体兴趣面就狭小,除了对自己所学的专业特长感兴趣以外,对其他任何事情都提不起兴趣。

3. 兴趣具有一定的稳定性。这里指对所做事情感到有兴趣所持续时间的长短。人们的兴趣可能在很长一段时间内没有变化。也可能是经常有变化。在兴趣稳定性方面，个体与个体之间会有很大差别。

4. 兴趣的效能，这里是指兴趣在推动认识深化过程中所起的作用。有的个体的兴趣仅仅滞留在消极的感知水平上。喜欢听歌曲、看漫画便感到心满意足。没有足够的内动力驱使，表现出想进一步深入认识的积极性。有的个体则不同，他们对感兴趣的事物或者工作持有积极主动的态度。力求对感兴趣的事物进行深入了解或分析。所以，后者的兴趣效能就大大地高于前者。

（二）兴趣分类的解读

兴趣在分类上，分为精神的兴趣、物质的兴趣和社会的兴趣。

1. 对物质兴趣主要表现为对物质有着深切的要求和依恋关系。比如收藏一些自己感兴趣的字画、玩偶、碟片等，没有统一的物质类别。精神层面的兴趣主要是对文化、科技、艺术的痴迷，如书法、绘画、摄影、写作、旅游等兴趣。

2. 社会层面的兴趣，主要是对社会工作和组织活动等兴趣。

3. 兴趣又可分为间接兴趣和直接兴趣。对活动本身的兴趣就是直接兴趣。对活动结果的兴趣就是间接兴趣。直接兴趣和间接兴趣可以使职业生涯互相转化，进而能达到更好地调动对于兴趣积极向上的目的。

以上的这些是关于兴趣的解读，是帮助大学生发现自我个体和确定个体的兴趣特长，进而使大学生做出大致争取的职场择业决定。如果已经考虑好或选择好了自己的职业，那么这种测验将对就业起到指导作用。如果还没有确定职业的大致方向，那么下列测试就是帮助大学生根据自我兴趣方向情况，选择一个适当的职业方向。

【案例处理】

可以根据下列问题，来掌握自我兴趣发展方向，继而来准确判断自我在就业过程中进入哪些行业，更能发挥自身优势，掌握未来。为此，我们设计了兴趣发展方向问卷。问卷中列举了各种活动，就这些活动，喜欢的活动请在"是"栏里打"√"，不喜欢的话请在"否"栏里打"×"。要求按顺序回答全部问题。

通过兴趣测评问卷做测评时，每一项分数越高，说明相对应的兴趣越浓厚。根据测评问卷，个体兴趣方向见下图8-3：

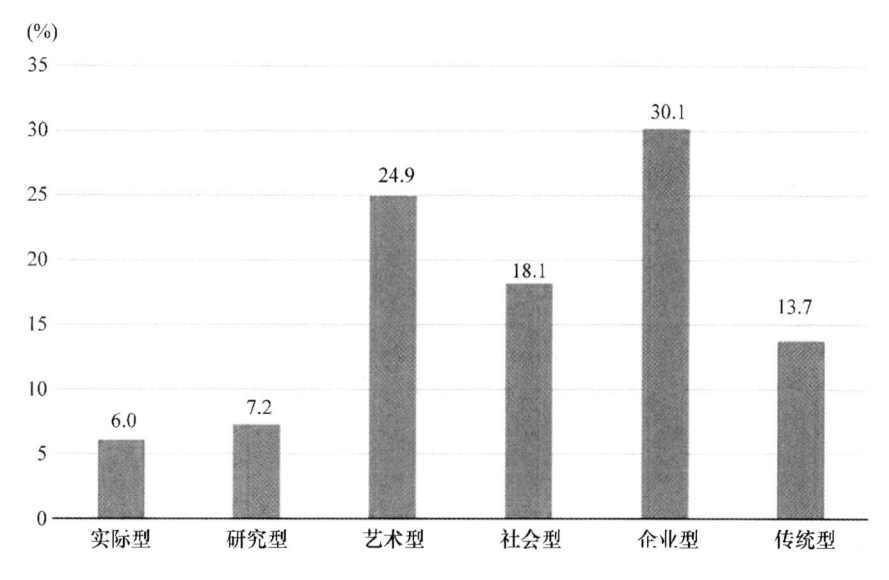

图8-3 职业兴趣测评

类型	百分比(%)
实际型	6.0
研究型	7.2
艺术型	24.9
社会型	18.1
企业型	30.1
传统型	13.7

每个个体在兴趣发展过程中，都不可能是单一的而是多元的。我们通常取前三个最高值作为兴趣类型分析。将兴趣R（实际性）、I（研究型）、A（艺术型）、S（社会型）E（企业型）、C（传统型）的职业兴趣用符号代替，并列出与其相匹配的职业方向。通过任羽彤的案例，我们可以看到，兴趣可以指引一个人的终身方向。

第一，大学生所受的专业教育直接制约着个体的职业适应能力和选择方向。通过职业兴趣测评，使学生本人更了解自身的优势，并能最大程度地发挥优势，在职业发展中立于不败之地。

第二，从大学教育来看，大学教育是按照专业门类来培养学生的，专业门类是培养学生适应职业需求的基本素养和能力。这一过程是通过基础课程、专业课程的教学活动来实现的。使学生从某一逻辑点达到能够满足某种职业所需的特长。

第三，由于我国传统的文化观念，子女与父母之间的依存关系较强。学生在选择自我职业的时候，会受到来自父母家庭的压力。当然，社会环境也会不同程度影响学生的择业观念。如大学生有的对高薪有兴趣，有的更青睐于在大城市打拼。

【案例效果】

根据任羽彤的个人兴趣问卷调查，她的职业兴趣为：企业型、艺术型、社会型，简称 EAS 型。然后寻找与自己职业兴趣代号相近的职业，如自己的职业兴趣代号是 EAS，那么可寻找所有包含 EAS 等编号职业。诸如 EIS、EIC、EAR、ESC 等编号所相应的职业，这些职业也较适合个体的兴趣。

篇幅有限，在这里不可能把社会上所有的职业都一一举例。有的职业范畴与我国情况不尽相符。或者说大部分个体不愿意做这些职业，那么个体可以根据自身的职业兴趣类型，寻找其中与自我兴趣比较一致的职业方向。

任羽彤根据自己职业兴趣最终选择了去做管培生，职业发展目标是五年之后能坐上 HR 主管职位。她自己认为兴趣是工作的核心力量，为了短期目标而放弃职业兴趣是得不偿失的。只有在兴趣的推动力下，才能让个人的职业生涯走得更远，更符合长远目标。

【案例启示】

找到自己真正的兴趣和爱好，并不是一件很容易的事，有时还要经过许多反复和波折；不过，一旦发现了兴趣所在，每个人都可以在激情的推动下走向成功。兴趣是自我对于某种事情或事物有很高的关注程度，并想积极地探索该事情或事物，并对该事情或事物充满积极的正向情绪。个体从事自己感兴趣的职业，便会成为个体做好该项事业的强大内在推动力。因此，职业兴趣对职业方向和职业选择起着至关重要的作用。

第一，职业兴趣测验法。这种方法就是让被测试的个体回答职业兴趣调查问卷。通过该测试结果，我们能得到个体对感兴趣的职业的大致方向。个体在测试中，他的优点在没有明确的职业方向时，便可以通过此次问卷，了解到自我的职业兴趣。继而对职业领域及所感兴趣职业的范围进一步扩大，展开自我对职业了解的范畴。这些问卷都经过专门的科学程序，测查结果在没有外力的影响下是比较安全可靠的。但调查问卷也存在一定的缺陷，就是测查过程比较繁琐，且会受到受测者来自情绪或者外力的影响，调查结果会呈现出一定的波动性。

第二，经验法。经验法是建立在个体对一些职业存在一些自我层面上的认识，把自我的职业和其他自我所熟悉的职业进行主观上的比较。挑出自我最喜欢的职业或职业方向的一种方法。他的优点是比较简单、快捷。缺点是如果熟悉的职业种类较少，那么所选择的范围就小，这样不利于开发个体本身的职业能力。

案例三：掌握技能，实现梦想

【案例概况】

王珍，女，某高校英语专业本科毕业生。当被问及"成功就业的经验时"，她提到了两点：一是面对严峻的就业形势，在学校的就业老师辅导下，主动调整就业预期。二是关键时刻，发挥扎实的专业技能打动用人单位。王珍讲述了自己的求职过程和感受。

由于全国高校毕业生基数逐年递增，再加上受全球疫情危机的影响。我们这些2021届毕业的大学毕业生的确感到了就业路上的供大于求。明显感觉到用人单位数量没有往年多，用人岗位的数量需求也减少了很多。这对我们二本院校学生的就业影响比较明显。连续几个月来，王珍一直在寻找就业的出路，但刚出校门没有足够经验的她已经感受到了就业的压力。

当严峻的就业形势冲击着高校毕业生的就业之路时，求职理想和现实之路便会出现反差。自己心仪的工作岗位，要求高、要求精。不仅专业要求过硬，还有自身形象气质，情商与自我展现，团队合作意识等，都是用人单位考核的内容。经过现实的一次一次失败，面临如此巨大的就业压力，王珍调整了自己的就业标准。不再好高骛远地去寻找不切实际的工作岗位，而是根据自己所学的专业和自身所具备的能力、重新选定工作岗位，抓住一切可能的就业机会，提高就业概率。山东某实验中学虽是一所民办中学，但经过多方面的了解，她得知该校具有先进的教学设备和雄厚的师资力量，连续几年以优异的升学率为高校输送了大批优秀人才，该校已被山东省列为重点民办中学。她意识到，该校有很好的发展前景，在这里能实现成为一名优秀教师的梦想。

【案例分析】

现在单位目标和岗位定位均已确定，王珍还想看看自己是否具备这种职业技能。也就是说，她是否具备做一名教师的职业技能。

人应该各有所长，了解自己的能力并按照个体能力发展，才能百花齐放。看到他人在某个行业发展得好，便想模仿，往往便得不偿失；看他人创业经营赚钱，却忘记自己在个性、专业上风马牛不相及，失败往往接踵而来。个体完成工作，必须具备相应的能力。每个人的能力都有所不同，我们选择工作的时候，应尽可能选择有利于发挥我们特长的工作。

第一，职业技能测验。

考察学生适应周围环境的能力水平。当遇到新环境、新情况或者遭遇挫折时，每个人都会本能地为适应环境而做出努力。适应能力对于职业选择和事业、生活的成功都具有重要的意义，适应能力强的人更能在当今开放的社会环境中立足。

结果分析：得分越高（满分10分），适应能力越强，在各种陌生、复杂、紧急或危险的情况发生时，更能成功地摆脱困境，独立性更强，也更乐于结交新朋友。

第二，情绪智力测验。

情绪智力，指的是识别和理解自己和他人的情绪状态，并利用这些信息来解决问题和调节行为的能力，它反映了对情绪的管理和控制能力。情绪智力水平高的人，往往能够在工作中更自律，也更具洞察力，因而更可能取得突出的成绩。

结果分析：测验分为四个维度，分别为情绪监控、情绪利用、社会能力和他人情绪评估。总分及各维度得分的含义如下：

情绪智力总分：反映学生情绪管理和控制能力的整体水平，得分越高（满分10分），其管理和调节自己情绪的能力越强，对于他人情绪的感知和体察更好，在表达和使用情绪方面，适当性和有效性也越强。

情绪监控：得分越高（满分10分），对自己情绪的感知越准确，控制和调节情绪能力越强。

情绪利用：得分越高（满分10分），越能在体察自己情绪状态的基础上产生对问题的新思考。

社会能力：得分越高（满分10分），在社交活动中对自己情绪的表达越准确，并对所在的团队产生更积极有益的作用。

他人情绪评估：得分越高（满分10分），对他人情绪的感知越准确。

第三，领导能力测验。

领导能力在团队工作中起着至关重要的作用，它指的是指挥和引导团队成员为实现团队目标而共同努力的能力和素质。具备出色的领导能力，能够在工作团队中迅速地脱颖而出。

结果分析：测验分为技术领导、人际领导和理性领导三个维度。总分及各维度得分的含义如下：

领导能力总分：得分越高（满分10分），综合领导能力越强，能够更有效地指挥、带领、引导、鼓励团队或组织成员为实现目标而努力。

技术领导：分数越高（满分10分），越熟悉所从事行业的技术知识，并利用一定的领导和管理方法使其灵活有效地促进团队目标达成。

人际领导：分数越高（满分10分），越能够协调处理好团队或组织中的各种人际关系，并影响和带动整个团队的氛围。

理性领导：分数越高（满分10分），越能够时时从全局角度考虑问题，制定并实施组织愿景和使命，冷静处理和解决突发事件。

第四，创造力倾向测验。

创造力倾向，指的是个体所产生的新思维、新发现和新创造事物的能力，反映了个体自身的创造性能力和水平。当下是创新型社会浪潮，对个体的创造性强调是创造力成为重要的职业能力之一。

结果分析：该量表分为四个维度，分别为好奇心、想象力、挑战性和冒险性。总分及各维度得分的含义如下：

创造力倾向总分：反映学生创造性的整体水平，得分越高（满分10分），越趋于冒险，好奇心更强，想象力更丰富，更勇于挑战未知。

好奇心：反映学生对事物的好奇心程度，得分高（满分10分）表示构思特别多，解决问题的点子多，更愿意思索事物间的关联性，能把握某种事物特殊现象，并通过观察得出结果。

想象力：反映学生想象力程度的高低，得分高（满分10分）表示善于想象，善于凭直觉进行推测。

挑战性：反映学生追寻和探索复杂事务的能力倾向，得分高（满分10分）表示愿意探究复杂的问题或想法，善于寻找多种可能性，并了解事情的可能性与现实之间的差距，从杂乱中理出秩序。

冒险性：反映学生的冒险精神，得分高（满分10分）表示能勇敢地面对工作或生活的失败，接受来自他人的批评，大胆猜测，在杂乱的情境下还能很好地完成任务，提出自己独特的观点。

第五，组织协调能力测验。

组织协调能力，指的是在工作中协调好各种关系，提高团队或组织效率，完成组织目标和个人目标的一种能力和本领。

结果分析：得分高（满分10分）表示更有团队整体意识，善于人际交往、协调沟通，并具有配合奉献的精神。

第六，瑞文推理能力测验。

推理能力，即逻辑推理能力，指的是敏锐的思考分析能力、快捷的反应能力，以及对问题核心迅速准确地把握能力，它在一定程度上代表了一般智力水平的高低，是非常重要的通用职业能力之一。

瑞文推理能力测验（Ravens Progressive Matrices，RPM），简称瑞文测验，是由英国心理学家瑞文设计并经过中国学者本土化后的一种非文字智力测验，主要测量一般智力因素中的推理能力。它可尽量克服知识对测验结果的影响，努力做到测验公平。

结果分析：得分越高（满分10分）表示推理能力越强，更能够进行细致观察，思维清晰，把握问题的核心，判断更准确。

第七，适应能力测验。

适应能力呈现的是面对压力的心理缓冲能力，是抗压性的体现。心理韧性强的人，能够承受更多的职场压力和挫折，能够勇敢面对职业中的各种困难与挑战，并采取积极的方法克服困难，获得更多的成长机会，更可能取得工作上的成功，也拥有更乐观、健康的心理状态和生活态度。

结果分析：得分越高（满分10分），表示心理韧性越强，承受压力和挫折的能力更强，能够更积极地克服困难，心理健康水平也更高。

【案例处理】

测试结果显示：王珍的职业技能较为均衡，符合她本人应聘的岗位。下面对每种能力进行详细的分析：

第一，组织协调能力测验。

她比大部分的大学生更有团队整体意识，善于人际交往、协调沟通，并具有配合奉献的精神。

下一步行动建议：组织协调能力强，要继续保持。

第二，创造力倾向测验。

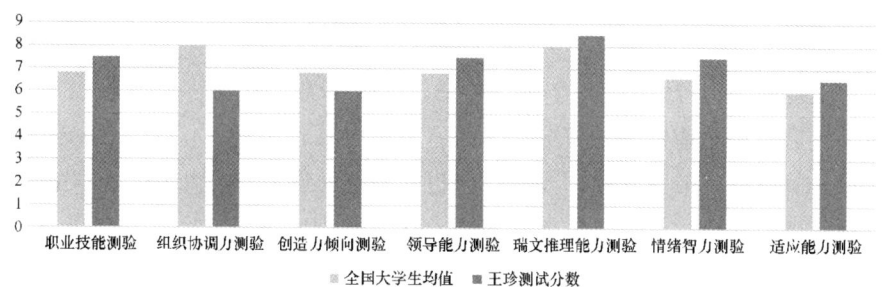

图 8-4 职业技能分

她和大多数大学生相比，更加想去冒险，有更强的好奇心，更丰富的想象力，勇于挑战未知。

下一步行动建议：高创造力倾向的人在进行创造性工作时更容易成功，也更可能成为成功的创业者。

第三，领导能力测验。

她和大多数大学生相比，在指挥、带领、引导、鼓励团队或组织成员为实现目标而努力方面存在很多的困难，不容易解决。在创业活动中，是不适合担任创业团队的领导角色的。

下一步行动建议：目前的领导能力水平较低，如果有创业的打算，希望能加强领导力。需要学习一些领导能力的技巧和方法，并在实际的日常生活中有意识地不断加以训练，逐步提高。

第四，瑞文推理能力测验。

推理能力与大多数大学生水平相当，能够进行比较细致的观察，思维清晰，能基本把握问题的核心，判断比较准确。

下一步行动建议：推理能力处于大学生的平均水平，建议养成从多角度认识事物、思考问题的习惯，进一步培养自己细致、耐心的处事态度。

第五，情绪智力测验。

她和大多数大学生水平相当，基本能够很好地把控自己的情绪，能准确地感觉到他人的情绪，在表达和使用情绪上具有一定的适当性和有效性。

下一步行动建议：情绪智力水平和大多数大学生相当，具有一定的情绪管理能力，但还有待进一步提高。建议学习一些情绪感知、调节和表达的方法和技巧，并在生活中有意识地多加练习，提升自己的能力水平。

第六，适应能力测验。

适应能力处于大学生的平均水平。和大多数大学生一样，在各种陌生、复杂、紧急或危险的情况发生时，虽然会感觉不适，但通常能够克服困难；具有一定的独立性，虽然有时也会跟风；在新的环境中，对周围的人抱有一定的警惕，但仍然可以和别人建立较为友好的关系。如果可以进一步提升适应能力，会增加创业成功的可能性。

下一步行动建议：适应能力和大多数大学生水平相当，可以进一步提高。建议对生活采取开放态度，适时换位思考，同时注意不要过分压制不良情绪。

第七，未来发展建议和工作环境。

1. 非常鼓励创意以及个人的表现能力；

2. 提供开发新产品与创造性解决问题的自由空间；

3. 鼓励感性与情绪的充分表达，不要求逻辑形式；

4. 需要具备艺术修养、创造力、表达能力和直觉；

5. 鼓励人和人之间的和谐相待、互相帮助、和睦相处；

6. 充满了有教无类的经验指导与交流、心理的沟通、灵性的扶持等，如提供信息、启迪、帮助、培训、开发或治疗等；

7. 强调人类的核心价值，如理想、仁慈、友善和慷慨等；

8. 注重组织与规划，需要注意细节、精确度，职责明确，条理清晰，高度有序；

9. 需要对数字、资料等进行明确、有序和系统化的整理；

10. 需要运用到数字与人事行政的能力；

11. 天生有生意头脑，善于搜集、整理和分析具体的信息资料，喜欢在要求严格、遵循标准化操作程序的环境中工作，可以让你与实物或切实的工程项目打交道，建议选择能够发挥出色的信息分析和机械操作能力的职业，如：机械工程师、结构工程师、勘探分析师、矿务工程师、职业信息分析师、财务分析师、系统分析师、投资分析师、金融分析师、证券分析师、审计专员等；

12. 管理类的工作很吸引人，可以自己做决定，组织必要的资源，有一定的控制权，承担较大的责任，并且监督他人，推荐的职业如：融资项目经理、IT 项目经理、项目管理师、生产控制/管理工程师、会务经理/主管、市场营销经理/主管、生产主管、教学主管等；

13. 喜欢在稳定、讲求规范的环境中工作，要求有明确的前景和清晰的等级制度，以下职业可能比较适合：行政经理、秘书、后勤管理、图书管理员、财务会计/出纳、审计专员、统计专员、预算分析师、成本管理员、会计核算专员等；

14. 专业性强的工作也比较适合，可以独立自主地开展工作，并享有较高的威望，推荐给的职业如：律师、法官、内科医生、口腔医生、化工工程师、建筑工程师、热能工程师、勘探工程师、核工程师、工艺工程师、大学教师、校长等。

【案例效果】

王珍同学在了解自己职业技能方向之后，积极地做各方面准备。在 2020 年 12 月学校就业网公布的一些招聘信息中，山东某实验中学引起了王珍的注意。她认为自己的组织能力和口才都可以得到充分发挥。在找准了目标之余，王珍也在应聘过程中，做好了面对任何挫折的准备。无论是试讲还是面试，她在保持自信的同时还做好了失败的心理准备，以避免"碰壁"后过多的焦虑与不安。除做足预备的功课之外，自己所具备的扎实的师范专业的基本技能，让她最终在众多的应聘试讲毕业生中脱颖而出。

这让她深深体会到了在大学期间打好扎实专业基本功的重要性。王珍的成功源于她对职场环境与社会就业形势的一个正确估量，调整了自己的就业标准，"不再好高骛远地去寻找不切实际的工作岗位，而是根据自己所学的专业和自身所具备的能力"，抓住了一切可能的就业机遇，圆自己的教师梦，最终成功签约。

其实，任何单独的个体特征都不可能完成比较复杂的工作，往往需要多种能力的综合。比如，要想做一些插画的工作，需要有色彩鉴别能力、形象记忆能力、视觉组合、构图思维能力等多种能力；教师的工作，需要逻辑思维能力、语言表达能力、心理分析能力、观察力等有机组合。为了顺利地完成某种工作，需要多种能力的组合。

职业技能是保证工作取得成功的基本条件，但不是唯一的条件。工作能否顺利地进行，能否取得成功，往往还与人自身的个性特点、知识技能、工作态度、心理素质、焦虑程度、健康状况以及人际关系等因素有关。但是，在这些条件相同的情况下技能高的人比技能弱的人，更能使工作顺利进行，更容易取得成功。

【案例启示】

在西方心理学中，技能一词有两种含义：既可解释为实际技能，也可解释为潜在技能。实际技能是指个体在现实中实际所能做的。例如说，某人能说俄语，能骑自行车等，就是指个体实际具备的能力。这种技能以知识累积量来表现出来。而知识积累主要是学习的训练结果，所以实际技能也称为成就。潜在技能不是指个人已经发展出来的实际技能，而是指如果通过训练可能达到的水平，我们通常用能量、潜力、倾向、才能等词来表示。实际技能通过成就测验来了解，潜在技能通过倾向测验来了解。我们在这里所讨论的技能，是指劳动者从事社会生产活动的能力，亦即职业技能。职业技能是一种不易被发掘的、与个体不同存在个体差异的特殊能力，是对职业成功在不同程度上有所贡献的心理因素。从内容上看，与职业技能有关的能力包括：数理能力、影响力、反应速度、语言理解和运用、逻辑推理、人际关系、手指关节灵巧度、组织协调、判断力、决策力等。

个体职业技能大部分都是后天形成的，是通过知识学习和潜能开发而形成的，在实践中不断培养出来的。大学生在进行职业规划时应优先考虑自身的最佳能力，避开短缺能力，选择最能发挥自己优势能力的职业去发展。

案例四：正确认识，引领就业

【案例概况】

丁桐，女，某高校思想政治教育专业毕业生，是刚参加工作的新人，现在是一家国企办公室专员，当初选择专业的时候，是父亲帮她做主的，并且告诉她，读这个专业可以考公务员或者事业编制，而且这个专业考研的学生也很多，研究生毕业会有待遇更好的工作，读书期间如果不喜欢的话还可以在学校里转专业。她大一可以转专业的时候，听老师说她们这一行出来找工作比较方便，并且自己也没有特别喜欢的专业，因此她继续读了下来。在大四临近毕业找工作的时候由于担心自己找不到工作，所以并没有对所选单位考察清楚就贸然选择了一个大家都认为不错的国企。

工作了几个月以后，她发觉自己非常不适合做这一行，所以想转行。丁桐面临的问题是：她所得到的薪资待遇远不如考上研究生和考上公务员的同学，有些自卑。并且现如今的工作岗位想升职，却遇到瓶颈无法突破。她想换一个工作，可几年的国企工作经验下来，她发现还没有在其他外资企业学到的东西多，怕盲目跳槽后连现如今的岗位待遇都找不到了。

【案例分析】

针对丁桐这种毕业几年后，想跳槽的人来说，重要的是理性认识自己，找到自己对这个世界的认知，并明确价值观。

价值观是一种内心尺度，它凌驾于整个人性当中，支配着人的行为、态度和信念等，影响着人对世界的认识和理解。价值观就是自己认为最重要或最想得到的东西。这种价值的观念，会影响和左右人们在生活、工作中的决策。

价值观是通过与他人及环境的互动和体验得来的，在价值多元的今天，多种多样的价值观不断呈现和冲突。一个人想要弄清楚自己的价值体系变得越来越困难，但也正因如此，大学生才更需要不断思考和建立自己的价值观，从而使自己的生活更有方向性。

我们所认为的价值观是有其特性的：

一是，价值观因人而异。由于每个人先天条件和后天环境的不同，人生经历也就不尽相同，每个人都有自己的价观和价值观体系。即使在同样的客观条件下，不同价值观的人，其动机模式不同，产生的行为也不同。有的人认为，成功就是管人，管人这件事很过瘾，尤其是在每次发放薪水时，管理者一定会有大权在握的感觉。这段话折射出了我国大学生在价值取向上具有很大的个体差异化。

二是，价值观相对稳定。价值观是人们思想认识的深层基础，它形成了人们的世界观和人生观。它是随着人们认知能力的发展，在环境、教育的影响下，逐步培养而成的。价值观一旦形成，便是相对稳定的，具有持久性。当一个人不得不做出选择时，不愿放弃价值观中最重要的东西。

三是，价值观在特定的环境下可以改变。由于环境的改变、经验的积累、知识的增长，人们的价值观有可能发生变化。在特定的时间、地点、条件下，价值观具有相对的稳定性和持久性。但是，随着条件、环境的变化，价值观也可能会发生相应变化。比如，有人一直期望有一个高收入的职业、并为之苦苦奋斗。在没有达到目标之前，不会改变自己的初衷。当有朝一日真的拥有了一份高收入的职业，随之而来的是巨大的压力和工作时间的绝对延长，这时有的人可能会更希望重新回到收入较低，但压力小，工作时间固定的职业中去。

了解什么是价值观，才能更好地指引我们来探索职业发展的方向。

【案例处理】

丁桐需要通过职业价值观测评，来找到自己是否应该跳槽的建议。

第一，职业价值观测评问卷。

我们对丁桐进行了职业价值观测评。职业价值观自我测试题由36个主题组成，每个主题有A和B两种不同的观念陈述，要求被测试者比较同一题中的A与B，如果认可其中的一个，或觉得与自己的情况比较相符。就在A或B上画"√"，另一个画"×"。如果都不符合，两者都画"○"。

第二，职业价值观测评问卷计分方法。

画"√"者得2分，画"0"者得1分，画"×"者不得分。把所有的得分，分别按纵向累积。

一是，价值观测评。对个体行为的定向和调节起到至关重要的作用。价值观决定个体的自我认识，它直接影响和决定个体的信念、理想、目标以及追求目标的方式方法。价值观的作用体现在以下两个方面：一方面，价值观对动机有导向作用。个体的行为方式受到价值观的制约和影响。在同等的客观环境下，具有不同价值观的个体，对价值观动机表现不同，进而行为模式会不相同。动机的方向被价值观支配。那些经过价值观判断，并被认为是可行的，才能转变为行为导向，并使得个体以此为目标，进行行动。另一方面，价值观在一定程度上反映了个体对客观世界的认知和诉求。价值观是个体对客观世界的评价和看法。因此，它也从某种角度反映了个体的人生观和价值观，及个体对主观世界的认知。

二是，我们在指导选择职业的时候，不能仅仅重视职业本身的价值，还应该看到职业对社会的贡献和价值。个体不可能离开社会而独立生存，个体在工作中为社会做出的贡献能实现自身的职业价值，事业是具有社会性质的。个体在择业时，要先看到自身对社会的共线性、责任性，并能主动地承担这份责任，这样才是正确的职业价值观。在这样的职业价值观指引下,个体就能比较容易找准自身定位,克服困难为社会做出更多的贡献,并能被世人所尊敬。

三是,职业价值观是个体内心的一种尺度,每个个体对尺度的把握不尽相同。它支配着个体的态度、信仰、行为、理念等;也为个体的行为提供方向。我们这里谈到的职业价值观,不是个体如何看待职业价值观的本质,而是更深入讨论个体在职业选择中,在众多的价值观取向里,更加倾向于哪一种价值或更优先考虑哪种价值。

【案例效果】

测评后丁桐的职业价值观如图 8-5 所示:

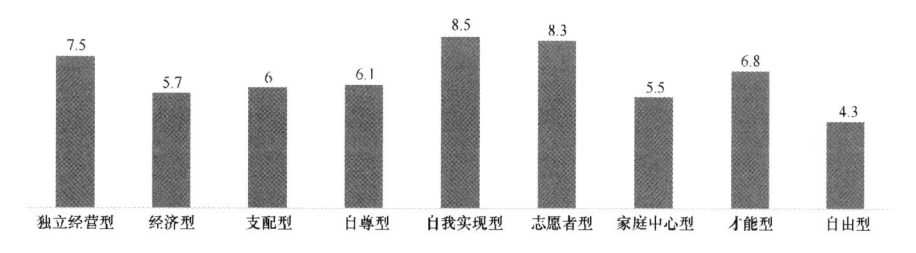

类型	独立经营型	经济型	支配型	自尊型	自我实现型	志愿者型	家庭中心型	才能型	自由型
分数	7.5	5.7	6	6.1	8.5	8.3	5.5	6.8	4.3

图 8-5 职业价值观分析

由此可见,丁桐的职业价值观经过测评,分数较高的为:自我实现型、志愿者型、独立经营型(取其最高的前三者数值)。

第一,职业价值观自我实现型。

典型特点:这种类型的人对诸如平常的幸福、一般的惯例等毫不关心,一心一意想发挥个性,追求真理。不考虑收入、地位及他人对自己的看法,尽力挖掘自己的潜力,施展自己的本领,并视此为有意义的生活。

典型职业类型:各类学科的科研人员等。

第二,职业价值观志愿者型。

典型特点:这种类型的人富于同情心,他们把他人的痛苦视为自己的痛苦,不愿干表面上哗众取宠的事,从默默地付出中寻找快乐。

典型职业类型:护士、社会工作者、导游、咨询人员等。

第三,职业价值观独立经营型。

典型特点:也称非工资生活者型。他们不受别人指使,凭自己的能力拥有自己的小"城堡",不愿受人干涉,想充分施展本领。

典型职业类型：演员、记者、诗人、画家、音乐家、雕刻家、摄影师等。

第四，职业价值观经济型。

典型特点：也称经理型。他们确信世界上的所有幸福都可以用金钱买到；认为人与人之间的关系是金钱关系，连父母与子女的爱也带有金钱的烙印。

典型职业类型：各类商人等。

第五，职业价值观支配型。

典型特点：也称独断专行型。想当上组织的一把手，飞扬跋扈，无视他人的想法，为所欲为，且视此为无比快乐之事。

典型职业类型：政治家、律师、调度员、管理人员等。

第六，职业价值观自尊型。

典型特点：受人尊重的欲望很强，追求虚荣、优越感也很强。很渴望能有社会地位和名誉，希望常常受到众人尊敬。在欲望得不到满足时，由于过于强烈的自我意识，有时反而很自卑。

典型职业类型：公务员、银行出纳、工商税务人员、会计等。

第七，职业价值观家庭中心型。

典型特点：这种类型的人过着十分平凡但又安定的生活，珍重同家人的团聚。为人踏实，生活态度保守，不敢冒险。

典型职业类型：农民、工程师、飞机机械师、机械工、司机等。

第八，职业价值观才能型。

典型特点：这种类型的人单纯，爱给别人戴高帽子，把深受周围人的欢迎视为乐趣。常常以不凡的谈吐、新颖的服装博得众人好感，以滑稽的表情使周围气氛活跃。

典型职业类型：营销人员、公关人员、司仪、节目主持人等。

第九，职业价值观自由型。

典型特点：这种类型的人一开始做事无目的和计划，但能适时地使自己的行动适应于当时的气氛，常被周围人认为无责任感，但他能承担有限的责任，不麻烦他人，无拘无束，生活随意。

典型职业类型：无固定职业者。

调查问卷分析得出结果：丁桐对自我抱有很大的自我价值实现的期

待。一成不变的生活使她感受不到自我提升的幸福感。她需要的是自我认知上的提升，当然也包括专业技能上的提升。自我实现是她的目标，并且她有一定的独立思考和自我解决问题的能力。志愿者型价值观又使她具有共情能力，能敏感地感知到他人的困难并乐于团结他人，勇于担当责任并解决问题。是很好的团队合作伙伴。

就以上认知丁桐也下定决心，积极努力寻找自我发展方向，了解更多资讯用来寻找下一个更满意的岗位，为以后的跳槽做好准备。

【案例启示】

总的来说，职业价值观对于个人来说，在面对职场问题时，会有一个大致范围上的答案。比如：关于跳槽到底该不该跳？什么时候跳？跳到哪里？导致跳槽的因素很多：有人因为在原单位发展受阻而另谋高就；有人因为与领导、同事产生矛盾不得不跳槽；有人为了新的目标追求跳槽；有人为了丰富自身经历、积累经验跳槽；有人为了获得更高的薪酬跳槽；有人因单位与居住地远，或者工作节奏不适合照顾家庭跳槽；有人甚至因为在一个单位久而生腻，想换个环境而跳槽。各种原因很多。但不论什么原因跳槽，一定要慎重考虑，要对后果有一个清楚的预判。

以下利用职业价值观测评来分析面对跳槽时的几点注意事项：

第一，不单纯为钱跳槽。

通常如果不是面临生活窘迫或者有一个远远高于目前薪水的工作职位不要为钱而跳槽。虽然我们在寻求职位时首先能看到目前这个职业提供的薪酬，但重要的是这个职业是否有发展前景，是否有利于提升自己却是更应该考虑的因素。工作的目的不是单纯为了钱，而是为了有钱做一些更有意义的事情。在职场上的重要规则就是交换，个人所获得的薪酬是由个体创造绩效的能力决定的。在能力没有大幅提升、没有更多资源可利用的前提下，只是通过跳槽就获得了更多的薪水，在这背后往往会有其他影响因素。要么是本身没有稳定的"市场定位"，要么高薪水更需要未来有更多的付出。如果只是付出辛苦也可以理解，但如果因此错过职业发展时机就不值得了。

第二，不要频繁跳槽。

频繁跳槽会降低自己的简历说服力。个人职业素养积累不能延续，个人的诚信度和对企业的忠诚度会受到质疑。如果不是为了了解不同的职业，将来做猎头、职业顾问；或者不是有目的地学习不同的企业经营情况利于自己创业，频繁跳槽会对个人的职业发展有很大影响。

第三，不要盲目跳槽。

有些人跳槽，是在不得已情况下进行的，特别是频繁跳槽。这些人往往在跳槽前没有做好准备，这种准备不仅仅局限在提升能力以满足新雇主和新职位的要求，而且对于新职位的信息也不甚了解。只有了解跳至何方？前途怎么样？是否符合自己？才能知道该如何去做。了解了这些信息，才能使跳槽不盲目。值得注意的是，虽然很多人都知道这一点，并会主动运用策略，但还是存在很多失误的跳槽者。所以运用这一策略时要注意了解信息的全面性和真实性，多方了解和征求意见，做出比较准确的判断才可以采信。同时不要轻易相信一些听上去很好的条件，而是更多地关注那些职业的缺点自己能否接受。

第四，不要跨行跨职业跳槽。

大学生在中学阶段多没有接受过职业教育，缺乏职业规划的观念。上学所学的专业大多是父母、老师帮助确定的，大学期间也可能觉得不错，一工作才发现，原来自己并不太喜欢，有的大学生到了很不喜欢的地步，整天郁闷得不行。就开始天天想着要找到自己的兴趣，实现自己的梦想。这样的情况下，会幻想出一些兴趣，会受媒体和别人对职业的评论影响，比如：看了《杜拉拉升职记》就想做 HR。再一看自己现在做的工作，似乎职业不对，行业也不对，于是趁着年轻就要跨行跨职业地跳槽。且不说目标是否正确，这种跳槽方式就不值得提倡。换行不换职，换职不换行，在一般情况下才能更有把握实现职业发展的顺利转换，才不会使自己总处于"危险境地"。

第五，慎重选择异地跳槽。

异地跳槽主要有两种情况，一种是因为家人的原因换城市工作；一种是一线城市和二、三线城市之间的互跳，为了实现梦想，或者实现生活方式的转变。异地跳无可厚非，但是和盲目跳槽不了解新公司情况一样，对于新的城市、新的工作岗位，我们在异地求职之前需要做更多的了解。如果自己没办法做到身临其境地体验新环境，那么要通过同学、朋友把自己对工作的诉求准确地传递过去，利用人脉关系更好地帮助自己定位。还有可能就是根据自己的现有工作找到上下游或者合作伙伴的企业，不仅有更多的了解，而且通过人脉关系更容易进入。

第六，跳槽，但是不要归零。

不管是转行、转职，或者在不同公司做同一职位，工作环境、同事关系、工作内容都发生了变化，一定会有一个适应过程。跳槽并不是隔断，不是自己的职业发展历史重新归零，而是希望获得更好的发展。如何使自己的跳槽变成跳高？重要的是使自己的能力得到充分发挥。面对有些陌生的工作，以往的经验要发挥作用，关键在迁移能力上，很难有工作是完全相同的，也很难有不起作用的过往经历。所谓迁移能力，不是知识和技能本身，而是在这份工作中用到了在另外一份工作中仍然可以用到的能力。认真思考，并有意识地运用迁移能力，可能会使你的工作更加出彩。在注重自己的可迁移能力的同时，还要注重以往资源的整合。这里的资源主要是指人脉资源。在异地跳的时候，有很多人脉不能带走，势必造成一种损失。

案例五：兴趣引领，走出迷茫

【案例概况】

高越，女，辽宁某大学旅游管理专业学生。她来自偏远山区，哥哥高中毕业后在外地打工，用打工的钱供她上学。高越从小就想要考上好的高等学府，毕业后可以找到更好的工作，让家人过上舒心的日子，报答父母和哥哥的养育之情。所以，她学习努力，高中毕业后，如愿地考上了大学，成为村里少有的大学生之一。上大学后，她也没有放松对自己的要求，曾获得两次奖学金。现在马上要毕业了，她原本认为可以找到一份好工作，没想到参加了两次面试，都没有通过。为此她自卑了一段时间，没有找到原因，现在班级里已经有近半数的同学找到了工作，连几个平时学习成绩不如她的同学都拿到了录用通知。她感觉除了学习似乎对其他事情都不感兴趣。当问到她喜欢什么、愿意做什么工作的时候，她本人也回答不上来。不清楚以后的道路应该怎么走，内心十分迷茫、焦灼。

眼看着毕业一天天来临，身边的同学都有自己感兴趣的工作方向，自己却连自身对什么感兴趣都不知道。找工作时不是从内心兴趣出发，所以对企业面试、提前做企业调查、自身能力认知也没有兴趣。找不到工作，高越心理压力较大，所以来咨询寻求解决办法，希望可以改变这种状态。

【案例分析】

与部分大学生不同，高越是根本不清楚自己的兴趣在哪里。相对于其他人在兴趣中抉择相比，高越从自身出发，找不到基本的择业方向。可以从兴趣对职业的影响、兴趣与职业关系、兴趣对职业产生的作用来探讨，在择业前期如何利用对自身兴趣的认知，帮助其更好地确定就业的方向。

第一，兴趣对职业的影响。兴趣对人们所从事的职业有很大的影响，主要表现为：

1. 兴趣是影响职业方向和职业选择的重要因素之一。对自我比较有兴趣的事物或事情，人们往往比较向往，应该给予更多的关注。在职业定向与选择过程中，人们通常会喜欢自己感兴趣的活动，倾向于寻找与自我兴趣方向相关的职业范畴，这样使个体的主观能动性得到了更好的发挥，全身心地投入自我感兴趣的职业之中。所以，兴趣是影响职业定向和职业选择的重要因素之一。

2. 兴趣可以加大个体的职业适应性。兴趣不仅可以促进个人能力的发挥，而且可以使人更好地应付多变的环境，较快熟悉和适应新的工作。

3. 兴趣是保证个人职业稳定性和工作满意度的重要因素。兴趣的本质决定了一个人对哪种事物感兴趣，会激发其对该事物的求知欲望，使其有更好的积极性，最大限度地展现才华、挖掘潜力、发挥人的主动性和创造性。

第二，兴趣的类型与职业的关系。不同的人兴趣有所差异，有的人对与人打交道的工作感兴趣；有的人对技能操作感兴趣；有的人对数据操作感兴趣等。不同的职业需要不同的兴趣特征，不同职业与兴趣类型的吻合程度也有所差异（以下相应职业仅列举一部分，不代表全部职业）。

1. 兴趣类型：喜欢与事物打交道

含义与特点：喜欢同事物打交道（如工具、器具或数字等），平时不喜欢与人打交道。

相应职业：制图、勘测、工程技术、建筑、机器制造、出纳、会计等。

2. 兴趣类型：喜欢与人接触

含义与特点：喜欢与人交往，对销售、采访、传递信息一类的活动感兴趣。

相应职业：记者、推销员、服务员、教师、行政管理员、外交联络等。

3. 兴趣类型：喜欢有规律的工作

含义与特点：喜欢常规的、有规则的活动，习惯在预先安排好的程序下做细致工作。

相应职业：邮件分类、图书管理、档案管理、办公室工作、打字、统计等。

4. 兴趣类型：喜欢从事社会福利和助人工作

含义与特点：乐于帮助人，试图改善他人的状况，帮助他人排忧解难，喜欢独自与人接触。

相应职业：律师、咨询人员、科技推广人员、医生、护士等。

5. 兴趣类型：喜欢做领导和组织工作

含义与特点：喜欢管理工作，喜欢掌管一些事情，希望受到众人尊敬和获得声望。

相应职业：行政人员、企业管理干部、学校领导和辅导员等。

6. 兴趣类型：喜欢研究人的行为

含义与特点：对人的行为举止和心理状态感兴趣，喜欢谈论人的问题。

相应职业：心理学、政治学、人类学、人事管理、思想政治教育等研究工作以及教育、行政管理工作。

第三，兴趣在职业活动中的作用。

1. 兴趣是职业选择的重要因素之一。爱因斯坦认为，兴趣是最好的老师。兴趣可以使人产生一种强大的精神力量，良好的兴趣可以充分发掘人的职业潜能，推动个体努力达到目标，取得所做事业上的成功。

2. 兴趣可以提高人的工作效率。兴趣是人保持工作活力和提高工作效率诸因素中最活跃的因素之一。当人对某种特定的工作产生兴趣时，枯燥的工作会变得有乐趣，很多时候还会是一种享受。兴趣可以使人集中精力去考虑和谋略，获得对事物认知上的改变和技能上的提升。不断开发潜在的智力，并能够创造性、主动性地开展工作。具有毅力的人、勤奋的人、入迷的人和忘我的人通常是找到了自身兴趣的天才，但天才的勤奋、毅力、入迷和忘我的出发点恰恰在于兴趣。

3. 兴趣可以促进人的事业成功。如果个体对他所做的工作有兴趣，那么个体就会不计名利地去工作。会取得工作成果及事业上的成功，这正是兴趣的作用所在，也是个人获得事业成功的秘诀。一个人选择的职业，正是自己的兴趣所在，能最大限度调动潜能，使个体长期关注某一领域，走向成功的道路。因此，兴趣是促使事业成功的重要因素。

【案例处理】

高越对自我认知不清，兴趣隐藏在潜意识当中，没有被充分发掘。可以通过"兴趣岛"游戏来进行兴趣发掘。兴趣游戏可以在个体完全放松的状态下，潜在意识进入一种放松状态，通过潜在意识的觉醒，来确定个体的兴趣所在。

大部分人在开始职业生涯后，经过一段时间都能适应职业，从工作中获得快乐和满足。但也有一部分人无法找到或挖掘自身的兴趣，在择业时出现不满意却无从改变的心理反应。一旦产生这种反应，人就会不自觉流露出焦躁、灰心、无精打采的状态。这种情绪会给择业带来消极的、负面的影响。针对这种情况，要注意以下几点：

第一，根据高越的情况，需要从测评结果中了解自己的兴趣，重新确立自己的择业目标和追求。

第二，学会培养自我职业兴趣。对其他行业或职业怀有宽容接纳的态度，解决职业问题可以从更多的角度入手，在职业选择上也会有更大的余地。既有广泛爱好也要有集中的兴趣。这样才能学有所长，获得更多的技能。

第三，不要轻易认输，在择业时遇到不称心的岗位时，要坦然面对，要知道职业兴趣也可以后天培养，这需要一个漫长而艰辛的过程，不轻易放弃已经拥有的岗位，并深入了解本职工作的优势，会增强个体职业兴趣。

通过这个职业兴趣测评游戏，我们看出，高越最后选择了C岛、E岛、S岛3个小岛。也就是相对应的兴趣类型：常规型、企业型、社会型。相对来说，高越的兴趣更倾向于从事常规型、企业型和社会型的职业。对于这三种类型职业的环境，相对来说更容易适应和胜任。

1. 常规型特征

个性保守谨慎，尊重权威和规章制度，喜欢按部就班地办事；工作踏实，忠诚可靠，遵守纪律，自我控制能力强，喜欢有秩序的、安稳的生活；喜欢关注实际和细节情况，做事认真仔细，讲求精确，有秩序，有效率，有责任感；习惯接受他人指挥和领导，愿意执行上级命令，乐于配合和服从，不习惯于自己对事情做出判断和决策，不喜欢改变、创新和冒险。

2. 企业型特征

精力充沛，自信，个性外向积极、有冲劲，热情洋溢，富于冒险，喜爱竞争，支配欲强；社交能力强，特别善于沟通协调，具有领导才能，能够影响、说服他人共同达到组织或个人的目标；做事有组织、有计划，喜欢立刻采取行动，有时比较武断；为人务实，喜欢追求权力、财富和地位，习惯以利益得失、权利、地位、金钱等来衡量做事的价值，做事有较强的目的性。

3. 社会性特征

关心社会的公平和正义，往往有较强的社会责任感和人道主义倾向；对人慷慨、仁慈，喜欢倾听和关心别人，能敏锐察觉别人的感受；个性温暖、友善，乐于助人，善言谈，能与周围的人融洽地相处，令人信服；在团体中，乐于与人合作，有责任感，不爱竞争；喜欢从事与人接触的活动，关心人胜于关心物。

【案例效果】

通过测评后，高越对自我职业兴趣认知有了一定的了解。

第一，适合的工作环境。注重组织与规划，需要注意细节、精确度，职责明确，条理清晰，高度有序；需要展示自己的经营、管理、劝服、监督和领导才能，并实现机构、政治、社会及经济目标；充满了权力、金融或经济的议题，需要胆略、冒风险和承担责任；重视升迁、绩效、权力、说服力与推销能力；非常强调自信、社交方法与当机立断。

第二，职业发展建设。具有经商天赋，善于发现机会，有意向搜集信息，并针对这些信息进行整理和分析。个人规定严格，有明确的标准化操作程序的环境中工作，可以与具体事务或切实的工程项目打交道，建议选择能够发挥出色的信息分析和机械操作能力的职业，如：机械工程师、结构工程师、勘探分析师、职业信息分析师、财务分析师等。

管理类的工作很吸引人，可以自己做决定，组织必要的资源，有一定的控制权，承担较大的责任，并且监督他人，推荐的职业有：融资项目经理、IT项目经理、项目管理师、生产控制/管理工程师、会务经理/主管、市场营销经理/主管、生产主管、教学主管等。

喜欢在稳定、讲求规范的环境中工作，要求有明确的前景和清晰的等级制度，推荐的职业有：行政经理、秘书、后勤管理、图书管理员、财务会计/出纳、审计专员、统计专员、预算分析师、成本管理员、会计核算专员等。

专业性强的工作也比较适合，可以独立自主地开展工作，并享有较高的威望，推荐的职业有：律师、法官、内科医生、口腔医生、化工工程师、建筑工程师、热能工程师、勘探工程师、核工程师、工艺工程师、大学教师、校长等。

利用了霍兰德关于兴趣发现的游戏，来发掘咨询个体在不了解自身兴趣时，既能给出答案，也能给出适合本人的具体建议。包括兴趣发展方向建议和未来职业发展方向的建议。

【案例启示】

第一，如何探索兴趣与才华。首先，要把兴趣和才华分开来看待。不要因为自我做得好，就认为是自我所感觉的兴趣范畴。为了找到自我真正的兴趣所在，可以通过自问自答的方式来解决。如对于某件事物是否十分渴望，是否能愉快地完成，是否从心里（而不只是从脑海里）喜爱等；自问自答时，注意不要把社会的价值观、父母的期望和朋友的影响加入答案之中。完完全全地沉浸在自我所向往的兴趣中，然后从中挑选适合自我的兴趣。也可以通过讲座、社团活动、图书馆、网络、朋友交流、电子邮件等方式来发掘自我的兴趣爱好。

第二，如何探索兴趣与就业。结合实际就业情况，要带给自己快乐和满足；与此同时，一个人总要生存，要有衣食住行的保障。最理想的状态是能将兴趣和实际环境相结合，找到一份热爱的工作。做不到时，可以有以下两种选择。

首先，先从实际出发，做不太喜欢的工作，积累经验之后，再去做最喜欢的工作。

其次，追逐兴趣和理想，从兴趣和理想中得到美的享受将超出物质上的。

任何一种选择都是不断进行自我调整、自我积累的过程，也许在这个过程中，以往的兴趣被实践证明难以作为一个职业，并发现了新的兴趣。每一个人基本都是在选择与被选择中完成自己的职业生涯的。

第三，如何探索兴趣与理想。如果兴趣和理想有冲突可以这样考虑：人生的路是漫长而丰富多彩的，我们都可以有很多广泛的兴趣爱好。兴趣固然重要，但人生目标更为重要。一个人一生中不同的时间、环境下会发展很多兴趣和爱好，这些兴趣爱好是可以改变的，但人生目标是始终不变的。

兴趣不等于职业兴趣，大学生在探索职业兴趣时，要注意兴趣是丰富多彩的，是具有各种各样的反复性的。有的是业余爱好，有的是职业兴趣，兴趣不能等同于职业兴趣，选择职业时要注意区别看待。

第三节　外部探索

案例一：打造属于自己的未来之路

【案例概况】

张丹，女，某高校财务管理专业本科生，大学期间，她努力学习、谨言慎行，专业知识扎实，在学生会任职期间组织参与了多次大型活动，活动策划能力很强。父母事业有成，经营一家贸易公司，企业规模很大，并且处于蒸蒸日上的良好发展态势，父母希望女儿能够继承家业，进入企业接受锻炼，稳步成长，为将来能够接手企业做好准备。而张丹同学曾经在亲戚家的酒店实习，对它产生了很大兴趣，希望能够有机会到北上广等一线城市从事酒店管理方面工作。但是作为一名女生，在如此激烈的就业竞争下，她表现出焦虑和自信心不足。

张丹如何在父母的殷切期盼和自己的理想之间寻找到平衡点呢？她希望全面地探索自己的职业兴趣、能力，对未来的发展有清晰的认识，需要进一步明确、坚定信心，鼓足勇气做出选择。

【案例分析】

张丹同学虽然成绩优异，但是对自己的专业学习兴趣不浓，对账目和数据不感兴趣，对管理企业更是信心不足，当初选择财务管理专业也是受到家庭因素的影响，通过偶然机会去酒店实习，对酒店管理专业和行业产生了浓厚的兴趣。而且，她性格比较外向、充满热情、喜欢结交朋友，当初报考专业的时候毅然选择省外高校，可见独立自主，勇敢果断。但是在就业时她徘徊困惑，一是自己是否适合酒店管理工作，如果选择这个工作，所在城市、职业认知、未来发展是什么？接下来应该如何努力？二是父母希望她能够接手家中企业，家庭因素直接影响她的职业价值观。

这是由于职业定位困难，没有进行职业生涯路径设计的案例之一。以下我们将从三个角度对此案例进行分析：

第一，根据"霍兰德职业兴趣理论"。首先集中探索张丹同学的兴趣点，然后根据她个人能力和发展趋势的探索引导生涯思考，运用职业规划的相关办法和技术充分了解张丹同学目前的状态，对她进行兴趣、性格、技能以及职业价值观的自我探索。张丹同学本人性格果敢独立、既有进取的一面，又有踏实稳重的一面，这种积极的性格使她一直给自己制定高标准，所以将自己的职业目标设定为到北上广等一线城市工作。另外，家境殷实，没有经济负担，可以按照自己的意愿去选择自己喜欢的职业。

第二，根据自我探索的结果进行初步的职业探索，通过多种途径提供丰富全面的职业信息，比如网络、书籍、报纸、生涯人物访谈等形式帮助引导张丹同学将职业兴趣、未来工作与工作世界进行对接，让她清楚认识到目前工作世界的条件和发展前景，促成她确立职业目标。张丹同学现读专业是财务管理，与理想职业酒店管理专业相关度不大，她面临的困惑是，目前的专业是否可以应聘酒店管理岗位？

第三，根据张丹同学对未来理想职业的期待，设定具体可行的、积极有效的短期计划和长期规划。张丹同学目前是大三学生，学习的专业是财务管理，所以要想实现理想职业目标需要有一定挑战性并且具有时间限制的职业生涯路径设计。

【案例处理】

择业目标是毕业生对某种职业的追求和向往，是自身的兴趣、能力、价值观与社会需求相互协调的结果。在了解形势、掌握政策、收集信息、自我认识的基础上拟定出相应的待选目标。了解该职业的相关信息，了解该职业的要求与个人之间的差异，以便我们正确地做出决策，更好地进行职业生涯规划，更为主动地把握个人生涯未来的发展。

大学生在进行职业探索时通常采用查询、探讨、观看、实地考察和访谈的方法。在对宏观环境的探索方面主要采用查询和探讨的方法；在面对行业环境、组织环境、岗位环境的探索，不仅可以通过查询资料和讨论，还可以通过实地考察参观、实习以及对相关从业人士进行询问或访谈等方法。我们在下面结合案例分析探索职业环境的方法及其应用。

第一，与张丹同学进行沟通了解基本情况。通过询问得知其在大学期间学习的课程以及在大学期间的实习经历，探讨并分析张丹在两种选择之间纠结犹豫的真正原因，并挖掘开发她真正的兴趣、能力和价值观集中体现在哪里，帮助她确立并发展自己的能力优势。张丹通过职业兴趣探索所得到的霍兰德代码为SEA。乐观自信，独立勇敢，喜欢与人打交道，喜欢在变化的环境下从事创造性强的工作，有领导力和支配愿望。适合从事娱乐活动管理员、国外服务办事员、社会服务助理等。职业兴趣偏向社会型和企业型。在事务性工作方面，例如财务、数据、报表等得分较低。

第二，对张丹同学进行能力探索和价值观探索。张丹同学选择和本专业不相关的行业作为职业发展目标，我们需要总结她的成就感来源并找到几个事件的重合点，以帮助她挖掘事件背后的自身特质。通过三件成就事件的自述，得出张丹同学的成就感来自完成某种被认为能完成有难度的工作，而且不仅能够承担且较出色地完成。可见张丹同学善于与人交流、有责任心、有亲和力、有组织管理能力、团队协作能力和指导他人的能力。

第三，对张丹同学布置职场探索任务。张丹同学已经清晰地认识到自己的特点，而对外在世界还没有清晰的了解。任何人的成长、性格和品质的形成都离不开家庭环境的因素，家庭经济状况、家人期望、父母文化背景等因素直接影响着大学生的职业生涯规划，正确而全面地评估家庭环境才能有针对性地设计合理的职业规划。在这个世界上，没有任何人能够代替我们走好人生的道路。尤其是在面对人生岔路口的时候，固然要听取父母的意见，却更应该倾听自己内心的声音，根据自己心的指引去选择人生之路。也许张丹同学可以先到其他公司积累几年工作经验，再回去帮父母打理企业。明确了方向后就要选择自己感兴趣的行业，这样才能在兴趣的激发下坚持长期工作，有所积累，为将来帮助家里打理企业奠定基础。

第四，帮助张丹同学进行职业探索。首先，让张丹同学通过网站搜索、咨询老师、听取建议这几种途径搜集工作内容、职业前景、职业素质要求三方面信息，同时，安排她对两家五星级酒店的经理进行人物访谈，使她对这个职业有了更清晰的认识，明确了行业和专业的关系，懂得从事这份工作也需要财务知识，看报表等技能。之后，安排岗位实习，这是最好的职业探索方式，可以通过亲身投入该岗位的实践，直接、具体、深刻地了解该岗位的实际工作情况。

第五，指导张丹同学掌握适合自己的心理调适方法，共同探讨她的职业选择和家庭的平衡问题、工作所在地问题，深入了解就业过程中的个人基本权益与常见的侵权行为，并掌握权益保护的方法与途径，维护个人合法权益。同时引导张丹同学顺利适应生涯角色的转换，使学生了解学校和职场的差别、学生和职业的差别等。

【案例效果】

张丹同学进行了自我认知以及职业认知以后，确定了职业定位首先在酒店餐饮部经理，争取最后成为酒店经理。她认为不应该放弃现有专业，作为一个管理者，必须懂得财务知识才能遵守国家法规，懂得看财务报表才能指导工作，建立合理的考评机制，管理者的财务管理思想决定着企业的财务管理水平和经济效益。同时，她决定平时辅修管理类课程，毕业后准备去国外攻读酒店管理学专业研究生。张丹同学为了更好地实现自己的人生目标，大学四年里努力使自己具备优良的学习能力、思维逻辑能力、沟通能力、就业选择能力、团队协作能力和自主创造能力等。她不断探索、不断积累、努力去实现属于自己的精彩。

【案例启示】

第一，不同的外部环境塑造着不同的职业决策，准确地审视自身并充分分析周围的环境才能使自己的职业生涯规划得以实现与发展。首先，要对自我优缺点进行一个全面精确的分析，对自己专业的优缺点以及专业对口的择业范围要有个全面深刻的了解。其次，要考虑就业环境，当地的经济水平、文化水平、人才储备和竞争力。再次，对行业进行分析，要知道该行业是朝阳行业还是夕阳行业，行业需要什么样的人才。最后，对职位进行分析，清楚任何一个职位的基本要求和特殊要求是什么。当把上述内容分析清楚后，才能清晰地制定职业生涯规划。

第二，面对人生的各种机遇和挑战，我们可以借助一些分析工具来审视自己，比如职业价值观罗盘、成就事件等，我们可以通过生涯人物访谈的途径快速获得信息，提高自己的热情，发现自己的专业和理想职业的联系，更好地定位未来的大学生活。在职业、职场探索过程中，我们通过访谈了解到相关行业、不同企业、不同职位的大量信息，综合这些信息，帮助来询者确立目标，制定短期规划，努力从各个角度寻找达成的途径，并以切实的努力进行实践，实现目标。同时，我们也要认识到，生活中充满了不确定因素，可能一个偶然事件就会成为职业生涯的拐点，所以这种职业探索要有持续性，来询者要经常与职业生涯咨询师交流、学习，才能不断进步。

案例二：学会多角度抉择就业岗位

【案例概况】

张哲，男，某高校食品科学专业大四本科生，外形阳光，性格沉稳，在校期间，成绩优异，履历内容较为丰富，多次获得科研奖学金，积极参加学校组织的职业生涯大赛、简历大赛等，考取了营养师资格证书。张哲同学在校园招聘会上递交了几份简历，现在获得了两个公司的面试机会，一个是家乡二线城市D国有企业（粮食公司），一个是省会城市简餐食品连锁公司。张哲同学的家乡是二线城市，这家国有企业提供技术岗位，正式入职后工资4000元左右；省会城市的简餐食品连锁企业提供管理岗位，入职后工资5000—6000元。张哲同学认为在国有粮食公司工作，可以照顾父母，家乡生活水平不高，相对轻松安稳。在简餐食品连锁企业工作，收入较高，企业文化很好，能够有更好的晋升机会，而且大城市生活质量高，发展空间更大。张丹同学的家境一般，父母希望他毕业后能有一份体面、稳定的工作，能够进入粮食公司对他的父母而言是最好的选择，想到父母的感受和经济的压力，张哲同学感到十分困惑和迷茫，不知道如何在两个企业之间做出选择。

【案例分析】

张哲同学性格沉稳，语言表达能力不错，阳光健康，有独立思考的能力。在大学期间能够合理安排课余生活，参加各种社会实践和校外兼职，合理安排大学生活，有初步的职业生涯规划，考取了资格证书。在投递简历时目标明确，希望从事和专业对口的工作。但是在选择工作所在城市、单位性质和岗位方面,他出现了犹豫不定。另外张哲同学的困惑还包括家庭因素,父母希望他能够回到家乡,找一份安稳的工作,因此家庭影响对他的职业价值观的形成产生了一定的影响。从以下三个角度进行分析。

第一,根据"明尼苏达工作适应理论"对案例进行分析,当工作环境能满足个人需求,个人又能顺利完成工作需求时,职业稳定性和满意度就高。案例中张哲同学在求职过程中,对一、二线城市就业面临的问题分析不够深入,对国有企业和小企业在企业性质、个人发展方面了解不够深刻,没有探索自己的职业价值观,忽视了自我认知以及对工作世界的探索,忽视了自我特性与岗位是否相匹配。

第二,根据"霍兰德职业兴趣理论"对案例进行分析。职业兴趣是职业选择中最重要的因素,可以帮助个体明确自己的兴趣,从而彻底地发挥个体的潜能,避免盲目行为。张哲虽然明确了就业单位必须是对口行业,但是在职位选择方面忽视了对自己职业兴趣的探索。

第三,对工作世界进行探索可以通过网络、书籍、报纸等形式进行了解,更可以通过周围的人脉关系对相关的职业进行探索,如进行生涯人物访谈。张哲没有和导师、辅导员、家长沟通,也没有通过其他手段去了解两个企业提供的职位,忽视了对职业和职场的探索。

【案例处理】

第一,自我探索能够让个体清晰地认识自己的特点,从而明确自己的方向。引导张哲同学跨越选项看目标,探索背后的价值和自己向往的生活。张哲同学通过对自己的剖析,总结了自身性格特点以及优势和不足。优势是做事严谨认真,勤于思考,喜欢钻研技术,性格沉稳,生活规律,向往稳定而简单的生活;但是在人际关系和社会关系方面能力不足,墨守成规。另外从职业价值观探索方面,通过使用分类卡片,张哲同学选择了自由独立、自我实现、身心健康、环境舒适、工作稳定,比较不看重权力地位和社会交往,通过探索,明确了从事专业技术研究方面的工作。

第二,引导张哲同学了解自我,根据"霍兰德职业兴趣测量表"帮助学生形成初步的职业发展目标,初步确定张哲同学的职业类型属于 SIE 常规型,个性上抽象思维能力强,善于逻辑分析和推理,求知欲强,喜欢钻研,做事谨慎认真。较适合从事营养学家、饮食学家、海关检查员、安全检查员、税务稽查员、校长等工作。

第三，据明尼苏达工作适应理论帮助张哲同学对外部环境进行分析。首先，一线城市发展快，开阔眼界，能够享受较高的生活质量，有利于提高人的竞争力，但是生活节奏快，工作压力大，生活消费高；张哲同学家境十分普通，如果在一线城市生活，购房买车等生活开销会给家庭带来较重负担。而二线城市生活成本低，工作相对稳定轻松，节奏慢、适合张哲同学的性格特点，另外还可以照顾父母。其次，从行业类别、企业文化、工作内容、能力和技能要求、从业人员共有的人格特征、未来发展前景、薪资待遇、对生活的影响等方面帮助张哲同学对可能从事的职业进行更深入的分析。国有企业和小企业在企业性质、个人发展上不同，大企业组织机构更完善、稳定，而且该企业提供的职位是技术专业，更符合张哲同学的职业价值观。小企业薪资待遇高，提供管理岗位，通过帮助张哲同学梳理大学期间的经历，其中并无涉及人力资源方面的经验，没有担任过学生干部，不懂班级事务管理，相关度不大。最后，家庭环境方面，父母是普通工人，家庭经济状况一般，对他的希望也是有一份稳定的工作。张哲同学消除了选择的疑惑，确定选择国有企业粮食公司。

第四，锁定职业以后，帮助学生确立一年、三年以及五年的工作目标。张哲同学列出个人行动计划表。(1) 半年内，完成毕业论文写作，顺利取得毕业证和学位证；与导师沟通，把自己的职业规划告诉老师得到支持，在导师的指导下坚持专业知识的学习；进入单位实习，与同事领导沟通，完善专业技能。(2) 一年内，进入企业工作，接受岗位培训，在项目研发上取得一定的成绩，得到领导和同事的认可，同时在工作中提高沟通能力。(3) 五年内，由初级专业技能提升到中级专业技能，参与完成地市级科研项目并通过鉴定验收，以扎实的技术水平和突出的工作业绩成为企业骨干。

【案例效果】

张丹同学对自身进行了全面的认识和了解，明确自身性格特点以及优势和不足，同时清楚地认识了外部环境特征，对两个公司的行业类别、企业文化、工作内容、能力和技能要求、未来的发展前景等进行分析后正确地评估了职业机会，确定了职业发展的目标是国企粮食公司，目标岗位是技术人员。目标确定好之后，张丹同学认真准备，通过了面试被国有企业粮食公司正式录用。之后张哲同学确定短期和长期目标、制定行动计划和内容，充分利用毕业前半年的时间不断提升个人的知识储备。

【案例启示】

第一，在大学期间经历越丰富的学生，想法也越多，他们有能力、有行动、会利用资源，但是目标不清晰、视角不完整，在把想法付诸行动时容易出现迷茫和困扰。这样的学生需要引导而非指导，通过剥笋式的方法一层层地厘清问题，用引导的方式让他们看到自己的期待，当出现选择时，让他们用自己的标尺衡量选项，自己找寻出自己的理想目标。

第二，大学生应尽早明确并做好自己的职业规划，及早做好面对工作世界的准备，应包括这四个步骤：自我评估、确立短期和长期目标、制定未来职业规划和内容、选择适宜的方法和途径。在确定职业目标时应注意四个问题：一是认识自己的能力；二是认清自己所处的地位；三是量力而行，符合实际；四是努力付诸实践，多一些实践探索，增加对工作世界的体验和认识。

第三，每个人的性格品质及个人成长的过程都离不开家庭环境的影响，大学生在进行职业规划时，会受到家庭经济状况、家长期待、家庭文化等因素对个体的影响。在确立个人职业发展规划时会根据自己成长经历和所受教育情况，不断调整、修改，最终确立自己的职业理想。所以要全面地评估分析家庭客观情况，有针对性地设计适合自己的职业生涯规划。

案例三：探索专业具体方向与路径

【案例概况】

姜萌，女，某高校财务管理专业大三学生。姜萌同学的父亲是小学老师，母亲是公司普通职员。姜萌是独生女，也一直都是父母眼中的乖乖女。父母对姜萌的要求比较严格，她从小到大都是循规蹈矩、按部就班地生活，而这种传统的家庭环境也养成了姜萌同学乐观开朗、认真踏实的性格特点。父母希望姜萌在校期间各方面都能表现优异，并且毕业后从事一份稳定的工作。姜萌二十年的人生轨迹也基本上达到了他们的期望。她非常喜欢现在学习的专业，在自己喜欢的课程中也能表现自己，与老师进行互动。她对财务管理专业的知识有着很强的学习欲望，希望通过进一步的学习去挖掘其中的乐趣，探索其中的奥妙。

姜萌同学的兴趣爱好是旅游和唱歌。她是一个对新鲜事物充满好奇的人，喜欢旅游是因为在旅游过程中可以接触不同的人和事物，感受不同的民俗和文化，使自己的视野和心境都变得开阔。姜荫特别喜欢欣赏不同的风景，接触不同的人和事，这让她对世界有更多、更丰富的认识和了解。她希望通过职业规划了解自己，帮助自己实现职业目标。她的职业梦想是500强企业的财务总监，希望能够明确具体的职业目标路径。

【案例分析】

面对众多未来的选择时，作为一名刚刚进入大三的大学生，到底该何去何从？是一个值得思考的问题。其实，不论是谁，即使学习的专业是自己喜欢的，做的工作是自己擅长的，内心还是会有个声音跳出来——我到底适合做什么？这个专业适合我吗？有这样的疑问是很正常的，大学生有时会因为缺少专业的支持，专家的肯定，而对自身产生疑问，这时应该找到理论，让浮躁的心沉静下来。姜荫同学最近一次旅行去的是海南三亚，在那里她不仅第一次体验了惊险刺激的海上运动项目，还吃到了地道的海鲜大餐，最重要的是认识了一些海南的朋友，感受到了他们的热情。她喜欢欣赏不同的风景，接触不同的人和事，可以根据她的性格特点设计出合适的职业生涯规划。下面从两个角度对案例进行分析：

第一，根据霍兰德职业兴趣测评，可以使测试者了解到自己的兴趣点，兴趣呈现了人内在的动力和快乐的来源，影响着职业的满意度和快乐度。姜荫同学目前刚刚大三，职业目标还不是很确定，姜荫同学虽性格开朗，做事大大咧咧，但通过测试发现，比较适合做财务管理工作。大学生要了解自己的能力、兴趣、特点、优势，做好大学生职业规划，在择业时，需要细心考虑，对工作模式充分了解，确定其是否适合自己。

第二，根据"MBTI职业性格测评"，可以看出她家庭观念很重，受父母和家庭影响，相对重视工作稳定和生活保障、工作与生活的平衡等，不重视创造性、快节奏等，适合具有固定条件的工作，这基本上和她的个人信息一致，因此姜荫同学适合从事具有稳定模式的工作。

【案例处理】

第一，信任、尊重姜荫同学，与她建立良好的资访关系。姜荫同学外向开朗可以直接向其测试兴趣类型并分析她的性格类型。从姜荫同学的兴趣测评结果及其霍兰德六边形开始，姜荫同学的霍兰德职业兴趣测试结果为CSA，霍兰德职业兴趣中的C是常规型，适合具有正常模式的工作，S是社会型，就是对人感兴趣，喜欢和人打交道，倾向于帮助他人，具有服务他人和奉献自我的特点。A 是艺术型，喜欢表达和创新，喜欢多样性的展示，不喜欢一成不变、总是一个形式，追求美感。和姜荫同学进行职业兴趣的访谈，寻找适合姜荫同学的工作，通过沟通明确姜荫同学对工作项目的了解有多少，是否客观，是否深入。

第二，通过"排除法"把姜荫同学的职业目标缩小，最后汇总出两个方向。

一是，财务管理相关工作。财务管理专业有很多不同方向，寻找适合姜荫同学的方向，并且结合姜荫同学的相关能力，进行全面分析。

二是，教师工作。姜荫同学喜爱任课教师这个职业，表示可以作为职业发展第二选择。此后，老师与姜荫同学又一同看了"MBTI 职业性格测试"的结果，姜荫同学的类型是：监督型 - ESTJ，属于 ESTJ 的人们在选择职业生涯的过程中会给自己留有足够的余地，因为他们投入充沛的精力去使事情朝自己想要的或者在事实上正确的方向前进，所以他们愿意主动去掌握了解多种有助于自己今后发展的方法技巧。而他们如果在领导的岗位上也会展现出十足的满足感，他们的控制欲就好像是天生的，所以他们更加适合那些需要去制造秩序和创造架构的工作。

第三，姜荫同学进行了"贝尔宾团队角色测试"，最终的结果越来越聚焦，通过测试，适合姜荫同学的工作为财务管理相关工作。通过询问姜荫同学如何看待这样的结果，姜荫同学表示看到结果十分愉快。她认为这很符合自己的职业目标，但是同时也表现出了纠结，不知道如何选择具体的职业。于是，又用了"职业规划分类卡"来探索她的职业价值观。总的来说，在价值观测试中，初步分析判断姜荫同学确实适合从事财务管理的相关职业。同时，建议她运用"SWOT 分析"对自身进行自我分析，以便更好地进行职业决策。

第四，建议姜荫同学尝试着根据自己现有的状况做一份"个人简历"，姜荫同学主动分析自己的优势和劣势。她表明自己不喜欢创造、快节奏等，喜欢固定的模式，可以看出姜荫同学很认真地对待了这个环节。仔细看了她的自我分析，老师认为她对自己的评估较为客观。相较于之前在自我解剖时表现出的主动和自信，当谈起最终职业选择时，姜荫同学眉头紧锁，目光明显黯淡了一些，老师进行了书面记录，顺势帮助姜荫同学全面了解会计和投资计划专员的职位说明，了解它们在财务管理部门内部的关系。姜荫同学首先给老师展示了一张财务部门组织结构图，表示这是自己的管理学专任教师提供的财务部门最典型的组织结构图。从该图上可以很清楚地看到会计和投资计划专员的关系，根据专业教师的建议，结合自己的专长、能力以及发展的前景等进行综合权衡，在这样的基础上，确定职业目标就可以水到渠成了。

【案例效果】

姜荫同学明显表现出了比以前更为自信的状态，她觉得未来充满希望，希望能积极应对未来生涯中的变化，做自己的生涯的掌控者。姜荫同学全面地了解了自己。在这个过程中，姜荫对自己负责的态度是她每一次都可以进步的基础。有了这种态度，她开始认真地探索自己，配合老师的任务，认真地、全方位地查询资料，姜荫主动地与各种各样的相关人员接触。姜荫不仅为自己的职业目标设计了具体的实施计划，而且明确了未来的行动方案，让自己更有信心实现自己的职业梦想。姜荫同学最终选择了"会计—投资计划专员—投资计划主管—投资部门经理—财务总监"的职业路径。

【案例启示】

第一，与姜荫同学的咨询过程是非常顺畅的，姜荫同学对于自己的职业目标确实有很强烈的信念。她在整个咨询过程当中非常努力，也非常认真，因此获得了自己认为满意的结果，大学生应有自主择业的能力，做事要有主见，明确自己的方向，了解自己的能力、兴趣、特点、优势，做好大学生职业规划，明确自己的兴趣是什么，所需要的是什么，未来方向是什么，保持积极乐观的态度和良好正确的情绪。

第二，在职业探索中，要保持开放性，和姜荫同学在目标澄清的过程中要保持开放性。姜荫同学通过个人的探索，得出的是两个方向，无论是投资计划专员还是会计都有她喜欢的部分。在这个时刻，老师没有给予建议，而是用了生涯决策平衡单，让她自己做出评估。姜荫同学在此评估中更加倾向于投资计划专员，但是老师仍然没有只让她专注于此，而是让她在两个方向上都做了职业调查。最后她得出的结论是两个方向都会尝试，而其中会计成为投资计划专员的一个跳板。这种结论是非常有建设性的，也是老师和学生在最初都没有预想到的，正是整个过程中的开放性，才使得这种结论能够产生。

第三，要重视对外在世界的了解。大学生普遍存在对外部职业世界缺乏了解的问题。姜荫同学在咨询过程当中拿到了财务部门组织结构图，通过对于组织结构的了解，她很快找到了自己的发展渠道。学生应该真实地发现职业世界的面貌，更现实地考虑自身与今后职业发展的联系，才能稳定地去规划自己的职业发展方向。许多学生的问题其实源于对于外部信息了解过少，应该将了解外部世界作为一个重要的点让大学生去落实。

案例四：积极勇敢地把握人生方向

【案例概况】

陈默，男，某高校软件工程专业大三学生，2020年受疫情影响经济下行，外企裁员、私企倒闭、国企暂缓招聘，使原本就严峻的大学生就业形势变得雪上加霜。面对复杂的就业形势，学校指导在校生积极调整就业预期。大三年级的陈默同学，在校期间成绩理想，参加过大学生创新创业大赛，其创业项目（基于计算机视觉的智能垃圾分类系统软件开发）获得省级立项。对于是就业、考研还是创业？去国有企业还是降低标准去私企？即将进入毕业年级的他在面对职业选择时很苦恼。

【案例分析】

陈默同学刚升入大三，面临的选择比较多，每条路都可行，都有不同的发展，导致陈默缺乏对自身职业发展的探索和综合素质的评估以及对职业生涯发展的影响的正确认识。由于不能确定长期目标，导致陈默同学在短期目标的建立上出现犹豫。首先，他在校期间积极参加活动，在学生会也有相关任职，陈默同学认为无论是考研还是工作，大三这一年他都需要进行具体翔实的准备，如果选择竞选学生会主席，他的精力可能没有办法兼顾自己的计划和未来，但同时学生会主席的履历会提升他的能力，在简历上也是漂亮的一笔，他也不想放弃。陈默同学也找过职业规划任课教师、长辈、学长等咨询所学专业的就业行业和社会形势，认为可以先考研暂缓就业。同时，根据陈默同学的创业经历，他也可以继续从事项目研发。另外，他多次利用假期在企业实习，得到了能力的锻炼，适应了企业的工作节奏，但是由于没有进入合资企业或者国有大型企业实习，不确定自己是否适合。陈默同学所进行的职业探索都没有涉及本质问题，而且没有真正落到实处，没有制定具体的职业生涯规划。因此陈默同学困惑于对竞选学生干部、考研、创业、就业四个方向的选择。应从三个角度对案例进行分析：

第一，根据帕森斯职业指导的三大要素对案例进行分析。一个人在做出职业选择之前首先要评估自己的兴趣、能力、人格特质和价值观等，因为选择职业的关键是个人的特质与特定行业的要求必须相配。其次要进行职业调查，研究工作情形、参观工作场所、与工作人员进行交谈。最后要将自我认识和职业世界的认识整合。案例中陈默同学没有认清自己的人格模式，没有探究自身的兴趣、特质和能力，也不清楚这几类工作所必须具备的条件和资格，因此难以确定职业类型。

第二，运用"霍兰德职业兴趣理论"对案例进行分析。一个人的职业兴趣会极大地影响职业适宜度。当他从事的职业与其兴趣相吻合时，就可能发挥最佳水平。所以在选择工作时要知道自己喜欢什么、想做什么、能做什么，一定要选择和自己能力相符合、自己感兴趣的工作岗位。案例中的陈默同学并没有进行对自己职业兴趣的探索，在大环境下盲目地进行选择，这样的做法首先在选择上容易出现偏差，并且无论哪种决定都有较大可能不会获得一份满意的结果。

第三，根据"明尼苏达工作适应理论"对案例进行分析，当学习工作环境能满足个人需求，个人又能顺利完成学习或工作需求时，职业稳定性和满意度就高。在求职过程中，要增进学生对自我以及环境的探索。案例中陈默同学在决策过程中忽视了自己对专业知识、性格等的自我认知以及工作世界的探索，忽视了自我特性与职业特征是否相匹配，以至于对未来前景感到迷茫不安，无法做出抉择。

【案例处理】

第一，引导陈默同学了解自我，通过制作生命轴的方法帮助陈默同学明确自己的优势和劣势；找到自己职业问题的解决方法，明确职业发展方向；制定一个科学的、可行的职业生涯规划。通过"生命轴"，可以了解到陈默同学的性格积极、乐观，社会适应性良好，有组织能力，且有良好的情绪管理能力；同时也大致了解了他对自己的要求和未来的职业倾向。

第二，根据"职业价值观测试"对陈默同学的价值观以及兴趣做进一步了解。测试中他选择"最不看重"的两项是：职务变化和工作性质变化；而他最看重的两项是：能实现自己的理想、能有稳定的收入。据此可以看出他偏向于稳定。根据"兴趣岛"游戏分析，陈默同学属于 ISA 的类型。他选择符合自己的表述按顺序排列分别为：喜欢倾听和了解别人、喜欢自由自在的工作、观察思考分析和推理、善于表达和创新、从事明确固定的工作。然后，通过非标准化的"成就故事法"来提取陈默同学的具体职业能力。他讲述了两件事情：第一是他小时候学习打篮球的事情，第二是他大学时带领团队参加创业大赛。从陈默同学这些成就故事中，我发现陈默同学在一般职业能力方面具有较强的人际交往能力、表达能力、团队协作能力；在专业能力方面，具有较扎实的编程技能、软件工程相关专业知识、视频编辑能力；在职业综合能力方面，拥有较强的学习能力、信息收集和筛选能力。通过引导陈默同学独立思考，他认为学生干部经历让他得到了充分的成长和锻炼，在剩下的两年大学时间他更想把精力投入到专业技能提升上。

第三，根据前期收集到的信息进一步对陈默同学进行职业的探索和分析。如果他选择去企业工作，职业发展方向为系统维护、软件开发、软件测评、产品经理等；职业资质为计算机证书、职业技能是基本掌握 C 语言与 C++、JAVA、PYTHON。通过引导，他表明就业倾向于国企，工作地点在四川、杭州等经济发达的地区。我引导他说出了几个有意向的就业单位，锁定具体的求职单位，现场查询了相关的招聘条件。根据这些条件要求陈默同学给自己定几个大学期间要完成的目标，他谈到继续完善创业项目软件系统，通过英语六级，继续坚持唱歌、打篮球、游泳等爱好，争取到就业目标地去实习。但在谈到考研时，他只说了几个想考的本地的学校，对于具体的专业和相关细节，并没有进行具体的了解，也不是特别熟悉。

第四，我们推荐他对 2014 级自动化科学与电气工程学院学长张琪同学和经管学院工商管理专业研究生丁煜文同学进行生涯人物访谈，张琪同学介绍了自己的创业心得和宝贵"教训"，阐述了课程学习与实践对创业的帮助，以及创业路上遇到的问题等。丁煜文同学帮助他分析了国有企业和中外合资企业的不同的企业文化和发展方向，对职业的性质、工资待遇、晋升可能性；求职者的学历要求、所需专业训练和心理特点；以及对岗位胜任所需完成的训练等职业信息进行了介绍。陈默同学发现自己内心真实的想法是毕业后直接就业。根据他的职业能力分析和职业探索的相关分析，为了达到最终的就业目标，陈默同学还欠缺相关的专业知识和一些资格证书，需要在大学期间科学地制订具体可实行的计划：首先巩固 C 语言与 C++基础，开始学习 JAVA、PYTHON 等语言；其次，保证专业课绩点，提高英语能力，六级达到 530 分以上；然后增加软件开发实战经验，参加科创项目，重视实习。

【案例效果】

陈默同学进行了自我认知以及职业认知以后，确定了未来发展的目标是毕业后直接就业，根据自身情况对需要加强的专业知识和职业资质进行详尽的规划，成功完成了大学期间的职业规划，作出了自己的决策，找到了职业发展的方向。

【案例启示】

第一，大学生应尽早明确并做好自己的职业规划，及早做好面对工作世界的准备，应包括这四个步骤：自我评估、确定短期和长期目标、制订行动计划和内容、选择需要采取的方式和途径。在确定职业目标时应注意四个问题：一是认识自己的能力；二是认清自己所处的地位；三是量力而行，符合实际；四是努力付诸实施，多一些实践探索，增加对工作世界的体验和认识。

第二，大学生应该清楚探索职场跟家庭影响、学校教育、社会环境等各方面息息相关，要通过多种途径主动了解并选择行业和岗位以及岗位职责、胜任能力等，只有了解了最真实的职场，才能确立未来的目标。

第三，"生涯人物访谈"可以帮助大学生对目标职业有所了解，理性选择适合自己的职业路径，访谈的对象最好是身边从事这个行业工作的熟人，可以畅所欲言将自己的问题和盘托出，如果接触不熟悉的专业人士，要提前做好功课，准备好问题，从研究和探讨的角度向他请教，这样对方才会愉快地介绍情况，使大学生受益良多。

案例五：听取意见培养本人之兴趣

【案例概况】

焦凡，女，辽宁某高校金融学专业学生，大学期间学习成绩优异，但很少参加学校组织的各项活动。听从父母的意见参加研究生考试，但考研发挥失误没有考上目标院校，只好准备找工作。但焦凡同学在大学期间只潜心学习并未考虑到将来的就业问题，因此没有确切的职业规划和目标。

在学校3月份举办的大型招聘会上，毕业生焦凡同学的父母在招聘会还没开始时就早早地来到了会场，提前打听招聘单位的情况和查找用人单位的资料，招聘会开始一小时后焦凡同学才来到招聘会现场。焦凡同学父母认为证券分析员的工作轻松、稳定，要求焦凡同学前往他们心仪的用人单位进行面谈，焦凡同学口才较好，大学成绩也较为优异，因此在面谈过程中给公司留下了不错的印象。

之后焦凡同学顺利地通过公司的双选、面试考核，签约三方协议，如父母所愿担任了公司证券分析员一职。但在实习期中，焦凡同学发现自己对这份工作不感兴趣，也不能适应公司的快节奏，因此辞掉了工作。父母因此感到气愤，认为焦凡同学没有好好地珍惜工作机会。在问及焦凡同学想从事什么职业时，焦凡同学哑口无言；而且不知道自己真正喜欢的职位是什么，对未来充满迷茫。

【案例分析】

这是一例大学生没有做好职业规划和没有深入探索职业世界的典型案例。每个人都生活在一定的社会环境下，其成长发展与环境息息相关，大学生焦凡受家庭环境的束缚，做事没有主见，缺乏对社会环境的了解，在上大学时并未做好自己的职业规划，对未来感到迷茫无措，不清楚自己的方向，对未来的职业世界认识欠缺。焦凡同学听从父母安排准备考研，把未来寄托于考研上，但并未做好考研失败的准备，没有多方面考虑问题的意识，在找工作的问题上不知所措。

现在毕业生中，独生子女的比例较大，学习生活中一帆风顺，接触社会较少，父母过度地呵护子女，客观上助长了子女的依赖心理，导致子女没有主见，自我意识模糊，即使找到工作，也不能适应职位和公司环境，并且对自己未来生活和工作充满迷茫，在未来工作上重大决策方面也存在犹豫不决，受人左右的现象，进而影响公司利益。应从以下两个方面进行分析。

第一，根据帕森斯职业指导的三大要素对案例进行分析。要清楚地认识自己，包括了解自己的态度、能力、兴趣以及个人的特质等，知道自己的优势和兴趣，了解不同种类的工作要求、成功条件、利弊、补偿、机会和前途，探索职业的可能性，在做事之前要权衡利弊，做好充分的准备，未雨绸缪化解困境。案例中焦凡同学就忽视了自己如果考研失败应该做什么，没有做好职业规划，没有探究自身的特质和能力，以至于不知道自己想做什么工作，自己的兴趣是什么。

第二，根据"舒伯职业生涯发展理论"，生涯中的第一期为成长期，也就等同于儿童期，是人在其自己的人生中身心发育发展最快的阶段，了解发展的重要阶段，拥有了发展自我的概念，明白了团体社会中每个人所应扮演的任务和角色。案例中焦凡同学的父母在儿童期过于呵护孩子，溺爱孩子，导致孩子不知道未来的发展方向，过分地依赖于父母，自己缺少主见，没有解决问题的能力，从而阻碍了孩子自我意识的发展，使孩子缺乏自主择业能力，进而阻碍了孩子试探期的发展。

【案例处理】

第一，安抚好焦凡同学的情绪。重点大学毕业生焦凡同学在考研失利、个人社会实践还不丰富的情况下，被迫进入社会历练，生理和心智上都很稚嫩。焦凡同学遭受打击与父母责问后情绪必定低落，为了防止焦凡同学对以后就业产生抵触心理，首要是安抚其情绪，端正她的态度，要积极地面对困难，解决出现的问题。

第二，引导焦凡同学了解自我。根据"霍兰德职业兴趣测量表"帮助学生形成初步的职业发展目标，以"帕森斯理论"作为辅助，帮助她进行职业规划，探究自身的特质和能力，了解自己想做什么工作及自己的兴趣所在，为寻找新的工作做好准备。

第三，确定未来职业探索方向。对自己感兴趣的职业做好分析，进而对可能从事的职业进行更深入的了解，具体包括行业类别、企业文化、工作内容、能力和技能要求、从业人员共有的人格特征、未来发展前景、薪资待遇、对生活的影响等。因此要与焦凡同学进行沟通，鼓励引导她找出几个自己感兴趣的行业，把它们列成一个表格，内容包括：企业核心内容、企业发展蓝图、企业的规章制度和标准、自身在企业的职业发展模式定位等。

第四，了解相关用人单位需求。帮助焦凡同学就列出的这几个行业以及当前相关行业就业形势进行分析，接着锁定具体的求职单位，并了解求职单位的软硬需求。

第五，引导学生进行自我调适。针对焦凡同学目前心智较不成熟的特点，指导焦凡同学掌握适合自己的心理调适方法，以期更好地应对求职挫折，以及使她明白就业过程中就业者的基本权利与生活中会发生的侵权情况，把握保护自己权利的方法与途径，合法维护自己的权益。同时引导焦凡同学顺利适应生涯角色的转换，使她了解学校和职场的差别；学生和职业的差别等；同时要及时和焦凡同学的父母沟通，让他们也了解孩子的想法，不要因为就业观念而起家庭冲突。

【案例效果】

焦凡同学与父母进行沟通，双方细心地分析焦凡同学的现状并解决出现的问题，父母对焦凡同学的状态表示理解，并鼓励她尝试去进行自我认知的探索，了解自身特征，把握自己心理的方向，探究自身的特质和能力，双方态度均很平和，共同耐心地解决问题，寻找该问题合适的解决方案，焦凡同学调整好状态和情绪，重拾自己的信心，认识到自己的特点和兴趣是什么，掌握适合自己的心理调适方法，并为寻找新的工作做好充分的准备，了解不同公司的行业类别、企业文化、工作内容、能力和技能要求、从业人员共有的人格特征、未来的发展前景、薪资待遇、对生活的影响等，改正自己的不足，发挥自己的优势，不断尝试，不断挑战。

焦凡同学通过自己的努力，最终找到了心仪的工作，在工作时，焦凡同学细心地完成各项任务，明确自己的身份，及时适应不同场所的差别及不同身份的差别和变化，并且很快适应新的工作环境，冷静地面对工作中的困难，及时分析出现的问题，焦凡同学接受在工作中出现的各种现象，保持积极的态度和乐观的情绪，不断努力发展，不断取得进步，最终取得成功，在生理和心智上走向成熟。

【案例启示】

第一，职业探索在一个人的成长过程中具有重要意义。通过对职业世界的了解，明确和职业目标的差距，从而制定发展策略，有效地规划大学生活。同时，大学生应有自主择业的能力，做好职业规划，明确自己的方向，了解自己的能力、兴趣、特点、优势，明确自己的兴趣是什么，所需要的是什么，未来方向是什么，保持积极乐观的态度和良好正确的情绪，了解在团体社会中所应扮演的角色和所承担的任务，使大学生认识到不同场所的差别及不同身份的差别，学会适应各种环境，接受各种社会现象，遇到任何事情时都需冷静分析，不要迷茫无措，要以积极的态度面对发生的事情，有自己的观点和想法，在遇到困难时，应学会接受生活中的各种事情，及时分析问题并做好调整，了解工作的要求，成功的条件，利弊，补偿，机会和前途，认真地做好每一次选择，要有很强的适应环境的能力，学会接受失败，不要消极迷茫，要细心地做好每一件事，不断尝试，不断努力，从而取得成功。

第二，职场探索跟大学生的家庭、学校、社会环境等方面息息相关，父母要宽容、理解孩子，不可溺爱、宠爱孩子，要引导孩子有自己的主见，帮助孩子对未来做好规划，在孩子的成长过程中，应对孩子进行正确的指引，在孩子遇到困难时，不要责备孩子，避免家庭冲突，应对孩子耐心地教育，带领孩子走上正确的道路，父母是孩子的导师，要为孩子树立优秀的榜样，使孩子健康地发展，不断努力，取得成功；同时，孩子应当理解父母，与父母形成默契关系，及时积极主动地与父母沟通，表明自己的态度，让他们也了解自己的想法，不能因为就业观念而起家庭冲突，双方需共同讨论，认真寻找解决问题的方法，达成共识。

第四节　职业决策

案例一：积极创业，实现理想选择

【案例概况】

王智，男，某高校英语（师范）专业本科毕业生，性格比较外向。在校期间曾担任学院团委学生会主席、班级班长等职务。曾获得省优秀毕业生，国家励志奖学金，省大学生创业设计大赛一等奖等荣誉。王智同学成绩优秀，专业功底扎实，团队领导能力强。父母从事的都是传统行业，非常希望他大学毕业后先考取本专业研究生，未来从事英语教师行业，收入稳定，社会地位高。王智同学明确表示，自己希望创业，创立自己的外语培训机构，闯荡出一片天空，干出一番事业。可令他苦恼的是，父母对他的创业想法持反对态度，认为创业风险大，需要大量资金支持，不稳定，成功概率低。王智同学是一个孝子，不知道如何说服父母，非常困惑，忐忑不安，迷茫中没有方向，希望能得到专业咨询老师的职业指导和帮助。

【案例分析】

经分析，本案例是大学生职业生涯决策和职业生涯目标设定的典型案例之一。将从以下角度对案例进行分析。

第一，从个人自我探索角度对案例进行分析。一是通过"兴趣岛"活动分析，引导王智同学找出自己的兴趣类型，根据其兴趣类型找出与之相匹配的职业，同时判断其是否符合自己的兴趣爱好。二是通过职业兴趣测评工具找出王智同学的职业性格代码及类型，根据性格类型找出适合从事的职业，同时判断是否与其性格相匹配。三是引导王智发现自己具备哪些专业技能、可迁移技能和自我管理技能，是否能够与其兴趣、性格相适应。四是分析王智同学的职业价值观。引导其找出自己真正希望从事的职业以及选择的原因是什么？对于这份职业最看重的是什么？希望从中获得什么？

第二，从外部世界探索角度对案例进行分析。引导王智同学对就业与创业的优势劣势进行深入分析，从社会就业的角度、社会经济学角度、个人的价值体现、思维方式方法、对待问题的态度和方法、生活方式的变化等方面进行深入分析。

第三，利用"决策平衡单"工具对案例进行分析。"决策平衡单"是常用的生涯决策工具。具体的价值评分，是对于不同生涯选项的倾向更加具体的呈现，以启发王智同学对自己最看重的东西的思考，促成他的选择并制订明确的行动计划。

【案例处理】

第一，首先，王智同学通过完成"兴趣岛"游戏，基本确定其霍兰德职业兴趣类型属于企业型，该类型喜欢的活动有：喜欢领导和支配他人，通过领导、说服他人或推销自己的观点、产品而达到个人或组织的目标，希望成就一番事业。重视经济和社会地位上的成功，具有责任感，有冒险精神。职业环境要求说服他人或支配他人的能力，敢于承担风险。比较适合担任政治运动领袖、市场部经理、律师营销商、保险代理、电视制片人。其次，经职业性格测评，王智同学的MBTI属于SP人格类型（艺术创造者），该类型最具自由感，经验主义者，不畏惧权威，能够做到与人随意的沟通。此类人格是无畏的、勇敢的、喜欢冒险的、勇于创新的，而且，希望别人也能看到这一点。能正视危险，并在任何情况下都有能力克服困难，这也是他们自己着重培养的一种品德。比较适合从事富于创造性、创新性的工作。再次，王智同学通过大学阶段的历练,不仅掌握了扎实的专业知识技能,还培养了组织、协调、沟通、说服等可迁移技能,还具备了智慧的、自信的、有个性的、有主见的自我管理技能。最后,王智同学的职业价值观是具有创造性的、挑战性的、自由性的,通过努力创造自身财富体现自身价值。

表8-1　　　　　　　　　　王智同学的决策平衡单

选择\因素	权重 1—5倍	选择一 英语专业研究生 加权分数(+)	加权分数(-)	选择二 英语教师 加权分数(+)	加权分数(-)	选择三 自主创业 加权分数(+)	加权分数(-)
个人物质得失							
1. 个人收入	3	0(0)		2(+6)		5(+15)	
2. 未来发展	4	3(+12)		2(+8)		5(+20)	
3. 休闲时间	2		-5(-10)	0(0)			3(-6)
4. 健康状况	1	2(+2)		2(+2)			3(-3)
他人物质得失							
1. 家庭收入	3		-5(-15)	2(+6)		5(+15)	
2. 家庭地位	2	5(+10)		3(+6)		4(+8)	
个人精神得失							
1. 创造性	5	4(+20)		2(+10)		5(+25)	
2. 多样性	5	4(+20)		2(+10)		5(+25)	
3. 影响帮助人	4	3(+12)		4(+8)		5(+10)	
4. 自由独立	4		-4(-16)	4(+16)		5(+20)	
5. 挑战性	3	3(+9)		2(+6)		5(+15)	
6. 被认可	3	4(+12)		5(+15)		5(+15)	
7. 应用所长	5		-2(-10)	3(+15)		5(+25)	
8. 兴趣的满足	4		-5(-20)		-5(-20)	5(+20)	
他人精神得失							
1. 父亲支持	3	5(+15)		5(+15)			-5(-15)
2. 母亲支持	3	5(+15)		5(+15)			-5(-15)
3. 女友支持	2	3(+6)		4(+8)		5(+10)	
4. 老师支持	1	4(+4)		4(+4)		4(+4)	
总分		66		130		174	

第二，从对比就业与创业的优势与劣势进行分析。一是从社会就业的角度分析，就业是得到职业并参加工作；创业是广义上的就业，是就业的一种特殊表现形式。创业是自己创办企业，不仅自己得到了"职业"，还能通过创造工作岗位，吸纳其他人员就业。二是从社会经济学角度分析，创业是获取资本收益，是从无产阶层向资产阶层发展的过程。能使自己获得更多的经济利益，成为拥有更多财富的人。一个人一辈子单纯靠就业获得稳定"劳动报酬"，要想获得财富自由是不现实的。三是从个人的价值体现上分析，创业的过程，是从被管理阶层向管理阶层转变的过程。就业，是借别人给自己的平台来展示能力，把希望寄托给伯乐，把梦想托付给机会，每天想的是如何表现更好，好让老板给加薪水。而创业是靠自己的决心和眼光创造平台，把希望交给自己，把生命交付给信念，他每天想的是如何更好地利用各种社会资源来赚钱养活组织和员工。四是从思维方式方法分析，创业者必须明白自己最终的目的，要达到目标需要经过哪些过程，具备长远眼光，拥有战略意识和长远的思考。而就业者，着眼点是当前这两三年，往往第一考虑的是如何保住现有的饭碗，他们总是希望自己能够更多地学习，取得更多的资格证书，好有个理想的工作。五是从对待问题的态度分析，就业者碰到困难就回避或逃避责任，创业者却必须勇敢面对，追究责任，并考虑解决办法。

第三，指导王智同学分别对考研、英语教师、自主创业职业选择进行评估。

从王智同学的决策平衡单可以明显看出，选择自主创业分数最高为174分，选择英语教师为130分，选择考研最低为66分。

【案例效果】

王智同学接受专业咨询指导后，信心倍增，明确了未来的发展方向，并且赢得了父母的支持。毕业后，他创立了自己的咨询有限公司并入驻省高校毕业生创业就业实训基地。公司主营项目曾获得省高校毕业生创业策划大赛一等奖、"创青春"创业实践挑战赛省一等奖、全国铜奖，省首届"互联网+"大学生创业大赛一等奖等好成绩。其在线外教运营模式以独特创新的"外教一对一在线学口语"的网络学习模式，优惠的价格和专业的英语口语课程赢得了众多英语学习者的认可和好评。抓住"大众创业，万众创新"以及"互联网+"风口，公司发展迅猛，先后在国内建立了三所教学基地作为线下留学语言培训中心，在海外成立了一所教学基地作为海外师资线上授课中心，实现线上线下结合，国内国外联合的立体发展布局。公司累计带动国内外就业上百人，为全世界名校输出中国优秀学子过万名，剑桥大学、耶鲁大学等世界名校均有其国际教育的学子身影。

【案例启示】

第一，王智同学来接受职业指导时的内心声音是想为自己的种种探索寻找理论依据。许多测验工具，尤其是决策平衡单，让王智更加清晰地了解到自己的长处和发展方向。在王智对自己未来的发展目标的实现充满信心之时，我再一次体会到，咨询师是人的专家，来询者是问题的专家，他们本身就带有解决自身问题的所有能力。

第二，从事自己感兴趣的、适合的、有能力做的、值得做的职业才是一份真正的事业，不仅可以高效地发挥个人才能，更重要的是成功概率更大，更能体现一个人的人生价值。

案例二：知己知彼，决策人生未来

【案例概况】

高蕊，女，某高校新闻传播学专业本科大四在读学生，即将面临毕业求职抉择。

高蕊同学的职业生涯规划一直处在浑浊的状态中，从她的成长历程来看，她一直在顺境中成长且抱有随遇而安的生活态度。一旦面临选择或面临一些不确定的因素时，她就会产生迷茫甚至是恐慌的感觉。

在当前面临就业竞争越来越激烈且就业压力越来越大的现实社会中，作为一名文科专业女生，就业竞争难度相对更大。毕业在即，在面对职业抉择时，因高蕊同学对内外部环境的优势、劣势、机会、威胁不够清晰，她对自己适合从事什么样的职业没有一个清晰的认知。周围的同学大部分都在备战考研，而她却手足无措，无从下手。

在大学的这四年里，高蕊同学学习很努力，成绩一直处在本专业前百分之三十的位置。但是，她在毕业季的招聘市场上专业对口就业领域中发现，用人单位更看重的是毕业生在大学期间的实习实践经历，要求远高于学习成绩。她也具备继续读研的条件，但是又觉得研究生学习可能会浪费更多的时间和实习实践的机会，三年后仍要面临就业抉择，所以她不知道是选择先就业还是选择先深造。

为此,高蕊同学对当下如何选择很迷茫,她带着诸多疑惑前来咨询,希望职业咨询老师能给她一个明确的建议。

【案例分析】

经分析,这是大学生职业生涯决策的典型案例之一。选择就业还是考研,将从以下角度对案例进行分析。

第一,引导高蕊同学对职业兴趣进行探索。通过兴趣探索游戏"兴趣岛"的体验,通过场景想象,对照霍兰德职业兴趣理论,来探索她的职业兴趣。

第二,引导高蕊同学对工作价值观进行澄清。使高蕊同学了解她自身最希望在工作中获取什么,进一步向她说明价值观的内心动力的指向。

第三,引导高蕊同学对职业进行探索。在对高蕊同学的性格、兴趣、技能、价值观都有了很好的了解之后,再把焦点转向对职业的探索上。根据高蕊同学的工作兴趣所在,帮助她分析这类工作所需要的基本能力:沟通技巧、商业敏感度、市场理论基础等。引导高蕊同学按照自己的职业兴趣确定一到两个明确的求职方向。

第四,引导高蕊同学利用"SWOT"决策工具进行分析。评估自己的优势和劣势,找出外部的机会和威胁,做出职业生涯决策,制定职业行动计划。

【案例处理】

第一,对职业兴趣的探索。高蕊同学非常看重自己的兴趣与未来的工作是否匹配,经了解,高蕊分别获得了声乐和小提琴十级的证书,对文艺非常感兴趣,乐于助人,喜欢和人打交道,对本专业也没有什么排斥,枯燥的专业学习也能较好地完成。通过"兴趣岛"游戏及探索,我们最终得到她的职业兴趣代码为 ASI,在高蕊的兴趣倾向中,最显著的倾向为:艺术型、社会型、企业型。根据霍兰德职业索引查询可知,该类型适合从事音乐教师、乐器教师、美术教师、管弦乐指挥、合唱队指挥、歌星、演奏家、哲学家、作家、广告经理、时装模特等职业。高蕊同学虽然对艺术非常感兴趣,也具备这方面的特长,但她也清醒地认识到,尽管是爱好,但和多年来所学的专业还是有一定的距离,从事艺术道路可能已经太晚了,自身不具备与专业人士竞争的实力,艺术工作并不能成为职业。

第二，对工作价值观的澄清。经过探索，高蕊同学比较看重在工作中能否得到领导的认可，希望能通过在工作中帮助他人获得成就感，也即获得一种自我实现的感觉，并且希望工作中能有继续学习和成长的空间，同事之间关系比较简单融洽，大家都能够有较好的素质。

在高蕊对自己的性格、兴趣、技能、价值观都有了很好的了解之后，我把焦点转到了对职业的探索上。

表 8-2　　　　　　　　　　　高蕊同学的 SWOT 分析

SWOT 分析		
内部 个人因素	优势： 志向高远、开朗乐观；文艺突出，创新性较强； 为人正直、待人诚恳、喜欢与人交往； 责任心强、适应能力强； 思考问题缜密，学习认真踏实，有一定的分析和解决问题的能力； 文字能力强，有逻辑性和条理性	劣势： 实践经验不足、知识面窄； 思维程序化，灵活性和变通性不足； 有时比较固执，很少采纳他人意见；对未来规划和设计不够，缺乏决策能力； 做事瞻前顾后、犹豫不决
外部 环境因素	机会： 传媒文化在人们生活中的重要性越来越强。新闻传播学是国内的新兴学科，理论性和实操性兼备，有很大的发展空间； 读研期间有机会在指导老师的教导下参与一些科研课题，提升科研能力，还可以通过实践积累更多的工作经验，同时可以提高自身的综合素质，可以有继续升学或就业的双重选择； 研究生在国内是更高层次的专业人才，专业素养更高，比本科生具有更多的发展空间和更强的竞争力	威胁： 目前我国就业形势依然十分严峻，毕业生就业压力大，各用人单位选人用人的标准越来越高，用人单位更加看重的是工作经验； 各高校硕士研究生招生计划逐年增加，部分博士研究生及有海外留学背景的毕业生共同参与就业竞争
总体鉴定（评估拟制定的生涯发展目标）	从事与专业相关的职业，比如新闻媒体、广告业等，有利于发展自己的专业特长，也与自己的兴趣相符	
职业行动计划	在三年的研究生就读期间，认真学习新闻传播学专业知识，进一步提升英语应用水平和计算机应用能力，宽阔视野及培养创新创业能力，积极参加社会实践训练，积累宝贵的社会工作经验	

第三，对职业的进一步探索。经过对高蕊同学的自身内部探索之后，引导其对外部环境进行探索，发现其适合的职业及职业环境。经过探索，高蕊对研发类的工作不是很感兴趣，长期以来，一直很喜欢和大家相处，觉得帮助别人能够让自己得到满足，而且在同大家的相处中，也能够更快地学到大家的优点，同时注意改善自我的缺点。所以可能更适合在人力资源、市场营销、文化传媒等相关的领域工作。另外，高蕊同学表示在大学四年的生活中更多地关注了本专业知识内容的学习，忽视了其他技能的培养，大学四年期间没有按照职业生涯规划的科学方法进行合理的规划与设计，导致目前就业方向不清晰。

第四，对高蕊同学进行"SWOT分析"。SWOT分析工具用途甚广，SWOT分析使高蕊同学的思考变得更加有条理和清晰化，有助于明确个人的生涯发展目标。

【案例效果】

高蕊同学经过咨询师几次的点拨和指导之后，已经对自己和外部世界都有了一个相对清楚的认识，对自我认识越来越清晰，发现了自己的不足之处，能很好地去发现自己的一些非理性的信念，也更好地了解到自己未来的职业需求，更加坚定和自信，能够独立进行决策和计划了。

高蕊同学已经决定，选择继续读研，并且会在读研期间根据自己适合的职业更好地充实丰富自己。根据她自身的优势和劣势，在未来三年研究生的学习过程中，会更好地锻炼培养自己，一定会按照自己的目标努力下去，通过三年更好地积累，实现自己的职业生涯规划。

【案例启示】

第一，兴趣不等于能力，而工作岗位需求却是必须和能力相匹配的，兴趣也不一定必须在工作中得到满足，还可以通过业余爱好、兼职工作等方式去满足和实现。

第二，平常人们对一些事物的理解是模糊的，在认真地分析后，才会发现自己对其的认识是如此的不清晰。

第三，职业生涯规划并非一蹴而就的工作，随着环境的发展变化，要不断地调整规划，应对变化。无论是我们自身还是外部世界，都在发生变化，而且未来很多的不确定都需要我们去积极地面对，任何时候不妨先停下来问问自己：我要什么？我喜欢的方式是什么？我最期待的是哪些？

第四，在运用"SWOT分析"工具进行职业决策过程中，我们需要注意的问题有：一是要注意走出以自我为中心的思维定式。自我认知要尽量客观，对外部世界的探索要尽量全面。自我认知包括对自己的兴趣、性格、技能、价值观的了解和认识。二是职业生涯决策是分阶段前进的，是在多个方案中选择并不断调整的结果。要密切关注外部环境的变化，及时调整SWOT矩阵，从而做出更加适合的职业生涯规划。

案例三：职业应对，选择学业目标

【案例概况】

于娜，女，辽宁省某高校国际经济与贸易专业的一名大四学生。于娜同学来自辽宁省一个普通的农村家庭，父母靠务农维持生计，家庭条件一般。上大学前，该生学习刻苦，成绩优秀，但是高考成绩不是很理想。志愿填报也是听别人说国际经济与贸易专业的就业面广，找工作容易，就选择了这个专业。

上大学之后，于娜同学一直严格要求自己，学习非常刻苦，成绩也十分优异，无论在班级内还是在专业内，都名列前茅。获得国家奖学金、校学习一等奖学金、科学研究奖学金、优秀学生等荣誉。她同时利用业余时间做了很多兼职，既锻炼了自己的能力，又帮助家庭减轻了经济压力。

于娜即将毕业，对毕业之后的发展有一定的想法。但是还是被几个问题困扰着。由于当年高考失利，没有考上理想中的学校，她一直在复习，准备考取一个"211"学校的研究生。在复习了一段时间之后，于娜听了好朋友的分析，又觉得回家考公务员也是个不错的选择，可以陪伴父母。但是考虑到家里的经济条件，她又觉得应该留在沈阳找工作，通过就业缓解家里的经济负担。

于娜就这样一直纠结着，耽误了考研复习。看到周围的同学都有明确的目标和计划，而且都在为自己的目标努力，于娜比较焦虑和担忧，怕自己因为对目标的选择犹豫不决，最后一事无成。

【案例分析】

经分析，这是大学生职业生涯决策的典型案例之一。主要问题在于于娜同学选择考研还是就业、选择在哪里就业。我们可以从以下角度对案例进行分析。

第一，了解于娜同学的具体情况，通过面谈，进一步明确于娜同学要解决的具体问题是什么。

第二，对于娜的职业兴趣进行探索。通过兴趣探索游戏"兴趣岛"，对照"霍兰德职业兴趣理论"，探索她的职业兴趣。

第三，引导于娜同学对工作价值观进行探索，以便于娜同学明确心目中理想的工作是什么样的，进一步帮助她澄清自己的职业价值观。在此基础上，建议于娜同学咨询专业教师研究生和本科生的培养目标，通过多种途径收集一些与自己职业相关的信息，对外部工作世界进行初步探索。

第四，引导于娜同学作出职业决策。引导于娜同学对未来的工作愿景和生活愿景进行探索。同时，帮助她探索并澄清让她困惑的三个选择对她的影响有哪些，运用决策平衡单工具，引导其学会理性决策的方法。

第五，明确目标，制订学业计划。引导于娜同学排除非理性认知，清晰地认识到自己最想要什么，并且很好地去制订计划和进行最后的决策。

【案例处理】

第一，要全面了解于娜的具体情况。通过谈话沟通了解于娜的生活方式、家庭情况、兼职经历和在学校的表现情况。经了解，于娜同学在校期间学习认真刻苦，平时与同学相处融洽，除了上课之外都在图书馆学习，没有担任任何的学生干部职务，也没有谈恋爱。于娜是家中的独生女，父母都是农民，与父母关系很好，父母也很尊重她的选择。于娜在大学期间做过很多兼职，如家教、服务员、促销员等。目前于娜迷茫的问题是面对考研、回家考公务员以及留在沈阳找工作三种选择，不知道该如何抉择，希望通过咨询权衡利弊，作出决策。

第二，引导于娜对职业兴趣进行探索，兴趣是我们内心动力和快乐的来源，同时兴趣也是最好的老师。我们只有做自己感兴趣的事，才会一直乐此不疲，有源源不断的动力。于娜同学表示自己一直不确定自己到底喜欢什么，通过游戏"兴趣岛"的体验，对照霍兰德职业兴趣理论，我们得出于娜的职业兴趣代码是 IRA，即在于娜的兴趣倾向中，比较突出的是：研究型、实用型、艺术型。代码 IRA 类型的职业有：地理学家、地质学家、声学物理学家、矿物学家、古生物学家、石油学家、地震学家、原子和分子物理学家、电学和磁学物理学家、气象学家、设计审核员、人口统计学家、城市规划师、外科医生、气象员等。经过对于娜的分析，我们发现这些职业都是研究型的。于娜同学误以为兴趣必须在工作中得到满足，其实兴趣也可以通过业余爱好和兼职来得到满足。兴趣不会直接成为我们的能力，但是如果我们从事就业工作，能力是非常重要的。

表8-3　　　　　　　　　于娜同学的决策平衡单

选择 \ 因素	权重 1—5倍	选择一 考研究生 加权分数(+)	选择一 考研究生 加权分数(-)	选择二 回家考公务员 加权分数(+)	选择二 回家考公务员 加权分数(-)	选择三 在沈阳就业 加权分数(+)	选择三 在沈阳就业 加权分数(-)
个人物质得失							
1. 个人收入	3	0(0)		2(+6)		3(+9)	
2. 未来发展	4	5(+20)			-3(-12)	2(+8)	
3. 休闲时间	2	3(+6)		1(+2)			3(-6)
4. 健康状况	1	2(+2)		2(+2)			2(-2)
他人物质得失							
1. 家庭收入	3		-5(-15)	2(+6)		2(+6)	
2. 家庭地位	2	5(+10)		3(+6)		4(+8)	
个人精神得失							
1. 创新意识	5	4(+20)		2(+10)		3(+15)	
2. 多样性	5	3(+15)		2(+10)		3(+15)	
3. 影响帮助人	4	2(+8)		4(+8)		2(+8)	
4. 自由独立	4		-4(-16)		-4(-16)	3(+16)	
5. 挑战性	3	3(+9)		2(+6)		3(+9)	
6. 被认可	3	4(+12)		5(+15)		2(+6)	
7. 稳定	5	0(0)		5(+25)		1(+5)	
8. 兴趣的满足	4	4(+16)			-5(-20)	2(+8)	
他人精神得失							
1. 父亲支持	3	5(+15)		5(+15)			
2. 母亲支持	3	5(+15)		5(+15)			-5(-15)
3. 好朋友支持	2	3(+6)		4(+8)		3(+6)	-5(-15)
4. 老师支持	1	4(+4)		2(+4)		4(+4)	
总分		117		90		85	

第三，引导于娜同学对工作价值观进行探索。在完成兴趣澄清之后，再次引导于娜同学进行工作价值观的澄清。于娜表示自己心目中的理想工作是收入比较稳定、有一定的社会地位、能在工作范围自由发挥、并且能够使自己不断学习、不断提高，从而实现人生理想。同时，于娜希望工作中的人际关系简单、和谐，大家相处起来愉快、自然。从于娜的描述中，可以看出于娜的职业价值观是获得社会地位、尊重、独立、个人能力上的不断成长、良好的人际关系以及人生意义的部分实现。建议于娜同学咨询专业教师研究生和本科生的培养目标，通过多种途径收集一些与自己职业相关的职业信息，对外部工作世界进行初步探索。

第四，做出职业决策。在职业决策时我们常常需要一些工具和方法对来询者进行引导。

一是利用生涯幻游，让于娜同学倾听自己内心的声音，引导于娜同学畅想十年后自己的工作场景和生活场景，帮助她了解自己未来希望成为什么样的人，希望过什么样的生活，让她对未来充满期待。二是通过"决策平衡单"，帮助于娜同学学会理性决策的方法。从于娜同学的决策平衡单可以明显看出，选择考研的分数最高，为117分，选择考取公务员的分数为90分，选择在沈阳就业的分数最低，为85分。

第五，明确目标，制订计划。引导于娜同学排除非理性认知，清晰地认识到自己最想要什么，并且很好地去进行计划和决策。于娜同学一直对"稳定生活"有自己的理解，她发现这个"稳定"不是公务员的安稳，也不是沈阳就业的安稳，而是更长远意义上的守着父母的安稳。只有经济独立，可以照顾父母和家人，而这些只有考上研究生才更有保障。帮助于娜同学确定短期目标，继续复习，好好准备考研。

【案例效果】

于娜同学深刻认识到自己内心的需求以及自己真正想要的理想的生活，并且明确了自己对职业的选择顺序。于娜同学表示：上大学之前，父母给了自己很大的空间，尊重自己的想法。大学专业也是自己选择的。现在即将毕业，她一直准备考研，父母也很尊重她的想法。现在她已经发现了自己内心的真正需求，明确了自己想要的生活，也正在朝着这个方向不断努力。

目前，于娜同学已经恢复了正常的考研复习，也完成了考研报名，正在积极紧张的备考中。

【案例启示】

第一，兴趣是内心动力的源泉，但是并不意味着兴趣必须在工作中得到满足。我们也可以通过业余爱好、兼职工作等其他方式去使我们的兴趣得到满足。兴趣不会直接成为我们的能力。

第二，职业生涯是一个变化的过程，我们应该积极面对未来的不确定性，学会以接纳和应变的态度去应对即将面临的每一件事，在处理每一件事中让自己成长。

第三，使用决策平衡单要注意其目的不仅在于得出最后的排序结果，关键在于让使用者自己思考其在使用过程中的感受，而不是用工具去做出评判和决定。同时，要注意判断使用的时机是否合适，要明确来询者的决策期限，确定来询者的决策权归属。一般不建议带回家填写，因为不利于对过程的把控和后期的跟进讨论。

第四，职业决策的过程系统而复杂，不能急于推进。作为职业咨询师也不能好为人师，为学生献计献策，一定要让学生自己做决策，让学生看到真实的自己，勇敢地突破自己。

案例四：职业决策，择定远大理想

【案例概况】

王沐，女，某高校英语专业国际经济与贸易方向，大三学生。王沐同学英语已经通过专业八级，口语水平很好，在一些国际性会议中担任过翻译。王沐同学非常喜欢写作，也乐于用英语表达一些东西，担任过英语广播的主持和学校记者团的记者，曾先后加入学校的心理健康协会、阳光记者团，组织过各种校园文化活动。王沐平时喜欢旅游，因为可以见识不同的人和事，王沐对人文知识尤其是历史知识也很感兴趣，在学校选修了很多这方面的课程。

王沐同学性格开朗、热情，很有亲和力和同情心。她觉得自己是一个性格外向的女孩，自己的主要优点是有创意、乐于助人。王沐同学的学习成绩很优异，但是对自己的职业方向还是很迷茫。因为自己所学专业没有什么优势，毕业以后是从事翻译工作还是从事国际贸易的工作呢？哪种选择能让自己在就业的激烈竞争中脱颖而出呢？

【案例分析】

王沐同学在校期间表现优秀，热爱学习、热爱生活，在大学期间注重对自身综合素质的培养，乐于参加实践活动。王沐对自己的兴趣、能力甚至价值观有一些了解，但是如何将这些与未来的职业发展相关联？自己的兴趣、性格适合什么样的工作？自己应该选择什么样的职业？这些都是王沐的困惑。这是一例大学生职业选择决策的典型案例。根据王沐对自我的探索和对工作世界的探索，帮助王沐同学自主决策，为其生涯设立目标，并制订切实可行的行动计划。

【案例处理】

第一，帮助王沐同学完成自我探索。在职业生涯规划时，首先要认识自己，清楚自己有什么样的人格特质、有哪些兴趣、有哪些技能等。

1. 王沐同学根据霍兰德职业兴趣类型表，觉得最符合自己的描述是：艺术型（A）：喜欢表达自我，喜欢音乐、文学和表演等具有变化性、创造性的工作，对有创意的想法感兴趣，追求美和自由；社会型（S）：喜欢与人打交道，乐于助人，愿意帮助别人成长或解决困难、为他人提供服务，寻求工作、理解、平等和理想；企业型（E）：喜欢领导和支配他人，通过领导、劝说他人或推销自己的观念、产品而达到个人或组织的目的。在兴趣探索的练习中，王沐同学发现自己明显喜欢与各种各样的人打交道，喜欢说服和帮助他人，对艺术类的东西尤其是文字表达类的东西感兴趣。她的兴趣集中在霍兰德类型中的艺术型（A）、社会型（S）和企业型（E）方面。在"兴趣岛"练习中，A的艺术文化气息，S对互助合作和教育的重视以及E与企业家、经理人、政治家、律师等交往的机会都吸引了她。最后她在网上进行了职业兴趣测评，发现自己的霍兰德代码为ASE。与该兴趣类型相关的职业有：专栏作家、记者、英语翻译、广告撰稿人、戏剧导演、舞蹈教师等。

2. 在性格探索中，王沐同学感觉自己的MBTI类型是ENFP，即外倾、直觉、情感、知觉。性格类型对应的职业方向有：科学、管理者、技术、艺术等方面，可能的职业有：人力资源人员、销售经理、小企业经理、公共关系、营销、市场开发、客户服务、艺术指导、广告人、战略规划人员、文科教师、社会工作者、职业顾问、社会学者、心理学者、职业治疗、城市规划、营养学者、策划、企业培训人员、销售等。

3. 在技能探索中，王沐同学的知识技能依次是：英语、中外文化知识、写作知识、心理学基本知识、国际贸易知识；自我管理技能依次是：富有想象力、创造力、热情、自信。同时，王沐也意识到自己做事缺乏条理、虎头蛇尾、优柔寡断；可迁移技能依次是：口头和书面表达能力，创意、设计、策划能力，人际交往能力，领导和激励他人的能力，快速学习的能力。

4. 在价值观澄清中，王沐同学的价值观是：创造性、多样性和变化性、影响和帮助他人、自由独立、被认可。

第二，完成对工作世界的探索。工作世界是实现生涯理想的外部平台。全面地了解工作世界，有助于学生了解用人单位的要求和工作发展的普遍规律等，结合学生自身特点在社会中找到属于自己的工作。

王沐同学根据自己的霍兰德类型，从相关测评和资料列举的职业中选出了 10 个感兴趣的职业：专栏作家、英语翻译、记者、广播节目主持人、广告撰稿人、博物馆馆长、公司娱乐活动策划、导游、空姐和律师。根据自己的 MBTI 类型偏好，选出 10 个感兴趣的职业：艺术类教师、艺术指导、心理学者、社会学者、广告人、公关人员、策划人员、企业培训人员、城市规划人员、项目规划人员。王沐同学发现在兴趣和性格探索中有相似的职业：广告撰稿人和广告人。但是王沐同学觉得自己对广告行业并不感兴趣。最终她结合自己的价值观和能力探索结果，列出了自己的职业清单：英语翻译、导游、记者、心理学者、专栏作家、艺术类教师、艺术指导和社会学者。

第三，进一步对王沐同学进行分析，做出职业决策。王沐同学通过上网查阅相关资料、了解生涯人物访谈等方式，对自己职业清单的职业信息进行了收集，参考这些信息，并根据自己在自我探索中得到的认识，作出决策。在决策过程中对多种选择进行评估排序时，我们可能会感受到该决定所涉及的各方面的因素会有不同的重要性，需要以权重来体现。对于习惯理性思维的人来说，一个有效的方法是使用决策平衡单。

王沐同学在进行分析之后，使用"决策平衡单"对自己选择"国际贸易工作、英语翻译、英语导游"等三个方向按照"个人物质方面的得失、他人物质方面的得失、个人精神方面的得失、他人精神得失"等四个类别列出所有的重要的价值观并按照其重要程度赋予权重,最后将它们按总分排序。

表8-4　　　　　　　　　　王沐同学的决策平衡单

选择　　　　因素	权重 1—5倍	选择一 国际贸易工作 加权分数(+)	选择一 加权分数(-)	选择二 英语翻译 加权分数(+)	选择二 加权分数(-)	选择三 导游 加权分数(+)	选择三 加权分数(-)
个人物质得失 1. 个人收入 2. 未来发展 3. 休闲时间 4. 健康状况	3 4 2 1	2(+6) 1(+2) 2(+2)	-3(-12)	2(+6) 2(+8) 1(+2) 2(+2)		0(0) 5(+20) 3(+6) 2(+2)	
他人物质得失 1. 家庭收入 2. 家庭地位	3 2	2(+6) 3(+6)		2(+6) 3(+6)		4(+12) 5(+10)	
个人精神得失 1. 创造性 2. 多样性 3. 影响帮助人 4. 自由独立 5. 挑战性 6. 被认可 7. 稳定 8. 兴趣的满足	5 5 4 4 3 3 5 4	2(+10) 2(+10) 4(+8) 2(+6) 5(+15) 5(+25)	-4(-16) -5(-20)	2(+10) 2(+10) 4(+8) 2(+6) 5(+15) 5(+25) 3(+12)	-4(-16)	4(+20) 3(+15) 2(+8) 3(+12) 3(+9) 4(+12) 0(0) 4(+16)	
他人精神得失 1. 父亲 2. 母亲 3. 好朋友 4. 老师	3 3 2 1	5(+15) 5(+15) 4(+8) 2(+4)		5(+15) 5(+15) 4(+8) 2(+4)		5(+15) 5(+15) 3(+6) 4(+4)	
总分		90		110		141	

在"决策平衡单"中得分最高的是"导游"。王沐同学根据自己在自我探索和职业探索中所获得的信息，制定了自己五年内的职业生涯发展目标：做一名英文导游以及在业余时间给相关报刊撰写专栏。

第四，在确定好职业目标后，跟王沐同学探讨行动计划。在毕业前要考取导游资格证，更多地掌握历史、文化和心理学知识；在毕业前要有一些兼职导游的经验，有相关文章在报刊发表，还需要勤练口语，最好通过英语八级。

【案例效果】

王沐同学在进行了自我认知以及职业认知以后，确定了职业发展的目标是做一名英文导游。在确定好求职目标之后，王沐同学制订了自己的行动计划。经过不断努力，最终被一家跨国旅游公司录用。

【案例启示】

第一，大学生一定要尽早明确自己的职业生涯规划。只有正确认识自我，了解自己是什么样的人，知道自己成为什么样的人，同时知道社会需要什么样的人。尽快掌握职业生涯规划的理论与方法，根据自己的特点制定出个性化的目标，才能在未来就业竞争中找到适合自己的位置。

第二，正确使用工具和方法。在职业决策中，我们常常面临两难选择的情况。在这时，可以使用"决策平衡单"一类的工具来帮助我们进行思考和比较，从而做出选择。因此，在进行职业决策之前，我们要正确认识自我，还要学会使用工具和方法，帮助我们直观、全面地了解和掌握情况，做出最后的抉择。

案例五：适时决策，定夺职业路径

【案例概况】

陈思宇，男，辽宁省某高校计算机科学与技术专业研究生，本科也是计算机科学与技术专业，因为成绩非常优秀，本科毕业后直接保研成功。陈思宇同学不仅在计算机专业方面比较突出，而且具有一定的创新能力、研究问题和解决问题的能力，同时又有很强的人际交往能力、组织协调能力和团队领导能力。

毕业后打算到知名软件公司工作，在岗位选择方面遇到的难题是：是选择专业技术型路线（系统架构设计师岗位），还是行政管理型路线（项目经理岗位);为此,他举棋不定,犹豫不决,希望能在专业职业规划老师的指导下,了解自己的优势和劣势,同时确定适合自己的职业发展路径。

【案例分析】

这是一例大学生职业生涯决策与职业路径选择的典型案例。从以下角度对案例进行分析。

第一,从个人自我探索角度对案例进行分析。首先,分析陈思宇同学的兴趣特征,找到其对专业技术与管理岗位兴趣的浓厚点。其次,确定性格类型是确定适合从事岗位的关键要素,通过职业性格测评,对陈思宇同学的性格类型进行分析。再次,通过职业价值观分析,确定陈思宇同学所选择的岗位是否值得他去做。最后,通过能力探索,确定陈思宇同学的技能是否与岗位选择相匹配。

第二,从外部世界探索角度对案例进行分析。首先,对从事专业技术岗位——系统架构设计师的职责、具备的能力素质进行分析。其次,对从事行政管理岗位——项目经理的职责、具备的能力素质进行分析。最后,结合岗位分析,适时选择符合自己的岗位。

【案例处理】

第一,自我探索方面。

首先,兴趣探索。陈思宇同学认为自己对从事技术岗位和管理岗位都比较感兴趣。他认为自己创新意识和能力较强,善于接受新鲜事物,果断大胆并合理决策。他善于发现问题并时常提出很有创意的解决方案,从这一点分析,他认为自己也比较适合从事技术型岗位。职业兴趣测评报告显示陈思宇同学的艺术型分值也不低,他觉得自己对于艺术的感觉比较好。

其次,性格探索。陈思宇同学通过做职业性格测试,确定其性格类型为 ENTJ 型,即外向、直觉、思考、判断型。他觉得自己是一个性格外向的人,善于在公众面前展示自己的特长和表达自己的观点。他在大学阶段,参加了校学生会,在那里他的演讲天分得到了很好的发展。大一时当选为班长,大二时又竞聘为校学生会社团联合会会长,这两个职位使他的组织能力和演讲能力得到了充分的锻炼。

再次,价值观探索。此外,在陈思宇同学的职业价值观中,最重要的几个为:成就感、创造力、领导力。陈思宇同学经常能够以积极的心态去迎接工作中或生活中的变化和挑战，对于工作、学习当中遇到的新问题，他经常会提出一些很有创意的解决方案，这给他带来很大的满足感和成就感。

最后，技能探索。陈思宇同学认为自己具备最重要的几项技能是：沟通、领导、分析、编程、英语、创造。陈思宇同学认为自己还是适合走技术路线，并根据自己的兴趣特点，对其适合从事的职业进行了系统的分析。以下是他对系统架构设计师和项目经理两个职业进行的职业探索。

第二，职业探索方面。

首先，系统架构设计师。

系统架构设计师，总体负责软件系统的体系结构设计和指导，具备较高的计算机专业技术水平，能够根据商业架构需要，并使用各种系统平台和服务器平台来设计并实现商务解决方案的基础架构。

随着经济社会的快速发展，互联网迅速普及，许多商业领域正在转向电子化发展，出现了如阿里巴巴的电子商务等许多新兴的商业模式。可见，互联网技术对于商业的影响力极大。目前，计算机在商业领域的需求与日俱增，越来越多的商业领域向计算机靠拢。

系统架构设计师应该具备的基本素质有扎实的专业理论知识；精通多种计算机编程语言；了解多种前沿技术；丰富的社会实践经验；良好的人际沟通能力；优秀的团队领导力等。

其次，项目经理。

项目经理的职责有根据企业未来的发展目标，分析企业当前所处的形势，清楚地认识目前企业所面临的困难和机遇，确定企业的发展规划方案，拟订详细的行动计划，预测企业面临的主要风险及应对策略，进行有效决策并加以实施。

项目经理应该具备的基本素质有熟悉本领域所处行业的形势；具备金融、法律、贸易等领域的专业知识；有良好的分析能力和逻辑思维能力；有良好的组织协调能力、人际沟通能力、说服能力；有决断能力等。

对于系统架构设计师来说，陈思宇同学认为自身的优势有扎实的理论知识，精通多种计算机软件编程语言等。具备极强的自学能力，善于发现问题、分析问题并解决问题。同时自己具备领导能力、组织协调能力。陈思宇同学认为自身的劣势是资历尚浅，缺乏实践经验。

对于陈思宇同学的发展路径，可以进行如下分析。如果陈思宇同学从事系统架构设计师的职业，一方面他可以在研究生学习阶段进一步积累行业相关方面的知识，另一方面他可以通过实习实训积累系统开发经验。如果陈思宇同学从事项目经理职业，他认为自己具备分析、创新、沟通、领导、组织、协调能力，但缺乏实际工作经验。一般从事该职业的人员，不仅需要具备管理学的专业知识背景，还要有丰富的管理经验。陈思宇同学的专业背景并不占优势。

【案例效果】

陈思宇同学经过全面系统的分析之后，决定将自己的职业发展路线定位在技术职位上。他把自己的职业发展路线确定为从事计算机软件开发人员或计算机技术管理人员，最终做到系统架构设计师。

此外，陈思宇同学还针对自身实际情况设计了行动计划：在研究生学习阶段，进一步加强自己的计算机专业技术学习，尽可能多地学习行业最领先的技术，增加自己在该行业的就业竞争力。在研究生毕业后的两年内成为项目经理，四年内成为高级工程师，六年内成为系统架构设计师。陈思宇同学对于自己的未来充满信心。当前，他还需要全力以赴，加强学习与实践，提升自身的核心竞争力。

【案例启示】

第一，陈思宇同学综合素质很强，组织协调能力强，并且具有丰富的计算机专业背景知识，他的研究生所学专业也是计算机相关专业。在进行职业生涯规划的时候，他需要综合考虑以上因素。另外，陈思宇同学对于专业技术职位并不排斥，因此，在进行职业规划的时候更应该综合职业发展与当前所学的专业因素来考虑。

第二，在职业发展过程中，"路径依赖"是一个普遍存在的现象。因此，我们在职业发展的初期要充分探索并谨慎决策，而一旦做出了选择，就会对未来发展产生一定的影响。从基本的个人素质上来讲，陈思宇同学无论选择系统架构设计师还是选择项目经理都比较适合，但仅从知识背景来考虑，陈思宇同学的专业背景对后面的职业选择就有了限制，比较适合从事系统架构设计师这个职业。

第五节　规划拓展

案例一：做好职业规划，提升职业能力

【案例概况】

宋越，男，某高校数学与应用数学专业本科毕业生，在校期间，担任校学生会干部，人际沟通能力很强，学习成绩一般。由于家庭经济困难，他入学后一直利用课余时间在各大培训机构做兼职，自己最初的职业规划是做一名优秀的数学教师。

宋越同学在大四面临考研还是工作的选择问题时，他认为毕业后有多种选择。

一是，时刻准备着，等待中小学体制内教师招聘考试。但是这个时间战线拉得比较长，从报名、笔试、面试、体检到最后的录取一般需要几个月的时间，而且本科毕业直接去中学的可能性非常小，他认为自己是男生，不适合小学的教学工作。

二是，继续读书，攻读本专业研究生，提升学历，毕业后工作选择余地更大，但是家庭经济条件一般，再让家里负担三年的学杂费用于心不忍。

三是，报名参军，既能锻炼身体，又能报效祖国，还能有一定的补助贴补家里，但是家里有一位体弱多病的老妈妈，他作为独子担心又挂念，不能离开家太久。还有最后一个就业选择就是去私立学校或培训机构直接做全职教师，薪资待遇不错，时间自由灵活，随时回家陪伴妈妈，而且工作有很大上升空间。最终他选择了一家正在上升期发展势头强劲的培训机构，并在五年内做到该培训机构分校的副校长，挣年薪。

【案例分析】

宋越同学的多种职业选择是很多男性师范专业学生在就业时都会遇到的情况，很多可行的道路摆在面前，"究竟选择哪一条才适合自己"这个问题令人深思。

第一，这是一个大学生在职业生涯规划中探索自身技能和外部工作世

界之间的关系，从而规划出自己职业生涯规划短期目标和长期目标并为之不懈努力的案例，是非常经典的一个案例。

第二，根据自我探索中技能的分类，技能一般分为专业知识技能、可迁移技能以及自我管理技能。专业知识技能是指从事某一职业的专业方面的能力。一般来说在求职过程中，招聘单位往往最关注的是求职者是否具备胜任这个岗位工作的专业方面的技能，这个能力往往被招聘单位刻意放大。可迁移技能是指能够将一种学到的技能转移运用到自己日常的学习、工作、生活中去，用来完成其他更多类型的工作所具备的能力。自我管理技能是指受教育者依靠个人主观能动性按照当今社会目标，有意识、有目的地对自己的思想和行为进行转化控制的能力，更多地体现个人的素质和品德，这往往是招聘单位最看重的能力。

第三，探索外部世界即职业探索，是职业生涯规划中非常重要的一部分，它有利于求职者提高自身专业技能和综合素质以适应外界环境的迅速变化。首先是要探索自己所学专业与未来职业的匹配度，其次是从事的未来职业的环境分析，最后看选择职业所在行业发展的状态和趋势。

根据宋越同学在校的日常表现，他本人是个非常活跃，并能够积极提升自身可迁移技能的学生，入学后便开始尝试通过各种方式进行自我管理技能的提升；同时他还通过做与本专业相契合的兼职，探索外部的工作世界来提升自身的专业知识技能。

【案例处理】

第一，根据自身具备的职业能力来规划确定宋越同学未来选择职业的范围。宋越同学在大学期间学习的专业是数学师范专业。他具备从事教师的专业知识技能，同时做过学生会的学生干部，沟通能力较强，多次参加举办大型文体活动的创意和策划工作，具备招聘单位看重的可迁移技能。他在假期也参加过社会实践义务支教活动，有爱心和奉献精神，霍兰德职业兴趣代码 ACS 型属于艺术家、教师、书法家等职业方向。由此锁定数学教师这个职业。

第二，通过职业定位目标进行重新审视和评估自己，修订自己的决策。宋越同学进入大学后，由于家境贫寒，需要做兼职赚取生活费用，且本身所学专业能够快速找到合适的兼职工作，因此大学期间，他一直在培训机构做代班教师，从一对一到一对多，大班的中学课程都做过，经验十分丰富。考虑薪资、时间成本与家庭经济状况，等待体制内教师招聘工作不符合宋越同学的预期，因此宋越同学进行了决策的重新修订与探索，确定私立学校和培训机构作为未来工作的首选。

第三，进一步对宋越同学进行分析，锁定具体的求职单位。宋越同学在校期间分别在几家培训机构做兼职，有的成立时间较早，人力系统比较成熟完善；有的成立几年，有上升的趋势，有招聘人才的刚需，需要一定经验的成手一起进行机构的发展；还有的机构刚刚成立，白手起家，规模较小，未站稳脚跟，还缺乏市场。宋越同学有四年的兼职经历，积累了一定的人脉，有一些稳定的客户，不仅有独立授课的经验，他创新性的教学方式还深受培训机构的青睐。在与人沟通方面，他的态度友善，同时学生干部的经历也为他日后进入管理层打下一定基础。因此宋越同学最终确定了一家成立了10年的培训机构，该机构当时正在策划创办分校，有一定的发展空间。

第四，确定用人单位后，宋越同学便开始了学校和单位，工作和毕业论文兼顾的过程。他在单位实习期间能够结合自身的特长，除了上课钻研教学教法外，还能够在集体备课时，提出创新性的教学方法；他在公司年会主动承担策划和主持的工作。宋越同学除了具备高水平的专业知识技能，还具备良好的人际沟通能力和团队合作能力，能够将自身的特点以自我管理技能展示出来并提升自身的可迁移技能。

第五，宋越同学在正式进入单位工作后，根据实际情况规划出短期职业目标和长期职业目标。他通过做生涯决策平衡单来不断修订自己的职业目标。他在选择跳槽和继续留在本单位中几经取舍，时刻提醒自己明确选择的方向，在未来的发展中，会有很多因素影响他的工作，但是只要他的工作目标始终清晰，就不会迷茫和困惑。

【案例效果】

宋越同学从入学起就学习了学校开设的职业生涯规划课程，通过自我探索和认知，了解了外边的工作世界。他根据自己的实际情况明确了未来职业的定位，做一名数学教师。通过四年不断提升自己的职业知识技能，锻炼自身的综合素质，最后选择了在培训机构做一名数学教师，顺利入职后经过几年的努力，他目前是一家培训机构分校的副校长、金牌讲师。

【案例启示】

第一，尽早明确职业目标，确定四年学业生涯规划。只有明确目标，才能明确职业发展的方向。越早明确个人职业目标，在大学期间学习专业知识的过程中，就能有针对性地系统地去学习，就越能拓展自己的能力，越能提高就业竞争力。同时能使自我认知变得清晰，抓住与职业有关的机会，促进良好的发展。

第二，端正就业求职的心态，有准确的自我定位。作为应届毕业生要明确自身定位，知晓自己能力的高低，了解自己的长处和弱点，不高估自己。从基层做起从小事做起，把握每次锻炼自己的机会。将求职准备工作放在前面，要知道第一份工作的选择非常重要，这是职业生涯起步的第一步，将会影响到未来职业的发展。

第三，忌频繁的跳槽。如果一开始的职业定位是错误的，修正后需要转换行业，应尽快调整。如果是由于个人的心态原因，例如进入新的工作环境后发现没有想象的那么美好，换了工作也不见得就能够解决问题，那就需要调整个人心态。工作需要持之以恒地坚持，保持专注力，即使面对挫折依然坦荡面对，相信自己一定会做出成绩。

案例二：规划发展过程，提升职业素养

【案例概况】

钟艺，女，活泼开朗，有文艺特长，能歌善舞。某高校数学与应用数学专业本科毕业生。钟艺在校期间曾担任学院学生会副主席，组织能力很强，举办过多次大型活动；她曾参加创业孵化项目并获得省级创新创业类活动荣誉，作为在校大学生法人拥有实体创业公司，且公司所经营业务与所学专业紧密相连。

钟艺学习成绩优异，大四时获得保研资格，在面对继续深造还是继续创业的问题上曾犹豫和纠结过。原因是钟艺同学在大一大二时根据职业兴趣和对外部工作世界的探索，锁定自己的未来就业目标是从事中学数学教师，但是大三的一段创业经历使她对于创业依旧有尝试的想法，从构思创建公司到取得工商法人的执照，组建自己的创业团队，她都事无巨细亲力亲为，对创办的这个公司有一定的感情。权衡再三，她最终选择了保研这条路，创办的公司交由学妹继续打理运营。而恰恰是因为创业的这段经

历，使她的保研之路非常顺利，最终她成功拿到华中师范大学读研的 offer，目前已经准备留在上海任教。

【案例梳理】

梳理钟艺同学一路走来的学业和职业规划，不难看出，她是一个综合素质强，全面发展的"好"学生，可见在职业规划过程中，除了要明确未来职业目标、不断规划小目标外，逐渐提升职业素养也非常重要。下面通过两方面对她进行分析。

第一，钟艺同学的案例不是短期的能力提升，而是多年形成的、积极的职业素养使她能够掌控自己短期和长期的职业规划和未来的前途发展。职业素养是人类在社会活动中需要具备的最基本素养，而个体行为的总和构成了个体自身的职业素养，职业素养是内在的隐性的，个体行为是外在的显性的。职业素养包含了职业道德、职业思想、职业行为习惯和职业技能。

钟艺同学的职业素养，首先她性格开朗外向，在儿时学过很多才艺，上大学后很多文艺演出都有她的身影，因为她开口就能唱，起身就能舞，理科生中多才多艺的不多见，所以她给老师和同学都留下了深刻的印象，这也是她具备的优势性格和特长。其次，她思维活跃，敢于尝试，具有发现力和创造力，能够积极参加国家倡导的创新创业活动，也能够准确把握时代赋予年轻人的责任和使命，将自己的专业所学转化为生产力。再次，她明确自己的职业目标，意志坚定，希望把所学用于培养教育学生，而且无私地将自己所创办的公司转让给他人。

第二，钟艺同学之所以能够顺利通过华中师范大学数学科学学院的复试，成为免试研究生，一方面是她的专业成绩十分优秀，科研能力强，另一方面也是她曾经有过创业经历，思维开阔，吃苦耐劳。单位招聘最简单的原则就是德才兼备，也是优秀人才应该具备的核心职业素养。单位渴望得到具备忠诚敬业、勤奋刻苦，同时具有良好的职业技能与良好的耐挫折心态的人才，这就是为什么很多职业素养强的人非常受欢迎，并在求职找工作中非常顺利的原因。

【案例分析】

职业素养是一个人走入社会对未来获得的向往以及追求职业发展的必备要素，它促进了大学生在学业上勤奋刻苦，努力拼搏，为实现规划未来的职业目标起到了非常积极的促进作用。制订一份对自己职业素质有所提升的计划是非常必要的。在求学期间和以后的职业发展中应该具备较完备的职业素养。

第一，具备终身学习理念。大学阶段最主要的任务是学习专业知识，学习是学校、社会和国家赋予每一个学生的天职。大学生在校期间要学好专业知识，掌握专业技能，制定明确的专业学习目标，在学习专业课程方面，要使本专业的基本理论、基本知识和基本技能达到一定的掌握程度。毕业后也要养成学习的习惯，要有持续学习和积累的能力。要知道对于职业生涯而言，大学里所学的知识是远远不够的，在走出大学校园前，我们其实更需要早些投入到新阶段的学习。学习的本质就是为了达成今后工作目标，这是一个持续学习的过程，因此要具备终身学习的理念。

第二，不断提升职业能力。大学生在大学期间除了学好专业知识，还应该不断提升自己的职业能力，主要有：

一是，能够将理论转化为实践。理论学习是培养能力的基础，而实践是培养和提高综合能力的重要方式，大学生应该做到学以致用。大学生在校期间，除了学习更多的文化课专业知识外，想要开阔眼界，掌握技能，还应主动积极参加各种校园文化活动，勇于参与一些社会实践活动和志愿服务活动，这样才会知晓自己的特长和短板在哪里，才会知道自己适合干什么不适合干什么。

二是，了解自己的兴趣所在。兴趣是提升能力的基础，只有对各种能力各种知识充满浓厚的兴趣，才有助于能力的全面培养。因此，大学生在校期间应该不断地去发展自己在各方面的兴趣。逐渐明确你的职业兴趣所在，兴趣是一个人持续在自己选择的职业中发展的源源不断的动力所在，它可以让你保持聚焦。只有明确自己的职业兴趣，才会在未来职业定位中精准定位适合自己的职业。

三是，学会主动沟通与合作。中国自古以来就是礼仪之邦，传统文化教会我们为人处世的道理，也告诉我们要先做人后做事。当代社会快节奏的发展，社会分工的逐渐精细、效率要求提高加之个人能力受限，一个人已经很难完成某些整体工作任务，人与人之间的合作与沟通也显得越来越重要。大学生应该积极主动地参与人际交往，努力培养团队协作精神，这样才能逐步提高自己的人际沟通能力，适应社会发展的需求。

第三，培养磨炼身心素质。俗话说健康的身体是革命的本钱，但是拥有健康的心理更是事业能成功的关键。大学生毕业走出社会后，会遇到非常复杂的人际关系和巨大的工作压力，这都需要大学生很好地进行自我调适以适应社会。健康的心理通常指一个人的情绪控制适度，人际关系和谐和对挫折有承受能力。耐挫折的人能以积极乐观的心态面对各种复杂的关系，主动去适应各种环境的改变；而心理素质较差的人却经常处于焦虑和愁苦中，不能很好地适应环境，不但会影响工作甚至会带来身体上的严重疾病。

每个人的成长过程都不是一帆风顺的，苦难是成长最好的礼物。强大的抗挫折能力可以让一个人坚强地走下去。优胜劣汰永远是自然进步的法则。纵观职场，每个成功人士都是精神能量强大的人，他们每一个人的成功之路都遇到了挫折和苦难，但是他们把挫折当成是成长过程中的垫脚石，坚持在职业发展中确立明确的职业规划和目标，最终成就更优秀的自己。

【案例效果】

钟艺同学正是因为具备良好的学习能力和优秀的职业素养，明确自己的职业定位，才在创业与保研之间选择了继续提升自己的专业技能和科研水平，从而选择了正确的职业发展方向，给自己的职业生涯规划确定了一个美好的开始。

【案例启示】

第一，拥有优秀的职业素养需要具备几方面的条件，一是持续的学习和积累，二是将身边优秀的人作为榜样去学习，三是职业定位要与职业兴趣和能力相匹配，四是改进并超越自己，五是不懈追求更优秀的自己。

第二，具备优秀的职业素养有助于大学生在求职过程中正确处理国家、社会和个人之间的关系，合理规划自己的求职期待，时刻胸怀家国，自觉将宏观的国家需要与微观的个人利益相结合辩证地去设立自己的职业目标。时刻将自己的职业理想融入国家事业发展中去，这样人生的航线才不会偏离，不会迷失方向，才会和祖国发展的巨轮同向同行，更加顺利和快速地驶向成功的彼岸。

案例三：规划生涯拓展，提升职场素质

【案例概况】

崔航，男，某高校音乐学专业本科毕业生，在校期间，曾任院学生会主席，班级班长，积极参加校内外的各项社会实践活动。

该同学的职业生涯目标定位是直接就业。该生是贫困生，家中兄弟姐妹较多，同时，艺术生因为从小的专业学习花费较大，入学后，该生的直接目标定位就是学好专业知识的同时提升职场综合素养和能力，为步入职场打好坚实的基础。

崔航入学后参加了学校某社团，在班级竞选中脱颖而出成为班长。但是令人意外的是，以他的个人能力，按常理推断他可能会去竞聘院学生会一个比较"抢手"的部门，但是他选择了最"辛苦"、没人愿意去的体育部。而且从部员到部长，从大一到大三，每天清晨组织全院学生出早操，开展丰富多彩的体育活动，大家都不理解，艺术生出早操难，参加体育活动更难，为什么他还愿意去做，而且做得有声有色？他的回答是："越是硬的骨头，啃起来才越有劲，没人愿意干的，我来干，还要干好，这就是我！"

崔航凭借一股不服输的劲头，他带领全院400余名学生出早操、搞活动，得到了老师和同学的一致认可，成功当选院学生会主席，并带领院学生会斩获"校级先锋学生会"的荣誉称号。

【案例分析】

崔航同学性格开朗，乐观上进，心态平稳。在大一上学期的职业生涯规划课上的个人名片制作环节，明确表明了自己的职业定位就是音乐教师。对于自身职业发展的探索有明确的认知，清楚地了解大学期间是提升个人职业能力和职业素养以及培养综合素质的关键期。一定要充分利用这个黄金期，为自己在步入职场前做好充足的准备。该生目标明确，在不断提升自身综合素养的同时，对自己有信心，更有敢于面对困难的勇气，结合自身的专业特点和就业预期，定位准确，选择和自己能力相符合、自己感兴趣的工作岗位，从实际出发，不好高骛远。大学期间提升自身的教师职业素养和能力，利用寒暑假社会实践的机会，参加了w企业的志愿公益项目，利用课余时间参加学校的艺术惠民培训工程，免费为市民上合唱课、声乐课，为社区留守儿童上音乐课，在做公益、志愿服务社会的过程中，提升自身的职业能力和综合素质，形成了自身的职业个性，体现了自身的工作能力和努力程度，为将来走进职场打下坚实的基础。

这是大学生职业规划明晰提升职业素养和能力的典型案例之一。应从以下角度进行分析：

第一，从"霍兰德职业兴趣理论"的角度分析。该生的职业兴趣决定了他的职业适宜度，他的职业兴趣和他所学的专业以及未来将要从事的职业是相互切合的，这样有利于其职业能力的提升和职业素养的形成。Holland 认为人的人格类型、兴趣与职业密切相关，兴趣是人们活动的巨大动力，从事具有职业兴趣的职业后，可以提高人的积极性，促使人们积极地、愉快地从事该职业，且职业兴趣与人格之间存在很高的相关性。案例中的崔航同学，对自己的职业兴趣认定清晰准确，因此该生在职业选择中获得了满意的工作。

第二，根据"帕森斯的特质因素理论"进行分析。每个人都有自己独特的人格模式，每种人格模式的个人都有其相适应的职业类型，这就决定了个体与职业相匹配是职业选择的焦点。案例中的崔航同学，对自己的人格模式和职业类型有清晰的认知，并结合人格模式进行职业选择，充分利用自身的人格特点，再加以评量，提升就业成功的资格和条件，为职场能力提升打下坚实的基础，从而使成就感爆棚。

【案例处理】

第一，学生入学之初，充分利用职业生涯规划课程引导学生做好职业生涯的自我探索，充分了解自身专业的特点，做好认知和定位，可以利用"霍兰德职业心理测试表"帮助学生形成初步的职业发展目标。同时让该同学了解，作为教师，在具备一定的专业知识的同时，要有良好的师德教育，有深厚的专业文化底蕴和独特的教学理念和教学方法，才能成为学生喜欢、家长放心、学校忠实的好老师。

第二，根据职业发展目标进行规划拓展，提升职业能力和职业素养。结合个人专业特点和生涯探索，以及职业兴趣，对自身进行职业素养的提升，作为艺术类学生，因其较强的专业特殊性，在学好专业的同时，一定要注重后天素养方面的提升。案例中崔航同学，为了养成吃苦耐劳的好习惯，在校期间主动承担艰巨的任务，四年如一日地组织早操，强健体魄的同时，也提升了做人的高度和境界。后天的教育、环境都会影响一个人的职业素养，这也为他后来选择扎根基层做一名小学音乐教师做了充足的准备。

第三，结合崔航同学的实际情况并了解其职业意愿后，在得知该生毕业当年所在城市在进行应届师范生的公开招聘，第一时间通知该生，并结合应聘要求对该生进行就业指导。本科以及以上学历、音乐学师范专业、专业成绩优异（国家励志奖学金获得者、国家级声乐大赛金奖）、在社团担任合唱指挥（中小学音乐教育较关注的专业技能），初步确定该生的各方面条件都符合公开招聘的硬件条件，再进一步深入研究该市各辖区各所小学的软需求，充分利用校友资源了解情况，包括性别的要求、学校的发展要求（是需要声乐、器乐、舞蹈、合唱哪几个方向），最终筛选出T区成功率最大的三所学校。

第四，确定并了解用人单位的情况后，对参加本次公开招聘的所有同学（包括崔航同学）进行笔试和面试的公开培训与指导，将近几年的笔试部分内容进行了梳理和分析，并积极关注面试的技巧：一是，一定要设计简历，要把简历的设计和撰写放在首要位置，并将应聘人员的优势重点突出。崔航同学声乐优势明显，钢琴基础较弱，很多中小学需要组建合唱团，要将合唱指挥这一优势重点体现；二是，一定要充分地展现该生的党员身份、学生干部经历和参加社会实践、获奖的情况，这是他综合素养和职业能力的重要体现，也是他应聘的第二大优势；三是，整个材料的真实性。在社会主义核心价值观的引领下，诚信是大学生应具备的道德准则，也是用人单位比较看重的，因此在面试的现场一定要守时，简历要真实可信，拒绝假大空；四是，应聘面试现场的发挥，按照心理学人际交往的首因（近因）效应理论，有些单位对第一次试讲看得很重，一定要认真准备试讲环节，一定要弄清楚是讲课还是说课，教师的基本职业素养要具备，课程讲述流畅、思路清晰、现场互动、板书工整、服装得体等方面进行系统的指导，并结合自身的特点，比如可以现场带一件小乐器（小提琴、单簧管、铝板琴），将其融入课程设计当中，会成为一个小亮点。

第五，提升自信，将优势最大化。针对崔航同学目前的实际情况，一定要给予充分的认可，帮助其提升自信心。毕竟是第一次应聘，还是应聘比较心仪的工作，往往越是想成功越压力山大，这时一定要帮助学生树立自信，同时要为其减负，机会要抓住但也并非势在必得，一定要把握好度，毕竟职场与学校不同，要适应生涯角色的转换，为未来做好准备。

【案例效果】

崔航同学在进行自我认知和职业认知后，为了自身的职业兴趣和职业目标努力提升自身的职业能力和职业素养，在机会来临时，能抓住机会，从而实现目标，成为一名音乐教师，并组建了学校的第一支合唱团，在各种比赛中获奖。

【案例启示】

大学生从入学之初，就要做好职业生涯的规划教育，在确实职业目标后，充分利用后天环境和教育的资源，提升个人后天素养，在职业兴趣、职业能力、职业个性、职业情况四个方面突出职业素质，进而提升应聘的竞争力，推进社会的进步和发展，并进一步促进个人的全面和自由发展，使一个人的发展逐渐地全面、健康、科学和自由。

案例四：坚定理想信念，绽放绚丽青春

【案例概况】

刘晴，女，某高校音乐表演专业本科毕业生，在校期间，积极参加各种公益、志愿服务等活动，值得一提的是，该生利用寒暑假时间主动参加到保护长城公益行活动，是一个有爱心、有热心的新时代大学学生典范。

刘晴同学大一刚来学校没多久，就经常玩游戏，上课手机，下课电脑，半夜不睡觉，还经常黑白颠倒。在与该生的谈话中了解到，该生因为文化课成绩不理想，为了能进入本科院校学习，高二的时候开始学习声乐，高考文化课超过了录取分数线，但因为专业课起步晚，学习的时间短、基础相对薄弱，对于专业的学习一直提不起兴趣。被×大学录取时家人很高兴，但是刘晴同学自己一直很自卑，怕专业学不好，大学四年学完一事无成，有些焦虑，因此，经常用玩游戏来打发时间，自己说从游戏中能获得成就感，在问起该生对自己四年后想干什么时，她不假思索地回答："我想去支援大西北，去新疆，去祖国需要的地方，不知道自己的专业符不符合要求、也不知道自己能不能有机会去。"在她的眼神和语气中可以体会到她不是头脑一热、一时感性，是理性的、客观的，她是认真的！

【案例分析】

刘晴同学，个性较强，心理素质较差，职业目标明确，但是达成目标的路径不清、不自信，该生入学初的迷茫不是因为没有目标而是因为没有自信，心理素质较差，对自身的职业发展的探索和大学生活对职业发展的影响和作用以及综合素质的培养、特别是个人的心理素质的培养没有正确的认知。由于害怕、没有自信而选择逃避，不去面对。但是对未来的职业目标较明确，服务社会、奉献祖国的职业理想和远大抱负使得该生对职业生涯的探索有很强的吸引力和执行力。结合该生的实际特点和基本情况，该生属于对职业生涯没有足够的信心和勇气，属于职业生涯能力和素养提升的范畴，针对这样的案例，试从以下方面对案例进行分析和研究：

第一，根据"生涯建构理论"对刘晴同学的案例进行分析。对于每个人来说，生涯构建的过程就犹如人们亲身在演绎一个自己当主角的、以职业生涯发展为线索的人生主题故事，在这个故事中，内心世界和外部环境之间不断地互动和调整，以达到某种相对适应的状态。案例中的刘晴同学，在生涯构建的这场人生故事中，具备个体职业人格的价值观和兴趣，重要的就是缺乏基本的需要和生涯拓展能力以及职业素养，使得其有支援大西北的远大抱负，但是主观上缺乏自信和需求，这就深深地影响了她个人生涯构建的过程和结果。

第二，按照"生涯混沌理论"的视角，每个人在一定的程度上都可以按照自己的剧本塑造自己的生涯历程，人们能不断地更新自己的生涯，在自己所处的环境内外自由地移动，在各种角色之间自由地变化，无论个体是否接受生涯辅导或者是否参与生涯教育，他们都有自己的生涯，每个人的生涯发展都是在一定的环境和内部动力的推动下，经过一系列的选择而发生的，对陈默同学的案例而言，作为一个自适应的实体，个体时刻都在与内外环境进行着开放的交换并进行着网络化的参与，卷入度越深，可塑性越强。

【案例处理】

第一，引导刘晴同学充分地认识和了解自我。根据"霍兰德职业心理测量表"帮助该学生进一步地明确自己投身西部建设的职业发展目标，初步确定刘晴同学的职业类型属于社会型，关心社会问题、渴望发挥自己的社会作用，比较看重社会义务和社会道德，较适合从事如：（教师、教育行政人员），社会工作者（咨询人员、公关人员），因此其生涯目标和职业类型相符。

第二，结合对刘晴同学案例的分析，该同学的问题出在职业的能力和职业素养的认识方面，在与该生的沟通和交流中发现该生自信心不足，心理素质较差，因此鼓励她积极参加校内外的各项活动，特别是寒暑假的支教、惠民的活动，也跟该同学服务社会的初心和奉献的爱心一拍即合，该生逐渐在活动中树立信心。

第三，充分挖掘该生的优势和特点。该生有一颗奉献社会的爱心，怀揣着这样的初心和使命，这样的爱才能传递。爱是生命的根本，在刘晴同学的身上能体现出满满的爱意，唯有心中有爱，才能在未来更好地成长，一个心中没有爱的人，即使有再多的天赋，有再多的才华，也很难得到长远的发展，这就是职业素养的最好体现，刘晴同学热衷公益，参加保护长城公益行活动就是最好的体现。实际上，爱像一颗种在心里的种子，是人在漫长的一生中最强有力的支撑，唯有爱才能始终在我们的心间成长，也唯有爱，才能在我们的生命中绽放光彩，哪怕在竞争激烈的职场上，爱也是不可或缺的，也是必不可少的。

第四，从刘晴同学的身上，我们可以看到，在其不断地参加社会实践和志愿服务、支教、公益性的活动中，该生的综合素质和职业素质有了质的提升，完成了由量变到质变的过程。一个人素质的高低，是通过自己的努力学习、实践获得的，并将一定的知识转化成自觉的行为结果，职业素质是一个人的一种比较稳定的基本品质，这种品质一旦形成，就相对稳定，刘晴同学作为一个品质好的大学生，无论什么时候，无论遇到什么困难，都能善待周围的老师和同学，在与室友的相处中就能看出，她都能积极地想办法应对困难和挑战，并积极地去战胜困难。在四年的大学生活中，刘晴同学从开始的沉迷游戏到开朗乐观，积极地面对学习和生活，不再怨天尤人，也没有了自暴自弃，这就是她本质的转变，也是职业素养和职业能力提升的重要表现，职业素养一旦培养起来，将会终身相伴。

第五，在对刘晴同学的指导中明确指出，她服务社会的职业素养是一个国家、一个民族、一个企业不可或缺的，无论从事什么行业，从业者都要清楚地认识到职业素养的重要性，并能够将这种意识转化为外在的实践行动，使其改变成能够产生实际生产力的物质力量，使整个企业乃至社会真正取得进步。

【案例效果】

刘晴同学，结合其自身的缺点和不足，分析原因、寻找职业发展中的症结，在明确自身的优势和特点的基础上，进一步进行了自我认知以及职业认知以后，为着自己的职业理想——支援西部建设，大学四年期间积极参加公益活动和志愿服务活动，在社会实践中提升职业素质和能力，用爱心温暖着身边的人和事，使自己的人生故事大放异彩，通过自己的努力，刘晴同学第一时间参加西部计划，通过层层考核选拔成为支援祖国边疆建设的一员，为她的此举点赞。

【案例启示】

第一，思想政治素质是一个人思想素质和政治素质的集合，作为个人社会性本质的重要表现，充分体现了一个人的精神世界和作为社会成员的社会责任感。刘晴同学作为一名女生，有着巾帼不让须眉的气魄，不怕边疆的艰苦，一心想着支援祖国边疆建设，有着保家卫国的思想政治素质，是我们当代大学生应该具备的，是作为社会主义现代化建设的合格建设者接班人应具备的职业素质。

第二，在现实生活中，树立科学的、先进的思想政治素质，对于个人今后的工作生涯和事业进步都有着重要的意义。当前社会大学生要多学先进思想理论知识，树立科学的思想政治意识，把国家最高理想和现阶段的共同理想作为提升自身思想政治素质的出发点和落脚点，打造自身投身祖国建设、积极贡献自己的力量的素质，做到政治上素质硬、思想上素质高，就一定能在激烈的人才竞争中获得通关密码，赢得首张入场券。

案例五：提升职场能力，踏实创业之路

【案例概况】

胡浩，男，辽宁某高校音乐表演专业学生。入学初，曾有逃课情况，很少参加班级活动，经常在寝室打游戏，处理问题爱冲动，后有较大变化，学习成绩明显提高，逃课现象不再出现，热衷于各种社会实践活动，积极参加学生干部的竞选，并成功当选学生会副主席。

胡浩同学入学初，学习态度十分消极，经常逃课，在寝室睡懒觉、打游戏，个人时间管理较差，对于班级组织的活动总是说没创意、没兴趣、不愿参加，任课教师反馈的课堂表现也是经常睡觉，有时老师批评还不虚心接受，但在大学生职业生涯规划课上的表现与日常呈现的情况有所不同，发言积极，提到自我认知和职业兴趣时条条是道，自己未来的职业目标就是创业，为自己打工。该生的一些想法很具创新意识，希望结合自己的专业特点，成立自己所在家乡的第一所艺术培训学校，让那里的孩子有科学、系统、专业的艺术教育。

该同学的大学之初体验就是一塌糊涂，难点在于，个案主体缺乏规划意识，对自己没有进行职业生涯的自我评估、自我规划，虽然有较清晰的职业发展目标，但却没有正确地选择职业生涯的发展路线，对职业生涯没有制定具体的行动和措施，直白一点说，该生对于自己的职业目标应具备的素质和能力没有清晰的认知。

【案例分析】

胡浩，性格冲动，脾气急躁，入学初，对自己的学业生涯和职业发展没有科学的认知，但是遇事喜欢动脑筋，有自己的主见和想法，有清晰的职业目标——创业，对于个人的职业目标的实现、生涯拓展中职场能力的提升等没有清晰的认识，有目标无计划、有想法无能力、有智慧而无行动，正如无本之木、无源之水，如果长此以往，该生的大学生活将会一塌糊涂，结果是短期可能会有"挂科"，长期可能会出现不能毕业的情况。结合此案例的情况，一定要分析原因，结合实际，以职业目标和职业兴趣为出发点，选择适合职业生涯的发展路线，规划拓展自身的职业素质和能力。

第一，根据"社会认知职业理论"对此案例进行分析。一个人的成长、生活环境、个人以及其行为之间的关系是相互作用的，要将心理、社会、经济等影响因素加以整合，动态地揭示人们如何形成职业兴趣，如何做出职业选择，如何取得不同的绩效并保持职业的稳定性。案例中的胡浩同学家境相对较好，从小学习音乐知识，对专业知识的学习有着深厚的兴趣，大学也选择将其作为自己的专业来进一步地提升和拓展，该生的自我效能通过入学前的绩效成就（专业第一的成绩）、观察学习、社会劝说以及生理（情绪）状态四种经验类型获得并得以修正，从自我效能的角度来看，该生具备一定的水平完成自己职业预期，并具有完成这一活动的能力判断、信念；但胡浩同学没有认识到自己的优势和实际，选择了放任自己的行为，因此会存在逃课、玩游戏、不参加活动等一系列不正确的职业生涯选择。

第二，根据"明尼苏达工作适应理论"对案例进行分析。胡浩同学所报的院校，属于服从调剂，存在抵触情绪，当个人的学习和工作环境不能满足个人需求时，自然会产生消极的情绪，并影响一个人的发展；但是既然选择留下来继续学习，就要积极地去面对，去适应，努力寻找个人与环境之间的符合性，当环境可以满足个人需求时，个人就可以顺利完成目标要求，契合程度也会相应提高，胡浩同学没有意识到这一问题，因此消极的情绪和态度对其职业目标的实现形成了巨大的阻力。

【案例处理】

第一，根据"认知信息加工理论"对此案例进行指导。结合案例中胡浩同学的实际情况，该生有自我知识、职业知识、职业目标和生涯决策，但是缺乏规划和拓展，以认知信息加工理论为指导，通过咨询的方式，引导胡浩同学充分认识自身存在的问题，即认识自我问题的根源和症结，鼓励其积极搭建认知信息加工金字塔模型，形成科学的职业规划理论框架，为其解决实际问题获得生涯决策能力，拓展其职业素养和能力提供重要的保障和依据。

第二，鼓励其结合职业目标进行自身的规划拓展。明确创业应具备的职业能力和素质。如身体素质、心理素质、政治素质、思想素质、道德素质、文化素质、审美素质、社会交往和适应素质、学习和创新素质等，要求在大学阶段，要利用一切机会去培养职业素质和能力，参加挑战杯大学生创业计划大赛、大学生创新创业项目等，通过这样的机会尝试创业，培养创新精神和创造能力，清楚地认识到创新是创业的准备阶段。

第三，充分认识课程学习和社会实践对于创业的积极作用。艺术类学生的创业项目大都是建立艺术培训学校，胡浩同学的创业目标也与此类似，专业知识是办学治校的基础，特别是艺术学校，专业是否过硬，教学水平高低直接影响生源，这就要求一定要有过硬的专业功底，专业课程的学习、知识的掌握程度以及自身的努力程度都与之息息相关。积极参加社会实践、利用大学期间的课余时间到社会上的知名度较高的艺术学校做兼职，参加社会实践和校园文化活动对于提升自身能力和综合素质会有很大的帮助。走进艺术培训学校做兼职，一方面学习其经营理念，另一方面了解其品牌理念和文化理念，以及其内部的运营方式和管理体系。

第四，鼓励胡浩同学走上学生干部的领导岗位，充当领导者的角色，对于以后的创业和管理有十分重要的意义。每一次经历都是一次人生的积淀，参与过、努力过、执行过才会更加珍惜，才会有较深的感受和难忘的记忆，为将来创业打下坚实的基础。胡浩同学经历了高考的不理想，要总结经验，人生的每一个阶段不都是一帆风顺的，就业创业也是如此，要敢于面对失败和挫折，并总结问题和症结，为下一次成功做好充分的准备。

【案例效果】

胡浩同学通过科学的职业生涯理论指导后，进行了自我认知，通过对职业目标的分析，为达成职业目标做好职场能力和素质的提升。在校期间，由原来的学困生、后进生转变成特优生，通过参加创业大赛、组织社会实践、走进职场等活动练就本领，发挥自身优势成功当选学生会副主席负责社团建设，这一系列的蜕变都告诉我们，只要有目标有方向，为了目标练就本领、提升能力一定会达到预期的目标。该生经过自己的努力和打拼创办了自己的艺术培训学校，并在当地享有很高的知名度。

【案例启示】

第一，要明确目标，积极规划。大学生在明确职业目标后要积极地为目标的实现而不断地努力，进行规划拓展，清楚地了解职业素质：如身体素质、心理素质、政治素质、思想素质、道德素质、文化素质、审美素质、社会交往和适应素质、学习和创新方面的素质等内容，并努力实践，不断地探索，提升职场能力和核心竞争力。

第二，要结合实际，分类指导。在此案例中，清楚地意识到，大学生的成长出现问题都是有其存在的根源的，要结合学生的特点和实际、能力发掘自身的优点，取长补短，帮助大学生明确职业目标，在完成自我探索和兴趣探索的同时，一定要提升职业能力，打造职业素质，使即将步入工作岗位的大学生们在日常学习和生活中不断形成益于职业生涯发展的职业素质。

[附录1] 职业生涯规划常用工具

工具一:"撕思"人生

使用目的:认清职业生涯规划的重要性。

使用方法:通过来询者对该生涯折纸游戏的过程体验,使其生涯唤醒,从内心深处对职业生涯规划产生的全新的认知。

流　程:

1. 请准备一张 A4 纸,撕成拇指宽,按一个方向折成 10 个格。

10	20	30	40	50	60	70	80	90	100

2. 假如这时你的生命从 0—100 岁,接下来我们来玩撕纸游戏。

步骤一:请问你期待活到几岁?(把活到岁数之后的撕掉)

步骤二:请问你现在几岁?(从前面撕掉)

步骤三:请问你几岁退休?(从后面撕掉)

步骤四:请问一天 24 小时你会如何分配?(请将剩下的纸三等分。通常是睡觉八小时,占了 1/3;吃饭、休息、聊天、发呆、聚会、游戏等又占了 1/3。真正可以工作的时间约 8 小时,现在我们的时间只剩 1/3。请你把 2/3 撕下来,放在前面。)

步骤五:现在我们来观察手中存留的那一截已经被撕过后存留下来的纸条。观察上面所剩的时间,并将退休的时间撕下来,(通常按照我国法定退休的年纪来撕下后面的时间)。现在请思考一下,我们要用手里仅存的时间来创造价值,这些价值是为了我们所需要的必需物质生活和精神享受以及退休后的生活提供保障。

步骤六:想一想(你要赚多少钱、存多少钱才能养活自己上述的日子,这还不包括给父母、子女、配偶的!)

步骤七:请问你现在有何感想?

步骤八:请问你会如何看待你的未来?

工具二:兴趣岛

使用目的:职业兴趣分析。

使用方法:让来询者进行选择,选择以后可以询问选择的原因,进行分析交流。该游戏不能取代正式的兴趣评估，使用的时候只能作为参考。具体各个岛屿的解释可以参照霍兰德职业兴趣类型的解释。

流程：

1. 将房间分为6个区域，分别代表6个岛屿，并粘贴上标识号；

2. 指导语：恭喜你！你获得了一次免费度假游的机会，有机会去下列六个岛屿中的一个。唯一的要求是你必须要在这个岛屿上待满至少三个月的时间。请不要考虑其他因素，仅凭自己的兴趣挑出最想前往的岛屿：

R岛：自然原始的岛屿。岛上自然生态保持得很好。居民以手工见长，会自己动手打造工具、自己种植瓜果蔬菜、过着自给自足的生活、修缮房屋、制作工具，喜欢户外运动，待人接物十分热情。

I岛：深思冥想的岛屿。有多处天文馆、科技博览馆及图书馆。居民通常善于思考，喜欢冥想，热爱学习，崇尚和追求真知，常有机会和来自各地的哲学家、科学家、心理学家等交换心得。

A岛：美丽浪漫的岛屿。岛上遍布美术馆、音乐厅、街头雕塑和街边艺人，弥漫着浓厚的艺术文化气息。居民保留了传统的舞蹈、音乐与绘画，许多文艺界的朋友都喜欢来这里找寻灵感。

S岛：友善亲切的岛屿。居民个性温和、友善、喜欢帮助他人，人们更重视互助合作，重视教育，关怀他人，充满人文气息。

E岛：显赫富庶的岛屿。居民喜欢经营，擅长贸易。经济高度发展，处处是高级饭店、俱乐部、高尔夫球场。来往者多是企业家、经理人、政治家、律师等。

C岛：现代、井然的岛屿。岛上建筑十分现代化，是进步的都市形态，以完善的户政管理、地政管理、金融管理见长。岛民个性冷静保守，处事有条不紊，善于组织规划，细心高效。

3. 制作船票：写上选择岛屿的数字以及三条理由；

4. 分组：走到自己所选择的岛屿；

5. 分享：分享交流，看看大家是不是一类人；

6. 变时间：如果旅游变成了终身定居或必须居住30年，你的选择是哪一个；

7. 重新选择：好好思考一下自己是否真的是属于这个岛屿；

8. 排查奸细：全班一起澄清、排除一下不是真正岛屿的，不排查就要让船沉没；

9. 制作 logo：一起设计 logo，然后找出 3 个共同点的词语；

10. 展示分享；

11. 进一步探索：如果这个岛屿人满为患，不能容纳，你的第二选项会是？第三选项呢？

工具三：理想生活/角色/团队

使用目的：确定理想生活，帮助你做最想做的事。

在教练练习中，视觉思维是一种常见的技巧。通过将理想生活形象化，我们可以对理想与现实之间的差距有清晰的了解和认识，通过目标规划和努力缩短其间的差距，最终实现理想生活，是你测试的关键，也是难点所在。

理想生活：

1. 请分别列出你在这八个方面（包括工作、金钱、生活环境、休闲、社交、家庭和信仰）的理想生活是什么样子的？

2. 想象自己现在就过着理想的生活，那是一幅什么样的光景？

3. 想象自己现在就身处理想的家居环境中，描绘一下周围陈设。比如：房间的大小、装潢风格，家庭里面摆着什么样的小装饰等，那样你会有什么样的感受？

4. 你想要的人际关系是怎样的？最理想的状态是什么样的？

5. 请描绘一下你理想的一天是什么样子的，你这一天是如何度过的？

6. 请详细一描述，例如你说到每天会做体育锻炼，那么是什么样的锻炼？你想达到什么样的目的？

7. 你曾经有什么梦想是由于看上去可笑或是不现实，或者他人嘲笑而放弃的？

理想角色：

1. 请描述一下最适合你的工作有哪些特点？

2. 为什么理想的工作对你来说特别重要？

3. 什么样的职业规划最能将你的个性特点和长处发挥到极致？

想象一下，如果你想做一个职业，那该是一个什么样的职业？

4. 在这个理想的工作中，你自己完成一个任务，你认为是哪些任务？如果任务中出现一些问题，你会承担什么样的责任？

5. 请说出你的理想工作中需要做的五件事和工作中不需要做的五件事。

6. 在你的理想中，要与什么样的同事共事？

7. 你希望的周计划是什么样的？工作节奏是什么样的？

8. 想象自己在理想的单位工作，企业文化和价值观是什么样的才能让你感觉不冲突？

理想团队：

1. 你理想中的合作团队具有什么样的特质，每个成员的工作分工安排是越明确越好还是大家商讨协调分工较为模糊？

2. 你在这个团队中在处理事情的时候能起到什么样的作用？

3. 你的团队的奋斗目标和发展规划是否是越宏大越好？

4. 为了更好地促进团队合作，你本人还需掌握哪些技能？

5. 在你看来，作为团队成员，拥有什么样的价值是最重要的？

6. 理想的团队文化和工作氛围是什么样的？

实际上这些梦想体现了你内心真正在意的事物，也是想要实现的事物。请将这些列入一张清单，并试着想办法去贴近它或者实现它。

工具四：生涯人物访谈

使用目的：了解目标职业。

使用方法：

生涯人物访谈是让学生对自己感兴趣职位的人进行采访。建议学生在正式进行访谈前，至少做两件事：一是为自己准备一个"30秒广告"，因为在访谈过程中，对方可能会问到你的职业兴趣和目标；二是对需要提问的问题做一些准备，这样有助于访谈的深入进行，能够取得较高的成效。

访谈提示：

选择至少1位从业3年以上的职业人物进行访谈。

访谈时间最好在30分钟左右，并定时。

当面访谈的方式最好，也可以根据情况采用电话或网上访谈。

联系访谈人物时，要做好自我介绍和访谈的目的和大概内容说明。

访谈前要好好准备问题提纲，了解背景资料。

生涯人物访谈是你了解职业所需技能的好渠道，你可以结合对自己技能的探索，制订技能提升计划。

访谈的生涯人物的基本情况

访谈对象姓名：_____ 性　　　别：_____
年龄与从业年龄：_____ 职业与职务：_____
单　位：_____ 访 谈 时 间：_____

访谈提纲：

1. 您如何找到这份工作的？
2. 就您的工作而言，您最喜欢什么？最不喜欢什么？
3. 您的职位是什么？您的主要职责是什么？
4. 从事此行业的人做些什么？每天的主要工作内容是什么？
5. 在行业内，先从什么样的工作岗位做起，能学到最多的知识，最有益于发展？
6. 工作地点在哪里？主要工作场所是什么？有哪些特征？
7. 您在做这份工作时，日常面临的问题是什么，什么最有挑战性？
8. 您个人的主要成就是什么？最成功的是什么？
9. 在这个职位上，如果想获得成功必须拥有并保持什么样的能力？
10. 目前还缺乏的必须改进的能力有哪些？怎么改善？
11. 在您的单位中，能够把在同样一个岗位上成功和不成功区别开来的行为是什么？
12. 您认为做好这份工作应该具备哪些知识、技能和经验？
13. 目前，行业内要求从事这份工作的人应该具备什么样的教育和培训背景？
14. 您认为什么样的个人品质、性格和能力对做好这份工作来讲是重要的？
15. 学校中的哪些课程对这个行业比较有帮助？
16. 行业内，单位对刚进入该领域工作的员工一般会提供哪些培训？
17. 在您的工作领域里初级职位和略高级职位的薪水一般是什么水平？
18. 这个行业存在的困难及前景如何？
19. 您的熟人中有谁能够成为我下次采访的对象吗？可以说是您介绍的吗？

工具五：决策平衡单

使用目的：辅助职业选择。

使用方法：让来询者看清楚后再填写，填写过程中如果有疑问可以进行解答，平衡单用于辅助决策，而不是绝对的依据。

使用说明：根据以下各项对你的重要程度，在"权重"栏下按1—5打分，重要程度越高分值越高。如果你现在有2个以上的职业选择，则对这些选择都进行得分评估，填入"打分"栏，打分依照此选择对于考虑因素的影响程度进行，分数范围为 –10 到 10。将打分乘以权重，得出加权得分。最后可以根据各选项加权得分合计，协助你进行决策。

表 8–6 决策平衡单

考虑因素	权重	职业选择1 加权分数（+）	职业选择1 加权分数（–）	职业选择2 加权分数（+）	职业选择2 加权分数（–）
个人物质得失： 1. 个人收入 2. 工作难易程度 3. 升迁的机会 4. 工作环境的好坏 5. 休闲的时间 6. 生活的变化 7. 对健康的影响 8. 就业机会 9. 其他					
他人物质得失： 1. 家庭经济 2. 家庭地位 3. 与家人相处的时间 4. 其他					
个人精神得失： 1. 生活方式的改变 2. 成就感 3. 自我实现的程度 4. 兴趣的满足 5. 挑战性 6. 社会声望的提高 7. 其他					

续表

考虑因素	权重	职业选择1		职业选择2	
		加权分数（+）	加权分数（-）	加权分数（+）	加权分数（-）
他人精神得失： 1. 父母 2. 师长 3. 伴侣 4. 其他					
总分					

工具六：SWOT 分析模型

使用目的：帮助来询者对自己的优势和劣势进行全面分析。

使用方法：让来询者按照对自己的了解进行解答，从而帮助来询者做出职业选择，在求职中凸显自己的优势，避开自己的劣势。

SWOT 分析法又称为态势分析法，它是由旧金山大学的管理学教授于 20 世纪 80 年代初提出来的，是最为著名、最为基本的一种分析方法。它是"优势（Strength）、劣势（Weakness）、机会（Opportunity）、威胁（Threat）"四个英文字母的组合，一般情况下，优势和劣势从属于个体本身，而机会和威胁则更可能来自外部环境。所以，当个人在评价生涯机会时，SWOT 分析法可以派上用场。

1. 优势

即组织机构的内部因素，具体包括：有利的竞争态势；充足的财政来源；良好的企业形象；技术力量；规模经济；产品质量；市场份额；成本优势；广告攻势等。针对大学生而言，是自己较为出色的方面，尤其是与竞争者相比，具有较强的优势。

2. 劣势

即组织机构的内部因素，具体包括：设备老化；管理混乱；缺少关键技术；研究开发落后；资金短缺；经营不善；产品积压；竞争力差等。就大学生而言，与竞争者相比存在欠缺之处，如不善言辞，交际能力较差等。

3. 机会

即组织机构的外部因素，具体包括：新产品；新市场；新需求；外国市场壁垒解除；竞争对手失误等。如大学生在学习期间获得某大企业在学校的"订单式培养"、到公司的实习机会；在工作阶段获得开发新产品、到外地办分厂、公司市场扩大需求市场部经理等机会。

4. 威胁

即组织机构的外部因素，具体包括：新的竞争对手；替代产品增多；市场紧缩；行业政策变化；经济衰退；客户偏好改变；突发事件等。就大学生来说，存在潜在危险的地方，如：专业不热门、就业竞争大、不喜欢自己的人来担任直接领导等。

表 8－7　　　　　　　　　　　SWOT 分析表

	SWOT 分析	
内部 个人因素	优势：你可以控制并且可以利用的内在积极因素 我最优秀的品质有哪些？我学习了什么？我曾经做过什么？最成功的经历是什么？	劣势：你可以控制并努力改善的内在消极因素 我的性格弱点是什么？我有哪些失败的经验？我欠缺的经验有哪些？
外部 环境因素	机会：你不可控制，但可利用的外部积极因素 社会大环境有利于所选职业发展吗？ 你所向往的企业在本行业中的地位与发展趋势如何？哪些人可能对自己的职业发展起到帮助作用？	威胁：你不可控制，但可以弱化外部的消极因素 专业领域的发展有限制吗？就业形势是否严峻？同专业的大学生竞争者实力如何？具有丰富技能、经验的竞争者是否更有优势？
总体鉴定（评估你制定的生涯发展目标）		
职业行动计划		

工具七：用 star 法来撰写成就故事

使用目的：掌握撰写成就事件的方法；通过对成就时间进行分析，了解自己的技能。

使用流程：

1. 请写下生活中令你有成就感的具体事件。在撰写成就故事时，每一个故事都应当包含以下要素：当时的背景、面临的任务/目标、财务的行动/态度、取得的结果。

2. 至少写出2个故事。

3. 试分析其中所反映的个人技能。

活动总结：引导学生看看在这些故事中是否有重复出现的技能，他们就是你喜欢施展也擅长的技能。将这些技能按有限次序加以排列。

注意事项：这里所指的"成就事件"不必是惊天动地的大事，只要符合两条标准就可以被视为"成就"：（1）你喜欢做这件事时体验到的感受，（2）你为完成它所带来的结果感到自豪。如果你同时还获得了他人的认可和表扬那就更好，不过这并不重要。

工具八：五"what"分析法

使用目的：自我探索（兴趣、性格、技能、价值观）。

使用方法：

1. What are you?

我是谁？——列出自己的优点和缺点。

2. What you want?

我想干什么？是对自己职业发展的一个心理取向的检查。每个人在不同阶段的兴趣和目标并不完全一致，有时甚至是完全对立。随着年龄的增长和经历的增多而逐渐固定，并最终确定自己的终生理想。

3. What can you do?

我能干什么？是对自己能力与潜力的全面总结。一个人职业的定位最根本还是归结于他的能力，职业发展空间的大小则取决于自己的潜力。对个人潜力的了解应从几个方面着手去认识。

4. What can support you?

环境支持或允许我干什么？包括客观和主观两方面。客观主要包括本地各种状态，如经济发展、人事政策、企业制度、职业空间等；主观方面包括同事关系、领导态度、亲戚关系等。

5. What you can be in the end?

自己最终的职业目标是什么？

工具九：四步访谈法

兴趣探索有多种方式，多数情况下，可以用非正式评估获得来询者自我探索的资料。

1. 辨认——发现兴趣点；
2. 描述——举例说明；
3. 分析——从例子中总结出兴趣的集中指向；
4. 应用——这些兴趣如何与自己的职业理想结合。

[附录2] 技能词汇列表

词汇表一：专业知识技能词汇表

在下面的内容性技能清单中圈出你所知道的。如有可能，用一个更具体的词来替换这里的词汇。比如，如果你圈出了"外语"这个词，根据你所掌握的外语方面的知识，你可以把它替换成"日耳曼语族""广东话""法语"或"德语"。列出所有的内容性技能是不可能的，但这个清单可以激发你的记忆和思考。

研磨剂	毒品	美学	过敏性反应
受虐儿童	黏合剂	非洲、非洲人	游乐园
会计	管理	农业	解剖学
声学	青春期	疾病	麻醉药
杂技	收养	飞机	动物
丙烯酸树脂	航空学	酒精中毒	古董
人类学	制陶术	工程学	地理
开胃食品	庆典	发动机	构造
仪器	椅子	娱乐	老年病学
学徒	支票簿	设备	魔力
仲裁	化学药品	道德	玻璃
建筑	教堂	欧洲、欧洲人	目标
争吵	马戏团	事件（哪一类的？）	高尔夫球
数学	城市	织物	政府
艺术、艺术史	泥土	家庭	机构
炮兵	气候	农用机械	图表
亚洲、亚洲人	衣服	时尚	谷物
天文学	学院	发酵	语法
运动	颜色	肥料	制图学
原子	喜剧	纤维光学	小组
拍卖	委员会议	纤维	成长
听众	沟通	小说	枪支
音频设备	公司	电影	头发

续表

航空学	抱怨	金融	手工艺品
儿童养育	计算机	财务记录	和谐
细菌	混凝土	抛光剂	卫生保健
信仰	修建	火灾，消防	听力
行为	化妆品	急救	帮助
钟	女装	鱼	远足
自行车	工艺品	钓鱼	历史
生物学	犯罪	健康	爱好
小鸟	庄稼	调味	马匹
毯子	顾客	飞行	园艺
蓝图	风俗	地板	医院
船只	奶制品	插花	旅馆
簿记	数据	花	清扫房屋
书	决策	液体	房子
植物学	装饰	食物	人性
花束	错失	食品供应	打猎
刹车	过失行为	外交	水力学
砖	食物	外语	卫生
桥	残疾人	森林	思想
预算	疾病	叉车	意识形态
建筑	戏剧	水果	文盲
建筑材料	钻孔机	火炉	插图
官僚制度	干砌墙材料	室内装饰	意象
生意	染料	家具	移民
橱柜	地震	皮毛	所得税
地毯	同情	计量表	保险
卡通	雇主	宝石	兴趣
水泥	能量	地理学	投资
灌溉	饭食	室外	印刷机
事件	机械学	大纲	机械
珠宝	医学器械	熔炉	监狱
新闻业	药物	行李	问题

续表

正义	会议	包装	产品
狗窝	精神疾病	怀孕	节目
钥匙，锁	菜单	绘画	财产
刀子	商品	纸张	心理学
湖泊	金属	养育	心理疗法
灯	公尺	公园	宣传
土地	方法	党派，社会	公众意见
风景	公制	病人	公开演说
语言	细菌	形式	出版
花边	矿物质	工资体系	木偶
洗衣房	钱	人（哪一类的？）	谜语
法律	电影	绩效	棉被
割草机	动机	期刊	收音机
草坪	摩托车	人格	铁路
领导	马达	前景	范围
学习	移动设备	说服	房地产
皮革制品	博物馆	药物	娱乐
立法	音乐	哲学	冷藏
图书馆	乐器	摄影	宗教
灯光	神话	身体残疾	宗教书籍
读写能力	名字	物理学	报告
文学	麻醉剂	图画	饭馆
平板印刷	记叙文	管道安装	恢复
礼拜仪式	国家	地方	退休
牲畜	国内事件	计划	节奏
场所	自然	植物（哪一类的？）	步枪
位置	导航	灰浆	河流
机车	人类需求	塑料	道路
逻辑学	新来者	盘子	岩石
长寿	报纸	游戏	角色
润滑油	小说	钳子	屋顶
行李	数字	管道设备	房间

续表

木材	托儿所	诗歌	根
机器零件	营养	毒药	路线
机器	障碍	政治程序	惯例
魔术	办公设备	亮光剂	橡皮
磁性	办公室工作	政治组织	铁锈
管理	油，油产品	组织	安全
地图	戏剧	政治	销售
市场，市场学	观点	民意测验	盐
婚姻	光学	污染物	卫生，卫生设备
协会成员	果园	锅	锯
按摩	管弦乐队	贫穷	量表
材料	组织	电动工具	风景
化粪池	结构	交易	婚礼
服务	学生	交通	重量
莎士比亚	形式	旅行	焊接
掩蔽	吸毒	治疗	井
灌木	调查	树木	车轮
标记	符号	打字机	野生生物
丝绸	对称	制服	窗户
银器	桌子	室内装饰业	挡风玻璃
洗涤槽	团队	公用事业	葡萄酒
素描	牙齿	假期	木材
皮肤	电话	真空吸尘器	版画
社会	望远镜	蔬菜	羊毛
社会学	电视	退伍老兵	文字处理软件
软件	领土	盒式录像带	词汇
声音	测验	录像机	世界
词汇	纺织品	录像	崇拜
体育运动	质地	村庄	包装材料
舞台	剧院	视力	写作
污点	神学	图像	X射线
统计学	理论	词汇	游艇

续表

存货	疗法	声音	故事
石头	线	战争	青年团体
储藏	轮胎	洗涤	动物园
仓库	工具	浪费	旅游

词汇表二：自我管理技能词汇表

圈出你相信自己确实拥有的任何适应性技能。在每个适应性技能后面都有一个同义词。如果某个同义词更适合你，也请把它圈出来。大多数适应性技能都用形容词或副词来表达。

学术性强的—勤学的，博学的	机敏的—警戒的，警惕的，警觉的
精确的—准确的，正确的	野心勃勃的—有抱负的，毅然决然的
活跃的—活泼的，精力充沛的	好分析的—逻辑的，批判的
适合的—灵活的，适应的	感谢的—感激的，感恩的
精通的—娴熟的，内行的，熟练的	能说会道的—善于表达的，擅长词令的
胆大的—勇敢的，冒险的	艺术的—美学的，优美的
攻击性强的—强有力的，好斗的	随和的—放松的，随意的
坚持己见的—强调的，坚持的	有效的—多产的，有说服力的
健壮的—强壮的，肌肉发达的	有效率的—省力的，省时的
留心（细节）的—观察敏锐的	雄辩的—鼓舞人心的，精神饱满的
吸引人的—漂亮的，英俊的	有感情的—感动的，多愁善感的
平衡的—公平的，公正的，无私的	同情的—理解的，关心的
心胸开阔的—宽容的，开明的	着重的—强调的，有力，有把握的
有条理的—有效率的，勤勉的	精力充沛的—活泼的，活跃的，有生气的
平静的—沉着的，不动摇的，镇定的	进取的—冒险的，努力的
正直的—直率的，坦率的，真诚的	热情的—热切的，热烈的，兴奋的
有能力的—有竞争力的，内行的，技艺精湛的	博学的—消息灵通的，有文化修养的
仔细的—谨慎的，小心的	慷慨的—乐善好施的，仁慈的
喜悦的——高兴的，快乐的，欢快的	讲道德的—体面的，有德行的，道德
清楚的—明白的，明确的，确切的	富于表现力的—生动的，有力的
聪明的—伶俐的，敏锐的，敏捷的	公平的—无私的，无偏见的

续表

有能力的—熟练的，高效的	有远见的—明智的，有预见的
竞争的—好斗的，努力奋争的	流行的—时髦的，走俏的，现行的
有信心的—自信的，有把握的	坚定的—不动摇的，稳定的，不屈不挠的
志趣相投的—愉快的，融洽的	灵活的—适应性强的，易调教的
认真的—可靠的，负责的	有力的—强大的，强壮的
考虑周到的—体贴的，亲切的	合礼仪的—适当的，有礼貌的，冷静的
前后一致的—稳定的，有规律的，恒定不变的	朴素的—节俭的，节省的，节约的
常规的——传统的，认可的	大方的—慷慨的，无私的，乐善好施的
合作的—同意的，一致的	亲切的—真诚的，友好的，和蔼的
有勇气的—勇敢的，无畏的，英勇的	温和的—好心的，温柔的，有同情心的
周到的—有礼貌的，彬彬有礼的，尊敬的	乐群的—爱交际的，友好的
有创造性的—新颖的，有创意的	吃苦耐劳的—坚强的，坚韧不拔的
好奇的—好问的，爱探究的	健康的—精力充沛的，强壮的，健壮的
果断的—坚决的，坚定的，明确的	有帮助的—建设性的，有用的
慎重的—小心的，审慎的	诚实的—真诚的，坦率的
微妙的—机智的，敏感的	有希望的—乐观的，鼓舞人心的
民主的—平等的，公平的，平衡的	幽默的—诙谐的，滑稽的，可笑的
感情外露的—富于表情的，易动感情的	富有想象力的—有创造性的，有创意的
可靠的—令人信任的，可信赖的	独立的—自立的，自由的
坚决的—坚定的，果敢的	勤奋的—努力的，忙碌的
灵巧的—灵活的，敏捷的，机敏的	有知识的—学者气质的，大脑的
婉转得体的——机智的，文雅的，精明的	智慧的—聪明的，见识广的，敏锐的
谨慎的—小心的，精明的	特意的—有目的的，故意的
独特的—唯一的，个性化的	明智的—聪明的，有判断力的，冷静的
占统治地位的—发号施令的，权威的	善良的—好心的，仁慈的
有文化的—博学的，诗意的，好学的	逻辑性强的—理智的，有条理的
拘谨的—矜持的，客气的	忠诚的—真诚的，忠实的，坚定的
负责的—充分考虑的，成熟的，可靠的	有条理的—系统的，整洁的，精确的
反应灵敏的—活泼的，能接纳的	小心翼翼地—精确的，完美主义的
自发的—首创的，足智多谋的	谦虚的—谦逊的，简朴的，朴素的
敏感的—易受影响的，敏锐的	有益于成长的—有帮助的，支持的
严肃的—冷静的，认真的，坚决的	观察敏锐的—专注的，留心的，警觉的

续表

精明的—机敏的，爱算计的，机警的	头脑开放的—接纳的，客观的
真诚的—诚恳的，可信的，诚挚的	有秩序的—整洁的，训练有素的，整齐的
好交际的—随和的，亲切的	独创的—创造性的，罕有的
自发的—冲动的，本能的	随和的—友好的，好交际的，温暖的
稳定的—坚固的，稳固的，可靠的	充满热情的—狂喜的，强烈的，热心的
高大结实的—强有力的，强健的，肌肉发达的	成功的—有成就的，证据确凿的
耐心的—坚定不移的，毫无怨言的	同情的—仁慈的，温暖的，善良的
平和的—宁静的，平静的，安静的	有策略的—考虑周详的，慎重的
敏锐的—有洞察力的，有辨识力的	顽强的—坚持的，坚定的
坚持的—持久的，持续的	理论性强的—抽象的，学术的
有说服力的—令人信服的，有影响力的	完全的—彻底的，全部的
爱玩耍的—有趣的，快乐的	深思熟虑的—沉思的，慎重的
泰然自若的—自制的，镇静的	宽容的—仁慈的，宽大的
礼貌的—尊敬的，文明的，恰当的	坚强的—不动摇的，坚定的
积极的—有远见的，坚定的	值得信赖的—可靠的，可信赖的
实用的—有用的，实际的	真诚的—诚实的，实际的，精确的
精确的—详细的，明确的，准确的	善解人意的—了解的，理解的
多产的—硕果累累的，丰富的	保护的—警戒的，防御的
文雅的—文明的，有修养的	智慧的—明智的，仔细的，聪明的
爱说话的—爱发表意见的，善于表达的	准时的—守时的，稳定的，及时的
有目的的—下定决心的，有意的	多才多艺的—多技能的，手巧的
快速的—敏捷的，迅速地，灵活的，轻快的	精力旺盛的—生机盎然的，充满活力的
安静的—无声的，沉默的，宁静的	有德行的—好的，道德的，模范的
容光焕发的—明亮的，热情洋溢的，光彩夺目的	活泼的—活跃的，快活的
理性的—健全的，合理的，符合逻辑的	自愿的—自由的，非强迫的
现实的—自然的，真实的	温暖的—充满爱意的，慈爱的，友善的
合理的—合逻辑的，有根据的	迷人的—有魅力的，令人愉快的
沉思的—爱思考的，深思熟虑的、	热心的—热情的，热切的，热烈的

词汇表三：可迁移技能词汇表

达到	照顾	巩固	指导
执行	运送	建设	洞悉
适应	制图	联系	发现
管理	选择	控制	拆除
做广告	分类	烹调	展示
劝告	打扫	协调	证明
开玩笑	攀登	复制	草拟
分析	训练	纠正	绘制
预测	收集	符合	训练
申请	上色	咨询	驾驶
评价	交流	计数	编辑
安排	比较	创造	授予
装配	比赛	培养	鼓励
声称	编辑	决定	忍耐
评估	完成	定义	加强
协助	构成	代表	提高
参加	领会	运送	娱乐
审核	计算	证明	建立
权衡	集中	设计	估计
议价	概念化	详述	评估
美化	调和	探测	膨胀
预算	面对	发展	解释
购买	联结	发明	探索
计算	保存	诊断	表达

[附录3] 霍兰德职业索引

霍兰德职业索引：职业兴趣代码与其相应的职业对照表

R（实用型）：工程师、飞机机械师、自动化技师、机械工（车工、钳工等）、电工、火车司机、水处理工程师、机械制图员、机器修理员等。

I（研究型）：临床研究人员、生物学者、天文学家、化学研究者、地质学者、植物学者、物理学者、数学家、实验员、科研人员、软件开发人员等。

A（艺术型）：室内装饰专家、图书管理专家、摄影师、音乐家、作家、演员、主持人、诗人、作曲家、编剧等。

S（社会型）：社会学者、导游、大中小教学教师、心理咨询师、社会工作者、高校辅导员、学校领导、公务员、公共保健护士等。

E（企业型）：推销员、律师、项目经理、旅馆经理、饭店经理、广告宣传员、政治家、批发零售商等。

C（事务型）：会计、法庭速记员、成本估算员、图书管理员、会计核算员、打字员、办公室职员、统计员、计算机操作员、秘书等。

下面介绍与你2个代号的职业兴趣类型一致的职业表，对照的方法如下：首先根据你的职业兴趣代号，在下表中找出相应的职业。例如，你的职业兴趣代号是RI，那么富有技术含量的技术性工作适合你。

RI：建筑设计员、模型工、细木工、制作链条人员等。

RS：厨师、林务员、跳水员、潜水员、染色员、纺织机器装配工、服务员、装玻璃工人等。

RE；建筑和桥梁工程、环境工程、航空工程、公路工程、电力工程、信号工程、电话工程、一般机械工程、自动工程、矿业工程、海洋工程等。

RC：船上工作人员、接待员、牙医助手、制帽工、磨坊工、石匠、机器制造、机车（火车头）制造、农业机器装配等。

RA：制作模型人员、家具木工、制作皮革品、手工绣花、手工钩针纺织、排字工作、印刷工作、图画雕刻、装订工等。

SI：纺织工、农业学校教师、某些职业课程教师（诸如艺术、工艺课程）、物理学家、物理海洋学家、等离子体物理学家、农业科学家、动物学家、食品科学家、园艺学家、植物学家、细菌学家、解剖学家等。

SE：营养学家、饮食顾问、火灾检查员、邮政服务检查员等。

SA：实验心理学家、普通心理学家、发展心理学家、教育心理学家、社会心理学家、临床心理学家、目标学家、皮肤病学家、精神病学家、护士、民航医务人员等。

SR：体育教练、游泳指导等。

SC：经理助理、生产线协调人、环境卫生管理人员、剧院管理者、餐馆经理、售票员等。

EI：轮船船长、航海领航员、大副、试管实验员、技术和有关周期出版物的管理员等。

ES：警官、侦察员、交通检验员、安全咨询员、合同管理者、商人等。

EC：抄水表员、保姆、实验室动物饲养员、动物管理员、吊车驾驶员、农场工人、邮件分类员、铲车司机等。

ER：展览室管理员、舞台管理员、播音员、驯兽员等。

EA：法官、律师、公证人等。

CS：公共汽车驾驶员、一等水手、游泳池服务员、裁缝、建筑工作、石匠、混凝土工、电话修理工、爆炸手、邮递员、矿工、被糊工人、纺纱工等。

CI：测量员、勘测员、仪表操作者、农业工程技术、化学工程技师、民用工程技师、石油工程技师、资料室管理员、保养工、磨床工、取样工、样品检验员、纺纱工、农民建筑工作、勘测员助手等。

CA：秘书、图书管理员、办公室办事员等。

CR：仓库保管员、档案管理员、收款人、讲解员等。

CE：邮递员、办公室工作人员、大数据处理人员等。

IA：天文学家、电学和磁学物理学家、气象学家、设计审核员、人口统计学家、数学统计学家、外科医生、城市规划家、气象员等。

IS：侦察员、电视播音室修理员、电视修理服务员、编目录者、医学实验室技师、调查研究者等。

IE：物理学家、化学专家、地质专家、地理物理学专家、医学药剂师、工业药剂师等。

IR：古生物学家、石油学家、地震学家、声学物理学家、地质学家、声学物理学家、设计审核员、人口统计学家等。

IC：质量检验技术员、地质学技师、工程师、法官、图书馆技术辅导员、计算机操作员、医院听诊员等。

AS：戏剧导演、舞蹈教师、美术教师、合唱队指挥、作家、广告撰稿人、报刊专栏作者、记者、演员等。

AE：舞蹈演员、电影导演、广播节目主持人、魔术师、马术表演者等。

AI：画家、剧作家、编辑、评论家、时装艺术大师、工业产品设计师、剪影艺术家等。

AR：新闻摄影师、电视摄影师、艺术指导、录音指导、喜剧演员等。

AC：流行歌手、音乐教师、模特、小品演员、墙画设计者等。

[附录4] 职业发展理论相关问卷

问卷一：兴趣发展方向问卷

你喜欢从事下列活动吗？

R：现实型活动	是	否
1. 装配修理电器	(　)	(　)
2. 驾驶卡车或拖拉机	(　)	(　)
3. 用木头做东西	(　)	(　)
4. 驾驶汽车	(　)	(　)
5. 用机器做东西	(　)	(　)
6. 参加木工技术学习班	(　)	(　)
7. 参加制图描图学习班	(　)	(　)
8. 修理自行车	(　)	(　)
9. 参加机械或电气学习	(　)	(　)
10. 装配修理机器	(　)	(　)
统计"是"一栏得分，计总得分：	(　)	

A：艺术性活动	是	否
1. 广播电视节目制作	(　)	(　)
2. 从事摄影创作	(　)	(　)
3. 设计家具并喜欢布置室内	(　)	(　)
4. 练习兵器、参加乐队	(　)	(　)
5. 欣赏音乐或戏剧	(　)	(　)
6. 看小说	(　)	(　)
7. 参加话剧戏曲	(　)	(　)
8. 写诗或吟诗	(　)	(　)
9. 喜欢参加艺术（美术或音乐）培训班	(　)	(　)
10. 练习书法或喜欢插画	(　)	(　)
统计"是"一栏得分，计总得分：	(　)	

I：调研型活动	是	否
1. 读科技图书或杂志	(　)	(　)
2. 在实验室工作	(　)	(　)

3. 改良水果品种，培育新的水果 （　） （　）

4. 调查了解土和金属等物质的成分 （　） （　）

5. 研究自己选择的特殊问题 （　） （　）

6. 解算式或数学游戏 （　） （　）

7. 喜欢化学课 （　） （　）

8. 喜欢物理课 （　） （　）

9. 喜欢几何课 （　） （　）

10. 喜欢生物课 （　） （　）

统计"是"一栏得分，计总得分： （　）

S：社会性活动

1. 参加学校或单位组织的正式活动 （　） （　）

2. 参加某个社会团体或俱乐部活动 （　） （　）

3. 帮助别人解决困难 （　） （　）

4. 照顾他人 （　） （　）

5. 观看或参加体育比赛 （　） （　）

6. 和大家一起出去郊游 （　） （　）

7. 想获得关于心理学方面的知识 （　） （　）

8. 参加讲座或辩论会 （　） （　）

9. 出席晚会、联欢会、茶话会 （　） （　）

10. 结交新朋友 （　） （　）

统计"是"一栏得分，计总得分： （　）

E：企业型活动

1. 说服他人 （　） （　）

2. 卖东西 （　） （　）

3. 喜欢谈论政治 （　） （　）

4. 制订计划，参加会议 （　） （　）

5. 以自己的意志影响别人的行为 （　） （　）

6. 在社会团体中担任职务 （　） （　）

7. 检查与评论别人的工作 （　） （　）

8. 结识成功人士 （　） （　）

9. 指导有某种目标的团体 （　） （　）

10. 参与政治活动　　　　　　　　　　　　　（　）　（　）

统计"是"一栏得分，计总得分：　　　　　（　）

C：常规性活动

1. 整理好桌面和房间　　　　　　　　　　　（　）　（　）

2. 抄写文件和信件　　　　　　　　　　　　（　）　（　）

3. 参加算盘、文秘等实务培训　　　　　　　（　）　（　）

4. 核查个人收支情况　　　　　　　　　　　（　）　（　）

5. 参加打字培训班　　　　　　　　　　　　（　）　（　）

6. 善于写报告或公务信函　　　　　　　　　（　）　（　）

7. 参加商业会计培训班　　　　　　　　　　（　）　（　）

8. 参加情报处理培训班　　　　　　　　　　（　）　（　）

9. 整理信件、报告、记录等　　　　　　　　（　）　（　）

10. 撰写商业贸易信函　　　　　　　　　　　（　）　（　）

统计"是"一栏得分，计总得分：　　　　　（　）

问卷二：职业价值观测评问卷

请你比较同一题中的 A 与 B，如果认可其中的一个，或觉得与自己的情况比较相符。就在 A 或 B 上画"√"，另一个画"×"。如果都不符合，两者都画"0"。

1. （A）即使有所损失，以后再挣回来

　　（B）没有确实可靠的盈利就不着手做

2. （A）国家的繁荣是经济力量在发挥作用

　　（B）国家的繁荣是军事力量在发挥作用

3. （A）想当政治家

　　（B）想当法官

4. （A）凭衣着打扮或居住条件了解他人

　　（B）不想凭外表推测他人

5. （A）养精蓄锐，以便大刀阔斧地工作

　　（B）必要时愿意随时献血

6. （A）想领个孤儿抚养

　　（B）不愿让他们留在家中

7. （A）买汽车就买全家能乘的大型汽车

（B）买汽车就买外形美观、颜色适宜的最新型汽车
8.（A）留意自己和他人服装
　　（B）无论是自己的事还是他人的事，全部放在心上
9.（A）结婚前首先确保自己有房间
　　（B）不考虑以后的事
10.（A）被认为是个对人照顾周到的人
　　（B）被认为是有判断力的人
11.（A）生活方式同他人不一样也行
　　（B）其他人家里有的东西我也想凑齐
12.（A）为能被授予勋章而奋斗
　　（B）暗地帮助不幸的人
13.（A）自己的想法比别人的正确
　　（B）必须尊重他人的价值观
14.（A）最好婚礼能上电视，而且有人赞助
　　（B）把婚礼搞得比别人的更有气派
15.（A）被认为是手腕高、能推断将来的人
　　（B）被认为是处事果断的人
16.（A）店面虽小，也想自己经营
　　（B）不干被人轻蔑的工作
17.（A）对法定的佣金、利息很关心
　　（B）关心自己的能力和适应性
18.（A）在人生道路上不获胜就感到无意义
　　（B）认为人生应该互相帮助
19.（A）社会地位比收入更有吸引力
　　（B）与社会地位相比，安定最实惠
20.（A）不重视社会的惯例
　　（B）经常被邀请主持婚礼
21.（A）同独身生活的老人交谈
　　（B）为别人做事嫌麻烦
22.（A）度过充实的每一天
　　（B）在还有生活费时不想干活

23. （A）有空闲时间就想学习文化知识
    （B）考虑被他人喜欢的方法
24. （A）想一鸣惊人
    （B）生活平平淡淡，同别人一样就行了
25. （A）用金钱能买到别人的好意
    （B）在人生中必需的是爱而不是金钱
26. （A）一考虑到将来就紧张不安
    （B）对将来能否成功置之度外
27. （A）伺机重新大干一番
    （B）关心发展中国家人民的生活
28. （A）应该尽量利用亲戚
    （B）同亲戚友好地互相帮助
29. （A）如托生动物的话愿变为狮子
    （B）如托生动物的话愿变为熊猫
30. （A）严格遵照作息表，生活有规律
    （B）不想忙忙碌碌，愿轻松地生活
31. （A）有空的话读成功者的传记
    （B）有空的话看电视和睡觉
32. （A）干不赚钱的事是没意思的
    （B）时常请客送礼给他人
33. （A）擅长干决得出胜负的事情
    （B）擅长于改变家室布局和修理东西
34. （A）对自己的行动有信心
    （B）注意与对方合作
35. （A）有借于人，但不借物给别人
    （B）忘记借进、借出的东西
36. （A）不认为人生由命运决定
    （B）被命运摆布也很有趣

问卷三：职业生涯人物访谈问卷

职业生涯人物访谈可以帮助大学生加深对目标职业的了解，理性选择合适的职业发展目标和路径；还可以培养社交能力，以便在面试时充满自

信并且熟悉情况；同时，为发展新的关系、新的线索创造了条件，而这些新关系和新线索往往对职业探索非常有用。请根据你的目标职业对职业生涯人物进行访谈，并撰写一份800—1000字的调查报告。问卷参考样本：

一、被访谈人基本资料

姓名：_____
所读大学和毕业时间：_____
现工作单位：_____
联系方式（办公电话）：_____
手机：_____
性别：_____
所读专业：_____
工作岗位：_____
QQ：_____
E – mail：_____

二、访谈内容

1. 您是通过哪些渠道了解理想工作行业的？并通过哪些方法了解就业方位信息？您目前的职位是什么？是如何获得这个职位的？

2. 对于这份工作，您最喜欢它的是什么？最不喜欢的又是什么？对生活有什么样的影响？

3. 在这份工作中会遇到什么困难？如何解决？

4. 这份职业需要什么样的技能和其他能力？这个岗位都有哪些具体要求？比较适合哪些性格的人？

5. 目前这一行业同类岗位的发展前景如何？

6. 这一职业的成长通道或升迁的状况如何？

7. 获得这个职位需要哪些培训和继续教育？

8. 我现在可以通过一些什么样的方式、提高哪些技能或素质，以便日后能进入这一行业呢？

9. 您能给我一些学习或就业方面的建议吗？……

访谈人：_____
访谈时间_____

[附录5] MBTI 性格类型测评

MBTI 测试前须知

1. 参加测试的人员请务必诚实、独立地回答问题，只有如此，才能得到有效的结果。

2. 《性格分析报告》展示的是你的性格倾向，而不是你的知识、技能、经验。

3. MBTI 提供的性格类型描述仅供测试者确定自己的性格类型之用，性格类型没有好坏，只有不同。每一种性格特征都有其价值和优点，也有缺点和需要注意的地方。清楚地了解自己的性格优劣势，有利于更好地发挥自己的特长，而尽可能地在为人处世中避免自己性格中的劣势，更好地和他人相处，更好地作重要的决策。

4. 本测试分为四部分，共 93 题；需时约 18 分钟。所有题目没有对错之分，请根据自己的实际情况进行选择。

只要你是认真、真实地填写了测试问卷，那么通常情况下你都能得到一个确实和你的性格相匹配的类型。希望你能从中或多或少地获得一些有益的信息。

一、哪一个答案能最贴切地描绘你一般的感受或行为？

1. 当你要外出一整天，你会

A. 计划你要做什么和在什么时候做（J），B. 说去就去（P）

2. 你认为自己是一个

A. 较为随兴的人（P），B. 较为有条理的人（J）

3. 假如你是一位老师，你会选教

A. 以事实为主的课程（S），B. 涉及理论的课程（N）

4. 你通常

A. 与人容易混熟（E），B. 比较沉静或矜持（I）

5. 一般来说，你和哪些人比较合得来？

A. 富于想象力的人（N），B. 现实的人（S）

6. 你是否经常让

A. 你的情感支配你的理智（F），B. 你的理智主宰你的情感（T）

7. 处理许多事情上，你会喜欢

A. 凭兴所至行事（P），B. 按照计划行事（J）

8. 你是否

A. 容易让人了解（E），B. 难于让人了解（I）

9. 按照程序表做事

A. 合你心意（J），B. 令你感到束缚（P）

10. 当你有一份特别的任务，你会喜欢

A. 开始前小心组织计划（J），B. 边做边找须做什么（P）

11. 在大多数情况下，你会选择

A. 顺其自然（P），B. 按程序表做事（J）

12. 大多数人会说你是一个

A. 重视自我隐私的人（I），B. 非常坦率开放的人（E）

13. 你宁愿被人认为是一个

A. 实事求是的人（S），B. 机灵的人（N）

14. 在一大群人当中，通常是

A. 你介绍大家认识（E），B. 别人介绍你（I）

15. 你会跟哪些人做朋友？

A. 常提出新主意的（N），B. 脚踏实地的（S）

16. 你倾向

A. 重视感情多于逻辑（F），B. 重视逻辑多于感情（T）

17. 你比较喜欢

A. 坐观事情发展才作计划（P），B. 很早就作计划（J）

18. 你喜欢花很多的时间

A. 一个人独处（I），B. 和别人在一起（E）

19. 与很多人一起会

A. 令你活力倍增（E），B. 常常令你心力交瘁（I）

20. 你比较喜欢

A. 很早便把约会、社交聚集等事情安排妥当（J），B. 无拘无束，看当时有什么好玩就做什么（P）

21. 计划一个旅程时，你比较喜欢

A. 大部分的时间都是跟当天的感觉行事（P），B. 事先知道大部分的日子会做什么（J）

22. 在社交聚会中，你

A. 有时感到郁闷（I），B. 常常乐在其中（E）

23. 你通常

A. 和别人容易混熟（E），B. 趋向自处一隅（I）

24. 哪些人会更吸引你？

A. 一个思维敏捷及非常聪颖的人（N），B. 实事求是，具丰富常识的人（S）

25. 在日常工作中，你会

A. 颇为喜欢处理迫使你分秒必争的突发（P），B. 通常预先计划，以免在压力下工作（J）

26. 你认为别人一般

A. 要花很长时间才认识你（I），B. 用很短的时间便认识你（E）

二、在下列每一对词语中，哪一个词语更合你心意？请仔细想想这些词语的意义，而不要理会他们的字形或读音。

27. A. 注重隐私（I）　　B. 坦率开放（E）
28. A. 预先安排的（J）　B. 无计划的（P）
29. A. 抽象（N）　　　　B. 具体（S）
30. A. 温柔（F）　　　　B. 坚定（T）
31. A. 思考（T）　　　　B. 感受（F）
32. A. 事实（S）　　　　B. 意念（N）
33. A. 冲动（P）　　　　B. 决定（J）
34. A. 热衷（E）　　　　B. 文静（I）
35. A. 文静（I）　　　　B. 外向（E）
36. A. 有系统（J）　　　B. 随意（P）
37. A. 理论（N）　　　　B. 肯定（S）
38. A. 敏感（F）　　　　B. 公正（T）
39. A. 令人信服（T）　　B. 感人的（F）
40. A. 声明（S）　　　　B. 概念（N）
41. A. 不受约束（P）　　B. 预先安排（J）
42. A. 矜持（I）　　　　B. 健谈（E）
43. A. 有条不紊（J）　　B. 不拘小节（P）

44. A. 意念（N）　　　　　B. 实况（S）

45. A. 同情怜悯（F）　　　B. 远见（T）

46. A. 利益（T）　　　　　B. 祝福（F）

47. A. 务实的（S）　　　　B. 理论的（N）

48. A. 朋友不多（I）　　　B. 朋友众多（E）

49. A. 有系统（J）　　　　B. 即兴（P）

50. A. 富想象的（N）　　　B. 以事论事（S）

51. A. 亲切的（F）　　　　B. 客观的（T）

52. A. 客观的（T）　　　　B. 热情的（F）

53. A. 建造（S）　　　　　B. 发明（N）

54. A. 文静（I）　　　　　B. 爱合群（E）

55. A. 理论（N）　　　　　B. 事实（S）

56. A. 富同情（F）　　　　B. 合逻辑（T）

57. A. 具分析力（T）　　　B. 多愁善感（F）

58. A. 合情合理（S）　　　B. 令人着迷（N）

三、哪一个答案最能贴切地描绘你一般的感受或行为

59. 当你要在一个星期内完成一个大项目，你在开始的时候会

A. 把要做的不同工作依次列出（J），B. 马上动工（P）

60. 在社交场合中，你经常会感到

A. 与某些人很难打开话匣儿和保持对话（I），B. 与多数人都能从容地长谈（E）

61. 要做许多人也做的事，你比较喜欢

A. 按照一般认可的方法去做（S），B. 构想一个自己的想法（N）

62. 你刚认识的朋友能否说出你的兴趣？

A. 马上可以（E），B. 要待他们真正了解你之后才可以（I）

63. 你通常较喜欢的科目是

A. 讲授概念和原则的（N），B. 讲授事实和数据的（S）

64. 哪个是较高的赞誉，或称为？

A. 一贯感性的人（F），B. 一贯理性的人（T）

65. 你认为按照程序表做事

A. 有时是需要的，但一般来说你不大喜欢这样做（P），B. 大多数情

况下是有帮助而且是你喜欢做的（J）

66. 和一群人在一起，你通常会选

A. 跟你很熟悉的个别人谈话（I），B. 参与大伙的谈话（E）

67. 在社交聚会上，你会

A. 是说话很多的一个（E），B. 让别人多说话（I）

68. 把周末期间要完成的事列成清单，这个主意会

A. 合你意（J），B. 使你提不起劲（P）

69. 哪个是较高的赞誉，或称为

A. 能干的（T），B. 富有同情心（F）

70. 你通常喜欢

A. 事先安排你的社交约会（J），B. 随兴之所至做事（P）

71. 总的说来，要做一个大型作业时，你会选

A. 边做边想该做什么（P），B. 首先把工作按步细分（J）

72. 你能否滔滔不绝地与人聊天

A. 只限于跟你有共同兴趣的人（I），B. 几乎跟任何人都可以（E）

73. 你会

A. 跟随一些证明有效的方法（S），或是 B. 分析还有什么毛病，及针对尚未解决的难题（N）

74. 为乐趣而阅读时，你会

A. 喜欢奇特或创新的表达方式（N），B. 喜欢作者直话直说（S）

75. 你宁愿替哪一类上司（或者老师）工作？

A. 天性淳良，但常常前后不一的（F），B. 言辞尖锐但永远合乎逻辑的（T）

76. 你做事多数是

A. 按当天心情去做（P），B. 照拟好的程序表去做（J）

77. 你是否

A. 可以和任何人按需求从容地交谈（E），B. 只是对某些人或在某种情况下才可以畅所欲言（I）

78. 要作决定时，你认为比较重要的是

A. 据事实衡量（T），B. 考虑他人的感受和意见（F）

四、在下列每一对词语中，哪一个词语更合你心意？

79. A. 想象的（N）　　　　B. 真实的（S）
80. A. 仁慈慷慨的（F）　　B. 意志坚定的（T）
81. A. 公正的（T）　　　　B. 有关怀心（F）
82. A. 制作（S）　　　　　B. 设计（N）
83. A. 可能性（N）　　　　B. 必然性（S）
84. A. 温柔（F）　　　　　B. 力量（T）
85. A. 实际（T）　　　　　B. 多愁善感（F）
86. A. 制造（S）　　　　　B. 创造（N）
87. A. 新颖的（N）　　　　B. 已知的（S）
88. A. 同情（F）　　　　　B. 分析（T）
89. A. 坚持己见（T）　　　B. 温柔有爱心（F）
90. A. 具体的（S）　　　　B. 抽象的（N）
91. A. 全心投入（F）　　　B. 有决心的（T）
92. A. 能干（T）　　　　　B. 仁慈（F）
93. A. 实际（S）　　　　　B. 创新（N）

五、评分规则

1. 当你将●涂好，把8项（E、I、S、N、T、F、J、P）分别加起来，并将总和填在每项最下方的方格内。

2. 请复查你的计算是否准确，然后将各项总分填在下面对应的方格内。

每项总分				
外向	E		I	内向
实感	S		N	直觉
思考	T		F	情感
判断	J		P	认知

六、确定类型的规则

1. MBTI以四个组别来评估你的性格类型倾向：

"E－I""S－N""T－F"和"J－P"。请你比较四个组别的得分。每个子别中，获得较高分数的那个类型，就是你的性格类型倾向。例如：你的得分是：E（外向）12分，I（内向）9分，那你的类型倾向便是 E（外向）了。

2. 将代表获得较高分数的类型的英文字母，填在下方的方格内。如果在一个组别中，两个类型获同分，则依据下边表格中的规则来决定你的类型倾向。

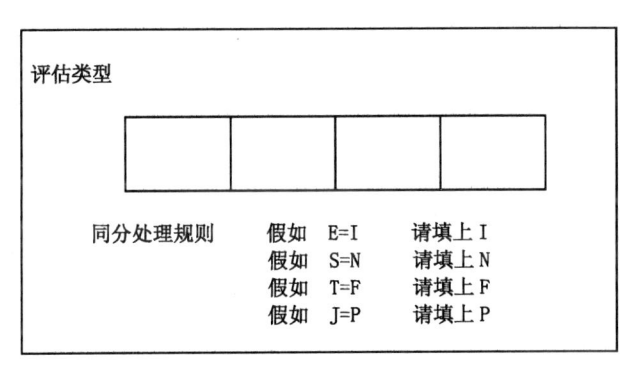

```
评估类型
┌────┬────┬────┬────┐
│    │    │    │    │
└────┴────┴────┴────┘

同分处理规则    假如  E=I    请填上 I
                假如  S=N    请填上 N
                假如  T=F    请填上 F
                假如  J=P    请填上 P
```

如果有些维度出现分数太接近，可用如下方式来转换

"外倾/内倾" =（内倾－外倾）/21*10（正分为内倾 I，负分为外倾 E）

"感觉/直觉" =（感觉－直觉）/26*10（正分为感觉 S，负分为直觉 N）

"思考/情感" =（思考－情感）/24*10（正分为思考 T，负分为情感 F）

"知觉/判断" =（知觉－判断）/22*10（正分为感性 P，负分为判断 J）

性格解析

"性格"是一种个体内部的行为倾向，它具有整体性、结构性、持久稳定性等特点，是每个人特有的，可以对个人外显的行为、态度提供统一的、内在的解释。

MBTI 把性格分为 4 个维度，每个维度上包含相互对立的 2 种偏好：

外向（E）	or	内向（I）
感觉（S）	or	直觉（N）
思考（T）	or	情感（F）
判断（J）	or	感知（P）

其中，"外向 E—内向 I"代表着各人不同的精力（Energy）来源；"感觉 S—直觉 N""思考 T—情感 F"分别表示人们在进行感知（Perception）和判断（Judgement）时不同的用脑偏好；"判断 J—感知 P"针对人们的生活方式（Life Style）而言，它表明我们如何适应外部环境——在我们适应外部环境的活动中，究竟是感知还是判断发挥了主导作用。

ISTJ（检查员型）	ISFJ（照顾者型）	INFJ（博爱型）	INTJ（专家型）
ISTP（冒险家型）	ISFP（艺术家型）	INFP（哲学家型）	INTP（学者型）
ESTP（挑战者型）	ESFP（表演者型）	ENFP（公关型）	ENTP（智多星型）
ESTJ（管家型）	ESFJ（主人型）	ENFJ（教导型）	ENTJ（统帅型）

注：根据1978-MBTI-K量表，以上每种类型中又分625个小类型。

每一种性格类型都具有独特的行为表现和价值取向。了解性格类型是寻求个人发展、探索人际关系的重要开端。

【MBTI 十六种人格类型】

MBTI 职业倾向测验—问卷及分析

MBTI（Myers-Briggs Type Indicator），是一份性格自测问卷。它由美国的心理学家 Katherine Cook Briggs（1875-1968）和她的心理学家女儿 Isabel Briggs Myers 根据瑞士著名的心理分析学家 Carl G. Jung（荣格）的心理类型理论和她们对于人类性格差异的长期观察和研究而著成。经过了长达50多年的研究和发展，MBTI 已经成为当今全球最为著名和权威的性格测试。它的应用领域包括：

- 自我了解和发展
- 职业发展和规划
- 组织发展
- 团队建设
- 管理和领导能力培训
- 解决问题能力
- 情感问题咨询
- 教育和学校科目的发展
- 多样性和多元文化性培训

- 学术咨询

MBTI 通过四项二元轴来测量人在性格和行为方面的喜好和差异。这四项轴分别为：

- 人的注意力集中所在和精力的来源：外向和内向（Extraversion vs Introversion）
- 人获取信息的方式：感知和直觉（Sensing vs. Intuition）
- 人作决策的方式：思考和感觉（Thinking vs. Feeling）
- 人对待外界和处世的方式：计划性和情绪型（Judging vs. Perceiving）

这四个轴的二元通过排列组合形成了 16 种性格类型（下一页有这些类型主要特征的简单介绍），并可以参考一下哪些职业可能比较适合你的性格。当然所列举的只是一些较为常见的，并由研究表明此种性格类型较为容易成功的职业，仅供参考。

性格类型没有好坏，只有不同。每一种性格特征都有其价值和优点，也有缺点和需要注意的地方。清楚地了解自己的性格优劣势，有利于更好地发挥自己的特长，而尽可能地在为人处世中避免自己性格中的劣势，更好地和他人相处，更好地作重要的决策。清楚地了解他人（家人、同事等）的性格特征，有利于减少冲突，使家庭和睦，使团队合作更有效。总之，只要你是认认真真实地填写了测试问卷，那么通常情况下你都能得到一个确实和你的性格相匹配的类型。希望你能从中或多或少地获得一些有益的信息。

MBTI 各种性格类型的主要特征：

ISTJ（检查员型）

安静、严肃，通过全面性和可靠性获得成功。实际，有责任感。决定有逻辑性，并一步步地朝着目标前进，不易分心。喜欢将工作、家庭和生活都安排得井井有条。重视传统和忠诚。

ISFJ（照顾者型）

安静、友好、有责任感和良知。坚定地致力于完成他们的义务。全面、勤勉、精确、忠诚、体贴，留心和记得他们重视的人的小细节，关心他们的感受。努力把工作和家庭环境营造得有序而温馨。

INFJ（博爱型）

寻求思想、关系、物质等之间的意义和联系。希望了解什么能够激励人，对人有很强的洞察力。有责任心，坚持自己的价值观。对于怎样更好地服务大众有清晰的远景。在对于目标的实现过程中有计划而且果断坚定。

INTJ（专家型）

在实现自己的想法和达成自己的目标时有创新的想法和非凡的动力。能很快洞察到外界事物间的规律并形成长期的远景计划。一旦决定做一件事就会开始规划并直到完成为止。多疑、独立，对于自己和他人能力和表现的要求都非常高。

ISTP（冒险家型）

灵活、忍耐力强，是个安静的观察者直到有问题发生，就会马上行动，找到实用的解决方法。分析事物运作的原理，能从大量的信息中很快找到关键症结所在。对于原因和结果感兴趣，用逻辑的方式处理问题，重视效率。

ISFP（艺术家型）

安静、友好、敏感、和善。享受当前。喜欢有自己的空间，喜欢能按照自己的时间表工作。对于自己的价值观和自己觉得重要的人非常忠诚，有责任心。不喜欢争论和冲突。不会将自己的观念和价值观强加到别人身上。

INFP（哲学家型）

理想主义，对于自己的价值观和自己觉得重要的人非常忠诚。希望外部的生活和自己内心的价值观是统一的。好奇心重，很快能看到事情的可能性，能成为实现想法的催化剂。寻求理解别人和帮助他们实现潜能。适应力强，灵活，善于接受，除非是有悖于自己的价值观的。

INTP（学者型）

对于自己感兴趣的任何事物都寻求找到合理的解释。喜欢理论性的和抽象的事物，热衷于思考而非社交活动。安静、内向、灵活、适应力强。对于自己感兴趣的领域有超凡的集中精力深度解决问题的能力。多疑，有时会有点挑剔，喜欢分析。

ESTP（挑战者型）

灵活、忍耐力强，实际，注重结果。觉得理论和抽象的解释非常无趣。喜欢积极地采取行动解决问题。注重当前，自然不做作，享受和他人在一起的时刻。喜欢物质享受和时尚。学习新事物最有效的方式是通过亲身感受和练习。

ESFP（表演者型）

外向、友好、接受力强。热爱生活、人类和物质上的享受。喜欢和别人一起将事情做成功。在工作中讲究常识和实用性，并使工作显得有趣。灵活、自然不做作，对于新的任何事物都能很快地适应。学习新事物最有效的方式是和他人一起尝试。

ENFP（公关型）

热情洋溢、富有想象力。认为人生有很多的可能性。能很快地将事情和信息联系起来，然后很自信地根据自己的判断解决问题。总是需要得到别人的认可，也总是准备着给与他人赏识和帮助。灵活、自然不做作，有很强的即兴发挥的能力，言语流畅。

ENTP（智多星型）

反应快、睿智，有激励别人的能力，警觉性强、直言不讳。在解决新的、具有挑战性的问题时机智而有策略。善于找出理论上的可能性，然后再用战略的眼光分析。善于理解别人。不喜欢例行公事，很少会用相同的方法做相同的事情，倾向于一个接一个地发展新的爱好。

ESTJ（管家型）

实际、现实主义。果断，一旦下决心就会马上行动。善于将项目和人组织起来将事情完成，并尽可能用最有效率的方法得到结果。注重日常的细节。有一套非常清晰的逻辑标准，有系统性地遵循，并希望他人也同样遵循。在实施计划时强而有力。

ESFJ（主人型）

热心肠、有责任心、合作。希望周边的环境温馨而和谐，并为此果断地执行。喜欢和他人一起精确并及时地完成任务。事无巨细都会保持忠诚。能体察到他人在日常生活中的所需并竭尽全力帮助。希望自己和自己的所为能受到他人的认可和赏识。

ENFJ（教导型）

热情、为他人着想、易感应、有责任心。非常注重他人的感情、需求和动机。善于发现他人的潜能，并希望能帮助他们实现。能成为个人或群体成长和进步的催化剂。忠诚，对于赞扬和批评都会积极地回应。友善、好社交。在团体中能很好地帮助他人，并有鼓舞他人的领导能力。

ENTJ（统帅型）

坦诚、果断，有天生的领导能力。能很快看到公司/组织程序和政策中的不合理性和低效能性，发展并实施有效和全面的系统来解决问题。善于做长期的计划和目标的设定。通常见多识广，博览群书，喜欢拓广自己的知识面并将此分享给他人。在陈述自己的想法时非常强而有力。

[附录6] 职业能力测试表

下面的测验包括就业最基本的能力简易量表，每种能力倾向都有四道题目，测验时，请你仔细阅读每一道题，并采用五星评分法对自己进行判定。

（一）一般学习能力倾向（G）

1. 快而容易地学习新内容
2. 快而正确地解数学题
3. 你的学习成绩
4. 对课文的字、词、段落篇章的理解、分析和综合能力
5. 对学习过的知识的记忆能力

（二）言语能力倾向（V）

1. 善于表达自己的观点
2. 阅读速度和理解能力
3. 掌握词汇量的程度
4. 你的语文成绩
5. 你的文学创作能力

（三）算术能力倾向（N）

1. 做出精确的测量
2. 笔算能力
3. 口算能力
4. 打算盘
5. 你的数学成绩

（四）空间判断能力倾向（S）

1 解决立体几何方面的习题
2. 画二维度的立体图形
3. 看几何图形的立体感
4. 想象盒子展开后的平面图
5. 想象三维度的物体

（五）形态知觉能力倾向（P）

1. 发现相同图形中的细微差别

2. 识别物体的形状差异

3. 注意物体的细节部分

4. 观察物体的图案是否正确

5. 对物体的细微描述

（六）书写知觉能力倾向（Q）

1. 快而准地抄写资料（如姓名、日期、电话号码等）

2. 发现错别字

3. 发现计算错误

4. 能很快查找编码卡片

5. 自我控制能力（如较长时间抄写资料）

（七）眼手运动协调能力倾向（K）

1. 玩电子游戏

2. 打篮球、排球、足球一类活动

3. 打乒乓球、羽毛球运动

4. 打算盘能力

5. 打字能力

（八）手指灵巧度（F）

1. 灵巧地使用很小的工具

2. 穿针眼、编制等使用手指的活动

3. 用手指做一件小工艺品

4. 使用计算器的灵巧程度

5. 弹琴

（九）手腕灵巧度（M）

1. 用手把东西分类

2. 在推拉东西时手的灵活度

3. 很快地削水果

4. 灵活地使用手工工具

5. 在绘画、雕刻等手工活动中的灵活性

统计分数的方法：

1. 对每一类能力倾向计算总分数。对每一道题目，我们采取得分"强"为1、"较强"为2、"一般"为3、"较弱"为4、"弱"为5等五个等级,供您自评。每组5道题完成后,分别统计各等级选择的次数总和,然后用下面公式计算出该类的总计次数(把"强"定为第一项,依此类推,"弱"定为第五项;第一项之和就是选"强"的次数和)。总计次数:(第一项之和×1)+(第二项之和×2)+(第三项之和×3)+(第四项之和×4)+(第五项之和×5)。

2. 计算每一类能力倾向的自评等级。自评等级:总计次数/5
3. 将自评等级填在下表:

职业能力测试等级

职业能力倾向	自评等级	职业能力倾向	自评等级
G		Q	
V		K	
N		F	
S		M	
P			

根据结果对照下表,可找到你适合的职业

职业类型	职业能力倾向							
	G	V	N	S	P	Q	K	F	M
生物学家	1	1	1	2	2	3	3	2	3
建筑师	1	1	1	1	2	3	3	3	3
测量员	2	2	2	2	2	3	3	3	3
测量辅导员	4	4	4	4	4	4	3	4	3
制图员	2	3	2	2	2	3	2	2	3
建筑和工程技术员	2	2	2	2	2	3	3	3	3
建筑和工程技术专家	2	3	3	3	3	3	3	3	3
物理科学技术家	2	2	2	2	2	3	3	3	3
物理科学技术员	2	3	3	3	2	3	3	3	3
农业、动物、植物学的技术专家	2	2	2	2	2	3	3	3	3
农业、动物、植物学的技术员	2	3	3	3	2	3	3	3	3
数学家和统计学家	1	1	1	1	2	2	4	4	4

续表

职业类型	职业能力倾向							
	G	V	N	S	P	Q	K	F	M
系统分析和计算机程序编制者	2	2	2	2	3	3	4	4	4
经济学家	1	1	1	4	4	2	4	4	4
社会学家、人类学者	1	1	2	2	2	3	4	4	4
心理学家	1	1	3	4	4	3	4	4	4
历史学家	1	1	4	3	3	3	4	4	4
哲学家	1	1	3	2	2	3	4	4	4
政治学家	1	1	3	4	4	3	4	4	4
政治经济学家	2	2	2	3	3	3	3	3	5
社会工作者	2	2	3	4	4	3	4	4	4
社会服务助理人员	3	3	3	4	4	3	4	4	4
法官	1	1	3	4	3	3	4	4	4
律师	1	1	3	4	3	4	4	4	4
公证人	2	2	3	4	4	3	4	4	4
图书管理学专家	2	2	3	3	4	2	3	4	4
图书馆、博物馆和档案管理员	3	3	3	3	2	4	3	2	3
职业指导者	2	2	3	4	4	3	4	4	4
大学教师	1	1	3	3	2	3	4	4	4
中学教师	2	2	3	4	3	3	4	4	4
小学和幼儿园教师	2	2	3	3	3	3	3	3	3
职业学校教师（职业课）	2	2	3	3	3	3	3	3	3
职业学校教师（普通课）	2	2	3	4	3	3	4	4	4
内、外、牙科医生	1	1	2	1	2	3	2	2	2
兽医学家	1	1	2	1	2	3	2	2	2
护士	2	2	3	3	3	3	3	3	3
护士助手	2	4	4	4	4	2	2	3	2
工业药剂师	2	1	2	3	2	2	3	2	3
医院药剂师	2	2	2	4	9	2	3	2	3
营养学家	2	2	2	3	3	3	4	4	4
配镜师（医）	2	2	2	2	2	3	3	3	3
配眼镜商	3	3	3	3	3	4	3	2	3

续表

职业类型	职业能力倾向							
	G	V	N	S	P	Q	K	F	M
放射科技术人员	3	3	3	3	3	3	3	3	3
药物实验室技术专家	2	2	2	3	2	3	3	2	3
药物实验室技术员	2	3	3	3	3	3	3	3	3
画家、雕刻家	2	3	4	2	2	5	2	1	2
产品设计和内部装饰者	2	2	3	2	2	4	2	2	3
舞蹈家	2	2	4	3	4	4	4	4	4
演员	2	2	3	4	4	3	4	4	4
电台播音员	2	2	3	2	2	4	2	2	3
作家和编辑	2	1	3	3	3	3	4	4	4
翻译人员	2	1	4	4	4	3	4	4	4
体育教练	2	2	2	4	4	3	4	4	4
运动员	3	3	4	2	3	4	2	2	2
秘书	3	3	3	4	3	2	3	3	3
打字员	3	3	4	4	4	3	3	3	3
会计	3	3	3	4	4	2	3	3	4
出纳	3	3	3	4	4	3	3	3	3
统计员	3	3	2	4	3	2	3	3	4
电话接线员	3	3	4	4	4	3	3	3	3
办公室职员	3	4	3	4	4	3	3	4	4
商业经营管理	2	2	3	4	3	3	4	4	4
售货员	3	3	3	4	4	3	4	4	4
警察	3	3	3	4	3	3	3	4	3
门卫	4	4	5	4	4	4	4	4	4
厨师	4	4	4	4	3	4	3	3	3
招待员	3	3	4	4	4	3	4	3	3
理发员	3	3	4	4	9	3	2	2	2
导游	3	3	4	3	3	5	3	3	3
驾驶员	3	3	4	3	3	3	3	4	3
农民	3	4	4	4	4	4	4	4	4
动物饲养员	3	4	4	4	4	4	4	4	4

续表

职业类型	职业能力倾向								
	G	V	N	S	P	Q	K	F	M
渔民	4	4	4	4	4	5	3	4	3
矿工	3	4	4	3	4	5	3	4	3
纺织工人	4	4	4	4	3	5	3	3	3
机床操作工	3	4	4	3	3	4	3	4	3
锻工	3	4	4	4	3	4	3	4	3
无线电修理工	3	3	3	3	2	4	3	3	3
细木工	3	3	3	3	3	4	3	4	4
家具木工	3	3	3	3	3	4	3	4	3
一般木工	3	4	4	3	4	4	3	4	3
电工	3	3	3	3	3	4	3	3	3
裁缝	3	3	4	3	3	4	3	2	3

参考文献

一 图书

陈宁、张文双：《高教·大学生职业发展与就业指导教程》，安徽教育出版社2010年版。

储克森：《大学生职业发展与就业指导》，机械工业出版社2009年版。

付志平：《大学生职业生涯规划案例精编》，辽宁人民出版社2021年版。

傅洪涛、陶桓祥：《大学生职业规划与创业指导》，中国财政经济出版社2006年版。

葛海平：《资深猎头30年职业生涯精进笔记》，中国商业出版社2020年版。

郭寒宇：《大学生职业发展与就业指导》，武汉大学出版社2012年版。

李宝元：《职业生涯管理：原理·方法·实践》，北京师范大学出版社2017年版。

李莉：《生涯规划与职业发展》，北京师范大学出版社2012年版。

梁华、林明、毛芳才、杨玉相：《大学生职业发展与就业指导》，清华大学出版社2012年版。

刘平青等：《职业生涯与自我管理》，清华大学出版社2011年版。

刘瑞晶：《职业生涯规划·理论、案例与实训》，中国人民大学出版社2020年版。

刘朔：《大学生职业选择与生涯发展规划》，西安交通大学出版社2022年版。

宋剑涛、云萧、杨国富、石江华：《大学生职业规划与就业指导》，西南财经大学出版社2008年版。

苏文平：《本科生职业生涯规划与就业指导案例集》，北京航空航天大学出版社 2019 年版。

王建国、王献玲：《大学生职业规划与就业指导教程》，郑州大学出版社 2012 年版。

王占军：《大学生职业生涯规划咨询案例精编》，华东师范大学出版社 2017 年版。

肖利哲等：《大学生职业生涯规划理论与设计》，科学出版社 2022 年版。

谢珊：《新编大学生职业生涯规划与就业指导》，中国轻工业出版社 2018 年版。

新锦成研究院：《2022 大学生就业质量研究》，现代教育出版社 2022 年版。

闫岩：《职业生涯规划》，北京师范大学出版社 2012 年版。

杨杰：《大学生职业发展与就业指导》，中国社会科学出版社 2014 年版。

岳昌君等：《全国高校毕业生就业调查报告》，北京大学出版社 2022 年版。

张文勇、马树强：《大学生职业规划与就业指导》，科学出版社 2006 年版。

朱世忠：《大学生职业发展与就业指导》，山东人民出版社 2009 年版。

二　期刊

白晓明：《毕业了我们该去哪儿——大学生职业生涯规划咨询案例分析》，《中小企业管理与科技》2015 年第 9 期。

鲍金勇：《大学生职业生涯规划个体咨询和指导案例研究》，《职业》2011 年第 10 期。

陈晶：《高校辅导员在大学生职业生涯规划教育中的优劣势分析》，《求知导刊》2014 年第 10 期。

陈为友、张庆亮、房东玲：《让每个生命更精彩——焦宗芳校长的"人生规划教育"》，《山东教育》2013 年第 1 期。

陈卓、文艺：《高职大学生职业生涯规划案例分析》，《开封文化艺术职业学院学报》2020 年第 7 期。

仇荃：《兴趣岛测试——你适合什么职业》，《成才与就业》2013 年第 4 期。

丁晨艳：《论人本主义理念在提高员工职业适应中的作用——从人际适应障碍谈起》，《管理工程师》2011 年第 6 期。

东方：《基于马斯洛需求层次理论的高校教师价值实现分析》，《经济师》

2021 年第 4 期。

方军：《心理测试方法在企业人力资源管理中的应用》，《人力资源管理》2012 年第 4 期。

傅军：《轨道启发式增长理论及赶超战略》，《北京大学学报》（哲学社会科学版）2020 年第 11 期。

高博：《当前大学生思想政治教育工作存在的问题与对策分析》，《中国校外教育》2011 年第 7 期。

高俪珊、廖振宇：《企业员工个人效能提升的有效途径研究》，《改革与战略》2012 年第 6 期。

古典：《我们选择的不是专业而是职业》，《职业》2011 年第 6 期。

郭戈、李化侠：《兴趣测评的回眸与展望》，《中国教育科学》（中英文）2019 年第 3 期。

郭金林、谭晓宇：《高职学生职业兴趣与职业选择吻合度研究》，《烟台职业学院学报》2014 年第 9 期。

郭平：《当代青年的职业适应》，《中国青年研究》2006 年第 7 期。

韩宁宁：《如何使游戏成瘾学生摆脱困境》，《北京教育》（德育）2016 年第 6 期。

韩晓春：《关于大学生职业生涯规划的几点思考》，《科教文汇》（上旬刊）2014 年第 6 期。

贺伟婕：《大学生职业生涯发展与规划课程体系构建调查分析》，《中国成人教育》2011 年第 8 期。

华雪君：《大学生职业生涯规划个案研究报告》，《情感读本》2015 年第 4 期。

黄华、鲁晓华：《大学生职业生涯规划：职业咨询案例报告》，《西南民族大学学报》（人文社会科学版）2012 年第 10 期。

贾瑞：《大学生职业生涯规划咨询案例报告——通过行动来实践自己的信心》，《高校辅导员学刊》2013 年第 2 期。

江珍：《CIP 理论在职场人士职业生涯咨询中的应用个案报告》，《心理月刊》2019 年第 11 期。

姜飞月：《积极建构：职业心理辅导的当代取向》，《江苏教育》2017 年第 7 期。

姜飞月:《生涯混沌理论述评》,《职业技术教育》2006年第8期。

孔春梅、杜建伟:《国外职业生涯发展理论综述》,《内蒙古财经学院学报》(综合版)2011年第6期。

郎婕:《挖掘信息,引导决策——一名大二学生职业生涯规划综合案例分析》,《公关世界》2020年第2期。

李冰封:《自我认识与大学生职业生涯规划》,《西南科技大学高教研究》2011年第9期。

李娟、赵静云:《基于职业兴趣理论的毕业生就业岗位群特征研究》,《黄山学院学报》2021年第2期。

李黎:《基于个性的大学生职业生涯规划与指导研究》,《劳动保障世界》(理论版)2011年第4期。

李利军:《试析"特质因素论"在高职院校就业指导课中的运用》,《学校党建与思想教育》2011年第2期。

刘诚、郭淑婧等:《"大思政"视域下大学生思政教育融入职业生涯规划和就业教育的路径研究》,《菏泽医学专科学校学报》2021年第3期。

刘春影:《中职学生霍兰德SDS职业兴趣试题测评报告》,《科学咨询》(科技·管理)2018年第1期。

刘丹:《浅析霍兰德职业类型论的内容及应用》,《人才资源开发》2017年第11期。

刘琨:《高校公共课教学环境下"隐性逃课"行为研究》,《江苏技术师范学院学报》2010年第10期。

刘丽娜:《职业生涯规划中的自我评估》,《职业》2011年第4期。

刘鹏、蔡闯、宋益善:《我的专业我做主——大学生职业生涯规划中专业选择的指导》,《生涯发展教育研究》2014年第1期。

刘鹏志、金琦:《普通高中生涯教育要避开五大"雷区"》,《人民教育》2019年第2期。

刘霞:《基于性格与气质的职业选择模式探析》,《重庆工学院学报》(社会科学版)2007年第7期。

刘雪钦:《大学生职业生涯规划个体咨询案例分析》,《教育探究》2014年第2期。

刘艳杰、姚莹颖:《社会认知职业理论对职业发展课程的启示》,《高教发展与评估》2015 年第 1 期。

马小红：《社会实践是提高大学生就业能力的重要途径》，《教育探索》2013 年第 4 期。

牟临阳：《职业生涯规划指导的个性化思考》，《科技创新导报》2014 年第 2 期。

牛芳、王睿娜：《男女大学生职业生涯规划的差异性研究——基于对兰州大学 90 份大学生职业生涯规划作品的分析》，《科学经济社会》2010 年第 12 期。

欧诗韵：《谈如何树立新时代大学生正确的职业价值观》，《才智》2020 年第 12 期。

裴倩敏：《职业选择能力的训练途径——访中南大学就业指导中心主任蒋直平》，《中国大学生就业》2011 年第 12 期。

裴志东、徐晓东、孙兆姝：《浅谈药学专业大学生职业规划教育》，《辽宁中医药大学学报》2009 年第 6 期。

沈洁：《霍兰德职业兴趣理论及其应用述评》，《职业教育研究》2010 年第 7 期。

宋斌：《公职人员职业发展通道和 SWOT 模型初探》，《中国行政管理》2010 年第 12 期。

宋文玲：《基于霍兰德职业类型理论的大学生职业兴趣调查与分析》，《福建江夏学院学报》2016 年第 6 期。

孙婕、李雪婷：《以兴趣型"第二课堂"为载体的青年培养体系探析》，《人才资源开发》2017 年第 2 期。

孙金冬：《基于职业动机的人力资源战略研究》，《北方经济》2010 年第 7 期。

孙金冬：《职业动机模型及其应用》，《企业活力》2010 年第 5 期。

唐海晖：《认识幼儿的差异性增强游戏的科学性》，《青海教育》2012 年第 1 期。

唐明明：《高职院校准毕业学生的职业心理状况调查及相关建议》，《科教导刊》（上旬刊）2011 年第 5 期。

田虎伟、徐会杰、宋书中：《学生职业人格与专业选择测试量表的研制》，《河南科技学院学报》2016 年第 12 期。

王翔、向宇:《职业教育中教师人格类型研究》,《南大商学评论》2012 年第 4 期。

王晓梅:《新高考背景下高中生涯规划教育探索》,《中小学心理健康教育》2019 年第 6 期。

王玉清、左羽、崔忠伟:《西部高校理科师范生职业指导的案例分析》,《中国培训》2016 年第 12 期。

文丰:《尽早确定职业价值观》,《中国科教创新导刊》2007 年第 7 期。

吴建斌、沈娟凤:《基于霍兰德人格类型理论的大学生职业性格分析》,《教育与职业》2014 年第 3 期。

谢琴红、高建辉、何静、寇慧:《情绪智力对医学生支持性沟通的影响:人文关怀和共情的中介作用》,《遵义医科大学学报》2020 年第 12 期。

杨琦:《高校毕业生就业现状与改善途径》,《河南科技》2012 年第 6 期。

杨茜:《高职大学生的 MBTI 人格类型研究》,《晋城职业技术学院学报》2013 年第 9 期。

杨文君、曲伟:《九型人格对大学生职业规划影响的研究》,《现代国企研究》2019 年第 6 期。

杨懿鹏、权奇哲:《论当代大学生如何提升自身素质的新视角》,《辽宁教育行政学院学报》2010 年第 12 期。

姚文捷:《经济学视角下职业选择理论的构建》,《邢台学院学报》2011 年第 6 期。

余璐、周超飞:《论我国高等教育中的沉浸教学模式与实践》,《河南社会科学》2012 年第 6 期。

喻瑶、艾波、王剑:《一例大学生职业选择困惑的案例报告》,《健康研究》2011 年第 6 期。

袁艺、张勇、邢伟:《大学生情绪智力与人际冲突解决策略关系研究》,《洛阳理工学院学报》(社会科学版) 2012 年第 4 期。

岳昌君:《从〈政府工作报告〉看 2021 年高校毕业生就业形势》,《中国大学生就业》2021 年第 4 期。

张翠霞:《谈教学活动中如何发挥榜样的作用》,《科技资讯》2008 年第 4 期。

张海英、周显洋:《浅议案例教学在"职业生涯规划"课程中的应用》,

《太原城市职业技术学院学报》2011年第6期。

张琪、冯莹：《中国制造2025亟须解决的若干问题》，《改革与开放》2018年第2期。

张议元、徐宁：《大学生职业生涯规划咨询案例分析》，《职业时空》2013年第4期。

张银爽：《大学生职业生涯规划咨询案例报告——我该接受哪个OFFER》，《中国校外教育》2013年第3期。

张永芳：《高中教师职业倦怠问题的成因及对策》，《山东教育》2015年第7期。

赵文蕾、张玉华、徐一帆：《论高职高专人才可迁移技能的培养》，《大学》（学术版）2011年第5期。

赵新娟：《浅论大学生职业方向的正确定位》，《教育与职业》2008年第1期。

赵雪江、魏佳：《自己做规划之二　给独一无二的自己画像》，《招生考试通讯》（高考版）2020年第11期。

郑春：《职业指导理论研究综述》，《才智》2011年第12期。

周超、曹敏娟：《独立学院大学生精细化职业指导的现状与对策建议》，《扬州大学学报》（高教研究版）2017年第12期。

三　网络文献

《2018最新职业目标与达成路径》，https：//wenku.baidu.com/view/453d4b900875f46527d3240c844769eae109a374.html，2019。

《BELBIN—贝尔宾团队角色测试》，https：//wenku.baidu.com/view/b686853f185f312b3169a45177232f60dcccce7d5.html，2019。

《MBTI职业性格测试结果分析表》，http：//wenku.baidu.com/view/4efd72d549649b6648d7477b.html，2012。

《大学生职业生涯规划》，http：//www.doc88.com/p-7886204483021.html，2019。

《大学生职业生涯规划案例报告——我的未来我做主》，http：//blog.sina.com.cn/s/blog_53c445f70101h07g.html，2013。

《大学生职业生涯规划课程讲义》，https：//wenku.baidu.com/view/

c993cc8c0a4e767f5acfa1c7aa00b52acec79c28. html，2019。

《大学生职业生涯规划论文》，http：//www. docin. com/p－350126054. html，2017。

《大学生职业生涯规划咨询案例报告》，http：//wenku. baidu. com/view/7ec4e54f852458fb770b5614. html，2012。

贡多桑布：《MBIT性格测试》，http：//blog. sina. com. cn/s/blog_3ce933630102wilc. html，2018。

郭潜深：《霍兰德职业索引》，http：//blog. voc. com. cn/blog_showone_type_blog_id_626504_p_1. html，2013。

《霍兰德的职业倾向测验量表》，https：//max. book118. com/html/2019/0715/5110121104002104. shtm，2019。

《霍兰德：人格—职业兴趣理论—九型人格测评》，http：//www. abler. cn/hrtest/html/35659. html，2011。

《霍兰德职业测试》，http：//blog. sina. com. cn/s/blog_c8e1c7800101c7z6. html，2013。

《霍兰德职业偏好测评量表》，https：//www. wenku365. com/p－1390120. html，2020。

《霍兰德职业倾向测试结果分析》，http：//blog. sina. com. cn/s/blog_4d55cb7c0100cvv0. html，2012。

《霍兰德职业倾向测试结果分析》，http：//blog. sina. com. cn/s/blog_64ef98800100uwuc. html，2018。

《霍兰德职业倾向测验量表》，http：//blog. sina. com. cn/s/blog_5130754f0100r3if. html，2018。

《霍兰德职业倾向测验量表》，http：//blog. sina. com. cn/s/blog_5937cb620100qego. html，2012。

《霍兰德职业倾向测验量表》，https：//wenku. baidu. com/view/bcab1434f71fb7360b4c2e3f5727a5e9846a277c. html，2020。

《霍兰德职业兴趣报告》，http：//www. docin. com/p－37342199. html，2017。

《霍兰德职业兴趣理论》，http：//wenku. baidu. com/view/b4581177a417866fb84a8e72. html，2012。

《技能词汇》，http：//wenku. baidu. com/view/b401ba63ddccda38376baf23. html，2012。

贾悦：《九型人格》，http：//blog. sina. com. cn/s/blog_ 640579750100lre5. html，2012。

《经贸系国际经济与贸易专业职业生涯规划详细范文》，http：//www. yjbys. com/qiuzhizhinan/show－172123. html，2018。

《九型人格测验》，http：//zhouqinger. diandian. com/post/2013－11－08/40060049655，2014。

《九型人格与十六型人格的重新测试》，http：//meilejia. diandian. com/post/2012－07－26/40031887150，2014。

《迈尔斯布里格斯类型指标》，http：//www. 360doc. com/content/14/0629/20/10591072_ 390803592. shtml，2015。

《迈尔斯—布里格斯人格类型指标（MBTI）》，http：//blog. sina. com. cn/s/blog_ 745ab8ed0101i7wd. html，2019。

裴永磊：《我的职业人格测试》，http：//blog. sina. com. cn/s/blog_ 6cafea440100pt6w. html，2018。

乔铁军：《贝尔宾团队角色理论》，http：//blog. sina. com. cn/s/blog_ 4d8a79ae0100psw7. html，2018。

《如何打造高绩效团队》，http：//www. docin. com/p－62647507. html，2017。

《社会心理效应与我们的生活》，http：//www. docin. com/p－590988545. html，2017。

《市场营销专业职业生涯规划书》，https：//www. mayiwenku. com/p－678153. html，2020。

干艳芳：《知己》，http：//www. doc88. com/p－3199161520487. html，2019。

《新编职业规划设计大赛优秀作品》，https：//wenku. baidu. com/view/81a9e10c05a1b0717fd5360cba1aa81145318f69. html，2019。

雅梅：《霍兰德职业索引》，http：//blog. sina. com. cn/s/blog_ 8d57840f0101alo5. html，2013。

《招聘中常用性格测试的几种常用方法》，https：//max. book118. com/html/

2019/0222/7153051141002010. shtm，2019。

《职场忠告》，http：//www. docin. com/p－2447306. html. 2017。

《职业测评》，http：//www. wendangku. net/doc/d2dff189102de2bd97058855. html，2020。

《职业规划的性格测试》，http：//blog. sina. com. cn/s/blog_4aa068e301009pn7. html，2019。

《职业生涯规划》，http：//www. docin. com/p－599803478. html，2019。

《职业生涯规划》，http：//www. docin. com/p－80480110. html，2012。

《职业生涯规划全套教程——职业生涯规划技术》，https：//max. book118. com/html/2019/1122/8113040117002064. shtm，2019。

《职业生涯规划与管理技术》，https：//max. book118. com/html/2020/0519/5332233240002244. shtm，2020。

《职业生涯规书》，http：//www. yjbys. com/news/252387. html，2016。

《职业心理教育》，http：//blog. sina. com. cn/s/blog_4be657c001000c20. html，2018。

《职业兴趣及其种类》，http：//blog. sina. com. cn/s/blog_4a52ccd4010004kp. html，2019。

《专业技能、适应性、可迁移技能词表》，http：//wenku. baidu. com/view/47f12502eff9aef8941e06cf. html，2012。

《自我分析报告》，http：//www. doc88. com/p－6847794427235. html，2019。

《自我管理技能》，http：//www. doc88. com/p－2943990609187. html，2019。

《自我管理技能词汇表》，http：//blog. sina. com. cn/s/blog_a32a21e3010144wb. html，2018。

《华为用人的六条标准，你符合几条?》，http：//zhuanlan. zhihu. com/p/93952774。

四　其他（硕士论文）

董睿：《职业规划系统的设计与实现》，硕士学位论文，北京交通大学，2010年。

韩柳妍：《高校职业生涯规划课程的现状与优化》，硕士学位论文，河南大学，2014年。

何勇军：《SBD公司员工职业生涯管理体系优化设计》，硕士学位论文，山东大学，2020年。

李俊：《N大学高等教育学硕士研究生职业生涯规划现状的调查研究》，硕士学位论文，南京师范大学，2013年。

李颖：《我国大学生职业生涯规划与策略》，硕士学位论文，东北大学，2008年。

刘芸：《社会生态系统下大学生职业生涯规划的建构与社会工作介入策略》，硕士学位论文，福建师范大学，2016年。

陆虹杏：《在普通高中开展职业生涯规划课程教学的问题及对策以成都××高级中学为例》，硕士学位论文，四川师范大学，2017年。

马力：《职业发展研究——构筑个人和组织双赢模式》，硕士学位论文，厦门大学，2004年。

谢峻鹏：《大学生职业生涯规划方案制定研究》，硕士学位论文，内蒙古大学，2011年。

谢萍：《高职学生职业生涯规划教育现状调查与研究》，硕士学位论文，西安建筑科技大学，2015年。

严怡：《大学生职业发展与就业指导课模块化教学设计研究》，硕士学位论文，西南大学，2015年。

叶绍灿：《高校辅导员职业生涯规划研究》，硕士学位论文，合肥工业大学，2015年。

詹素琴：《中职学校学生就业服务现状与对策研究》，硕士学位论文，广州大学，2019年。

占慧：《江西省高等院校师范生职业生涯规划教育研究》，硕士学位论文，江西师范大学，2012年。

张淑琳：《人岗匹配对山东力创科技有限公司员工工作绩效的影响研究》，硕士学位论文，山东科技大学，2020年。

张新娟：《大学生择业决策研究》，硕士学位论文，华北电力大学（北京），2006年。

赵晨阳：《民安科技公司员工职业生涯管理实证研究》，硕士学位论文，东北大学，2009年。

后　　记

　　为贯彻落实教育部《大学生职业发展与就业指导课程教学要求》（高教厅〔2007〕7号）的文件精神，适应高校生涯规划课程和就业创业指导课程改革，推动高校内涵发展、促进人才培养、完善生涯规划和就业创业课程建设，更加方便分类指导大学生在各年级学习大学生职业发展与就业创业课程。有针对性地培养大学生职业生涯规划意识，提升职业生涯规划能力，创造大学生美好职业前景，我们在实际工作的基础上，编写了《大学生职业发展与案例指导》一书，供学生和教师使用。希望通过此书的出版，让教师在授课过程中有依循，学生在学习过程中有提升。

　　在本书编写的初期，我们走访了校内外知名的专家、学者，征求了关于编写本书的建议和意见。通过专家反馈意见，我们确定了本书的编写方案，明确编写目标、编写思路与工作方法。

　　《大学生职业发展与案例指导》是集体智慧的结晶，虽然各位专家为之付出了艰辛的努力，但由于能力有限，本书理论和实践仍需丰富，较多开拓性的工作仍需进一步强化。也希望读者在阅读和使用过程中，能够得到启发，促进形成科学的规划观念，最终对求职就业提供有力的帮助，实现人生的远大目标与理想。

　　本书在编写过程中，参阅了许多专家学者的研究成果以及同类教材的相关资料，并吸取了其中精萃之处，在本书出版之际，谨向原作者表示最衷心的感谢！

由于编者水平有限，书中难免存在不足与欠缺之处，敬请同行专家和读者批评指正。

编　者

2022 年 12 月 27 日